FILOSOFÍA Y CIUDADANÍA 1 BACHILLERATO

Moisés Lozano Paz
José L. Martínez Costas
Modesto López Bauzas
Patricia Figueroa Rodríguez

Revisión técnica
Amparo Zacarés

MADRID - BARCELONA - BUENOS AIRES – CARACAS – GUATEMALA
MÉXICO - NUEVA YORK - PANAMÁ - SAN JUAN - BOGOTÁ
SANTIAGO - SÃO PAULO - AUCKLAND - HAMBURGO - LONDRES - MILÁN
MONTREAL - NUEVA DELHI - PARÍS - SAN FRANCISCO - SIDNEY - SINGAPUR
ST. LOUIS - TOKIO - TORONTO

Filosofía y ciudadanía • Bachillerato • Libro del alumno

McGraw-Hill/Interamericana de España, S.L.
Basauri, 17. Edificio Valrealty, 1.ª planta
28023 Aravaca (Madrid)

Equipo editorial: Paloma Sánchez Molina, Ariadna Allés y Ormobook
Diseño de cubierta: rload.es
Diseño de interior: dfrente.es
Fotografías: AGE fotostock, Corbis, Getty images, 123rtf, Ignacio Sánchez López
Ilustración: www.elrubencio.com y Pablo Blasberg
Composición: Ormobook
Impreso en: CTPS

ISBN: 978-84-481-8063-8

IMPRESO EN CHINA - PRINTED IN CHINA

Presentación

«Un viaje de dos mil leguas comienza con el primer paso.»
Lao Tsé (siglo VI a.C.)

Atiende unos minutos, por favor: te estamos ofreciendo un texto de filosofía y ciudadanía. Nuestros primeros pensadores griegos atribuían gran importancia no solo a la filosofía, sino también a la educación de los ciudadanos y a su participación activa en la política. Probablemente, los contenidos de este libro te impresionen un poco, entre otras razones porque se trata de una materia nueva para ti. Pero no te inquietes demasiado, pues tu profesor o profesora te ayudará y, siguiendo sus instrucciones, recorrerás con ánimo las sendas de las ideas y del pensamiento. Esto quizás sea lo más elevado y noble de cuanto la humanidad haya concebido. Sin embargo, el proyecto no siempre resultará fácil, ya que casi nada que valga la pena lo es. Para hacerlo sencillo y fácil sirve cualquiera, y tú sabes que ninguna persona debe conformarse con ser «cualquiera». Por el contrario, todo ser humano debe procurar ser él mismo y, para ello, como puedes suponer, es necesario realizar algún que otro esfuerzo.

Te invitamos, pues, a iniciar el itinerario de la filosofía. Se trata de un camino entretenido y ameno, para el que resultará conveniente disponer de un temple moral casi tan elevado como el de los deportistas, que te permitirá alcanzar la libertad y la responsabilidad. Imagínate a los ciclistas en una carrera por etapas, como por ejemplo, la vuelta a España. Junto a las lánguidas y plácidas llanuras por las que el pelotón marchará radiante y complacido, se presentarán también días agrios: viento, lluvia y otras inclemencias climáticas. A veces serán necesarias ciertas dosis de arrojo y valentía para afrontar los temerarios descensos y, en otras ocasiones, habrá de enfrentarse a empinadas carreteras, en las que el ánimo, asfixiado por la fatiga y entumecido por el esfuerzo, reclamará alivio y le empujará a reducir el ritmo. Mas el buen ciclista sabe resistir, superar los malos momentos y continuar jubiloso hacia la meta.

Te presentamos, pues, las nueve etapas de nuestro libro, cuyo denominador común es la filosofía y la educación ciudadana. Te darás cuenta de que en el recorrido que hemos trazado se va dibujando el desarrollo de una actividad reflexiva y crítica que, a partir de las aportaciones de las ciencias y de otras disciplinas, presenta ante tus ojos un paisaje acerca de lo que es el ser humano en todas sus dimensiones. Tras un primer contacto con los planteamientos éticos en la enseñanza obligatoria, también unidos a la idea de ciudadanía, inicias ahora una aproximación sistemática a la filosofía y al desarrollo de la ciudadanía a lo largo de la historia. El estudio de las dos grandes dimensiones de la racionalidad —su vertiente teórica y su vertiente práctica— deja paso a la consideración de los problemas y preguntas fundamentales que se ha planteado la filosofía a lo largo de su historia. Observarás que todo el libro está impregnado de esa razón práctica filosófica, con redoblados contenidos éticos y políticos. A través de todos ellos se va forjando la idea de esa ciudadanía crítica, libre, tolerante, solidaria, activa y democrática.

Al contrario que los ciclistas de nuestra carrera, no estarás obligado a recorrer todas las etapas, ya que tu profesor o profesora diseñará la ruta más idónea para ti, seleccionará los contenidos más apropiados o que más te interesen y te suministrará los avituallamientos necesarios. Pero, claro está, tú también tendrás que esforzarte. Ni tu profesor o profesora ni nosotros podemos pedalear por ti, por lo que, en último término, el verdadero trabajo correrá de tu cuenta. ¡Adelante, por tanto! Te animamos a hacer acopio de espíritu deportivo, hincarte en los pedales y esforzarte con optimismo. Como dice Kant, pensador ilustrado, «atrévete a saber», entrénate a pensar de manera autónoma, por ti mismo.

Y, si surgen dificultades y se te insinúa la tentación de desfallecer, eleva la vista y renueva el ánimo, pues mirando hacia lo alto descubrirás que la próxima llegada se encuentra al alcance de tu mano.

Los autores

Bloque I. El saber filosófico

Bloque I. El saber filosófico

Racionalidad teórica y práctica

Jesús Mosterín

La racionalidad es la estrategia para optimizar la consecución de nuestros objetivos. Este sentido moderno, económico o fuerte de «racionalidad» presupone la capacidad lingüística y la razonabilidad, pero va más allá, incluyendo típicamente procesos de evaluación y optimización. La teoría de la decisión, la teoría de juegos, la teoría económica y la filosofía de la acción usan esta noción de racionalidad.

Los problemas de racionalidad (o de decisión racional) solo se plantean en situaciones con alguna indeterminación, en las que el agente tiene cierto margen de maniobra, en las que puede elegir entre cursos de acción alternativos. En contextos deterministas, en los que no hay nada que decidir o elegir, no se plantean problemas de racionalidad. Para que tenga sentido hablar siquiera de racionalidad se requiere, además de que no todo dé igual, que el agente tenga preferencias u objetivos. En situaciones de indiferencia o frivolidad, en que no hay objetivos que alcanzar ni preferencias que satisfacer, no se plantean problemas de racionalidad. Si salgo a pasear sin rumbo fijo, cualquier camino que siga es tan bueno como cualquier otro y no hay nada que decidir racionalmente. Sin embargo, tan pronto como tenga un objetivo («quiero ir a la catedral») o una preferencia («prefiero pasear por calles tranquilas»), se plantea la cuestión racional de cómo llegar a la catedral o de cómo evitar las calles ruidosas.

Cuando decidimos qué ideas aceptar, hablamos de racionalidad teórica. Cuando decidimos qué cosas hacer, hablamos de racionalidad práctica. Tanto sobre la racionalidad teórica como sobre la práctica se ha desarrollado una teoría formal (de carácter básicamente matemático y respecto a la cual hay un amplio consenso) y una teoría material (que trata de reducir la infradeterminación de las ideas y acciones por la teoría formal mediante un cierto anclaje en la realidad y una cierta conexión con nuestra naturaleza, y respecto a la cual hay menos consenso).

La racionalidad teórica tiene como objetivo maximizar el alcance y la veracidad de nuestras creencias. Su teoría formal tiene como exigencia básica la consistencia del conjunto de nuestras creencias. Tenemos que estar dispuestos a revisar nuestras creencias cada vez que descubramos en ellas alguna contradicción.

Esto implica la búsqueda de la coherencia, la clausura respecto a consecuencias (el creyente racional ha de aceptar las consecuencias de sus creencias) y la asignación de probabilidades subjetivas a sus creencias de un modo compatible con la teoría de la probabilidad. Por ejemplo, si asignamos la probabilidad 1/3 a *p*, entonces tenemos que asignar 2/3 a *no p*.

siguiente →

El filósofo **Jesús Mosterín** es uno de los pocos pensadores actuales que se mueven con rigor y soltura en la frontera entre filosofía, lógica matemática y ciencia empírica. Destacan sus contribuciones a la filosofía de la ciencia, la antropología, la filosofía de la cultura y la teoría de la racionalidad. Nacido en Bilbao y formado en España, Alemania y Estados Unidos, es Profesor de Investigación en el Instituto de Filosofía del CSIC, miembro de la Academia Europea (Londres), del Institut International de Philosophie (París) y de la International Academy of Philosophy of Science, así como *Fellow* del Center for Philosophy of Science de la Universidad de Pittsburgh. Ha sido Catedrático de Lógica y Filosofía de la Ciencia de la Universidad de Barcelona, y profesor invitado en universidades de Europa, Asia y América. Entre sus libros recientes figuran *La naturaleza humana* (Espasa, 2006), *Los lógicos* (Espasa, 2007), *Lo mejor posible: Racionalidad y acción humana* (Alianza, 2008), *La cultura humana* (Espasa, 2009), el *Diccionario de Lógica y Filosofía de la Ciencia* (2010), escrito con Roberto Torretti, y los diez libros de la *Historia del Pensamiento* (Alianza, 2006-2012).

Cuestiones

1. Primer paso y primer consejo: lee el texto una segunda vez, más despacio, y con un lápiz señala aquellos conceptos, palabras o frases que creas que expresan el tema central del texto.
2. Une con flechas en tu cuaderno aquellos conceptos que creas que están relacionados.
3. ¿Qué concepto relacionarías con los siguientes términos?
   - **a.** No contradicción, consistencia.
   - **b.** Ciencia, percepción individual, teoría formal, no contradicción, consistencia.
   - **c.** Estrategia, permite lograr mejor nuestros objetivos.
   - **d.** Racionalidad teórica colectiva.
   - **e.** Relacionada con las ideas que parecen aceptables.
   - **f.** Relacionada con las acciones que parecen recomendables.
4. Intenta adivinar el tema sobre el que habla el texto. Escribe una frase que creas que puede expresar la tesis defendida en él por el autor.
5. Cuáles de los siguientes temas son tratados en el texto.
   - **a.** Regla de Bayes.
   - **b.** Racionalidad práctica.
   - **c.** Teoría de juegos.
   - **d.** Nacimiento de Napoleón.
   - **e.** Probabilidad matemática.
   - **f.** La racionalidad humana.
   - **g.** Consistencia lógica.
   - **h.** Necesidades biológicas.
6. Ordena, según su importancia en el texto, los temas que en la actividad 5 has seleccionado como tratados por el autor.
7. En tu opinión, ¿cuál es la frase más difícil del texto? Intenta intuir su significado. ¿De qué habla? ¿Qué crees que quiere decir?

La noción formal de racionalidad teórica se reduce a la de consistencia lógica, y es compatible con cualesquiera contenidos de creencia, por muy lunáticos que estos puedan ser. («Si creo que soy Napoleón y que Napoleón nació en Córcega, tengo que creer —por racionalidad formal— que yo nací en Córcega; pero ni soy Napoleón ni nací en Córcega»). Estos constreñimientos son demasiado débiles por sí mismos para caracterizar completamente la racionalidad teórica. De algún modo debemos tocar tierra, de algún modo tenemos que atar ese globo consistente de creencias a la realidad. Dos ataduras materiales que podemos exigir del conjunto de creencias de un agente racional son la atadura a la percepción individual y la atadura a la ciencia (es decir, el encaje con la racionalidad teórica colectiva).

La racionalidad práctica es la estrategia para maximizar la consecución de nuestros objetivos. Su teoría formal es la teoría de la decisión racional, que estudia los tres tipos de decisiones: bajo condiciones de certeza, bajo riesgo y bajo incertidumbre. Las más importantes son las decisiones bajo condiciones de riesgo, en las que el agente tiene que decidir entre un conjunto de acciones alternativas, de cuyas consecuencias no está seguro, aunque se atreve a asignarles probabilidades subjetivas; también suponemos que puede asignar utilidades (es decir, deseabilidades) a las diversas consecuencias posibles. La solución viene dada por la regla de Bayes: *actúa de tal modo que maximices tu utilidad esperada*. La utilidad esperada de una acción posible es la suma ponderada por la probabilidad de las utilidades de sus diversas consecuencias posibles. La racionalidad práctica bayesiana o formal se reduce a la consistencia, y es compatible con cualquier conducta y sistema coherente de fines, por lunático que este sea. Para que nuestro sistema de fines merezca ser llamado racional en un sentido material hay que atarlo a algo no formal. La atadura más sólida es la que lo liga a nuestro sistema de fines y necesidades biológicamente dados y heredado genéticamente. De hecho, nuestro encéfalo ha llegado evolutivamente a ser lo que es como un utensilio fundamentalmente adaptado a satisfacer nuestras necesidades biológicas.

← anterior

1

LA FILOSOFÍA Y EL MUNDO DEL SABER

«La verdadera función social de la filosofía reside en la crítica de lo establecido [...]. La meta principal de esa crítica es impedir que los hombres se abandonen a aquellas ideas y formas de conducta que la sociedad en su organización actual les dicta. Los hombres deben aprender a discernir la relación entre sus acciones individuales y aquello que se logra con ellas, entre sus existencias particulares y la vida general de la sociedad, entre sus proyectos diarios y las grandes ideas reconocidas por ellos.»

HORKHEIMER, M.: «*La función social de la filosofía*» (1940), incluido en *Teoría crítica*, Amorrortu, Buenos Aires, 1974.

Focaliza

La utilidad de la filosofía

1. ¿Para qué sirve la filosofía? Anota en tu cuaderno la utilidad que tiene para ti la filosofía. Después, haz una puesta en común con tus compañeros.
2. Lee el siguiente artículo sobre la función que debe cumplir la filosofía.

Debate

¿Para qué sirve la filosofía? Desde su nacimiento, la filosofía carga con la sospecha de ser una disciplina sin utilidad. A lo largo de los siglos, los pensadores han arriesgado varias justificaciones. En este artículo se aportan las ventajas del saber filosófico como un saber específico que trata de dar respuesta a los problemas de la vida cotidiana.

«Podemos decir en primer lugar que la filosofía, como "medio para", enseña a su estudiante a familiarizarse con el lenguaje abstracto y las formas de argumentación; del mismo modo que existe un lenguaje poético y literario, existe un lenguaje argumentativo en donde el autor intenta mostrar puntos a favor de sus opiniones y en contra de las opiniones adversas; familiarizarse con este lenguaje permite desenvolverse en un mundo en donde el diálogo es una herramienta fundamental para transformar la mentalidad de las personas. No será un elemento fundamental que defina a la filosofía, pero negar que la filosofía es también, entre muchas otras cosas, un arte de argumentar y contraargumentar, parte de una concepción de la filosofía algo estrecha y poco atenta a la evidencia. El mismo Platón reconoce en *La República* que si la filosofía debe enseñarse a una edad adulta es precisamente por el poder que a los jóvenes les daría, si les fuese enseñada, de contradecir a los adultos y de hacerlos descreídos de las tradiciones imperantes.

Otras utilidades de la filosofía pueden ser acrecentar la imaginación y los sentimientos de tolerancia. Uno debe forzar mucho la mente para entender, por ejemplo, la estética trascendental de Kant, nos elevamos a través de ejemplos y llegamos a poder captar la idea expresada por el autor leyendo e interpretando sus argumentos; este proceso, cuando va acompañado de un esfuerzo personal e interesado, alimenta la inteligencia del individuo agilizando su capacidad de comprensión. También nos hace tolerantes cuando tras comprender el enorme esfuerzo intelectual y vital que supusieron todos los grandes sistemas filosóficos, vemos de qué manera han sido y son contestados, refutados, perfilados o atacados; la moraleja de que todo discurso, opinión, sistema político y religión son frutos de procesos históricos abiertos y que carecen de una verdad absoluta, es una de las primeras conclusiones a las que llegué cuando profundicé en la filosofía.»

Robledero, F.: «Para qué sirve la filosofía». En **http://www.lasangredelleonverde.com**

3. ¿Qué funciones le atribuye el autor a la filosofía? ¿Coinciden con las que tenías anotadas en tu cuaderno?
4. Vuelve a leer el artículo y responde a las siguientes preguntas.
   a. ¿Cómo entiendes el argumentar y el contrargumentar?
   b. ¿Qué poder le atribuye Platón a la filosofía?
   c. ¿En qué sentido la filosofía nos hace tolerantes?

Introducción

En esta primera unidad tratamos de explicar el origen del saber filosófico, concretar su especificidad, su funcionalidad y citar los principales movimientos filosóficos y sus autores en un diálogo con el entorno, aportando un saber tolerante y crítico. La filosofía supuso una nueva actitud de **conocimiento cercano de la realidad,** actitud que es específica del ser humano frente a las otras especies biológicas. El ser humano tiene necesidad de explicarse y entender su entorno y por ello pone su afán en formularse preguntas. Por otra parte, el ser humano, a pesar de ser tan indefenso físicamente, inmaduro en su nacimiento, con respecto a otros animales, fue capaz de sobrevivir gracias al desarrollo de los diversos tipos de saberes. En definitiva, en el ser humano existe una base material, biológica, en la que la **razón** tiene un papel muy importante, dando sentido a un mundo más humano, alejado de la pura animalidad.

1. El origen de la filosofía

A partir del siglo VI a.C. en Grecia existe un pensamiento propiamente filosófico. Sin embargo, con anterioridad existía una mentalidad mítica. Las explicaciones míticas utilizan los relatos o leyendas para comprender y dominar el mundo. El mito recurre a fuerzas sobrenaturales o mágicas y a explicaciones arbitrarias fruto de los caprichos de la voluntad de los dioses.

No solo la cultura griega tiene mitos, sino que otras culturas, incluso en la actualidad, también los tienen. A menudo nos encontramos con fiestas y celebraciones que recurren con frecuencia a mitos en los que la fantasía tiene mucha presencia.

Actividades

1. ¿Reconoces los mitos de la figura 1.1? ¿Sabes lo que intentan explicar? Haz una puesta en común con tus compañeros.
2. ¿Conoces otros mitos diferentes de estos? ¿Y de otras culturas, por ejemplo, orientales? Elabora una lista.

Fig. 1.1. *Algunos de los mitos más conocidos.* Los mitos más célebres en Occidente proceden de la Antigüedad clásica, pero también hay otros provenientes de otras culturas.

1.1 Los mitos

El término «mito» proviene de la palabra griega *mythos*, cuyo significado más inmediato es «discurso» o «narración». Así pues, en una primera aproximación, un **mito** se correspondería con una narración cualquiera.

Los griegos disponían de un gran número de mitos, al igual que en muchas culturas actuales permanecen elementos que pueden considerarse míticos. Ya sea clásico o contemporáneo, el mito cumple tanto una función explicativa como una función ejemplificadora. Además, en las narraciones míticas intervienen la **imaginación*** y las **creencias*.**

La narración de los mitos representa una necesidad vital. Con ella se pretende, por un lado, aplacar o propiciar la acción sobrehumana de los dioses y, por otro, estimular las mismas dotes creativas y espirituales de la imaginación del ser humano. En esta doble vertiente, los mitos disponen de las características que a continuación se enumeran:

- La muerte y la vida, el amor y el odio, la lluvia, la guerra, la fertilidad, etc., se personifican y divinizan a través del mito. Con el culto, los ritos y las plegarias se conseguía la intervención beneficiosa de los dioses para poner remedio a las diferentes catástrofes.
- Los sucesos del mundo dependen de la voluntad de los dioses, que actúan de una forma caprichosa. Así pues, si una enfermedad acontecía era porque un dios estaba irritado con esa colectividad.
- Los objetos adquieren propiedades distintas a las que les corresponden por naturaleza. De esta forma, una piedra se convertía tras un ritual en talismán y su magia permitía curar enfermedades y convocar a los espíritus y dioses.

El **mito** en el contexto griego hace referencia a un conjunto de narraciones, algunas de tradición oral y las más conocidas de tradición escrita, que quedaron registradas en obras como la *Teogonía* de **Hesíodo** y la *Ilíada* y la *Odisea* de **Homero.**

Con los mitos, el mundo aparece como caótico y la naturaleza se comporta azarosamente según la voluntad de los dioses. En contraposición, con la visión racional el mundo se transforma en algo ordenado y regido por leyes estables y fijas que se pueden descubrir.

Texto 1. Dioses y semidioses

«Decidme, ¡oh, Musas de las moradas olímpicas!, cuál de los dioses fue el primero. Antes que todas las cosas, fue el Caos, y después la Tierra (Gea) de amplio seno, asiento siempre sólido de todos los Inmortales que habitan las cumbres del nevado Olimpo, y el Tártaro tenebroso enclavado en las profundidades de la Tierra espaciosa, y Eros, el más hermoso entre los Dioses Inmortales, que libra de todas las preocupaciones y subyuga en el ánimo de todos los Dioses y todos los hombres la mente y el consejo prudente. Y del Caos nacieron Erebo y la negra Noche (Nix); y de la Noche nacieron el Éter y el Día (Hémera), pues los concibió al unirse con Erebo. Y primero engendró la Tierra al Cielo estrellado (Urano), similar a ella en grandeza, para que todo lo cubriese y fuese segura morada para los Dioses dichosos. Y engendró después los grandes Montes, agradables moradas de los Dioses y de las Ninfas, que habitan las montañas llenas de valles. Concibió después a Ponto, el mar indomable y estéril, que al hincharse bate furioso, pero sin (el concurso) de amoroso abrazo.»

Hesíodo: *Teogonía*, Trotta, Madrid, 2000, pp. 113 y sigs.

1. Busca los dioses que aparecen en el texto y haz una lista.
2. ¿Qué relación existe entre ellos? Dibuja un esquema.
3. ¿Qué tipo de temática o preocupación está presente en el texto?
4. ¿Con qué crees que se corresponde cada dios? Al lado de cada uno, anótalo en tu lista.

1.2 El logos

El término *logos* tiene diferentes significados en griego. Por un lado, se corresponde con «razonamiento», «argumentación» o «habla». Por otro, puede ser entendido como «inteligencia», «pensamiento», «ciencia», «estudio» o «sentido».

El **logos** es el conocimiento que se adquiere a través de la razón y no a partir de creencias o mitos.

Como complemento a la explicación mítica, que perdurará en la civilización griega, con los primeros pensadores aparecerá el logos, término que denota una actitud racional. Las principales características de esta razón, que trata de comprender y dominar el mundo natural y humano, son las siguientes:

- Frente a la **arbitrariedad** propia del mito, ahora se encuentra la **necesidad,** de tal forma que las cosas suceden cuando, donde y como deben suceder.
- Frente al **caos,** que se encuentra estrechamente relacionado con el mito, en el logos se recurre a un **cosmos ordenado** que sigue sus propias leyes.
- En el mito, a la **apariencia** se contrapone la **esencia** o naturaleza última e invariable de las cosas o de la realidad en el logos.
- Frente a la **angustia** que provoca el futuro y frente a la ignorancia hacia las circunstancias que rodean al ser humano propias del mito, se encuentra la **confianza** en el poder explicativo de la **razón.**
- Frente al **mito** o la imaginación, circunscritos a la tradición basada en la obediencia ciega, está el **logos** o la razón, representados por la capacidad crítica, la necesidad, el diálogo, el **análisis*** y la **síntesis***.

Conceptos	Saber mítico	Saber racional (logos)
Los fenómenos se explican mediante...	Dioses y destino. Imaginación. Tradición.	Naturaleza y necesidad. Razón. Crítica.
El mundo es...	Caótico y caprichoso.	Ordenado por leyes estables.
La autoridad es...	Obediencia ciega.	Búsqueda constante.
El método se basa en...	Ritos, oraciones, etc.	Diálogo, análisis de los fenómenos y síntesis en reglas.

Tabla 1.1. *Diferencias entre el saber mítico y el saber racional o logos.*

1.3 Origen histórico

La filosofía nace en el siglo VI a.C. en Grecia (Asia Menor) como un intento racional de explicar fenómenos que acontecen en la naturaleza, al promocionar las propias capacidades humanas y al alejarse de las explicaciones míticas que hasta entonces predominaban en esta cultura. El origen de la filosofía occidental aparece ligado, pues, a la civilización griega, en concreto a su primer pensador, **Tales de Mileto** (siglo VII-VI a.C.). Frente a las explicaciones de la realidad de carácter mítico y religioso, este filósofo nos ofrece por primera vez una explicación basada en la razón.

La filosofía oriental surgió en la misma época que la occidental, tanto en China como en India. En China apareció durante la época de las Primaveras y Otoños (722 a 481 a.C.) y el título de «primer filósofo» se le atribuye a **Confucio (fig. 1.2),** que tuvo más de trescientos seguidores y fundó la Escuela de los letrados. En India las *Upaninshads* son las primeras composiciones filosóficas, anteriores a los principios de la filosofía griega. Fueron escritas en sánscrito hacia el año 500 a.C. La manera de enseñar con el alumno sentado frente *(upa-ni-sad)* al maestro, en una atmósfera de reverencia y secreto, dio a estos tratados su nombre.

Existen ciertas semejanzas entre los mitos griegos y orientales, en cuanto que ambas culturas disponen de una mitología y de unas creencias religiosas similares. Así, ambas coinciden en ofrecer narraciones acerca de la solución de un problema, del origen del mundo, etc., recurriendo a fuerzas sobrenaturales. También existen algunas similitudes en la temática que tratan las filosofías orientales y occidentales, sobre todo en aspectos relacionados con la antropología y con la ética.

Confucio (531-479 a.C., fig. 1.2)

Kung-tse, más conocido en Occidente como **Confucio,** es un filósofo, teórico social y fundador de un sistema ético más que religioso. Lejos de la mística y de las creencias religiosas, el **confucianismo** se propone como una filosofía práctica, como un sistema de pensamiento orientado hacia la vida y destinado al perfeccionamiento de uno mismo. El objetivo, en último término, no es la salvación, sino la sabiduría y el autoconocimiento.

Fig. 1.3. *El primer despertar de la conciencia ante el asombro.* La admiración es el detonante, según Platón y Aristóteles, que hace que el ser humano comience a filosofar. En un principio, las cuestiones que se plantea el hombre están relacionadas con su entorno más inmediato. Después, las preguntas son más complejas.

No obstante, a pesar de estas semejanzas, en el siglo XX diversos autores defienden la hipótesis del origen griego de la filosofía, al considerar que esta disciplina es una creación original del pueblo griego. Las causas que fundamentan la aparición de la filosofía en Grecia, según estos autores contemporáneos, son principalmente las siguientes:

- **La evolución desde un pensamiento mítico a un pensamiento racional.** La filosofía toma algunos conceptos propios del mito, pero los dota de un nuevo significado. Así, diversos términos que ya existen en los mitos, se utilizan después en las teorías de los pensadores, como por ejemplo la justicia, la ley, la naturaleza, dios, el alma, el cuerpo...
- **Importantes elementos derivados del contexto sociocultural, político y económico de la época.** La existencia de la polis, el floreciente comercio marítimo, la figura del sabio, un ambiente de libertad individual, el debate público, etc., son algunos de los factores que favorecen la aparición del pensamiento racional.

1.4 Origen psicológico

El origen psicológico de la filosofía se encuentra en nuestra **capacidad innata de asombrarnos** frente a lo desconocido, que nos desorienta. Esta misma capacidad evidencia nuestra ignorancia ante un mundo lleno de enigmas que nos interroga con sus problemas y contradicciones. Tanto **Platón** (428-348 a.C.) en su obra *Teeteto*, como **Aristóteles** (384-322 a.C.) en su *Metafísica*, dan mucha importancia al asombro, bella palabra que se ha hecho clásica y es un lugar común tradicional para explicar el origen de la filosofía.

El **entusiasmo** supone un despertar de la conciencia, un intento de conocer lo que es uno mismo. El ser humano, en los orígenes de la cultura, aparece como protagonista en cuentos, fábulas y mitos que muestran su capacidad para maravillarse. No obstante, la filosofía no se detiene en el asombro, sino que también va más allá en el reconocimiento de la propia ignorancia: esa conciencia de la propia ignorancia es, para aquel que se entusiasma, un deseo de saber y un camino hacia la ciencia.

Cada uno de nosotros debe preguntarse por qué y cómo se enfrenta a la realidad desde una perspectiva filosófica. Cualquier persona posee la capacidad natural de observar, de pensar y de preguntarse sobre los fundamentos de la existencia o sobre aquello que aparece bajo forma de enigma y de misterio. Además, el ser humano puede cuestionarse las circunstancias que rodean a cada individuo. Con ello, hacemos uso de nuestras **aptitudes intelectuales.**

El origen psicológico de la filosofía se basa, en definitiva, en una fecunda actitud mental, en un deseo innato que tiene el ser humano y que le lleva a cuestionar todo lo existente de una manera respetuosa, pero crítica. Para ello, se sirve de sus capacidades racionales, que lo acercan al conocimiento de la realidad a través de mecanismos psicológicos como la atención, la percepción, la memoria, el pensamiento y el lenguaje.

Texto 2. Origen y función de la filosofía

«Los hombres comienzan y comenzaron siempre a filosofar movidos por la admiración; al principio, admirados por los fenómenos sorprendentes más comunes; luego, avanzando poco a poco y planteándose problemas mayores, como los cambios de la Luna y los relativos al Sol y a las estrellas, y la generación del Universo. Pero el que se plantea un problema o se admira reconoce su ignorancia.»

Aristóteles: *Metafísica* [G10-25], Porrúa, México, 2004.

1. ¿En qué concepto se basa Aristóteles para explicar el origen de la filosofía?
2. Según Aristóteles, ¿los fenómenos de los que se admira el hombre son siempre los mismos o cambian? Razona tu respuesta ayudándote de algunos ejemplos.
3. Enumera las causas que, para ti, empujan al ser humano a filosofar.

2. El saber filosófico y otros saberes

Etimológicamente, el término «filosofía» se compone de las palabras griegas *philo,* que indica «amistad», «amor», y *sophia,* que significa «sabiduría», de modo que filosofía es «amor a la sabiduría». Se dice que el primero en llamarse a sí mismo «filósofo» fue **Pitágoras,** quien afirmó que él no era «sabio», sino «filósofo» o «amante de la sabiduría».

El **saber filosófico** es un saber de segundo grado que presupone un determinado grado de desarrollo de la vida política, socioeconómica y cultural. Además, presupone otros saberes previos de «primer grado», como son los saberes técnicos, políticos, matemáticos, físicos, etc.

Fig. 1.4. *Saber vulgar, saber científico y saber filosófico.* A través de la sensibilidad y la inteligencia el ser humano puede acceder a estos tres tipos de saber, que se complementan entre sí.

La filosofía es el más antiguo de los saberes y de ella se desprendieron luego los saberes particulares. Al inicio, ciencias como las matemáticas o la física no estaban bien diferenciadas. Tanto es así que Platón insistía en que «nadie que no sepa matemáticas entre en la Academia». Para los antiguos griegos las matemáticas representan una simple instrucción que puede aprenderse y enseñarse. Es una disciplina asequible y no especialmente complicada.

2.1 Tipos de saberes

Existen diversos tipos de saberes, pero al menos podemos hablar de tres: el «saber vulgar» (el sentido común), el «saber científico» y el «saber filosófico». Estos tres saberes están al alcance de cualquier persona, ya que son capacidades naturales de la inteligencia humana. No se excluyen entre sí y pueden ser complementarios.

- **Saber vulgar o sentido común.** Nos enseña cómo se nos presentan las cosas, por ejemplo, que el fuego quema, el agua moja… Todo ser humano dispone de un conocimiento ordinario, no reflexivo, por el ejercicio espontáneo de la razón: el sentido común. Se compone de certezas comunes a todos, hasta el punto de que nadie carece de ellas, ni puede prescindir de ellas a la hora de razonar. Esta clase de saber está mezclado con **prejuicios*** y es conformista y **acrítico***, pero ayuda a recoger aspectos muy significativos de la cultura de diferentes pueblos. Estos aspectos sirven de base para otros saberes más rigurosos. Por tanto, este conocimiento es importante aunque no haya de tenerse por definitivo y completo.

- **Saber científico.** Indaga y manifiesta las causas inmediatas de las cosas que caen bajo nuestro radio de observación y experimentación. Es un conocimiento más profundo: en el caso del agua diríamos que es un elemento compuesto de dos moléculas de hidrógeno y una de oxígeno. La ciencia es un saber descriptivo que nos dice cómo son las cosas y, dependiendo de los contenidos y los fenómenos que estudian, se distinguen unas de otras. Así, la medicina se ocupa de la salud del cuerpo; la psicología, de la mente y de sus manifestaciones en la conducta del ser humano; la ecología, del orden que hay o debe haber entre los organismos vivos y el medio ambiente; la geología, de la estructura de la que está compuesta la Tierra, etcétera.

  En definitiva, esta clase de saber es sectorial, ya que se ocupa de parcelas de la realidad, progresa y nos aporta información, es experimental, intersubjetivo, crítico y útil en determinados aspectos vitales para el desarrollo humano.

Actividades

3. ¿Qué tienen en común estos tres saberes? ¿En qué se diferencian? Explícalo con tus palabras e ilústralo con ejemplos.
4. ¿Por qué se le da más importancia al saber científico en nuestra sociedad?

- **Saber filosófico.** Nos acerca al conocimiento de las últimas causas de la realidad. Un ejemplo sería que el agua y el fuego son elementos del mundo físico que contienen una naturaleza última o «esencia» permanente e inmutable *(sustancia)* y características variables y cambiantes *(accidente)*. La filosofía no estudia tanto esta o aquella realidad en particular, sino que, partiendo de realidades concretas, se remonta a los principios primeros o causas últimas de la realidad.

  Por tanto, no cabe reducirla a ningún saber particular, ni a la suma de todos los saberes particulares, dado que la filosofía nos familiariza con el pensar a fondo sobre la realidad.

  Platón decía que los filósofos eran los que estaban interesados en lo eterno e inmutable. Al explicar las cosas, la filosofía ha de alcanzar las raíces últimas de la realidad que se contempla, al revés de lo que hacen las ciencias particulares.

2.2 Características del saber filosófico

Ya se ha definido en el epígrafe anterior qué es el saber filosófico, pero ¿qué peculiaridades tiene? Las características del saber filosófico son las siguientes:

- Es un **saber reflexivo** porque se acerca a la realidad y a la verdad a través de nuestras capacidades racionales, en busca de soluciones a los problemas que preocupan al ser humano.
- Es un **saber abierto** porque, aunque el objetivo de la filosofía sea encontrar la verdad última de las cosas, considera que muchas de sus propuestas son un proceso abierto y no definitivo a la verdad.
- Es un **saber racional** porque busca respuestas que se adapten al entendimiento humano. Esta característica lo diferencia de otro tipo de planteamientos, como el mito o la religión.
- Es un **saber global, integrador** y **unitario,** frente a la ciencia, que es más bien un saber parcial, sectorial y especializado. Este hecho obedece a que la filosofía debe explicar la totalidad de todos los seres desde sus más profundos y fundamentales principios, mientras que la ciencia busca los medios más adecuados para llegar a unos fines determinados.
- Es un **saber radical** porque trata de acercarse a lo más esencial en cuestiones difíciles tales como el sentido de la existencia humana y la libertad, el problema del bien y del mal, etc. Estas cuestiones representan «problemas radicales» que, además, no tienen respuestas absolutas.
- Es un **saber práctico** porque trata de orientar la acción humana, de alguna manera, a partir de una serie de principios. Se manifiesta en la filosofía ética, de forma individual, y en la filosofía política, en un plano colectivo.
- Es un **saber sistemático** porque trata de ordenar los distintos ámbitos de la realidad y de la experiencia humana.
- Es principalmente un **saber crítico** porque refleja y analiza la mentalidad de una época. Así pues, muestra un cierto rechazo a los dogmatismos, a las verdades y creencias que impone la sociedad y que se admiten de forma automática e inconsciente.

Desde sus inicios, la filosofía pretende oponerse a las verdades compartidas tradicionalmente y a los mitos. Se eleva por encima del sentido común que deja al mundo tal cual es sin cuestionarse su origen o su legitimidad. La filosofía es un saber que indaga, más allá de lo establecido, lo dado, lo inmediato y perecedero.

Fig. 1.5. *El pensador de Rodin.* El ser humano dispone de la capacidad de reflexionar, característica que lo distingue de los animales. Esta es una capacidad que está relacionada con el saber filosófico.

A través de la capacidad crítica que inspira a la filosofía se han mostrado los límites de las teorías científicas; se han presentado los desequilibrios y el desarraigo que genera la tecnología en relación con la naturaleza y con los hombres; se han desaprobado el poder y sus excesivos afanes de control social y se han señalado los propios errores y carencias mediante la autocrítica.

El estudio del saber filosófico guarda una estrecha relación con su propio desarrollo histórico. Por tanto, la filosofía también es:

- Un **saber analítico** porque analiza los fundamentos de todo lo que considera y nunca se limita a aceptarlos de forma ingenua.
- Un **saber universal** porque es un saber racional alcanzable a todas las metas de las personas.
- Un **saber normativo** porque trata de ofrecer propuestas, constituidas a través de la crítica, que orienten la transformación individual y colectiva de la realidad, es decir, que sirvan de guía, de norma en lo individual, y en lo colectivo, aquellos modos de convivencia que favorecen el intercambio público de razones: la democracia.
- Un **saber histórico** porque se va realizando a través de la constante revisión crítica de su saber, a través de la autocrítica histórica. Es un conocimiento siempre revisable y nunca terminado. Además, está influida por los factores socioculturales de cada época y lugar.

Saber científico	Saber filosófico
• Es un saber de soluciones.	• Es un saber de problemas.
• Divide la realidad en partes.	• Estudia la realidad como totalidad.
• Emplea un método práctico-experimental.	• Usa un método teórico-crítico.
• Parte de la información para alcanzar el conocimiento.	• Parte de un cierto grado de conocimiento para alcanzar la sabiduría.

Tabla 1.2. *Diferencias entre el saber científico y el filosófico.*

Texto 3. La verdad científica y la verdad filosófica

«[...] La verdad científica, la verdad física, posee la admirable calidad de ser exacta, pero es incompleta y penúltima. No se basta a sí misma. Su objeto es parcial, es solo un trozo del mundo y además parte de muchos supuestos que da sin más por buenos; por tanto no se apoya en sí misma, no tiene en sí misma su fundamento y raíz, no es una verdad radical. Por ello postula, exige integrarse en otras verdades no físicas ni científicas que sean completas y verdaderamente últimas. Donde acaba la física no acaba el problema; el hombre que hay detrás del científico necesita una verdad integral, y, quiera o no, por la constitución misma de su vida, se forma una concepción completa del universo. Vemos aquí en clara contraposición dos tipos de verdad: la científica y la filosófica. Aquella es exacta pero insuficiente; esta es suficiente pero inexacta. Y resulta que esta, la inexacta, es una verdad más radical que aquella —por tanto y sin duda, una verdad de más alto rango— no solo porque su tema sea más amplio, sino aun como modo de conocimiento; en suma, que la verdad inexacta filosófica es una verdad más verdadera.»

Ortega y Gasset, J.: *¿Qué es la filosofía?*, Taurus, Madrid, 2006, Lección IV.

1.a. ¿Qué diferencias hay entre la verdad científica y la verdad filosófica? Haz una tabla comparativa.

b. Compara tu tabla con la Tabla 1.2.

2. ¿Qué sabes sobre Ortega y Gasset? Busca información en Internet para escribir una pequeña biografía sobre este filósofo.

3. La función y necesidad de la filosofía

Este primer acercamiento a la filosofía debe servir para aproximarnos a un saber que se desarrolla a lo largo de la historia y que es consecuencia de la actividad de nuestro pensar y razonar.

Estas capacidades cobran aún más importancia cuando unos entienden que vivimos en el mejor de los mundos posibles, que la historia ya se ha terminado y apenas habrá cambios radicales, mientras que otros consideran que toda la realidad es cambiante y, por tanto, modificable e inacabada. La tarea de la filosofía es la de dilucidar quién tiene razón y en qué sentido la tiene.

Debemos recordar la invitación de Kant (fig. 1.6) a tematizar el presente histórico que se vive. Él lo hizo escribiendo *¿Qué es la Ilustración?* En esta obra el autor nos invita a pensar: afirma «atrévete a pensar». Siguiendo esa tradición kantiana propia de la modernidad, habría que señalar la importancia de la filosofía para formularse las siguientes preguntas:

- ¿Qué pasa ahora?
- ¿Qué es hoy un problema para el pensamiento?
- ¿Qué hay en nuestro presente sobre lo que debamos reflexionar?

En 2011 se pudo ver cómo el movimiento social *democracia real, ya*, también denominado «el movimiento de los indignados», practicaba la virtud cívica de rebelión pacífica contra la clase política por haber permitido que la economía y los mercados, causantes de la crisis económica, siguieran dominando nuestras vidas. La filosofía invita a reflexionar en nuestro momento sobre los problemas que preocupan a los ciudadanos y que la clase política se muestra incapaz de resolver.

Kant (1724-1804, fig. 1.6)

Immanuel Kant nació en 1724 en Königsberg, en Prusia. Fue el cuarto de nueve hermanos. Estudia en la universidad de su ciudad natal. La filosofía entonces predominante en Alemania era el racionalismo de Christian Wolff. A través de un discípulo de este se inició en el estudio de las obras de Newton y Wolff y también conocía las tendencias empiristas que procedían de Inglaterra y de los ideales de la Ilustración, de Francia. Estudia en la universidad de Königsberg y posteriormente ejerce como catedrático de Lógica y Metafísica de la universidad de Königsberg. Allí se dedica a ordenar sus pensamientos y a desarrollar su filosofía. Muere en el año 1804 en su ciudad natal.

3.1 Función

En 2005, la UNESCO elaboró una «estrategia intersectorial sobre la filosofía» en su 171ª reunión (171 EX/12). Como resultado final, se redactó un documento donde se le atribuyen una serie de funciones a esta materia:

- La filosofía es una **«escuela de libertad»,** pues elabora instrumentos intelectuales para analizar y comprender conceptos fundamentales como la justicia, la dignidad y la libertad. Además, crea capacidades para pensar con independencia, incrementa la facultad crítica para entender y cuestionar el mundo, y fomenta la reflexión sobre valores y principios.
- La filosofía responde a la necesidad que tienen los ciudadanos de un cierto número de **nociones filosóficas y morales** mínimas. Estas nociones están destinadas a fomentar el respeto de la personalidad humana, el amor a la paz, el odio al nacionalismo mezquino y al imperio de la fuerza bruta, la solidaridad y la entrega al ideal de la cultura.
- La filosofía dentro de su ámbito intercultural es una **«escuela de solidaridad humana»** y sirve como base para un mejor entendimiento y respeto mutuos, que son elementos fundamentales para promover el diálogo entre las civilizaciones. Todo diálogo entre culturas, así como la reconciliación entre comunidades, debe asentarse en valores de paz y coexistencia.
- La filosofía es una forma de abordar los **problemas universales** de la vida y la existencia humanas y de inculcar a las personas una manera de pensar independiente. Cuestiones como la educación para todos, la diversidad cultural, la ética de la ciencia, los derechos humanos, el diálogo intercultural, la democracia y el diálogo entre las civilizaciones necesitan contar con sólidos fundamentos filosóficos y estar dotadas de rigor analítico y conceptual.

- La actividad filosófica, que no excluye la libre discusión, permite a cada uno aprender a **pensar por sí mismo,** ya que se esfuerza en precisar las definiciones exactas de las nociones utilizadas, de verificar la validez de los razonamientos, de examinar con atención los argumentos de otros, etc.
- La educación filosófica contribuye a la **paz** y prepara a cada uno para asumir sus responsabilidades frente a las grandes interrogantes contemporáneas, sobre todo en el dominio de la ética. Esto se logra al formar **espíritus libres** y **reflexivos** capaces de resistir a las diversas formas de propaganda, de fanatismo, de exclusión y de intolerancia.
- El desarrollo de la reflexión filosófica, dentro de la enseñanza y en la vida cultural, ayuda de manera importante a la **formación de los ciudadanos,** en la medida en que con su capacidad crítica se mejora la calidad de la democracia.

El 20 de noviembre se instauró como el Día Mundial de la Filosofía en Palermo (Italia) en 2008. Koichirio Matsuura, Director General de la UNESCO, difundió una carta que termina así: «Hago votos porque este Día Mundial de la Filosofía le proporcione a la comunidad internacional la oportunidad de sostener un debate lúcido y esclarecedor sobre las bases de su convivencia y sus valores, normas, principios e ideales».

3.2 Necesidad

Existen diferentes clases de necesidades. Unas, **primarias,** que nuestro organismo demanda para poder sobrevivir como, por ejemplo: comer, beber, etc. Otras, **secundarias,** que nos crea la sociedad en la que vivimos, como son la moda o el teléfono móvil. La filosofía no se mueve en el contexto de las necesidades materiales: a esto responden mejor las ciencias o, más en concreto, las técnicas que de ellas se derivan.

La filosofía responde a otro tipo de necesidad: la de comprender, expresar y analizar críticamente los problemas que se le presentan al ser humano y los supuestos de las ciencias. Por tanto, la filosofía trata de **analizar el sentido** de nuestra **existencia** y del **mundo** en que vivimos. La filosofía es entendible solo en términos de una crítica ideológica potenciadora de la autorreflexión y del análisis crítico al sistema social.

Texto 4. La utilidad del pensar

«De la inteligencia occidental cabría esperar que mirara la crisis de frente, antes de refugiarse en sus despachos privados para opinar sobre ella. Que tomara nota de los desperfectos, que oyera los gritos de los desahuciados, que midiera la amplitud de las frustraciones causadas o de los proyectos de vida abortados. Pero los intelectuales no han comparecido, aunque se les esperaba y se les espera.

La hondura de esas expectativas explica el éxito espectacular de un librito, de no más de 30 páginas, titulado *Indignaos* y del que se han vendido en Francia más de 600.000 ejemplares. Su autor, Stéphane Hessel, de 93 años, no es un nombre cualquiera. Antiguo resistente, condenado a muerte por los nazis, corredactor de la *Declaración Universal de los Derechos Humanos* y abogado de muchas causas perdidas, ha tomado la pluma para denunciar la dictadura internacional de los mercados internacionales, la desigualdad creciente entre los que no tienen casi nada y los que lo poseen todo, las amenazas a la paz y la amnesia generalizada. El viejo intelectual ha expresado el malestar de nuestro tiempo, invitándonos a la indignación: "Deseo que halléis un momento de indignación. Eso no tiene precio. Porque cuando algo nos indigna, nos convertimos en militantes, nos sentimos comprometidos y entonces nuestra fuerza es irresistible". El libro, silenciado en un principio por los medios biempensantes, ha corrido como la pólvora de boca en boca hasta ser un fenómeno social.»

REYES MATE, M.: *El conocimiento, ¿valor o precio?, El Periódico,* 16/02/11.

1. Dice el autor que «los intelectuales no han aparecido». ¿Crees que los pensadores deben estar presentes en los movimientos cívicos? ¿Sería el compromiso social una de las funciones de la filosofía?
2. ¿Cómo se llama el libro que escribió Stéphane Hessel? ¿Podemos afirmar que este autor es un pensador comprometido con su entorno?

4. Filosofía, ciudadanía e interculturalidad

En Internet

En la página web **http://www.ensayistas.org/critica/teoria/intercultural.htm** podrás encontrar una mayor información sobre la filosofía intercultural. Esta página contiene diversos artículos y esta versión electrónica está promovida por el profesor José Luis Gómez-Martínez, con fines educativos.

La educación para la ciudadanía es abordada por los distintos pensadores, principalmente, desde su dimensión **ética y política.** La **filosofía** como pensamiento plural, crítico y abierto tiene una **finalidad intercultural.** A lo largo de la historia del pensamiento, existen abundantes ejemplos del carácter tolerante que fomenta el pensamiento filosófico como **saber radical** y **crítico.**

4.1 Filosofía y ciudadanía

La filosofía, desde los **primeros pensadores,** trata de educar al ciudadano. Los sofistas, por ejemplo, intentaban instruir a los ciudadanos en el arte del buen hablar para que triunfasen en la política. Sin embargo, serán filósofos como **Platón** y **Aristóteles** los primeros en poner en **relación** la ética y la política. Esta relación entre los **saberes prácticos** tendrá su continuidad en la Edad Media con **Tomás de Aquino.**

A pesar de la relación que se establece entre ética y política hasta la Edad Media, ya en el periodo helenista comienza la separación entre ambas dimensiones de la filosofía. A partir del Renacimiento, **Maquiavelo** considera que la reflexión política debe estar muy por encima de la ética. En la Edad Moderna, **Kant** representa de nuevo una fundamentación rigurosa de las relaciones entre ética y política, valorando principalmente dos aspectos: la **libertad** y la **autonomía.** Finalmente, en la Edad Contemporánea, la ética aparece siempre en los diversos pensadores como un referente ante una política que se considera un terreno donde domina la mentira y el engaño. Filósofos como **Bobbio** tratan de establecer nuevamente relaciones entre ética y política en el ámbito de la democracia y los derechos humanos.

4.2 Filosofía e interculturalidad

Fig. 1.7. *La diversidad.* Los inmigrantes residentes en España son ya 3,5 millones y representan el 8 % de la población española, según las últimas cifras del padrón municipal a 1 de enero de 2005.

En la actualidad vivimos en una sociedad cada vez más diversa, hecho en parte favorecido por el fenómeno social de la inmigración. En este contexto, pensadores como Raúl Fournet están fundamentando y elaborando una propuesta filosófica ante la contradicción que supone un mundo marcado por la **globalización** económica y el **pensamiento único*** en un contexto social, educacional y económico presidido por la variedad cultural.

El liberalismo coloca a la competitividad por encima de cualquier otro valor. También fomenta un librecambio sin límites, es decir, la mundialización o globalización solamente en su significado económico y financiero, no social y humano. Esta filosofía intercultural debe partir de un hecho actual, la globalización. Este nuevo fenómeno surge de un proceso básicamente económico presidido por una ideología de mercado de compra/venta.

La globalización es propia de una política dominante en los países ricos, que intenta convertirse en único modelo de cultura y de civilización extensible a los países pobres. Además, es un proceso que camina hacia la imposición de un pensamiento uniforme y **etnocéntrico*,** al tratar de imponer la cultura del consumo con sus valores anexos a toda la población diversa.

Frente a la globalización cultural, la filosofía debe cumplir con su **función crítica** desde el respeto a todas las culturas, la defensa de la dignidad de las personas que componen los pueblos y el reconocimiento de la identidad de los otros en el contexto del diálogo intercultural. Por tanto, es tarea de la filosofía reordenar las condiciones para un diálogo, promover un mundo justo y solidario, desenmascarar la cultura única, promocionar la reflexión de cada individuo en el marco de la libertad y defender la racionalidad.

El **método de la filosofía intercultural** consiste en un proyecto reflexivo que intenta esclarecer sus preguntas sin invocar simplemente a la tradición, las creencias o cualquier otra autoridad, colocado por encima de la **razón humana.** La guía sería la razón, aunque no se podría desligar de las tradiciones. El programa de un filosofar orientado interculturalmente se puede expresar en dos aspectos. En primer lugar se trata de desarrollar una nueva mirada sobre la historia del filosofar, y que cada interrogante concreto debe contemplarse como un conjunto en el que entren el mayor número posible de tradiciones. Además, un segundo camino debe situarse entre un universalismo centrista y el separatismo o relativismo de la etnofilosofía o filosofía intercultural.

Autores como **Fanz Martin Wimmer,** filósofo austriaco, piensan que efectivamente este consiste en un simple procedimiento comparativo y tampoco apenas «dialógico» sino en un procedimiento «polilógico» de la filosofía. La filosofía intercultural se sitúa en el contexto de la pluralidad y del respeto a lo diferente. Esto presupone una relativización de los conceptos y métodos desarrollados en las tradiciones particulares y presupone también una nueva mirada, no-centrista, sobre la historia del pensamiento de la **humanidad.**

En conclusión, según Wimmer, la **filosofía intercultural** debe analizar formas de pensar en su implícita condicionalidad cultural. Así el autor le atribuye las siguientes tareas:

- Debe criticar los estereotipos sobre la autopercepción y la percepción del extraño.
- Debe fomentar la apertura y la comprensión.
- Debe consistir en una mutua ilustración.
- Puede y debe fomentar el entendimiento humano y la paz.

Texto 5. Globalización y filosofía intercultural

«Nuestra principal objeción y crítica estriba en que la globalización no contiene ni da la posibilidad de que desarrollemos auténticos procesos de interculturalidad para la inclusión del otro. Hasta ahora la globalización no es un correlato de más democracia social y política, esto sigue estando en el terreno de lo utópico, cuando las relaciones de interdependencia construida por la globalización debieran acrecentar y fortalecer los principios democráticos y los derechos humanos. Lo que las políticas neoliberales de la globalización suman cada vez, es más productividad a toda costa, ganancias inmediatas, riquezas acumulativas, roles sociales conformados según las imágenes mediáticas de una cultura "light" sin proyecto histórico, etc. Lo que cada vez restan más es el diálogo intercultural como el principal medio de interrelación y reconocimiento, la pluralidad democrática consensuada a través del discernimiento de los conflictos e intereses en función del bien común de la mayoría ciudadana, una opinión pública cuyo objetivo esencial sea la verdad política, etc.

Frente al monologismo cultural de la globalización neoliberal, se presenta el dialogismo de la interculturalidad como momento crítico del pensar filosófico, pues se trata de re-pensar la realidad existencial desde la alteridad originaria, desde la cual el otro se realiza y expresa, y a quien mi conciencia debe concederle todos los derechos para hablar y actuar en libertad. El derecho al diálogo desde la perspectiva intercultural, es decir, desde una perspectiva pluralista de la convivencia humana, es una alternativa válida a la homogeneización y la estandarización del pensamiento reductivo y único de la globalización neoliberal, ya que supone la noción democrática de la inclusión del otro en un "nos-otros", entendiendo por esto la inscripción de todos los individuos de un mundo donde el marco de tolerancia política, ética, moral, etc., garantice plenamente el derecho a la vida y arribar a la tan esperada identidad y ciudadanía compartidas.»

MÁRQUEZ-FERNÁNDEZ, A.:
«Globalización neoliberal y filosofía intercultural».
En **http://www.unav.es/gep/SeminarioMarquez.html**

1. Lee el texto y contesta a la siguiente pregunta: ¿en qué sentido la globalización es contraria a los derechos humanos y a la democracia?
2. Para el autor, ¿qué es «el dialogismo de la interculturalidad»?
3. En el texto ¿qué relación guardan globalización y neoliberalismo?

5. La filosofía y su historia

La **filosofía,** como hemos visto, representa un intento del espíritu humano de establecer una concepción racional del universo. Para lograr su propósito, la herramienta que emplea la filosofía es la autorreflexión que aplica sobre sus propias funciones.

Dada la amplitud de la materia objeto de estudio, la filosofía se divide fundamentalmente en las siguientes ramas:

- **Metafísica.** Estudia la realidad y las propiedades de todo lo que es o existe.
- **Lógica.** Se ocupa de los razonamientos expresados lingüísticamente y estudia su estructura, su forma y su corrección para llegar a la certeza de su validez.
- **Epistemología.** Reflexiona sobre los orígenes, la validez y los límites del conocimiento.
- **Antropología.** Analiza a los seres humanos desde distintas perspectivas como la biológica, la social, la humanista o la cultural.
- **Ética.** Estudia los códigos morales y analiza las normas, su fundamentación, validez y universalidad.
- **Estética.** Analiza la naturaleza de la belleza y de las creaciones artísticas.
- **Política.** Se ocupa de los aspectos comunitarios del ser humano, como son su origen social, las formas de gobierno, el poder...

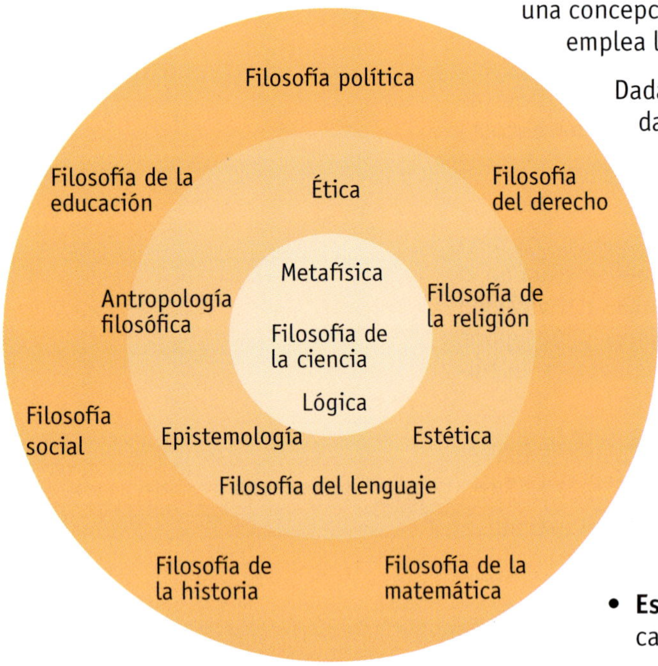

Fig. 1.8. *Ramas de la filosofía.* En esta figura se representa otra manera de dividir la filosofía en tres esferas diferentes.

Además de estas grandes ramas, existe la filosofía de la cultura, la filosofía del lenguaje, la filosofía de la ciencia, la filosofía social, la filosofía del derecho, la filosofía de la historia, la filosofía de la religión, etc.

La **historia de la filosofía** es un reflejo de la historia de la vida humana y del modo de pensar del individuo a lo largo del tiempo. Diversos autores, en diferentes épocas, nos acercan con sus pensamientos a una realidad que, aunque pasada, nos ayuda a comprender nuestro presente.

Desde una perspectiva histórica, la filosofía suele dividirse de distintas maneras, según sea el criterio que se emplee. Aquí adoptamos el criterio basado en la problemática principal de la que se ocupan los diversos pensadores en las diferentes etapas de la historia.

Como señala Julián Marías, la filosofía ha existido durante más de veinte y cinco siglos, en el mundo occidental, pero de una manera discontinua, es decir, ha habido siempre filosofía: desde los primeros presocráticos no ha dejado de haber filosofía; aunque no en todas partes, en algunos lugares sí, pese a grandes interrupciones y siempre de manera minoritaria.

Como afirma el autor, el que hace filosofía parte naturalmente de **una tradición,** de «algo que está ahí». Los presocráticos y demás «amantes del conocimiento» hacen filosofía porque está ahí, porque la encuentran, porque encuentran en la realidad social algo que es la filosofía. Nosotros tenemos una tradición que viene de Grecia y que no ha continuado en Grecia, sino muy limitadamente, pero se ha transmitido de Grecia al mundo romano y al mundo europeo posterior, de modo que nos incluimos dentro de esta tradición. La filosofía, la más auténtica filosofía, parte de una creencia: la creencia en **la razón.**

5.1 Época antigua

La filosofía antigua, cuyos máximos representantes son **Sócrates, Platón** y **Aristóteles (fig. 1.9)**, se circunscribe entre el siglo VI a.C. y el siglo I. Suele dividirse según la problemática de la que se ocupa en sus diferentes etapas. Así, podemos distinguir cinco periodos:

- **Periodo cosmológico (filosofía de la naturaleza).** Durante esta etapa se trata de hallar el principio o los principios constitutivos que expliquen el origen de la naturaleza. Así pues, la filosofía es entendida como la ciencia universal y a sus primeros pensadores se les denomina «físicos», dada su preocupación por los problemas relativos a la naturaleza o *fisis.* A esta labor dedican sus mejores esfuerzos **Tales, Anaximandro, Anaxímenes, Heráclito, Parménides, Pitágoras, Empédocles, Anaxágoras, Leucipo** y **Demócrito.** Estos pensadores se engloban en los llamados «presocráticos».
- **Periodo antropológico (filosofía del ser humano).** En este periodo el ser humano comienza a reflexionar sobre sí mismo y deja momentáneamente de prestarle atención a la realidad exterior. Ahora el punto central de su preocupación es la vida humana, en lugar del mundo que lo rodea. La reflexión propiamente filosófica sobre el ser humano se inicia con **Sócrates.** No obstante, antes de él quienes se ocuparon de dicha problemática fueron los sofistas (siglo IV a.C.), entre los que se encontraban **Protágoras** y **Gorgias,** que enfatizan la retórica como el arte del convencimiento y la eficacia para persuadir y conmover mediante la palabra.
- **Periodo de los grandes sistemas (epistémico-ontológico).** Con **Platón** y **Aristóteles** la filosofía griega llega a su plena madurez y, en adelante, todo el pensar filosófico llevará de una u otra manera su sello. Estos dos pensadores se ocuparon de todos los grandes temas de esta disciplina: el ser, el conocimiento, la cosmología o física, la ética, la política y la lógica (este último en el caso de Aristóteles). Además, crearon dos grandes sistemas: el **idealista** (Platón), que atribuye valor real a las ideas, y el **realista** (Aristóteles), que se basa en el valor de la experiencia sensible. El pensamiento de ambos filósofos está estructurado de tal modo que muchas de sus tesis filosóficas están presentes en autores posteriores.
- **Periodo helenístico (filosofía ética).** En esta etapa se sitúan dos corrientes filosóficas: el **epicureísmo*** y el **estoicismo*** (siglos IV-III a.C.). El interés de los filósofos se centra ahora en cuestiones éticas, pues se vuelve al hombre, a su interioridad, a su salvación y a su felicidad. Este periodo representa, además, un cambio del sentido de la filosofía, que se convierte en un modo de vida, una actividad que puede procurar la felicidad terrena. El motivo principal de este giro fue la crisis histórica del mundo antiguo.
- **Periodo religioso (neoplatonismo).** Representa el último periodo de la filosofía antigua. Un rasgo característico de esta etapa es la expresión de un fuerte sentimiento místico y un anhelo religioso de salvación. Destaca el pensador **Plotino.**

Aristóteles* *(384-322 a.C., fig. 1.9)

Discípulo de Platón que se formó en la Academia. Regresó a Atenas y fundó su propia escuela, el *Liceo*, donde investiga y enseña sobre lógica, física, metafísica, psicología, teoría del conocimiento, biología, ética y política. Su visión geocéntrica del universo perdura hasta el siglo XV.

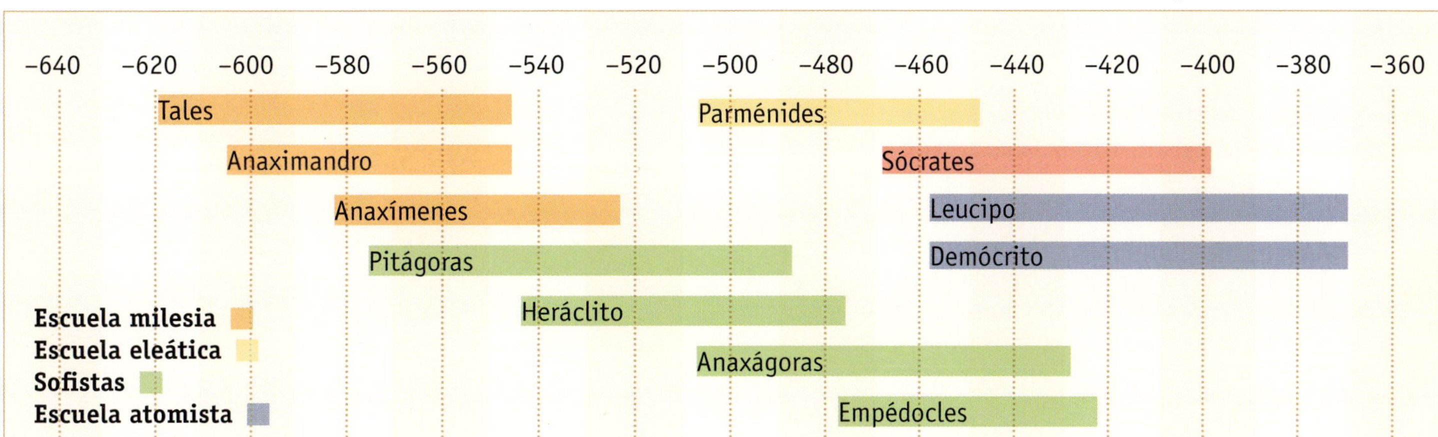

Fig. 1.10. *Cronología de los pensadores de la época antigua.* En esta cronología se recogen los pensadores anteriores a Platón, encuadrados en sus distintas escuelas, excepto Sócrates.

5.2 Época medieval

Este periodo histórico está protagonizado por el cristianismo y, en alguna época, el islamismo, con el **averroísmo***, y el judaísmo. El **cristianismo** es fundamentalmente un sistema de vida que tiene como modelo a Cristo y como fin la salvación. Al expandirse esta religión durante los primeros siglos de su existencia, entra en contacto con la filosofía griega hasta el grado de dar origen a esa síntesis de filosofía y cristianismo: la filosofía medieval. Su temática principal es el establecimiento de las relaciones entre razón y fe, es decir, entre filosofía y teología. La **filosofía medieval** se divide en dos grandes corrientes: patrística y escolástica.

- **Patrística (siglos I al V).** Su nombre deriva del pensamiento de los llamados «Santos Padres». Representa el conjunto de especulaciones que durante los primeros siglos de la era cristiana realizaron los padres de la iglesia ante la necesidad de usar conceptos filosóficos griegos para comprender la verdad revelada, formular racionalmente sus dogmas y defender su doctrina del constante ataque intelectual de que era objeto por parte de quienes consideraban irracionales sus creencias. Destaca principalmente **Agustín de Hipona.**
- **Escolástica (siglos XI al XIV).** Este término proviene de la palabra latina *scholasticus* y se aplicaba a quienes se ejercitaban en la enseñanza en las escuelas monacales. Como sistema perduró hasta el siglo XX. Generalmente se divide en tres periodos:
  - **La primera Escolástica (siglos XI al XII).** En esta primera etapa se establecen las bases y el acuerdo total entre fe y razón, con notables influencias de **Platón** y **San Agustín.** Destacan **Anselmo de Canterbury** y **Pedro Abelardo.**
  - **Alta Escolástica (siglos XIII al XIV).** En esta segunda etapa se elaboran los grandes sistemas filosófico-teológicos, con influencias de Aristóteles. Se considera parcial el acuerdo entre fe y razón. Destacan **Alberto Magno** y **Tomás de Aquino (fig. 1.11).**
  - **Crisis de la Escolástica (siglo XIV).** En esta última fase se disuelve la escolástica, ya que se vislumbra una separación entre la fe y la razón. Sobresale **Guillermo de Ockham.**

Santo Tomás (1225-1274, fig. 1.11)

Teólogo más importante de la Edad Media. Concilia el platonismo, el aristotelismo y el cristianismo de manera original. Desarrolla una síntesis de los problemas filosóficos más discutidos: fe y razón, la creación y política. Entre sus obras podemos destacar *Summa Theologica*, donde logra una sistematización entre teología y filosofía.

Texto 6. La historia de la filosofía

«Lo que ocurre es que el valor de una filosofía no se mide a razón del *quantum* de verdad objetiva que contenga, sino solo a razón de su capacidad para servir como punto de referencia (aunque solo sea polémico) para cada intento de comprenderse a sí mismos y al mundo. Cuando Kant reconoce a Hume el mérito de haberle despertado del "sueño dogmático" y de haberle encaminado al criticismo, formula de la manera más directa y evidente la relación de libre interdependencia que abarca conjuntamente a todos los filósofos de la historia. Una filosofía no tiene valor en cuanto suscita el acuerdo formal de un cierto número de personas sobre determinadas teorías, sino solo en tanto que suscita e inspira en los demás una indagación que lleve a cada uno a hallar su propio camino, del mismo modo encontró su autor. El mayor ejemplo de ello es todavía el de Platón y Sócrates: durante toda su vida trató Platón de realizar el ideal de la figura y de la enseñanza de Sócrates, saliéndose, cuando era necesario, más allá de la envoltura doctrinal en que estaban encerradas; y así la más elevada y bella filosofía nació de un repetido acto de fidelidad histórica.»

ABBAGNANO, N.: *Historia de la Filosofía*, Montaner y Simón, Barcelona, 1973, Tomo 1, prefacio.

1. ¿Cuál es el valor que atribuye el autor a un pensador o a un sistema filosófico?
2. El texto nos habla de Kant, ¿en que época histórica ejerce su pensamiento este autor?
3. Averigua la relación que existe entre Sócrates y Platón.

Corriente filosófica	Claves del pensamiento	Pensadores
Platonismo	Amor platónico, vida contemplativa y poesía	**Pico de la Mirandola** (1463-1494)
Aristotelismo	Existencia finita y mundana. Virtud	**Pietro Pomponazzi** (1462-1525)
Humanismo	Hombre como centro de la reflexión	**Erasmo de Rotterdam** (1469-1536)
Pensamiento utópico	Nueva sociedad	**Tommaso Campanella** (1568-1639)
Realismo político	Comienzos de la teoría política	**Nicolás Maquiavelo** (1469-1527)
Nueva concepción de la naturaleza	Comienzos de la ciencia experimental moderna	**Roger Bacon** (1214-1294)
Revolución científica	Ciencia moderna y teoría heliocéntrica	**Nicolás Copérnico** (1473-1543)

Tabla 1.3. *Principales corrientes filosóficas del Renacimiento.*

5.3 Época moderna

El **Renacimiento** representa los albores de la época moderna. Entre los siglos XIV y XVI, en Europa asistimos al paso de la filosofía medieval a la filosofía moderna, pues se produce un **giro humanista.** Frente al **teocentrismo*** medieval, el Renacimiento, sin olvidar a Dios, convierte al hombre en el centro de sus intereses. Se trata de un ser humano más crítico e individualista.

Junto con el interés por la Antigüedad y la cultura griega, durante estos siglos se asiste al surgimiento de un pensamiento original de la época. Así pues, aparecen diferentes corrientes filosóficas, con pensadores de gran relevancia dentro de la historia de la filosofía (Tabla 1.3).

La cultura se volvió humanista por influencia de los textos de la antigua Grecia, donde el hombre encontró su plena realización en el marco de la naturaleza y la historia. Hay una gran inquietud científica y artística, y una actitud inquisitiva que investiga y experimenta abriendo camino a las ciencias particulares.

Tras el Renacimiento se entra en la época moderna. El principal estímulo externo lo constituyeron las matemáticas y la física, así como los grandes descubrimientos geográficos del Renacimiento. El conocimiento humano es el gran protagonista. Existen cuatro grandes sistemas:

- **Racionalismo.** Intenta solucionar problemas referidos al conocimiento humano. Los filósofos de esta corriente viven la revolución científica o nueva ciencia. Dentro de este contexto, una de las características del racionalismo es la de ver en las matemáticas un saber que parte de principios básicos evidentes (axiomas), de donde se deducen todas las verdades del sistema, que son universales y necesarias. Para los racionalistas el conocimiento de la realidad debe ser derivado de ideas o principios evidentes, que son innatos. Destacan los pensadores **René Descartes, Baruch Spinoza** y **Gottfried W. Leibniz.**
- **Empirismo.** Sostiene que la filosofía debe olvidar los delirios de universalidad y necesidad, así como la especulación, para centrarse en la base del conocimiento. Este punto de partida es la experiencia sensorial, entendida como el conjunto de sensaciones que el sujeto recibe a través de la percepción externa e interna. Es especialmente significativa la filosofía ética y política de **John Locke,** que es el gran precursor del liberalismo. Junto a su *Teoría contractualista* está la de **Thomas Hobbes,** que justifica la existencia del Estado absoluto. Otros pensadores empiristas son **Francis Bacon, George Berkeley** y **David Hume.**

En Internet

En **http://www.luventicus.org/articulos/02A027/index.html** hay información sobre los filósofos contemporáneos más importantes.

La **teoría contractualista** es una corriente de la filosofía del derecho que tuvo su mayor auge y expansión entre los siglos XVII y XVIII. Según sus principales autores, el hombre en su estado natural sigue sus propios impulsos e intereses al competir con los demás individuos y al poner en peligro la supervivencia de la especie. Por ello, los hombres crean un pacto o contrato social en virtud del cual ceden parte de su libertad a un hombre o a una asamblea para que les gobierne.

- **Criticismo de Kant.** Evita el dogmatismo y el escepticismo de la razón al reunir los contenidos del racionalismo y del empirismo. De esta forma logra una síntesis conciliadora entre ambas corrientes, pero a la vez la supera con el criticismo. Su gran preocupación fue investigar la naturaleza y los límites del conocimiento humano, así como averiguar si la metafísica es un saber científico o no *(Crítica de la razón pura).* Su método crítico lo aplica posteriormente a la moral, que establece como autónoma, formal y basada en el deber, la libertad y el imperativo categórico *(Crítica de la razón práctica).* Por último, este método también lo aplica a la relación existente entre el arte-historia y la peculiaridad de la experiencia estética *(Crítica del juicio).*

- **Idealismo alemán.** Tiene como representante principal a **Hegel (fig. 1.12),** quien, en su filosofía de la historia, revaloriza el Estado frente a la sociedad civil. Esto tendrá gran repercusión en los movimientos revolucionarios contemporáneos. También es importante su teoría dialéctica, que será revisada y asumida por el materialismo histórico. Otros representantes del idealismo alemán son **Fichte** y **Schelling.**

5.4 Época contemporánea

Suele denominarse «época contemporánea» a la compleja actividad filosófica desarrollada en los siglos XIX, XX y XXI, no solo en Europa, sino también en América. Durante esta etapa se dieron varias aportaciones:

- **Positivismo de Auguste Comte.** Representa la primera oposición a Hegel. Comte rechaza la metafísica y la aspiración de un saber absoluto, y pretende implantar un saber positivo, científico, como base de una nueva organización político-social.

- **Marxismo.** Recoge los fundamentos lógicos de la dialéctica hegeliana pero, al mismo tiempo, representa con su **filosofía materialista***, una segunda reacción radical al idealismo absoluto de **Hegel.** La obra de sus dos máximos representantes, **Karl Marx** y **Friedrich Engels,** adquiere un gran significado no solo crítico-filosófico, sino también en el ámbito de la política, la economía y las organizaciones sociales como, por ejemplo, los sindicatos. Para ellos no se trata solo de interpretar la realidad *(teoría),* sino sobre todo de transformarla *(praxis).*

- **Vitalismo.** Su principal representante es **Friedrich Nietzsche,** quien aporta como gran innovación en la filosofía la defensa de la vida y de lo irracional frente a la racionalidad de la ciencia y de los fenómenos fisicoquímicos.

- **Existencialismo.** Reivindica la originalidad y peculiaridad de la existencia individual. Esta corriente filosófica otorga prioridad, por tanto, a la existencia frente a la esencia, pero también a la vida frente a la razón, a la praxis frente a la teoría, y a la libertad frente a la determinación. Destaca **Soren Kierkegaard,** con su giro individualista, en contraposición con Hegel. Otros autores, como **Martin Heidegger** y **Jean-Paul Sartre,** recogen la idea de la **irreductibilidad*** del individuo en su análisis de la existencia individual. También destaca el existencialista francés **Albert Camus.**

Hegel (1770-1831, fig. 1.12)

Máximo representante del idealismo filosófico alemán, que tendrá un impacto profundo en el materialismo histórico de Karl Marx. Su teoría es el último de los grandes sistemas concebidos en la historia de la filosofía. Sistematiza el método dialéctico, que el marxismo retomará con otro significado.

- **Filosofía analítica.** Es una corriente filosófica que considera que los errores de pensamiento son fundamentalmente errores lingüísticos y, por tanto, centra su atención en temas lógicos y epistemológicos, así como en el contexto del análisis del lenguaje. Sus máximos representantes son **Ludwig Wittgenstein, Bertrand Russell** y **George Edward Moore.**
- **Neopositivismo.** No acepta la metafísica en la convicción de que no hay más conocimiento auténtico que el que proporcionan las ciencias empíricas o experimentales. Su principal pensador es **Rudolf Carnap.**
- **Escuela de Frankfurt.** Se propone una reflexión crítica de la sociedad posindustrial y del concepto de razón que la ha configurado (razón instrumental). Componentes de esta escuela son **Max Horkheimer, Theodor W. Adorno, Herbert Marcuse** y **Jürgen Habermas.**
- **Posmodernismo.** Según uno de sus representantes, el filósofo italiano Gianni Vattimo (1936), es un pensamiento paradójico que construye y destruye a la vez conceptos y da lugar a una multiplicidad de códigos y heterogeneidad de modelos o paradigmas. Junto a él destaca el también italiano **Pier Aldo Rovatti** (1942). Además, es un pensamiento que expande la filosofía hacia los múltiples espacios culturales (ciencia, tecnología, medios de comunicación y arte). El «todo vale» del *pensiero debole* o pensamiento débil de Vattimo se convirtió en la actitud epistemológica de la sociedad posmoderna. Otros representantes son **Jean-François Lyotard** (1924-1998) y, según algunos autores, también **Gilles Deleuze** (1925 -1995, fig. 1.13) y **Jacques Derrida** (1930-2004).

Corriente	Problemática	Representantes
Hermenéutica	Interpretación de textos filosóficos.	**Hans Georg Gadamer** (1900)
Círculo de Viena	Formulación en lenguaje lógico-científico.	**Karl R. Popper** (1902-1994) **Alfred H. Ayer** (1910-1989)
Estructuralismo	Análisis del lenguaje, cultura y sociedad.	**Lévi-Strauss** (1908-2008) **Michel Foucault** (1926-1984)
Fenomenología	Análisis intuitivo de objetos dados a la conciencia del sujeto.	**Edmund Husserl** (1859-1938)
Personalismo	Reflexión humanista acerca de la persona.	**Martín Buber** (1878-1965) **Xavier Zubiri** (1898-1983) **Enmanuel Lévinas** (1905-1995)
Filosofía de la ciencia	Investigación sobre la naturaleza de la práctica científica.	**Paul Feyerabend** (1924-1994) **Thomas S. Kuhn** (1922-1996) **Imre Lakatos** (1922-1974)
Filosofía psicoanalítica	Exploración del inconsciente.	**Sigmund Freud** (1856-1939) **Carl G. Jung** (1875-1961) **Jacques Lacan** (1901-1981)
Filósofas del siglo xx	Incorporación de la mujer a un pensamiento vital y existencialista.	**Simone Weil** (1909-1943) **Edith Stein** (1891-1942) **Hannah Arendt** (1906-1975) **Simone de Beauvoir** (1908-1986) **María Zambrano** (1904-1991)

Tabla 1.4. *Corrientes y máximos representantes del siglo xx hasta nuestros días.*
Desde la segunda mitad del siglo xx hasta nuestros días existe una riqueza de tendencias que reflejan una variedad en la temática filosófica. Desde el análisis del leguaje natural y científico hasta la preocupación por la persona y por su inconsciente, estas corrientes indagan en temas cada vez más diversificados.

Gilles Deleuze (1925-1995, fig. 1.13)

Su pensamiento se inscribió inicialmente en el movimiento estructuralista y en las denominadas «filosofías de la muerte del sujeto», aunque su pensamiento es inclasificable. Según Deleuze, la tarea de la filosofía actual es la de pensar en las condiciones que hacen posible la aparición de las nociones mismas de ser y de sujeto.

Para repasar

1. Enumera las características del mito y después las del logos. ¿En qué se diferencian?

2.a. Resume brevemente en qué consiste la hipótesis sobre el origen de la filosofía occidental y la hipótesis oriental.

b. Discute en pequeños grupos qué hipótesis parece más verosímil. Debes llegar a un acuerdo con tus compañeros.

3.a. ¿Quién es el primer pensador griego? Busca información sobre él: puedes consultar Internet.

b. A continuación, escribe una pequeña biografía sobre este filósofo.

c. Indica dos de entre los siguientes pensadores que son de esta época: Pitágoras, Descartes, Heráclito.

4.a. ¿Cuántos tipos de saber existen? Da una definición personal de cada uno.

b. ¿A qué tipo de saber pertenecen?

a) Cuando llueve nos mojamos.
b) El agua hierve a 45°.
c) Si llueve, necesitamos paraguas.
d) Pienso, luego existo.
e) Estos experimentos demuestran que el medicamento es eficaz.

5.a. ¿En qué se diferencian el saber vulgar y el científico?

b. Enumera las características propias del saber filosófico.

c. ¿En qué se asemeja el saber filosófico al saber científico?

6. ¿Por qué se considera el saber filosófico como «saber de segundo grado»?

7. Haz un resumen de las funciones que cumple la filosofía según la UNESCO. ¿Cuál es más importante? Discútelo por parejas.

8.a. La filosofía aumenta la capacidad crítica. ¿Por qué?

b. La filosofía se inclina por la pluralidad a la hora de pensar. ¿Por qué? ¿Qué pasaría si todos pensáramos lo mismo?

9. ¿Qué significado tiene el «pensar por sí mismo»? ¿Crees que tú piensas por ti mismo, o a veces estás condicionado?

10.a. ¿Crees que debe haber diálogo entre las culturas?

b. ¿En qué valores se debe asentar ese diálogo? Haz una lista de valores y compárala con la de tus compañeros.

11. ¿Crees que es importante formar a los ciudadanos en un ambiente de libertad y responsabilidad? Justifica la respuesta.

12. Anota en tu cuaderno una pequeña reflexión sobre el pluralismo y el pensamiento único en filosofía.

13.a. De las siguientes características, ¿cuáles se refieren a una filosofía intercultural?

a) Es crítica.
b) Pertenece a una única cultura.
c) Favorece el pensamiento único.
d) Respeta la diversidad cultural.
e) No es tolerante.
f) Es solidaria.

b. ¿Qué aspectos negativos conlleva el pensamiento único?

14. ¿Qué puede aportar la función crítica de la filosofía en el contexto de una economía globalizada?

15. ¿Qué entiendes por «globalización»? Escribe una definición personal.

16. ¿Qué papel desempeña la mujer en la filosofía? Escribe un breve artículo de opinión.

17. ¿Qué temas estudia la educación para la ciudadanía?

18. Relaciona en tu cuaderno la rama de la filosofía con su definición.

Metafísica	• Estudia los razonamientos expresados lingüísticamente.
Lógica	• Analiza la naturaleza, la belleza y las creaciones artísticas.
Epistemología	• Reflexiona sobre los orígenes, la validez y los límites del conocimiento.
Antropología	• Estudia la realidad y las propiedades de todo lo que es o existe.
Ética	• Se ocupa de aspectos comunitarios del hombre.
Estética	• Estudia los códigos morales y analiza las normas.
Política	• Analiza a los seres humanos desde diferentes perspectivas.

19. ¿Qué es la historia de la filosofía? Da una definición personal y compárala con las de tus compañeros.

20.a. ¿En qué épocas de la historia se dan estos pensamientos? Completa la siguiente tabla escribiendo en los recuadros blancos la época.

Empirismo	Escolástica	Racionalismo
Neoplatonismo	**Existencialismo**	**Positivismo**

b. Completa la tabla anterior con un pensador por corriente filosófica.

21. Enumera las características del racionalismo y después las del empirismo. ¿En qué se diferencian estos pensamientos?

Taller de filosofía

A debate

¿Los animales piensan?

1. Lee esta duda que se ha planteado en un sitio de Internet.

   «Ayer estaba reunido con unos amigos y salió el tema del comportamiento animal. Sé que los animales actúan por instinto y que aprenden cosas, pero no pueden analizar como los humanos porque no tienen la capacidad de razonar. Sin embargo, mi pregunta es: "¿los animales piensan?" Yo, por ejemplo, he tenido muchos perros que tenían comportamientos muy diferentes y hacían cosas que me han dejado asombrado.»

2. Para ti, ¿los animales piensan? Escribe los motivos sobre los que te apoyas para estar a favor o en contra.
3. En pequeños grupos, se elige un moderador y se pasa a la fase de debate: defiende tu opinión basándote en los motivos que has anotado.
4. Cada moderador expone al resto de la clase el desarrollo del debate de su grupo. ¿La mayoría de la clase cree que los animales piensan o no?
5. ¿Qué pasaría si los animales llegaran a pensar como el hombre?

Escuela de filósofos

La disertación

Es un texto personal donde se expone con claridad y precisión un problema filosófico. Además, en la medida de lo posible, dicho problema debe ser resuelto.

Claves

- Supone un esfuerzo de reflexión que exige pericia para conducir y expresar el propio pensamiento.
- Se trata de un acto filosófico que requiere aprender una técnica, pues es un género particular de composición escrita que sigue unas reglas específicas a las que conviene ajustarse.
- En la disertación se entabla una relación con un destinatario al que se pretende convencer por medio de la argumentación.
- Así pues, esta técnica filosófica se plasma en un diálogo basado en la argumentación racional.
- En ella se pone a prueba el espíritu crítico de quien la elabora y la capacidad de plantear y analizar las nociones y problemas relacionados con el tema en cuestión.
- En definitiva, a través de esta técnica se pretende construir una reflexión clara, rigurosa y coherente. No se trata, en absoluto, de reproducir una lección aprendida.

Para disertar

1. La razón y los sentimientos.
2. Presencia masculina y femenina en la filosofía.
3. La utilidad de pensar.

Para que leas

Goñi, C.: *Buscando a Platón vía Internet,* Eiunsa, Barcelona, 2000.

Simpática y breve novela acerca de unos e-mail recibidos por Adrián de un misterioso remitente. La filosofía platónica y los mitos griegos se van entremezclando en la vida de Adrián, el joven protagonista, de tal manera que le permitirán encontrarse a sí mismo.

En **http://portaldelmenor.es/biblioteca.php** en Foro, podrás dar tu opinión si lees este libro.

Baricco, A.: *Homero, Ilíada,* Anagrama, Madrid, 2005.

Adaptación para jóvenes de la famosa obra de Homero.

Para que veas

El nombre de la rosa

Director: Jean-Jacques Annaud, 1986, 130 minutos.

Sinopsis

Dos monjes franciscanos se aproximan a un monasterio benedictino. En el monasterio se ha producido un asesinato y el abad le pide al hermano Williams (Sean Connery) que trate de resolver el caso pero sin entrar en la biblioteca.

Sin embargo, la clave del asesinato está en la biblioteca. Esta extraordinaria película está basada en la novela de Umberto Eco.

Temas

Filosofía medieval y renacentista. El papel de la Iglesia en la Edad Media. Saber ligado al poder. La superstición y la ciencia. Métodos inductivos, deductivos, hipotético-deductivos. Aparición de nuevas tecnologías. La Inquisición y su postura dogmatista. Valorar estas temáticas.

Taller de filosofía

Lo que se dice

Texto 1. El saber filosófico

«Todos los hombres y todas las mujeres son filósofos; o permítasenos, si ellos no son conscientes de tener problemas filosóficos, tienen, en cualquier caso, prejuicios filosóficos. La mayor parte de estos prejuicios son teorías que los humanos inconscientemente dan por sentadas o que han absorbido de su ambiente intelectual o de la tradición. Puesto que pocas de estas teorías son conscientemente sostenidas, constituyen prejuicios en el sentido de que son sostenidas sin examen crítico, incluso a pesar de que puedan ser de gran importancia para las acciones prácticas de la gente y para su vida entera.»

Popper, K. R.: *Cómo veo la filosofía.*

1. ¿Qué significado tiene para ti la afirmación del autor de que «todos los hombres y todas las mujeres son filósofos»?

2.a. Según el texto, ¿qué son los prejuicios?

b. Piensa en la sociedad que te rodea y elabora, en pequeños grupos, una lista de prejuicios. Ejemplo: Los jóvenes de hoy en día son muy consumistas y no tienen valores.

c. ¿Con qué explicación se podrían combatir estos prejuicios? Discútelo en grupo y anota al lado del prejuicio la mejor explicación.

3. ¿Crees que tú tienes prejuicios? Piensa en las modas, en cómo valoras a quienes te rodean, en el ámbito escolar, etc.

Texto 2. La mujer fue bastante ignorada en la historia del pensamiento

«Desde los primeros tiempos la mujer fue olvidada. Si analizamos las reflexiones de los filósofos clásicos (por ejemplo, Platón y Aristóteles) podemos observar cómo ambos señalaban como un principio importante de la filosofía el "deseo de saber" y entendían que este es innato y exclusivo para todos los hombres (en masculino).

Platón piensa que la mujer es extraña al logos, a la razón y que solamente participa en la racionalidad de manera parcial e inadecuada. La considera como ser carente de educación *(paideia)* y le disminuye el protagonismo en la educación de los varones.

Aristóteles entiende que las mujeres deben realizar las tareas que les dicta la naturaleza. Así, es natural la subordinación de la mujer a los hombres de la familia. Explica la débil constitución de la mujer comparándola con la humedad y la frialdad, provocada por las pérdidas de sangre durante la menstruación.

Describe a la mujer como "varón fallido", además de indicar que su cerebro es más pequeño que el del hombre. En este contexto destacan, sin embargo, algunas mujeres "olvidadas" en el mundo griego.»

Clemente, S.

1. ¿Por qué crees que la mujer fue la «gran olvidada» en los primeros momentos de la historia del pensamiento?

2.a. Relaciona los siguientes nombres: Pitágoras, Sócrates, Pericles, con estos otros: Temistoclea, Aspasia, Theana, Diotima. Anota las relaciones en el cuaderno de clase.

b. Debate con tus compañeros y compañeras sobre la importancia de la mujer en el pensamiento griego.

Texto 3. Preguntas incómodas a los indignados

«El economista denuncia que el drama de nuestro tiempo consiste en que los ciudadanos han vendido su identidad de ciudadanos y con ella sus valores más esenciales, que pueden cambiar pero no morir, como la justicia, la solidaridad, su capacidad de representación, la paz y la libertad, no ya por el "plato de lentejas bíblico", sino por lo que él llama el "sujeto consumista", ya sin identidad, sin primogenitura, sin valores y, lo que es más grave, por una falsa identidad de "usar y tirar", que nos desnuda de todo tipo de personalidad humana, esclavos de las modas del instante.

Ser "sujetos de consumo", o "sujetos meramente económicos", incapaces de una identidad propia que nos impide entender que a veces "menos es más", es no solo hoy sino que lo ha sido siempre, el sueño de todos los poderes: político, económico, financiero, comercial, etc. Un sueño contra el que no existían indignados mientras saboreábamos el plato de lentejas, la riqueza que nos bastaba, aun a costa de olvidarnos de nuestra identidad de ciudadanos que nunca será completa sin una carga constante de indignación.»

Arias, J.: *El País,* 06/07/11.

1. ¿Por qué crees que el autor afirma que todos somos «sujetos de consumo» o «sujetos meramente económicos»? Anota tu respuesta.

2. Para ti, ¿están justificadas las reivindicaciones de los «indignados»?

La tarea

1. Explica el significado que tienen para ti las siguientes frases sobre la filosofía.
   - «El castigo del embustero es no ser creído, aun cuando diga la verdad.» **Aristóteles.**
   - «La verdadera filosofía es la independencia del espíritu humano.» **Chateaubriand.**
   - «Vivir sin filosofar es, propiamente, tener los ojos cerrados, sin tratar de abrirlos jamás.» **Descartes.**
   - «No se puede aprender filosofía, tan solo se puede aprender a filosofar.» **Kant.**
   - «La filosofía responde a la necesidad de hacernos una concepción unitaria y total del mundo y de la vida.» **Unamuno.**
   - «La pregunta es el despertar del hombre.» **María Zambrano.**
2. En las citas anteriores se tocan diferentes temas. En pequeños grupos, expresa tu opinión.
   - ¿Crees que a través de la filosofía se puede ser más independiente?
   - ¿Es posible vivir sin filosofar?
   - ¿La filosofía se puede aprender?
   - ¿Es necesario tener una idea del mundo y de la vida?
   - ¿Las preguntas son importantes para evolucionar?
   - ¿El hombre puede vivir sin hacerse preguntas?
3. Ahora vas a elaborar tu propia definición de filosofía. Para ello, da los siguientes pasos.
   - Piensa en las palabras clave de esta disciplina y anótalas en tu cuaderno.
   - Escribe una primera definición donde aparezcan algunas de estas palabras clave. Puedes comenzar con: «la filosofía es...», «con la filosofía se puede...», «un filósofo...», etc.
   - Vuelve a leer tu definición y retoca los elementos que no quedan claros. Ya tienes tu definición personal de filosofía.

4.a. Lee tu definición al resto de la clase y escucha la de tus compañeros.

b. ¿Qué definición es la más completa? Haced una votación para elegir la mejor.

Investiga

Puedes investigar, por ejemplo, a través de la red, en torno a las principales temáticas que abordamos en esta unidad. Proponemos, a modo de ejemplo, algunas de ellas.

1. Características del saber filosófico

Puedes ir a la biblioteca de tu instituto y tratar de complementar las aportaciones de este libro de texto con algunos libros de filosofía. Por ejemplo, el libro de Ortega y Gassett *¿Qué es filosofía?*

En la red también puedes encontrar muchos recursos. Existen páginas de filosofía interesantes, como por ejemplo Proyecto filosofía en español, en **www.filosofia.org.**

2. La filosofía como saber intercultural

En cualquier biblioteca puedes ampliar la información de esta unidad con otros tratados de filosofía. Por ejemplo, el libro de Raul Fornet-Betancour *Transformación intercultural de la filosofía: ejercicios teóricos y prácticos de filosofía intercultural desde Latinoamérica en el contexto de la globalización,* Editorial Desclee de Brouwer, Bilbao, 2001.

Otra manera es también a través de la red. Existen artículos de filosofía intercultural interesantes, como por ejemplo «Filosofía intercultural, globalización e identidad: reflexiones sobre el desarrollo desde América latina» en **http://www.uclouvain.be/cps/ucl/doc/dvlp/documents/Salas.pdf**

3. La historia de la filosofía

La historia de la filosofía es un área del conocimiento muy amplia. Si quieres saber más, puedes recabar más información. Un ejemplo de ello: el libro de Nicolás Abbagnano, *Historia de la Filosofía,* Tomo I.

Otra manera es también a través de la red. Existen páginas interesantes, como por ejemplo Historia de la Filosofía-Ejercicios, en **http://www.e-torredebabel.com**

También en la siguiente página web: **http://www.webdianoia.com/filosofia/griega.htm,** encontrarás abundante material sobre la filosofía griega. Allí se exponen sus orígenes, el paso del mito al logos, su desarrollo, terminando con las escuelas helenísticas y con uno de sus representantes: Epicuro.

Ideas clave

- La filosofía occidental surge en **Grecia** en el **siglo VI a.C.** con **Tales de Mileto.** Previamente existieron narraciones míticas que preparan la llegada del logos o razón.
- Existen varios tipos de saberes: el **vulgar** o del **sentido común,** que es conformista y acrítico; el **científico,** que es experimental, crítico y busca la utilidad, y el **filosófico,** que es reflexivo, crítico, práctico y sistemático.
- La filosofía es **funcional** en cuanto que se mueve en el ámbito de la libertad y la apertura del espíritu y trata de invitar a la autorreflexión.
- La utilidad y necesidad de la filosofía deriva de la posibilidad de ejercitar nuestra **capacidad de pensar** y **razonar** y de ejercer nuestro pensamiento de manera crítica y libre.
- La filosofía debe ser **intercultural,** reaccionar contra el modelo de pensamiento único y defender un **modelo pluralista** y **tolerante** en un mundo diverso.
- La filosofía tiene diversas **ramas** que se mueven en el ámbito de la **razón teórica** (por ejemplo, la metafísica, la epistemología...) y la **razón práctica** (por ejemplo, la ética, la estética y la política).
- A lo largo de la historia, en sus cuatro edades (antigua, medieval, moderna y contemporánea), distintos **pensadores** y **pensadoras** reflexionan sobre problemas epistemológicos, metafísicos, antropológicos, éticos y políticos, en el contexto de su época y tratando de aportar a su pensamiento una visión original, sistemática y crítica.

Autoevaluación

1. Selecciona la opción adecuada.

a. En los mitos intervienen:
a) La razón.
b) La imaginación y la razón.
c) La imaginación y las creencias.

b. En la filosofía intervienen:
a) La razón.
b) Las creencias.
c) La imaginación.

c. Los primeros filósofos son:
a) Latinos.
b) Griegos.
c) Alejandrinos.

d. En la Edad Media el pensamiento fue:
a) Cristiano.
b) Cristiano y árabe.
c) Cristiano, árabe y judío.

e. En la época moderna se reflexiona sobre:
a) La naturaleza.
b) El conocimiento.
c) La felicidad.

f. En la época contemporánea se reflexiona principalmente sobre:
a) Dios.
b) La naturaleza de las cosas.
c) Vida, existencia, sociedad, persona.

2. Completa en tu cuaderno las siguientes definiciones con las palabras del recuadro.

acrítico – crítico – útil – experiencia – sensorial – crítico – libertad – reflexivos – crítica – autónoma

a. El **saber filosófico** es sobre todo y principalmente un saber que posee carácter (1) y autocrítico.

b. El **saber vulgar** es conformista y resignado, (2), mezclado con prejuicios.

c. El **saber científico** es sectorial, progresa y nos aporta información, es experimental, intersubjetivo, (3) y (4).

d. Según la UNESCO la filosofía debe ser una «escuela de (5) humana».

e. Según la UNESCO la educación filosófica debe formar espíritus libres y (6).

f. La filosofía nos invita a ejercer nuestro pensamiento de manera (7), (8) y libre.

g. El empirismo sostiene que la filosofía debe [...] centrarse en el punto de partida o base del conocimiento: (9) y (10).

Solución: *Ejercicio 1:* a. c); b. a); c. b); d. c); e. b); f. c). *Ejercicio 2:* (1) crítico, (2) acrítico, (3) crítico, (4) útil, (5) libertad, (6) reflexivos, (7) crítica, (8) autónoma, (9) y (10) experiencia sensorial.

2

PREGUNTAS FUNDAMENTALES DE LA FILOSOFÍA

- 1. Aclaraciones previas
- 2. Primer problema: el poder de la verdad
- 3. Segundo problema: ¿el camino de la felicidad o la senda del deber?
- 4. Tercer problema: lo trascendente y el sentido de la vida
- 5. Cuarto problema: el ideal estético

«No hay más que un problema filosófico verdaderamente serio: el suicidio. Juzgar si la vida vale o no vale la pena vivirla es responder a la pregunta fundamental de la filosofía. Las demás, si el mundo tiene tres dimensiones, si el espíritu tiene nueve o doce categorías, vienen a continuación. Se trata de juegos; primeramente hay que responder. Y si es cierto, como pretende Nietzsche, que un filósofo, para ser estimable, debe predicar con el ejemplo, se advierte la importancia de esa respuesta, puesto que va a preceder al gesto definitivo.»

CAMUS, A.: *El mito de Sísifo,* Alianza, Madrid, 2006.

Focaliza

La religión y la percepción

1. Lee y comenta este artículo sobre la experiencia religiosa.

«El doctor en neurología James Austin cree que para sentir que el tiempo, el miedo y la autoconciencia se han disuelto, y tener realmente una experiencia mística y espiritual, ciertos circuitos cerebrales deben ser interrumpidos. Estudiando el flujo de sangre que se correlaciona con la actividad neuronal mediante un SPECT (tomografía computada de emisión de un único fotón), Newberg estudió al doctor Michael Baime durante sus experiencias místicas. Como se esperaba, la corteza prefrontal se iluminó. Pero les sorprendió el cese de actividad. Un grupo de neuronas en el lóbulo parietal superior se apagó. Esta región, que tiene el nombre de "área de asociación y orientación", procesa la información acerca del tiempo y del espacio. Determina dónde el cuerpo termina y el resto del mundo comienza. No es sorprendente que la experiencia religiosa se refleje en la actividad cerebral.

Todo lo que experimentamos deja su marca en el cerebro. Lo difícil es que "no hay manera de determinar si los cambios neurológicos asociados con la experiencia espiritual significan que el cerebro está causando esas experiencias o si por el contrario está percibiendo una realidad espiritual".

Las visiones que surgen durante el rezo o ritual también son generadas en el área de asociación: la estimulación eléctrica del lóbulo temporal produce visiones. La epilepsia del lóbulo temporal lleva esto a un extremo. Para probar esta idea, Michael Persinger sostiene un casco lleno de electroimanes sobre la cabeza de un voluntario. El casco crea un campo magnético débil, no mayor al producido por un monitor de computadora. Persinger descubre que el campo dispara estallidos de actividad eléctrica en los lóbulos temporales produciendo sensaciones que los voluntarios describen como supernaturales o espirituales: una sensación de lo divino. Él sospecha que las experiencias religiosas son producidas por "mini tormentas eléctricas en los lóbulos temporales", y que tales tormentas pueden ser producidas por la ansiedad, crisis personales, falta de oxígeno, baja glucosa en sangre o simple fatiga.»

Revista *Newsweek,* 11/06/2001.

2. ¿Crees que la experiencia religiosa está relacionada con fenómenos de percepción físicos? Anota en tu cuaderno una breve argumentación a favor o en contra. Después, organizad una mesa redonda donde cada uno exponga sus argumentos.

3.a. ¿De qué se ocupa la «neuroteología»? Busca una definición en el artículo.

b. ¿Crees que la «neuroteología» puede ser considerada una ciencia o no? Razona tu respuesta por parejas.

4.a. ¿Qué ocurre, según el profesor Austin, cuando se tiene una experiencia mística: qué emociones se paralizan y qué sucede en los circuitos cerebrales?

b. ¿Cómo se ha intentado probar esta idea?

c. ¿Qué área cerebral interviene en esos procesos?

5. ¿Qué puede decir la frase «donde el cuerpo termina y el resto del mundo comienza»?

6. Narra el experimento de Persinger e indica cuál es su hipótesis acerca de la causa de la «experiencia religiosa».

7. En pequeños grupos, organizad un debate en torno al siguiente argumento: la religión y su relación con la ciencia: ¿Crees que la cuestión religiosa se puede explicar desde el punto de vista científico exclusivamente? Ofreced después vuestras conclusiones al resto de la clase.

8. Podéis acudir a Youtube y buscar «Zeigeist». ¿Qué conclusiones habéis extraído?

Introducción

¿Cuál es el principio y el origen de todas las cosas? ¿Qué es el bien, la verdad, la justicia o la belleza? ¿Qué es el ser humano y qué sentido tiene su existencia? ¿Cómo se puede alcanzar la felicidad? ¿Existe Dios? ¿Somos libres? ¿Cómo puedo distinguir la verdadera realidad de la mera apariencia? ¿Es posible un mundo feliz? ¿Cómo se podría alcanzar? ¿Podrán desvelar los seres humanos todos los secretos de la naturaleza? ¿Cuál es la verdadera función de la tecnología? La filosofía nace preguntando. Esa es su misma esencia, pues con ese «querer saber» se va construyendo la filosofía. En esta unidad plantearemos las preguntas fundamentales hechas desde hace tiempo y realizadas en la actualidad que han sido objeto y motivo de preocupación y especulación filosóficas.

1. Aclaraciones previas

Es de común opinión que la filosofía se ocupa de «temas universales y eternos» que no tienen solución definitiva. Incluso tal y como denuncia Karl Jaspers, se llega a creer que «respecto al conocimiento científico, hemos llegado más lejos que Hipócrates, el médico griego, pero no podemos afirmar que estemos más adelantados que Platón. Nuestro nivel de conocimientos científicos supera al que poseía este último; pero en lo que a la filosofía propiamente dicha se refiere, tal vez no estemos a su altura.»

Sin embargo, si observamos la historia de la filosofía con cierto detenimiento nos encontramos con otra realidad. Podemos presentar tres consideraciones para desmentir esa creencia común.

- En primer lugar, algunas de las inquietudes con las que nació la filosofía han cambiado de modo drástico con el paso de los siglos. Tanto es así que ciertas cuestiones, como, por ejemplo, el origen del universo, son actualmente **objeto de investigación científica** más que de análisis filosófico. Ciertamente, tanto la ciencia como la filosofía pueden perseguir el mismo objetivo en estos casos (alcanzar un **saber seguro** que se aceptará solo si las pruebas, de **carácter racional,** son convincentes); pero el objeto de estudio recibe un tratamiento muy diferente.

  Por ejemplo, los medios que empleaban los presocráticos en la búsqueda del ***arjé**** se parecen muy poco a los sofisticados métodos e instrumentos de la astronomía actual, aunque ambos respondan a una misma preocupación, que ya apuntaba Platón en su obra *Timeo o de la naturaleza*: «¿[el universo] ha existido siempre y no tiene pues comienzo, o más bien emergió un día a partir de cierto principio?»

Actividades

1. ¿Crees que todo el conocimiento posible se acaba en la ciencia, o hay asuntos sobre los que la ciencia no puede decidir? ¿Cuáles?
2. ¿Estás de acuerdo con la frase «Si quieres ser feliz, no analices, muchacho; no analices»? Organizad un pequeño debate en grupos.

- En segundo lugar, es obvio que algunos planteamientos filosóficos han perdido la fuerza y el interés que pudieron presentar en otras épocas. Aunque también es cierto que en algunos casos precisamente esos planteamientos que se han sucedido en la **historia de las ideas,** han contribuido a la formación de **nuestro mundo actual.** En consecuencia, existen problemas que han tenido cierta **continuidad** a lo largo de la historia y pueden emerger en distintos momentos con nuevas energías y de nuevas formas si las circunstancias sociales, políticas, científicas, etc. son las adecuadas. Un ejemplo muy ilustrativo de este fenómeno es la idea de la matematización de la realidad. La **matematización** consiste en la creencia de que a pesar del aparente caos en el que se mueve la naturaleza, existe un orden matemático oculto, pero real.

  Esta idea, propia de **Pitágoras** y de **Platón** y olvidada durante siglos, fue retomada por **Kepler** y **Galileo** desde una perspectiva científica y constituyó la base de nuestra actual concepción científica del mundo, muy alejada —no obstante— de la teoría que explícitamente defendió el propio Platón.

- En tercer lugar, pueden aparecer **situaciones** absolutamente **nuevas,** inimaginables en el pasado, que provocan el nacimiento de nuevos ámbitos de indagación filosófica. El desarrollo de la **filosofía de la tecnología** o de la **bioética,** a partir de las últimas décadas del pasado siglo XX, son claros ejemplos.

Fig. 2.1. *Las preguntas fundamentales de la filosofía.* El ser humano, desde sus orígenes, se ha caracterizado por sus deseos de saber. De esa curiosidad nace la filosofía y sus preguntas.

Tabla 2.1. *Tipos de actividades.* Las cuatro primeras filas proceden de la división establecida por Aristóteles en su obra *Ética a Nicómaco.* La última fila se refiere a la denominación dada posteriormente por Kant («razón teórica», «razón práctica») y Horkheimer («razón instrumental»).

Tipos	Actividad teórica o *theoría*	Actividad práctica o *praxis*	Actividad productiva o *poiesis*
Guía	Sabiduría teórica o ciencia (contemplativa)	Sabiduría práctica o ética (prudencia)	«Saber hacer» técnico (en la producción y la creación)
En griego	*Episteme*	*Phronesis*	*Techne*
Ejemplo	• Filosofía • Física	• Ética • Política	• Música • Danza
Correspondencia	Razón pura	Razón práctica	Razón instrumental

Sin embargo, a pesar de estos cambios, modificaciones o innovaciones se pueden rastrear una serie de **problemas constantes** a lo largo de la historia de la filosofía. Tal como declaraba Kant en su obra fundamental, *Crítica de la razón pura*, «todos los intereses de mi razón se resumen en las tres cuestiones siguientes: **¿qué puedo saber?, ¿qué debo hacer?, ¿qué me cabe esperar?**». Estas tres cuestiones se integraban en una más genérica y fundamental: **¿qué es el hombre?** Igual que Kant, Aristóteles ya había realizado una clasificación de las distintas ramas del saber, clasificación que se correspondía con los tres tipos de preocupaciones humanas.

Para dar una respuesta a esa gran pregunta de la filosofía —«¿qué es el hombre?»—, en las siguientes unidades desarrollaremos los problemas referidos al conocimiento, a la ciencia, al lenguaje, a la ética, a la política, y —obviamente— a la antropología. En esta unidad, analizaremos cuatro cuestiones filosóficas cruciales para la filosofía: el **recto conocimiento de la verdad,** su aplicación técnica y sus consecuencias éticas y políticas; el **lugar de encuentro de la felicidad;** la posibilidad de una **realidad «más allá» de la ciencia;** y la **delimitación de la belleza y del arte.**

Texto 1. La filosofía como antídoto contra la superstición

«Una considerable ventaja que surge de la filosofía consiste en el soberano antídoto que ella procura contra los males de la superstición y de la falsa religión. Todos los otros remedios contra esa pestilente enfermedad son inútiles o, por lo menos, de eficacia dudosa. El simple sentido común y el comercio con el mundo, que por sí solos sirven para la mayoría de los propósitos de la vida, son en esto ineficaces. Incluso la alegría y la dulzura de temperamento, que sirven de bálsamo para casi todas las heridas, no proporcionan remedio alguno contra un veneno de tanta virulencia. Mas cuando la filosofía toma posesión de nuestro espíritu, la superstición es eliminada de una vez por todas, y uno puede legítimamente afirmar que su triunfo sobre este enemigo es más completo que el que se logra sobre la gran mayoría de los vicios e imperfecciones inherentes a la naturaleza humana. Pero la superstición, al estar fundamentada en falsas opiniones, debe desvanecerse inmediatamente cuando la verdadera filosofía ha sido capaz de inspirarnos sentimientos, dotados de una fuerza superior.»

HUME, D.: «Sobre el suicidio» en *Sobre el suicidio y otros ensayos*, Alianza, Madrid, 1988.

1.a. ¿Qué es una superstición? Busca en el diccionario su significado.

b. ¿Crees que existen actualmente supersticiones? Cita alguna.

2.a. ¿Cuál es la idea fundamental del texto?

b. ¿Qué otros remedios contra la superstición apunta el autor y cuál es su grado de efectividad?

c. ¿Qué razón aduce el autor para que la filosofía sea un remedio totalmente eficaz?

3.a. En el texto se refleja la oposición entre razón y superstición. ¿Cómo se denomina esa oposición en el momento inicial de la filosofía?

b. ¿En qué pregunta kantiana encuadrarías este texto? ¿En qué tipo de razón aristotélica?

2. Primer problema: el poder de la verdad

Aunque cueste de creer, el término «verdad» no es unívoco. Desde un punto de vista moral se habla de verdad cuando se dice lo que se piensa, mientras que la mentira o falsedad indica que se dice lo contrario de lo que se piensa. Desde un punto de vista ontológico, lo verdadero es «lo que es»; lo falso, «lo que no es». En esta unidad reflexionaremos sobre la verdad desde el punto de vista **gnoseológico** o **epistemológico.** Desde esta perspectiva, generalmente se acepta que el término verdad y su correlativo, **falsedad,** se consideran una propiedad de los juicios y creencias: cuando lo que se dice o juzga concuerda con los hechos se considera que el juicio es verdadero, mientras que si no concuerda se califica como falso.

Tampoco esta es la única posibilidad de entender la verdad desde el punto de vista del conocimiento. La posibilidad de encontrar o no la verdad ha generado diversas posturas filosóficas (realismo, escepticismo, relativismo y sus respectivas variantes). Además, no se nos debe olvidar el impacto que ha producido la simbiosis tecnocientífica en todos los ámbitos de la sociedad y de la cultura, a nivel mundial.

2.1 Interpretaciones filosóficas de la verdad

La meta del conocimiento humano es alcanzar la verdad, descubrir «lo que es». Sin embargo, ese «lo que es» no se determina fácilmente; por ello, los diferentes sistemas filosóficos han ofrecido y siguen ofreciendo diversas interpretaciones de la verdad: como adecuación, como evidencia, como coherencia o como perspectiva.

A. La verdad como adecuación

La idea de la verdad como adecuación se basa en la **correspondencia del pensamiento con los hechos** y se asienta en tres principios básicos:

- Existe una realidad objetiva externa al pensamiento.
- La verdad consiste en la concordancia pensamiento-realidad.
- El conocimiento racional es la representación mental de los hechos y procesos de la realidad.

Por ejemplo, «el coche de Celia es azul» y «los abetos no son frutales» son dos juicios en los que el predicado afirma o niega algo del sujeto. Si la afirmación o la negación se corresponde con los hechos, es verdadera; en caso contrario, es falsa.

Entre los filósofos y científicos que defienden esta interpretación de la verdad hay que recordar a Aristóteles, para quien «la verdad es decir de lo que es, que es; y de lo que no es, que no es». En la Edad Media, Tomás de Aquino sigue la concepción aristotélica, al igual que en el siglo XX autores como Bertrand Russell o Ludwig Wittgenstein. Para este último las proposiciones con significado constituyen el mapa de la realidad, y son verdaderas cuando describen un estado de cosas existente y falsas cuando describen un estado de cosas que no existe.

B. La verdad como evidencia

Descartes introduce el nuevo concepto de la verdad como evidencia. Según este filósofo, la razón tiene dos modos de conocer: la **intuición*** y la **deducción*.** La evidencia intelectual se da en la intuición; y claridad y distinción son los dos rasgos básicos que debe tener una idea para ser evidente.

+ *Más datos*

¿Como obtenemos seguridad en nuestras creencias? C. S. Peirce, en su obra *La fijación de la creencia,* indica que los seres humanos recurrimos a varios procedimientos:

- La **obstinación** o **tenacidad:** consideramos que nuestra opinión —meramente por ser nuestra— es la única válida, negando siempre la opinión contraria a la nuestra en cualquier caso o circunstancia.
- La **autoridad:** estimamos que el camino hacia la verdad es la autoridad que emana del poder del Estado, negando incluso el derecho a defender opiniones contrarias a la opinión común establecida.
- Las **preferencias naturales:** nuestras creencias se asientan en el sentido común, en aquello que parece responder a las supuestas expectativas de la razón.
- El **conocimiento científico:** se supone que existe una verdad objetiva de la realidad, independiente de nuestras opiniones y creencias subjetivas, y que podemos alcanzar.

Friedrich Nietzsche (1844-1900, fig. 2.2)

Sin duda la conciencia más clara y angustiada de su tiempo y, proféticamente, del siglo XX. Desde su inicial revisión de la estética de la tragedia griega reinterpreta las bases en las que se había asentado la epistemología y la ética desde los tiempos de Sócrates y Platón y arremete contra los valores religiosos. Con un estilo siempre vibrante y aforístico denuncia el engaño de la metafísica. Su propuesta de *Genealogía de la Moral* busca ir *Más allá del Bien y del Mal*, obras fundamentales de su pensamiento junto con *Así habló Zaratustra. Una obra para todos y para nadie.*

En esto consiste justamente la evidencia: en la **gran claridad y distinción de un juicio que se acepta como verdadero sin ningún tipo de duda.** El primer principio de la filosofía cartesiana («pienso, luego existo») es un ejemplo perfecto de evidencia. Así, la verdad no consistiría en la adecuación del pensamiento con los hechos, sino que sería una mera propiedad de las ideas, algo inherente a la mente.

C. La verdad como coherencia

Esta interpretación de la verdad se desarrolla principalmente en el ámbito de las ciencias formales. La verdad no se concibe como adecuación del pensamiento y la realidad exterior, sino como **ausencia de contradicción en los juicios o enunciados** consigo mismos y con el sistema al que pertenecen. Si A = A, entonces A = ¬B es cierto, pero A = B es falso. (El signo «¬» se lee «no».)

D. La verdad como perspectiva

La realidad en su totalidad es inabarcable desde una sola perspectiva, dado que **existen muchos puntos de vista** y cada uno de ellos ofrece una **perspectiva única e irrepetible de la realidad.** Como representantes de esta tendencia, destacan José Ortega y Gasset y Friedrich Nietzsche (fig. 2.2).

- **Perspectiva de Ortega y Gasset.** Según Ortega, cada ser humano está inmerso en unas determinadas circunstancias que constituyen su perspectiva vital o visión singular de la realidad. La fidelidad a la propia perspectiva es lo que permite captar con mayor precisión la realidad. No obstante, es necesario admitir la complementariedad de las mismas para no caer ni en el relativismo individualista ni en el racionalismo. Para Ortega, la verdad consiste en saber dar cuenta de la realidad desde la **perspectiva vital** en la que nos encontramos, sin perder de vista que nuestra perspectiva se puede complementar con otras. La verdad es algo que se alcanza paulatinamente, a medida que se unifican perspectivas.

- **Perspectiva de Nietzsche.** Este pretende destruir la creencia de que los conceptos representan esencias y mostrar que bajo ellos no se esconde ninguna verdad eterna. Para Nietzsche, no se puede demostrar ninguna vinculación natural entre las palabras y las cosas, ni entre los conceptos y las esencias de las cosas; las palabras no son más que metáforas artificiales de las cosas, y los conceptos son solo signos de las necesidades que tienen los seres humanos de apropiarse del mundo y establecer un orden sistemático de las cosas para dominarlas mejor.

Fig. 2.3 y fig. 2.4 *Dos vistas de Nueva York.* La misma ciudad, según la perspectiva o punto de vista del observador, nos ofrece caras distintas.

En función de esas necesidades individuales y sociales se interpreta la realidad, que se manifiesta desde **múltiples perspectivas.** A veces, una de esas perspectivas se impone sobre las demás como la única verdadera y cobra un supuesto valor absoluto. Así pues, el **entendimiento está al servicio de la voluntad de vivir** y su función no es descubrir, sino encubrir con sagacidad y astucia las mentiras que él mismo fabrica para facilitar la lucha por la vida.

2.2 Teorías sobre la posibilidad de encontrar la verdad

A lo largo de la historia del pensamiento, los seres humanos siempre se han preguntado por la posibilidad de encontrar la verdad. Tres son las alternativas que han intentado responder a esa cuestión: escepticismo, realismo y relativismo.

A. Escepticismo

El **escepticismo** pone en duda o, en su caso, niega la capacidad humana para obtener conocimientos firmes y seguros; lo máximo que puede conseguir son opiniones más o menos probables, pero nunca certezas indudables. Esta tendencia filosófica fue desarrollada por **Pirrón de Elis,** quien sostiene que el verdadero sabio debe abstenerse de juzgar para poder alcanzar la imperturbabilidad del alma, que es la única y auténtica felicidad. No obstante, la máxima expresión del escepticismo la había conseguido el sofista **Gorgias de Leontini.** En su libro *Sobre el no ser o de la Naturaleza* formula tres tesis encadenadas, absolutamente demoledoras: «Nada es»; «Si algo fuese, sería incognoscible»; «Si algo fuera y se pudiera conocer, sería incomunicable».

B. Realismo

El **realismo** se puede definir como el conjunto de teorías que afirman la distinción ontológica entre el sujeto cognoscente y el objeto conocido, en la línea de que el objeto existe independientemente de la mente, tiene existencia propia, y determina el pensamiento en el acto de conocer. En el ámbito del realismo hay diferentes corrientes, como son el realismo ingenuo, el realismo absoluto y el realismo crítico.

- **Realismo ingenuo.** El realismo ingenuo sostiene que percibimos los objetos de la realidad de una forma directa. Las cosas son tal como se muestran a los sentidos; es decir, la percepción de la realidad no es una propiedad representativa del sujeto perceptor, sino una cualidad del objeto percibido.
- **Realismo absoluto** («realismo dogmático» o «dogmatismo»). Afirma que la razón humana puede llegar a conocer la esencia de las cosas y, por lo tanto, el conocimiento puede alcanzar verdades absolutas e inmutables.
- **Realismo crítico.** Sostiene que la verdad como conocimiento objetivo es un ideal hacia el que caminamos gracias al avance de la ciencia. Supone que ciertamente nunca tendremos certeza absoluta de su verdad; pero sí podemos observar si nuestro conocimiento reproduce cada vez con más acierto los modos y las características de la naturaleza. La ciencia caminaría, pues, hacia **teorías*** cada vez más verdaderas aun sabiendo que las verdades absolutas son ideales utópicos.

C. Relativismo

El relativismo es una actitud filosófica que niega la existencia o posibilidad de conocimientos universales absolutamente verdaderos porque el conocimiento depende inevitablemente del punto de vista de los sujetos cognoscentes. Presenta tres corrientes:

- **Relativismo subjetivista.** Propuesto por los sofistas, entre ellos, **Protágoras de Abdera.** Al no encontrar un criterio absoluto de verdad, recurre a la propia subjetividad como criterio y afirma: «Lo que a mí me parece verdad, eso es verdad para mí. Lo que a ti te parece verdad, eso es verdad para ti, porque tú eres hombre y yo también lo soy».

- **Relativismo social.** Surge con **Émile Durkheim,** que defiende que el individuo es modelado por su entorno social. Su conciencia es reflejo de la sociedad, que le impone sus normas, valores y creencias. La verdad es relativa a cada sociedad.

- **Relativismo cultural.** Su máximo representante es **Oswald Spengler,** que defiende que cada cultura tiene su propia «alma»: su modo propio de sentir, juzgar y valorar. La verdad es relativa a cada cultura y el individuo es reflejo del alma de su cultura.

Actividades

3. ¿Podría haber sobrevivido la especie humana si no hubiese sido por el avance técnico?

4. ¿Es posible detener el desarrollo tecnológico? ¿Es justo o necesario? ¿Quién debería tomar esa decisión?

Más datos

A partir de la definición general de «técnica», podemos hacer distinciones en dos campos de acción distintos: técnicas mágicas y técnicas racionales.

- **Técnicas mágicas.** Son aquellas que vienen determinadas por una serie de creencias aleatorias y, sobre todo, dogmáticas. Debido a estas características no se pueden modificar. Son la base de los ritos religiosos.
- **Técnicas racionales.** Son técnicas relativamente independientes de los sistemas de creencias. Por tanto, se pueden modificar e incluso autocorregir a través de un examen crítico de su eficacia. Existen diferentes tipos: simbólicas, de comportamiento entre humanos y de relación entre los seres humanos y la naturaleza.

2.3 El conocimiento científico hecho poder: la tecnología

En las últimas décadas, la humanidad ha observado con pasmo cómo el desarrollo científico y tecnológico ha propiciado unas condiciones de vida inimaginables hace tan solo un siglo. Vivimos ya en mundo de ciencia-ficción para las personas de no más de cuatro o cinco generaciones atrás, especialmente en los aspectos referidos a las TIC o a la biotecnología. Es el efecto más evidente del espectacular desarrollo científico, iniciado a partir del siglo XVII, cumpliéndose así la máxima de **Francis Bacon,** según la cual **«saber es poder».**

La ciencia, convertida en tecnociencia, deja de ser puro conocimiento de la realidad para constituirse en instrumento de poder y dominio de la naturaleza y de la sociedad. Los cambios derivados de esta nueva definición de la ciencia, tan presentes en nuestras vidas cotidianas, repercuten en nuestras relaciones sociales, en nuestras costumbres, valores morales y en nuestras concepciones acerca de la realidad o de la vida. Para completar la reflexión acerca de la «verdad» como «ciencia», se precisa también una reflexión acerca de los conceptos de «técnica» y «tecnología» y sobre todo del estudio de las cambiantes relaciones entre ciencia, técnica y sociedad a lo largo de la historia.

A. La definición del término «técnica»

El concepto de «técnica» *(téchne)* tiene múltiples acepciones. Sin embargo, en un sentido genérico, el término se identifica con el de «arte». En esta acepción, la **técnica** es todo conjunto de reglas adecuadas para conducir de forma eficaz una actividad cualquiera. Desde este punto de vista, la técnica no se diferencia ni del arte, ni de la ciencia, ni de cualquier procedimiento eficaz para alcanzar un determinado fin.

En la actualidad se suele identificar «técnica» con «tecnología». Sin embargo, no necesariamente son sinónimos. En sentido estricto, la **tecnología** es el conjunto de teorías y técnicas que hacen posible aprovechar de forma práctica el conocimiento científico. Así pues, podemos afirmar que toda tecnología es técnica, ya que se siguen unos procedimientos determinados para alcanzar un fin; pero no toda técnica es tecnología, pues no en todas las técnicas se aplican los desarrollos científicos.

2.4 Historia de las relaciones entre ciencia, técnica y sociedad

En nuestra sociedad actual observamos una amplia, constante y extensiva interrelación entre ciencia, técnica y tecnología. Al mismo tiempo, asistimos a una creciente preocupación social por las consecuencias del desarrollo de ese entramado **tecnocientífico*.** Ciertamente, estamos ante una **situación paradójica*.** Por un lado, los conocimientos exactos acerca del funcionamiento de la realidad natural o de los sofisticados objetos artificiales son cada vez más complejos; pero los descubrimientos científicos y sus aplicaciones prácticas impregnan cada vez más y con mayor rapidez nuestra sociedad y, por tanto, desde un punto de vista de ciudadanos responsables reclamamos cada vez con más fuerza que se tengan en cuenta nuestras opiniones en materia de política científica.

Sin embargo, no debemos pensar que el problema de las relaciones entre ciencia, técnica y sociedad es nuevo. Esas relaciones se han ido modulando a lo largo de la historia.

A. Época premoderna

En la **Antigüedad** se consideraba a la ciencia o saber teórico como una actividad claramente separada de la técnica; y, por otra parte, se estimaba que tanto la ciencia como la técnica debían estar supeditadas a la acción social.

Debemos tener presente que el ideal de ciencia en la Antigüedad clásica era el **conocimiento contemplativo** y no el instrumental. Por ese motivo se concedía mayor importancia a la teoría matemática, especialmente a la geometría. No por ello dejaban de realizarse observaciones minuciosas, sobre todo en astronomía o en biología. No obstante, los científicos de esa época eran más observadores que manipuladores.

Durante la **Edad Media** comienza a aparecer entre ciencia y técnica alguna interacción puntual, pero ambas están supeditadas a los designios del poder de la Iglesia.

B. Época moderna

En el **Renacimiento** comenzará a agrietarse definitivamente el muro que separaba la ciencia de la técnica. Esa ruptura supondrá que la ciencia y la técnica caminarán de la mano y se beneficiarán de su mutua influencia y que intentarán liberarse del control político o religioso. Los inventos de **Leonardo da Vinci,** la filosofía de **Francis Bacon** y el célebre caso de **Galileo** son síntomas de esta nueva perspectiva.

La ciencia recibirá un fuerte empuje por el estrecho contacto con la técnica. Gracias al telescopio, la humanidad abre los ojos a un nuevo espacio y encuentra los datos necesarios para justificar la **hipótesis heliocéntrica*** de Copérnico frente a la **teoría geocéntrica*.** Gracias al microscopio, Leeuwenhoek descubrirá la existencia de organismos inimaginables hasta entonces: glóbulos rojos, protozoos, espermatozoides, etc. La ciencia ya no se entenderá como saber contemplativo, sino como saber instrumental, que interviene en la naturaleza. A partir de ese momento, las actividades científicas y técnicas se independizarán del poder político y religioso; separación que se agudizará en la **Ilustración** y que concluirá en la **teoría de los tres estados*** de la filosofía positivista de **Augusto Comte,** cima del optimismo científico y técnico ilustrado.

C. Época posmoderna

Frente a las épocas anteriores, se manifiesta una progresiva interdependencia entre ciencia y técnica y el reconocimiento de la legitimidad de la intervención política en los asuntos científicos y técnicos. La cooperación entre ciencia y técnica de la época moderna se convirtió progresivamente en interdependencia a partir de la **Segunda Revolución industrial.** Es más, el desarrollo tecnológico se deriva del avance en los conocimientos científicos y, viceversa, las teorías científicas no podrían progresar si no fuese por los adelantos tecnológicos. El caso más representativo de esta situación se encuentra en el desarrollo de la ingeniería genética.

Fig. 2.5. *El ser humano moderno y la tecnología.* La primera grieta de separación entre humanos y animales, nacida de los primeros utensilios manufacturados, se ha convertido en abismo. El ser humano actual es intrínsecamente técnico.

Actividades

5. Busca información sobre los viajes a Oriente en la Edad Media: rutas, intereses comerciales, personajes célebres, inventos, ideas, etc.
6. Investiga acerca de la historia de algún viajero famoso y de los inventos que introdujo en Occidente.

Más datos

La **Escuela de Frankfurt** nace en 1923 en el seno del «Instituto de Investigación Social» con la intención de aplicar la teoría marxista de interpretación de la realidad enriqueciéndola además desde una perspectiva interdisciplinar. Su fundador, Max Horkheimer, introduce el concepto de «teoría crítica» para realizar un correcto análisis de la alienación dentro de las sociedades neocapitalistas, en las primeras décadas del siglo xx. Theodor Adorno estudió las condiciones y límites de la Ilustración. Herbert Marcuse critica la unidimensionalidad de la vida humana en las sociedades actuales debido a la imperante concepción cientificista y represiva sobre la sexualidad, siendo además uno de los intelectuales más influyentes en el «Mayo del 68». El más destacado representante actual es Jürgen Habermas.

Sin duda, los avances han conducido a un desarrollo económico, científico y tecnológico como nunca se había observado hasta entonces y a una franca mejoría en las condiciones de vida de millones de individuos. Sin embargo, al mismo tiempo comienza a germinar una nueva conciencia en la sociedad que observa y denuncia el lado negativo de este progreso.

Ya en el siglo xix, **Karl Marx** alza su voz contra un **sistema productivo capitalista** que, gracias al avance tecnológico, promueve el aumento de la riqueza en términos absolutos pero agudiza la desigualdad económica entre ricos y pobres. Por su parte, **Nietzsche** critica una organización social que **uniformiza** cada vez más a los individuos, que reduce el valor de las cosas a su utilidad, que atribuye valor solo a lo que puede ser numerado y calculado. Como denuncia Nietzsche: «¡hasta qué punto es esto antiestético!».

En el siglo xx, **Martin Heidegger** recuerda que el desarrollo de la técnica significa «el olvido del Ser». Este hecho nos conduce a una vida cada vez más artificial y más alejada de la naturaleza. Por su parte, la **escuela de Frankfurt** analiza los mecanismos de la razón instrumental como base de la alienación del ser humano en una sociedad cada vez más organizada bajo el criterio de la eficacia. Uno de sus más destacados representantes, **Jürgen Habermas,** denuncia a la ciencia y a la tecnología como ideologías, ya que disfrazan la verdadera realidad al ser sistemas de creencias.

A partir de la segunda mitad del siglo xx nace una conciencia claramente ecologista en defensa de otro tipo de organización social y de progreso económico. Esta conciencia tiene como punto de partida la publicación en 1962 de *La primavera silenciosa*, de la bióloga naturalista Rachel Carson. Ese mismo año sale a la luz *La estructura de las revoluciones científicas*, de **Thomas Kuhn.** Según este físico e historiador, en la aceptación de una determinada teoría científica no intervienen exclusivamente factores teóricos y experimentales, sino también ideológicos, culturales y políticos. En consecuencia, sería legítima la intervención de planteamientos éticos, políticos, económicos o de otro tipo en las decisiones científicas. Se abandona así la creencia ingenua de la época moderna que defendía la plena autonomía de la ciencia.

Texto 2. La verdad, adecuación entre pensamiento y realidad

«Parece evidente que si no hubiera creencias no podría haber falsedad, ni verdad, en el sentido en que la verdad es correlativa de la falsedad. Si imaginamos un mundo de pura materia, en este mundo no podría haber lugar para la falsedad, y aunque contuviera lo que podemos denominar "hechos", no contendría algo verdadero, en el sentido en que lo verdadero es de la misma especie que lo falso. En efecto: la verdad y la falsedad son propiedades de las creencias y de las afirmaciones; por consiguiente, un mundo de pura materia, puesto que no contendría creencias ni afirmaciones, no contendría tampoco verdad ni falsedad. Pero, en contra de lo que acabamos de decir, es preciso observar que la verdad o la falsedad de la creencia dependen siempre de algo que es exterior a la creencia misma. Así, aunque la verdad y la falsedad sean propiedades de las creencias, son propiedades que dependen de la relación de las creencias con otras cosas, no de ciertas cualidades internas de las creencias.

El tercero de los requisitos mencionados nos lleva a la adopción del punto de vista —el más común entre los filósofos— según el cual la verdad consiste en una cierta forma de correspondencia entre la creencia y el hecho.»

Russell, B.: *Los problemas de la filosofía*, Labor, Barcelona, 1983.

1. Imagina un mundo donde solo existiera pura materia. ¿Existirían la verdad y la falsedad? Exponed vuestras ideas en pequeños grupos.

2.a. Busca sinónimos del término «creencias» y del término «verdad».

b. Según el texto, ¿qué relación hay entre las creencias y la verdad? ¿En qué consiste la verdad?

3. Segundo problema: ¿el camino de la felicidad o la senda del deber?

El segundo gran problema al que se enfrenta la filosofía desde sus inicios es la cuestión de cómo alcanzar la felicidad y, en relación con esta, la de cuál es nuestro deber. En todas las épocas y civilizaciones ha existido una preocupación por los intereses, emociones y obligaciones de los seres humanos; y temas como la felicidad, la virtud, el placer, el deber o el bien están presentes en todas las culturas. Podemos dividir las distintas respuestas éticas dadas en la historia de la filosofía en dos grandes grupos: las éticas de la felicidad (como la virtud, el placer o la utilidad) y las éticas del deber.

3.1 La felicidad como virtud

En general, la ética griega se caracteriza por ser **teleológica** y **eudemonista.** Así, para **Aristóteles,** el máximo bien reside en la felicidad o eudemonía. El bien de cada ser natural consiste en alcanzar su propia perfección, esto es, en cumplir el fin al que la naturaleza le ha destinado. Igualmente el bien del ser humano consistirá en alcanzar su propia perfección, ejerciendo el tipo de vida para el que la naturaleza le ha preparado y orientado. Por tanto, la felicidad consistiría en orientar conscientemente la vida hacia el fin natural del ser humano, hacia su perfección.

Pero, ¿cuál es la perfección de los seres humanos? Según Aristóteles, el ideal de la felicidad podría plasmarse en tres tipos de personas: el de la persona entregada a los placeres; el del hombre prudente y virtuoso; y el ideal del sabio.

Dado que para Aristóteles el ser humano se define como un **«animal político»** *(zoon politikon)* gracias a su capacidad para el diálogo racional y para distinguir «el bien, del mal, lo justo, de lo injusto, y las demás cualidades morales, su plenitud (su *telos*) tiende de forma natural a llegar a ese fin: la **sociabilidad racional.** Por lo tanto, el ideal de la persona entregada a los placeres no puede ponerse como meta de nuestro comportamiento. El ideal del sabio puede ser un referente porque la felicidad tiene componentes próximos a la actividad contemplativa; pero, aunque ese ideal es el más admirable, resulta más propio de dioses que de seres humanos mortales enfrentados a las necesidades cotidianas del vivir. En conclusión: el ideal del hombre prudente y virtuoso en un entorno social tal como la *polis,* resulta la mejor condición para el desarrollo pleno de la felicidad humana.

Además, la felicidad también está íntimamente enlazada con la práctica de las virtudes. Esto obedece al hecho de que el bien o la felicidad de las personas se expresa como virtud. La virtud es un hábito y una disposición a hacer el bien que se adquiere en la práctica al actuar de manera armónica y equilibrada. El entendimiento práctico o **prudencia*** nos ayuda a controlar y dominar las pasiones para así lograr la felicidad.

3.2 La felicidad como placer

El **epicureísmo** como corriente filosófica iniciada por **Epicuro de Samos (fig. 2.6),** parte de una posición materialista; pero sus reflexiones filosóficas se centran en crear un sistema ético que permita alcanzar la felicidad, verdadero fin de la existencia humana.

Al igual que todos los eudemonistas, los epicúreos identifican al hombre virtuoso con el hombre feliz. No obstante, a diferencia de Aristóteles, la felicidad consiste en alcanzar el máximo grado de placer posible. Este es, pues, el fin que debe guiar la vida humana.

***Epicuro** (341-270 a.C., fig. 2.6)*

Nacido en la colonia ateniense de Samos, fue seguidor del atomismo de Demócrito. Enseñó en Mitilene, Lámpsaco y finalmente en Atenas, donde fundó una escuela filosófica: el Jardín, en donde se enseñaba Gnoseología o Canónica, Física y Ética, como culminación esta de las dos partes anteriores. Su sistema filosófico se sitúa en el polo opuesto a la filosofía platónica pues defiende: la existencia de una única realidad (la sensible); la corporeidad y mortalidad del alma; una ética basada en la sencillez, la autosuficiencia y el placer; y un manifiesto desapego por la política.

Más datos

En su libro *El viaje a la felicidad*, **Eduardo Punset,** uno de los divulgadores del conocimiento científico actual más interesantes (es escritor, tiene el programa de TV *Redes*, y una página web: **http://www.eduardpunset.es/**), apunta esta fórmula de la felicidad:

Felicidad = E (M + B + P)/R + C, donde:

Los **factores significativos (S)** son:

- E = Emoción al comienzo y final del proyecto.
- M = Mantenimiento y atención al detalle.
- B = Disfrute de la búsqueda y la expectativa.
- P = Relaciones personales.

Los **factores reductores del nivel de felicidad (R)** son:

- Ausencia de desaprendizaje.
- Recurso a la memoria grupal.
- Interferencia con los procesos automatizados.
- Predominio del miedo.
- Carga heredada (C).
- Mutaciones lesivas.
- Desgaste y envejecimiento.
- Ejercicio abyecto del poder político.
- Estrés imaginado.

Pero, ¿en qué consiste el placer? Para Epicuro, es aquel que «se caracteriza por la ausencia de sufrimientos corporales y de turbación del alma». Así pues, la felicidad consiste en la consecución de **placeres pasivos** (como la salud o el bienestar) y no necesariamente de **placeres activos** (aquellos que debemos ir a buscar nosotros). En lugar de buscar los placeres sociales debemos buscar los naturales, y dentro de estos elegiríamos los placeres intelectuales a los físicos, porque estos son efímeros y aquellos son más duraderos; además, son más acordes con nuestra naturaleza.

El epicureísmo distingue tres tipos de deseos: naturales y necesarios, naturales pero no necesarios, y no naturales ni necesarios. Según Epicuro, la persona sabia y virtuosa debe buscar la satisfacción de los deseos naturales y necesarios.

3.3 La felicidad como elemento útil

El **utilitarismo** es un conjunto de teorías éticas que coinciden en que el criterio que determina la felicidad y la finalidad de las acciones morales es el de la utilidad. **Jeremy Bentham** fue el fundador de este sistema.

Para Bentham, el fin del ser humano consiste en la búsqueda de la felicidad. Solo el placer, ya sea corporal, intelectual o moral, y la huida del dolor son sentimientos universales que pueden definir la felicidad. Esto obedece a que todos los seres humanos entienden que el placer es bueno y el dolor malo. Además, identifica lo útil con lo bueno, es decir, que aquello que me resulta beneficioso para aumentar mi felicidad lo considero necesariamente adecuado para mí. Ahora bien, ese **utilitarismo individual** conduciría irremediablemente al **egoísmo.**

Para evitarlo, es necesario establecer un criterio cuantitativo y aritmético de la utilidad, que Bentham denomina **principio de felicidad:** «para que nuestras acciones sean consideradas morales, deben asegurar la mayor cantidad posible de felicidad para el mayor número posible de individuos».

Por su parte, **John Stuart Mill** reformuló el utilitarismo acudiendo a criterios cualitativos. Distinguió entre placeres superiores e inferiores, defendiendo la supremacía moral de los criterios de utilidad que más beneficien a la humanidad en su conjunto. Para determinar el grado de utilidad, Mill acude a la experiencia histórica, pues en ella se puede observar qué reglas morales han resultando más útiles para la humanidad. Además, Mill establece un nuevo criterio utilitarista de verificación, según el cual una regla moral es válida siempre que las consecuencias de una acción sean mejores o más útiles socialmente que en el caso de que no lo sean y siempre que sean igualmente mejores que las consecuencias obtenidas con otra regla moral alternativa.

3.4 Las éticas del deber

Las teorías éticas que se basan en el deber se denominan **éticas deontológicas** y tienen su primera y mejor formulación en la filosofía kantiana. **Inmanuel Kant** parte de una crítica a los sistemas éticos anteriores, a los que considera modelos de ética material. Son éticas de contenidos (felicidad, placer, utilidad) heterónomas —dado que las normas provienen del exterior al sujeto— y se formulan de manera hipotética: «Si estudias, entonces obtendrás un premio».

En contraposición, Kant propone un nuevo sistema: una **ética formal,** que estaría vacía de contenidos y sería autónoma —dado que es el propio sujeto, con su razón, quien formula para sí mismo y para los demás las normas morales—. Sería también una ética *a priori;* por tanto, con pretensión de validez universal.

La ética formal está basada en el deber y formulada a través de imperativos categóricos como «Tú debes estudiar porque ese es tu deber moral». Por ello, si queremos formular un juicio universal que contenga pautas para la acción moral, debemos de atender más a la forma (cómo debemos actuar) que a la materia (qué hacer). La primera formulación del imperativo categórico muestra que las normas morales son «máximas», es decir, principios subjetivos que buscan validez universal: «Obra de tal modo que la máxima de tu voluntad pueda valer siempre simultáneamente como principio de legislación universal».

Además, Kant distingue tres posibles tipos de acciones: acciones contrarias al deber, acciones conformes al deber y acciones por deber, las únicas auténticamente morales. Por último, para Kant, la moralidad de una acción reside siempre en la voluntad que la anima, es decir, en el principio del querer. La libertad hace del ser humano un sujeto moral. Cuando actúa de manera deliberada, el hombre es responsable de sus actos. Los actos serán buenos en tanto que se basen en la razón y en la **«buena voluntad»*** del sujeto y cuando se atengan al cumplimiento del deber por el deber en sí.

La ética formal de Kant se basa en los tres **postulados*** de la razón práctica:

- **Libertad:** sin libertad, las obligaciones morales —el obrar o no conforme al imperativo categórico— no tendrían sentido.

- **Inmortalidad:** el hombre ha de creer que es posible la adecuación entre la voluntad y la ley (santidad) a través de un progreso indefinido. Dado que la santidad no es realizable siendo limitados en esta vida, se hace necesario suponer la existencia y permanencia indefinidas de la persona, es decir, la inmortalidad del alma.

- **Dios:** debe existir en su calidad de juez justo para garantizar la consecución de esa plenitud, la unión perfecta de virtud y felicidad.

Fig. 2.7. *Ceremonia de cremación. Bali, Indonesia.* Las ceremonias que se celebran en torno a la muerte son muy diferentes en todo el mundo. En Indonesia, por ejemplo, se confeccionan figuras para la cremación.

Texto 3. Dilema ético

«El problema conocido como "voluntad cautiva" o "voluntad esclava" plantea a menudo debates éticos acerca de la responsabilidad moral del que la sufre. Consiste el fenómeno en que una persona "pierde su voluntad" como consecuencia de un adoctrinamiento sufrido a manos de otra persona, de tal modo que ya no ve por otros ojos que por los de ella. Estos sujetos son fácilmente manipulables por parte de su mentor (así sucede en las sectas o en los grupos cerrados donde la influencia del líder es asfixiante), y llegan a cumplir órdenes sin reflexionar sobre las consecuencias de su acción, solo por haber sido dictadas por la persona que tiene dominada su voluntad. Lo que algunos pensadores se preguntan es: ¿cabe considerarlo responsable moral de sus actos si su voluntad nada puede decidir al respecto o habría que considerarlo como un enfermo psíquico y, por tanto, irresponsable?»

En **http://www.iesmurgi.org**

1.a. Imagina que fueras juez, ¿considerarías culpable de una acción a una persona sobre la que no existiesen dudas de que tiene una «voluntad cautiva»?

b. ¿Condenarías a esta persona, aunque rebajaras la pena, a causa del atenuante de que a lo mejor ha actuado inducida por otra persona? ¿O le aplicarías el máximo de la condena por haber sido el ejecutor material del acto y haberse convertido en un peligro social?

2. Plantéate ahora el mismo tema, pero desde el ámbito de la moral. Aunque juzgases a la persona culpable legal, ¿lo considerarías también culpable moral? ¿Por qué?

3. Existen tribunales populares. Justifica su conveniencia en un caso semejante al que plantea este dilema.

4. Tercer problema: lo trascendente y el sentido de la vida

En los problemas que trata la filosofía existe un conjunto de asuntos que van más allá del conocimiento teórico o del saber práctico. Algunas de esas especulaciones se tratan bajo la denominación de metafísica, la rama más abstracta y polémica de la filosofía, pues tanto su objeto de estudio como su utilidad han sido constantemente cuestionados. El término **«metafísica»** fue acuñado alrededor del año 70 a.C. por el filósofo griego **Andrónico de Rodas** cuando recopiló y editó los catorce libros de Aristóteles que se encontraban «después de la física». Pero, ¿qué se entiende por metafísica?; ¿cuál ha sido su campo de estudio y de qué se ocupa en la actualidad?

4.1 Delimitación del concepto «metafísica»

Antes de intentar definir qué es metafísica, debemos tener en cuenta dos consideraciones que ya había presentado Aristóteles:

- En los libros de metafísica, Aristóteles trataba fundamentalmente algunos problemas relacionados con lo que hoy denominaríamos «filosofía de la ciencia». Sería una reflexión **«meta-científica».** En concreto, se refería básicamente a dos cuestiones: las relaciones entre las distintas ciencias y sus objetos o principios relativos, y la posibilidad de una ciencia que estudiase todas las causas o todos los primeros principios, todas las sustancias, sus atributos y las sustancias no sensibles.
- Por otro lado, Aristóteles declaraba precisamente al comienzo del libro *Metafísica* que «hay una ciencia que estudia el ser en cuanto ser y sus atributos esenciales». Con ello, introducía un tema más general y abstracto: el de la unidad y naturaleza del ser. Además, Aristóteles también entendió ese ser como el **«primer motor inmóvil»** de todas las cosas. Como consecuencia, la metafísica se comenzó a entender en dos sentidos: en un sentido general como estudio del «ser en cuanto ser», es decir, de **ontología*;** y en un sentido particular, como estudio de «lo suprasensible o los seres que carecen de materia y son eternos», o sea, de **teología*.**

A partir de ahí se han ofrecido a lo largo de la historia diversas formas —no necesariamente excluyentes— de entender la metafísica:

- Como **ciencia** o **filosofía primera,** o sea, como aquella que suministraría el fundamento a las demás ciencias.
- Como sistema de una **filosofía teórica pura.** Se trataría de investigar si es posible conocer algún objeto desde la razón, sin pasar por el conocimiento sensorial previo. **Kant** estima que la metafísica en ese sentido consiste en establecer cuáles son los **principios rectores del conocimiento.**
- Como exigencia de fundar un conjunto sistemático de conocimientos referidos a la realidad en su totalidad. Este proyecto culmina en la obra de **George Hegel,** como intento sistemático y total de ofrecer un marco de referencia absoluto en el que se estructure la realidad según criterios racionales.

  Desde este punto de vista, según **Nicolás Abbagnano** la metafísica implicaría «una enciclopedia de las ciencias, esto es, un prospecto completo y exhaustivo de todas las ciencias en sus relaciones de coordinación y subordinación, y en sus tareas y en los límites asignados a cada una, de una vez por todas». Desde este enfoque, la metafísica ya no se refiere ni exclusiva ni necesariamente a una realidad espiritual. Así, se puede entender la denominación «metafísica materialista» o, incluso, se puede pensar en alguna teoría científica global como «metafísica».

Actividades

7. Lee el siguiente texto y explica la poética metáfora o analogía de Jaspers en relación con la metafísica.

«Nosotros somos cual lepidópteros y estamos perdidos cuando dejamos de buscar la orientación de la tierra firme. Pero no nos contentamos con permanecer en ella. Por eso nuestro aletear es tan inseguro y quizá tan ridículo para aquellos que están bien sentados y satisfechos en tierra firme, y solo somos comprensibles para aquellos de quienes se ha apoderado la inquietud». KARL JASPERS: *La filosofía desde el punto de vista de la existencia.*

- Pero, sobre todo, como estudio de las características de la realidad que trasciende lo sensible, es decir, del ser como esencia de la realidad, así como de sus propiedades, principios y causas. A partir de ahí, la metafísica se convertiría en un saber sobre lo trascendente, sobre lo que «va más allá» del saber físico. Esta fue la perspectiva tradicional en la definición de la metafísica hasta Kant, para quien ese saber teórico como consecuencia de un interés práctico (determinar si existe la inmortalidad y si existe la libertad para así poder fundamentar la realidad moral) no sería viable desde el punto de vista del conocimiento científico, pues los contenidos de la metafísica —alma, mundo y Dios— son realidades ideales que solo se pueden asimilar a través de la fe moral.

En Internet

En **http://www.webmitologia.com/** encontrarás información sobre los mitos en general; y en **http://www.elolimpo.com/** concretamente sobre los mitos griegos.

A. Definición y origen de la metafísica

El origen de la metafísica, indagación acerca de las primeras causas del origen de las cosas, ya aparece en los inicios de la filosofía, incluso antes de Aristóteles, él mismo lo advertía: «los mitólogos en algún sentido son también filósofos», pues se ocupaban también de los primeros principios y de la posibilidad de una realidad «más allá» de lo físico.

En la **civilización egipcia,** sus colosales construcciones arquitectónicas funerarias muestran una gran preocupación por la vida de ultratumba y por ese deseo de eternidad.

Los **caldeos** y **asirios** habían divinizado las fuerzas naturales y los astros. Para calmar su cólera y obtener su protección, era necesario ofrecerles dones valiosos. Sus zigurats son observatorios astronómicos que tratan de adivinar lo que depara la voluntad de los dioses.

En la **mitología griega** también se observa la misma inquietud: **Homero** habla de divinidades marinas —Océano y Tetis— como inicio de todo, mientras que **Hesíodo** explica el origen de las cosas a partir del Caos, Éter y Eros.

En el **centro de Europa,** en la cultura Hallstatt (1200-600 a.C.) se acompañaba a los muertos con armas, objetos domésticos, elementos suntuarios...

Sin duda, todos estos ejemplos apuntan a una incipiente pero clara **conciencia simbólica** sobre una vida en el más allá. Así, los grandes temas que marcaron la metafísica occidental ya aparecen dibujados en las religiones y mitos que preceden al pensamiento racional: la preocupación por el **origen del mundo,** la **inmortalidad del alma** y el **problema de la inmortalidad.**

4.2 El problema del «ser» y de la «sustancia»

Sin duda, el **concepto de ser** es el eje sobre el que se ha construido la metafísica. Aristóteles afirmaba que «el ser se dice en muchos modos». Esto significa que no es un vocablo **unívoco***, pero tampoco es un término totalmente **equívoco*.** «Ser» es un término análogo, es decir, que expresa en cierto sentido cosas comunes y en otro sentido cosas distintas. Pero, ¿qué significa «ser»? Para responder a esta pregunta podemos distinguir entre uso predicativo (apuntar un atributo a un sujeto) y uso existencial (indicar existencia) del término.

El problema del ser consiste en confundir esos dos usos y en poder establecer cuáles se pueden considerar rasgos esenciales que definen el objeto en cuestión y cuáles son simples aspectos aparentes del mismo. Desde este contexto aparecerán las nociones de **sustancia** y **accidente.**

Más datos

El primero que utiliza la voz latina *substantia* fue Séneca, quien le da el significado de realidad corporal o material, en oposición a lo imaginario y fantástico, de lo presente frente a lo ausente.

La palabra latina *substantia* es la traducción de la griega *hipóstasis*, que quiere decir «estar debajo» o «ser soporte» de algo. La **sustancia** es lo que permanece constante e inalterado a pesar de los cambios que pueda padecer ese objeto; por tanto, aquello que hace que algo sea lo que es y no otra cosa, identificando así a algo como tal y diferenciándolo de lo demás.

La **sustancia** es la esencia y definición propia y fundamental del objeto. Esta es la concepción tradicional de la sustancia, creada por Aristóteles y desarrollada a lo largo de toda la filosofía antigua y medieval. En contraposición de la sustancia, el término **«accidente»** indica las cualidades de los cuerpos que no son fundamentales para la configuración y definición del objeto.

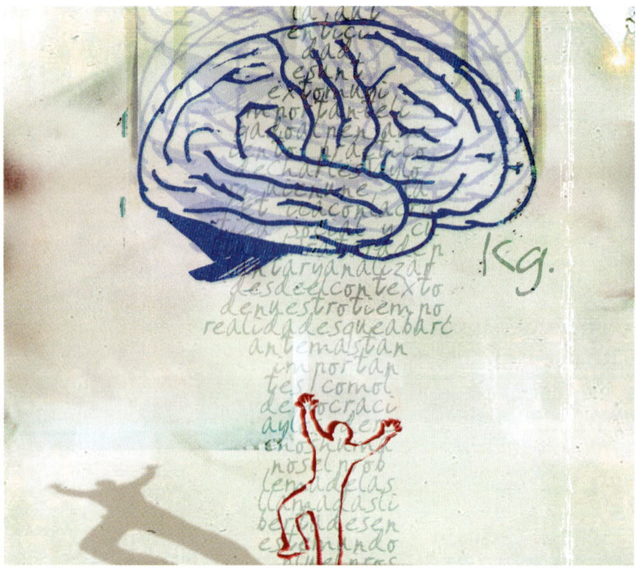

Fig. 2.8. *Pienso, luego soy.* La filosofía de Descartes supuso un giro radical en el ámbito de la metafísica. El hombre pasa a ser el centro del universo.

Tomás de Aquino recoge esa concepción aristotélica sobre la sustancia y resalta que lo que define la sustancia es la **subsistencia,** es decir, su independencia de cualquier otra circunstancia. Esta indicación influirá en los filósofos racionalistas de la era Moderna. Así, **Descartes** define la sustancia como «aquella cosa que existe de tal manera que no necesita de otra para existir».

La idea fundamental de esencia necesaria para definir la sustancia será cuestionada por los empiristas. Aunque ya había sido puesta en entredicho por primera vez por **Guillermo de Ockham** en el siglo XIV, fue **John Locke** quien difundió un nuevo punto de vista acerca de la sustancia, según el cual esta representa la constitución interna del objeto, y de ella se deducirían todas las cualidades del objeto. **David Hume** aplicó con mayor rigor y extensión la doctrina empirista al campo de la metafísica. Según Hume, nuestras ideas son válidas solo si están corroboradas por la experiencia, si tienen la impresión correspondiente. La sustancia es una idea que no tiene su correlato en ninguna impresión sensorial; por tanto, es una mera ficción.

Actividades

8. Investiga acerca de la importancia de Descartes como matemático.

4.3 El problema del alma

El concepto de **alma** se origina en un contexto religioso, como «soplo» de vida y como imagen de uno mismo que trasciende a la muerte del cuerpo. En sentido filosófico, el concepto de alma (*psyché,* en griego) tiene dos significados básicos: como principio de vida y como **principio de conocimiento racional.** A estos significados se les asocia también la idea religiosa de **inmortalidad.** Además, se supone que es la realidad distintiva y específica de los seres humanos frente al resto de los animales.

Aristóteles consideró el alma principalmente en el primer sentido, aunque también consideró un tipo de alma específico para los seres humanos: el **alma racional,** siendo esta el **elemento sustancial** del cuerpo humano. Sin embargo, ha prevalecido fundamentalmente la segunda significación, ampliada por las otras dos ideas. Desde Platón se fija la oposición entre el alma y el cuerpo. El alma es la realidad inmortal, de naturaleza sobrenatural, principio de conocimiento racional y de gobierno moral, mientras que el cuerpo es la realidad mortal, de naturaleza animal y guiada por las pasiones. Con esta distinción, Platón apunta la plena autonomía del alma respecto al cuerpo. El caso extremo de este antagonismo se sitúa en **Descartes,** quien las separa tajantemente, como dos sustancias absolutamente independientes, *res cogitans* («alma») y *res extensa* («cuerpo»). A lo largo de la historia del pensamiento occidental se ha mantenido esa apreciación básica del **alma,** como **sustancia inmaterial,** como **elemento contrario al cuerpo** y como **característica definitoria** del ser humano.

Tipos de alma	Funciones
Vegetativa (plantas)	Nacer, crecer, reproducirse y morir.
Sensitiva (animales)	Conocimiento sensible. Apetencia sensible. Locomoción.
Racional (humanos)	Conocimiento racional. Apetencia racional.

Tabla 2.2. *Tipos de alma y funciones respectivas, según Aristóteles.* La visión del alma propuesta por Aristóteles se ha mantenido durante muchos siglos. «El alma es aquello por lo que vivimos, sentimos y pensamos».

Fig. 2.9. *Esculturas moai en la isla de Pascua, Chile.* Los antiguos habitantes polinesios esculpieron más de 600 estatuas como estas con el fin de representar a sus antepasados difuntos y que estos proyectaran su energía (su maná) sobre sus descendientes.

También se le han atribuido otras cualidades como su **simplicidad,** su **indivisibilidad** o su **inmortalidad.** Pero, además, a partir de **Plotino,** pasando por **Agustín de Hipona** y culminando en **Descartes,** el alma se ha presentado como **conciencia,** como reflexión interior y, en consecuencia, como **causa** y **principio básico** para las acciones libres, exclusivas del ser humano. Para **Kant,** uno de los **principios de la razón práctica** para poder postular una ética necesariamente legítima.

4.4 El asunto de Dios

No se conoce ningún pueblo que no tenga o haya tenido una —más o menos marcada— conciencia religiosa, pero ¿cuál es el origen de dicha conciencia?, ¿cuáles han sido las pruebas que se han ofrecido para defender la existencia de Dios?, ¿qué objeciones se le han presentado?

- **La conciencia religiosa.** Se puede marcar el **origen** de una **conciencia religiosa** a partir de los **primeros enterramientos** sobre los que se tienen evidencias arqueológicas. Después, a lo largo de la historia, observamos distintas formas de tratar a los muertos. Sin embargo, pese a las diferencias en creencias y ritos, el fundamento de nuestras costumbres funerarias sigue siendo el mismo: el **deseo de recuerdo** y el **anhelo de inmortalidad.** A partir de esta evidencia, nace la idea de una realidad trascendente y, en consecuencia, de un ser o seres superiores.
- **Pruebas de la existencia de Dios.** La pregunta sobre la existencia de Dios ha sido y sigue siendo en la actualidad muy importante en el campo de la filosofía. A lo largo de la historia se han dado diferentes pruebas de dicha existencia. Estas pruebas se pueden clasificar en:
  - **Pruebas de tipo ontológico. Anselmo de Canterbury** formula por primera vez en el *Proslogium* el «argumento ontológico». Este argumento parte de la idea de infinitud, que —asumimos— caracteriza y define a la divinidad: «Dios es aquello cuyo mayor no puede ser pensado». Dado que es así —por propia definición—, necesariamente Dios tiene que existir; pues de lo contrario el entendimiento humano —siendo finito— incluiría en sí una realidad infinita (*Deus*); lo cual resulta contradictorio. Por tanto, Dios existe mentalmente y también en la realidad. Este argumento fue criticado por Kant, pues se deduce ilegítimamente la realidad a partir de la idea y presupone indebidamente que la idea de sumo ser exige su existencia.
  - **Pruebas de tipo causal.** Pruebas de este tipo son básicamente las denominadas **«cinco vías»** de **Tomás de Aquino.** Todas ellas tienen la misma estructura: se parte de un hecho de la experiencia —movimiento, causalidad, contingencia, grados de perfección u orden del universo— y se llega a través del hecho a Dios, como primer motor, causa incausada, ser necesario, ser perfecto o inteligencia suprema. Hay dos elementos importantes que hacen posible ese paso: el **principio de causalidad** y la imposibilidad o repugnancia racional de una **cadena infinita de causas.** Kant critica las cinco vías de Tomás de Aquino, porque Dios no puede ser objeto de la experiencia sensible ni de la discusión científica.

En Internet

En:
http://perso.wanadoo.es/s915083000/creencias/creencias4.htm
http://www.mitosyleyendas.idoneos.com/index.php/298972
encontrarás información sobre el interesante tema de la divinidad femenina.

David Hume (1711-1776, fig. 2.10)

Exponente máximo de la filosofía empirista. Nace y muere en Edimburgo. Viaja por Europa, especialmente a Francia, en donde entabla amistad con los ilustrados. Lleva hasta sus últimas consecuencias la crítica a la metafísica iniciada por el pensamiento de Ockham y por las tesis empiristas de Locke y Berkeley. El propio Kant consideró que lo había despertado de su «sueño dogmático». Su fama no solo se debe a sus reflexiones epistemológicas, sino también a sus análisis éticos, estéticos, teológicos e históricos. Su primera y fundamental obra, *Tratado sobre la naturaleza humana* (1739), intenta introducir el método experimental en el estudio de las cuestiones referidas a los seres humanos y marca el inicio de una perspectiva plenamente antropocéntrica en la filosofía.

- **Pruebas de tipo ético-moral o experiencial.** Se apoyan en la **libertad humana** que exige la existencia de un «ser» que colme las aspiraciones éticas del hombre. Estas aspiraciones no pueden alcanzarse en este mundo. Así pues, la constatación de la existencia de una conciencia moral, según Kant, demandaría la existencia de Dios.

  Desde la **vía del sentimiento** también se ha tratado de llegar a Dios. Quien sostiene este punto de vista cree que si sentimos a Dios, es porque Dios existe: los místicos cristianos sintieron ese contacto con la divinidad. De lo contrario, este sería un sentimiento antinatural.

- **Objeciones contra la existencia de Dios.** A pesar de que las creencias religiosas se han mantenido vigentes durante milenios, este hecho no justifica que dichas creencias sean necesariamente legítimas. También se han presentado fuertes objeciones tanto a las formas populares de entender a Dios como a las distintas argumentaciones a favor de su existencia. Así, **Ludwig Feuerbach** ha apuntado que la imagen de Dios no es más que una proyección de las cualidades humanas: es Dios quien está hecho a imagen y semejanza del hombre. **Sigmund Freud** ha denunciado la imagen paternalista de Dios que subyace en toda religión y que expresa el carácter inmaduro de la personalidad religiosa. **Marx** ha ligado el fenómeno religioso a la necesidad de los grupos de poder para justificar su dominio sobre las clases populares. **Nietzsche,** desde una postura naturalmente vitalista, explica que la creencia en ese trasmundo y en sus valores trascendentales nace de los sentimientos de culpa y de resentimiento inculcados por la clase sacerdotal en los espíritus de los débiles.

4.5 El descrédito actual de la metafísica

La metafísica presenta su crisis definitiva con el nacimiento y desarrollo de las distintas corrientes filosóficas contemporáneas. No obstante, mucho antes se habían iniciado las objeciones contra aquella «ciencia buscada» por Aristóteles. Así, desde diferentes frentes se cuestiona esta ciencia, pero se pueden distinguir tres tipos de críticas a la metafísica: crítica gnoseológica-lingüística, crítica ético-moral y crítica histórico-política.

- **Crítica gnoseológica-lingüística.** El primer artífice de una crítica seria fue **Guillermo de Ockham,** quien defendió que los conceptos de la metafísica clásica eran tan solo «entidades mentales» y no reales. De forma más radical, **Hume (fig. 2.10)** afirmó que los conceptos metafísicos no tienen entidad real pues no cuentan con la correspondiente impresión sensorial que los legitimaría. Para **Rudolf Carnap,** máximo representante del Círculo de Viena, el uso de la palabra «ser» tiene deficiencias lógicas; de ahí que los términos metafísicos —que derivan de este término— generan secuencias de palabras que no constituyen proposiciones, aunque lo parezca. Son pseudoproposiciones porque no puede contrastarse empíricamente su verdad. Por ello, los términos y las proposiciones metafísicas no tienen sentido, no significan nada.

- **Crítica ético-moral.** Su máximo exponente es **Nietzsche,** quien denuncia que en la metafísica tradicional se comete un error básico al creer que los valores morales no provienen de nuestro mundo terreno, sino directamente de Dios. Desde este punto de vista, Nietzsche niega con rotundidad todo tipo de metafísica, pues implica el **menosprecio de la vida.**

- **Crítica histórico-política.** Esta postura viene representada básicamente por el **marxismo,** que rechaza la validez del pensamiento metafísico. El marxismo ofrece su propia concepción de la realidad y del conocimiento **(materialismo dialéctico*)** y desvela que la metafísica no es sino un producto ideológico que tiene la función de defender y encubrir los intereses de clase **(materialismo histórico*).**

Como consecuencia de estas y otras críticas, en la actualidad la metafísica sufre un manifiesto rechazo y descrédito, que tiene su punto de partida en la filosofía positivista de **Auguste Comte** y su teoría de los Tres estados. Esa concepción influyó definitivamente en la creencia de que el estado científico es el estado más elevado de la evolución del pensamiento de la humanidad y, por tanto, los otros dos estados (el mítico-religioso, el primero, y el metafísico-filosófico, el segundo) deben ser superados.

4.6 La nueva actitud metafísica: el sentido de la vida

Después de los justificados ataques a la metafísica contra su pretensión de saber acerca de una posible realidad meta-empírica, era de esperar que ese saber quedase totalmente invalidado y que todo conocimiento posible se redujese al conocimiento científico.

Contra la posibilidad de esa actitud reduccionista, ya había advertido **Blaise Pascal** en el siglo XVII que «el corazón tiene razones que la razón desconoce». En el siglo XX, **Karl Jaspers** apuntaba lo que él denominó «situaciones-límite» para referirse a aquellas situaciones en las que el conocimiento científico no ofrece ni respuesta ni consuelo. Ya en la segunda mitad del siglo XX, después de la definitiva caída de la metafísica tradicional, se intuía la presencia de una **nueva actitud metafísica.**

A partir de esta nueva base, **resurgen** con fuerza las **antiquísimas preocupaciones** del ser humano, más allá del conocimiento científico. Se trata de asuntos que aún hoy en día nos inquietan, como son la **muerte,** el **sentido de la vida** o la **libertad** como punto de referencia sobre el que construir nuestra propia existencia. Dentro de este contexto de nueva metafísica, debemos apuntar sobre todo a la **filosofía existencialista*** como corriente en la que se dan cita los distintos pensadores para responder con nuevas perspectivas y desde los nuevos tiempos a las más viejas preguntas metafísicas. Ante la búsqueda de sentido de la vida, dichos pensadores dan diferentes alternativas:

- **La vida carece de sentido. Albert Camus,** representante del existencialismo nihilista, afirma que la vida es algo absurdo, sin sentido. Camus utiliza el **mito de Sísifo** para expresar la absurdidad de la existencia, que no es sino una secuencia de proyectos frustrados. Ni tan siquiera el hombre rebelde, que se une a otros y se enfrenta a las injusticias, tiene sentido, puesto que la muerte dará al traste con sus proyectos.
- **La vida tiene sentido.** Entre las muchas corrientes de pensamiento que tratan de dar un sentido a la vida, podemos distinguir al menos dos grandes grupos: los que dan un sentido trascendente y las que le atribuyen un sentido inmanente.
  - **Sentido trascendente.** Desde este punto de vista, debemos recordar que las religiones, y en particular el cristianismo, dan un sentido trascendente a la propia existencia. **Dios** es el creador de todo y es el fin hacia el que tiende todo lo existente. La felicidad que persigue la persona la conseguirá plenamente en su unidad con Dios.
  - **Sentido inmanente.** Desde esta perspectiva pueden incluirse corrientes vitalistas o los humanismos marxistas. En ellas se parte del hecho de que el ser humano es fruto de la **evolución** y que nada hay más allá de la vida sobre la Tierra. El ser humano se realiza y desarrolla sus capacidades al mismo tiempo que dota de sentido a su vida.

    El **humanismo marxista** denuncia la situación de opresión y explotación de una parte de la humanidad a manos de otra (la clase trabajadora por los capitalistas). Ese hecho ha cambiado el sentido humano del trabajo y de la vida. Debido a esta **situación esclavizante,** el trabajo se ha convertido en un enemigo del hombre y toda la vida humana ha quedado cubierta por la sombra de la **alienación.**

Fig. 2.11. *El mito de Sísifo.* Sísifo sufrió la condena de lo absurdo, pues debía repetir eternamente el proceso de subir hasta la cumbre de la montaña una enorme piedra que se le escapa de entre las manos rodando hacia la ladera cuando está a punto de alcanzar la cima.

Sin embargo, el humanismo marxista deja abierta la puerta a la esperanza: la **lucha solidaria** humana será capaz de hacer, a través de la revolución, una sociedad sin clases, al desaparecer la propiedad privada de los medios de producción. Aún así, desde la crítica demoledora que lanza Nietzsche contra la cultura occidental, su proclama de la muerte de Dios exige la desaparición de la «moral de rebaño», del remordimiento y de la culpabilidad, así como del resto de los valores trascendentales. Aunque también origina un nuevo tipo de ser humano: el Superhombre. El **Superhombre** representa el nuevo tipo de humanidad, que observa el mundo sin prejuicios, pero sobre todo significa el apego a la tierra, la afirmación de la vida y de los valores terrenales.

- **Nosotros damos sentido a la vida.** Frente a las alternativas anteriores, en las que se niega que la vida tenga sentido o se aceptan sentidos ya dados de antemano, cabe una nueva alternativa: asumir el protagonismo y dar sentido a la propia vida. La sociedad plantea nuevos retos y hay que luchar para superarlos. Ha llegado el momento del protagonismo de los ciudadanos. El sentido de la existencia hay que descubrirlo en la nueva sociedad, en la **participación** y la **solidaridad.**

Sin duda, este planteamiento no es tarea fácil. Ciertamente, en los últimos años se ha agudizado un fenómeno que arranca en el siglo XIX y que se ha extendido a lo largo del siglo XX. Se conoce con el nombre de **«vacío existencial»** y, según **Viktor Frankl,** se manifiesta en estados más o menos largos o profundos de aburrimiento. Da la impresión de que a medida que el hombre se ha ido civilizando, ha ido perdiendo la seguridad que nos ofrecían los instintos de nuestra condición animal.

También se han ido perdiendo las tradiciones como comportamientos socialmente aceptados, reguladores de pautas individuales y sociales. Al individuo le faltan, por tanto, referencias sociales y su personalidad tiende a la desintegración.

Otro síntoma es la **«neurosis dominical»,** la depresión que a veces nos invade en los días de descanso. Otras expresiones son, por ejemplo, la búsqueda de llenar ese vacío con la voluntad de tener dinero o de obtener placer. Frente a esas conductas, Frankl apuesta por buscar y encontrar un sólido, concreto y liberador **sentido a la vida.** Según este pensador, no se trata de cuestionarnos sobre el sentido de la vida, sino de entender que la vida es una pregunta por y para el hombre. Desde este punto de vista, la actitud que nos toca es la de «responder» de nuestra propia vida. A esta característica esencial del hombre, Frankl la designa «autotrascendencia de la existencia».

Texto 4. La idea del alma como fundamento de las religiones

«Hasta ahora poseíamos ya hipótesis muy sólidas sobre la génesis de la idea del alma en la mente del hombre prehistórico, y en este aspecto sigue pareciéndome acertada [...] la hipótesis animista de E. B. Tylor [...]. Hay que hacer constar aquí, incidentalmente, que son tan esencialmente animistas las religiones prehistóricas o las de los actuales pueblos "primitivos", como lo son los monoteísmos del Libro o las religiones orientales, por ejemplo. El «animismo» roqueño y tenaz de la «visión dualista alma-cuerpo» que sigue funcionando como motor de todas las filosofías espiritualistas que alimentan las innumerables formas de la fe religiosa de nuestro mundo.»

Puente, G.: *El mito del alma. Ciencia y religión,* Siglo XXI, Madrid, 2000.

1.a. Elabora una lista con razones a favor o en contra del dualismo antropológico.

b. Comparad vuestras listas y organiza un debate.

2.a. ¿Qué es anterior, según el autor, la religión o la idea de alma?

b. ¿Pueden calificarse como animistas todas las religiones? ¿Por qué?

3. Investiga en Internet sobre la hipótesis animista y sobre la de los númenes animales.

5. Cuarto problema: el ideal estético

El ser humano, ya desde la Antigüedad, se ha preocupado y se ha preguntado por la belleza. Esta inquietud está estrechamente relacionada con el perenne deseo humano de percibir y de crear o expresar belleza. La **estética** es la disciplina filosófica que estudia desde un plano teórico estas inquietudes.

El término «estética» procede del griego *aisthetikós,* que significa «sensible». Desde una perspectiva etimológica, la estética es la capacidad que tenemos todos los seres humanos de percibir sensaciones. Desde una perspectiva general, la estética se corresponde con la parte de la filosofía que se dedica al estudio de la belleza y del arte.

Fig. 2.12. *El ser humano y la apreciación de la belleza.* Cuando el novelista Stendhal visitó la catedral de Santa María del Fiore en Florencia sufrió una fuerte reacción física ante la belleza, conocida desde entonces como «síndrome de Stendhal».

El hecho de que la filosofía se haya preocupado por la belleza desde la **Antigüedad** no significa que la estética existiese entonces como rama con plena autonomía. Por el contrario, la reflexión estética estaba estrechamente conectada a los **planteamientos éticos.** Es a Kant a quien se le considera creador de la estética moderna como disciplina filosófica autónoma e independiente de la ética. La importancia de Kant radica, precisamente, en reconocer en el **gusto** una **nueva facultad** del ser humano. Así pues, a través de esta facultad, se puede juzgar un objeto mediante el placer o displacer que produce y se puede afirmar que el objeto que procure un placer desinteresado será **bello*.**

Contrariamente a lo que había sido hasta entonces lugar común entre los tratadistas de estética, la belleza no se presenta en la realidad natural, sino que, como defiende **Friedrich Schelling,** se realiza en el arte. Así pues, en la definición de la estética no solo se relacionan los conceptos de belleza y arte, sino también los de natural y artificial. De esta forma, se puede distinguir entre objeto artístico y objeto estético. Un **objeto artístico** es un objeto producido o creado por el artista. Un **objeto estético** es aquel con el que se califica a todos los objetos de la experiencia estética.

5.1 La belleza

El primer objeto de preocupación de la estética ha girado en torno a la definición de la belleza, pero no ha existido ni existe unanimidad en esa definición. Con respecto al origen histórico de la representación artística como búsqueda de la belleza, no existe tampoco total acuerdo. El hecho indudable es que, a lo largo de la historia, se han ofrecido **distintos criterios** para definir la belleza.

- **Bien moral.** Es básicamente la concepción griega de la belleza como *kalokagathía,* pues se identifica la belleza *(kalon)* con el bien *(agathon),* tal como se presenta en la **teoría platónica de la belleza.**

- **Verdad.** Es propia del Romanticismo y, en especial, de **Hegel.** Este filósofo defiende que verdad y belleza son dos expresiones de una misma realidad. La **verdad** es la manifestación objetiva y universal de la realidad, mientras que la **belleza** es su manifestación sensible.

- **Simetría.** Esta idea fue expuesta por primera vez por **Aristóteles.** Después, **Tomás de Aquino** la retomó, y muchos escritores del Renacimiento, entre ellos **Leonardo da Vinci,** la admitieron. Es el reflejo de la idea de un **canon** en el arte.

Actividades

9. ¿Crees que el arte es útil o no? Enumera las razones a favor o en contra.

10. ¿Cómo definirías la belleza? ¿Has sentido alguna vez «el escalofrío de la belleza»? Recuerda alguna situación.

11. ¿La belleza puede proporcionar felicidad? ¿Todos los seres humanos la aprecian de la misma forma? Razona tu respuesta.

12. ¿El arte es siempre sinónimo de belleza? Al ver una obra de arte, ¿todas las personas coinciden en si es bella o no?

- **Perfección del placer sensible.** Puede entenderse como «representación sensible perfecta», según **Alexander Baumgarten,** o como «placer que acompaña a la actividad sensible», según **Hume. Kant** unificó ambos significados e insistió en el carácter **sublime*** de la belleza.

No son estos todos los criterios que se han dado para definir la belleza. Cabría citar también la idea de **armonía** en estrecha relación con la idea de **simetría;** o la idea de **funcionalidad,** según la cual, lo bello reside en su adaptación al fin que se le supone asignado a un determinado objeto.

5.2 El arte

El ser humano siempre ha demostrado una gran preocupación por saber qué es el arte y cuáles son sus características, algo que ha reflejado también la estética. Es tarea de la filosofía, pues, dar una respuesta a estas cuestiones.

- **Definición**

  Una definición general es la que considera que arte es todo lo que el ser humano produce, en contraposición con las obras de la Naturaleza. En este sentido, las esculturas, los ordenadores o la basura serían obras de arte, mientras que los animales, las estrellas o los árboles serían obras de la Naturaleza. No obstante, no resulta fácil encontrar una definición universal, pues el arte no puede describirse ni por los materiales que emplea, ni por lo que se hace con esos materiales, ni por la finalidad de la creación. En cualquier caso, para que una obra de arte sea clasificada como «artística», es necesario que se cumplan las siguientes condiciones:

  - **Es producto de la percepción de la realidad y de la imaginación del artista.** A diferencia de la Naturaleza, que crea sus propias obras según leyes y mecanismos predeterminados, el artista tiene conciencia de estar dedicado a un proceso de transformación de ideas en **imágenes.**
  - **Es fuente de conocimiento y de placer estético individual y social.** Más allá de la utilidad inmediata o remota, el objeto artístico es fundamentalmente causa de un determinado modo de placer y conocimiento.
  - **Está abierto a nuevas interpretaciones o nuevas significaciones.** Dado su carácter de elemento expresivo y comunicacional, supone una constante apertura a nuevas lecturas por parte de las distintas personas, generaciones o épocas que observan una misma obra de arte.
  - **Ayuda a formar nociones más exactas de la vida.** Gracias al arte, percibimos y entendemos la realidad más allá de la superficialidad de las costumbres y las rutinas.
  - **Mejora nuestra sensibilidad.** Mediante el arte, podemos ser capaces de sentir pasiones delicadas y agradables, dejando de lado emociones rudas o turbulentas. Además, libera a la mente del apresuramiento producido por los negocios y el interés personal.
  - **Fomenta la reflexión y predispone a la tranquilidad.** La obra artística produce un estado propicio para pensar y relajarse, además de una agradable melancolía. Estas son disposiciones de la mente que nos acercan al amor y a la amistad.
  - **Favorece la relación social.** El arte fomenta, sin duda, un intercambio de ideas y un *esprit de finesse* que aporta delicadeza y humanidad en el trato con nuestros semejantes.

Pensamiento crítico

La palabra **«sublime»** comenzó a ser utilizada para indicar sentimientos o actitudes particularmente nobles o elevadas cuando así fue usada por **Seudo Longino** en su estudio *Acerca de lo Sublime* (siglo I a.C.). Este autor contrapone lo bello y lo sublime; pues mientras lo primero es medida, armonía, orden y por ello agrada a la vista, lo segundo rompe los moldes, pierde la armonía, hace zozobrar nuestro intelecto y nuestro sentimiento. Pero, al mismo tiempo, lo sublime es el último estadio de lo bello pues nos sumerge en el «océano de la belleza».

En sentido estricto, lo **sublime** es el placer que resulta de la imitación o contemplación de una situación dolorosa. Esta significación deriva del concepto aristotélico de la tragedia. Esta noción fue rescatada por los ilustrados escoceses (entre ellos, el conde **Shaftesbury,** J. **Addison** y David **Hume**), quienes desligaron la belleza del dominio del canon racional y la situaron en el ámbito de la pasión.

Esta perspectiva recaló en Kant, para quien lo sublime es el desbordamiento de la forma, lo «absolutamente grande» que va más allá del entendimiento humano y se dirige a lo infinito de la imaginación. De ahí que lo defina como «aquello que gusta de inmediato por su oposición al interés de los sentidos». Con esa afirmación, Kant quería advertir la desproporción o el peligro que lo sublime representa para su naturaleza sensible, pues se da cuenta —precisamente gracias a ese sentimiento— de que no es esclavo de esa naturaleza sensible, sino libre de ella. Esta concepción germinará en el Romanticismo e influirá en nuestra actual visión estética.

A. Apreciación

Existen cuatro apreciaciones fundamentales del arte a lo largo de la historia del ser humano.

- **Arte como conocimiento.** Esta concepción tiene su origen en la Antigüedad, pero fue en el Romanticismo cuando se insistió en el valor cognoscitivo del arte. Nace de la idea de que el arte debe ser imitación de la naturaleza y, como señalaba **Aristóteles,** esa tendencia a la **imitación** no es sino un aspecto del deseo de conocer. Otros autores, como **Henri Bergson,** defienden también la condición de conocimiento de la obra de arte, pero no por ese supuesto carácter de imitación de la naturaleza, sino porque estiman que el arte nos ofrece un **conocimiento intuitivo** de la realidad. Un poema, una novela o una audición musical nos abrirían la mente a una comprensión más global y profunda del mundo y de nosotros mismos.
- **Arte como actividad práctica.** Aparte del carácter terapéutico del arte, **Nietzsche** insistió en su **carácter utilitario** como expresión de la fuerza del ser humano que lo sitúa en un estado de plenitud y perfección cercano a la divinidad. El arte libera al ser humano de prejuicios y convenciones sociales. Lo lleva «más allá del bien y del mal».
- **Arte como sensibilidad.** Desde esta perspectiva, se considera primordial el **carácter sensible** del arte. Así pues, no puede ofrecer un verdadero conocimiento, sino más bien un mayor o menor deleite sensorial. Este aspecto ha sido valorado de modo contrario: para **Platón** expresaba el carácter del mundo de mera apariencia que se da en la creación artística; sin embargo, **Hume** valora positivamente esa condición pues la posibilidad de perfeccionamiento ético va parejo a la educación estética.
- **Arte como producto mercantil.** Desde Platón, la mayoría de los filósofos había reconocido el valor fundamentalmente educativo del arte. Sin embargo, a partir del **Renacimiento** se comienza a formar un **mercado del arte.** Se realizan pinturas por encargo o se levantan palacios para la floreciente y acaudalada burguesía. Este proceso culmina en la actualidad. Como ha denunciado **Walter Benjamin,** la obra de arte se ha «desacralizado» y se ha convertido casi exclusivamente en objeto de mercado cultural.

Fig 2.13. *La apreciación de la obra artística.* Actualmente tendemos a pensar que la belleza depende exclusivamente del gusto personal y que, por lo tanto, no responde a criterios objetivos. Sobre este asunto son esclarecedoras las investigaciones de Vilayanur Ramachandran y su colega W. Hirstein con sus «ocho leyes de la experiencia artística». También es interesante el documental *La ciencia de la belleza* en el programa *Redes.*

Texto 5. El conflicto entre arte y belleza

«La relación entre el arte y la belleza es conflictiva. Para algunos [...] no hay ninguna solidez en esta relación: [...] ni el objeto del arte es la belleza ni esta se manifiesta particularmente en aquella. Para otros, en cambio, no existe duda de que la tarea principal del arte es la representación material de la belleza. Existen argumentos en apoyo de ambas opiniones. En el primer caso se puede alegar que la belleza interesa al espíritu humano de muy diversas maneras y que solo, esporádicamente, el arte es una de ellas. Además [...] la génesis del fenómeno artístico no siempre se vincula con las representaciones o expresiones de lo bello, sino con múltiples facetas de la actividad humana como pueden ser la utilidad, la habitabilidad, la liturgia y el folclore. En el segundo caso, se puede razonar que el arte históricamente conocido, e incluso los modos artísticos más arcaicos, entrañan generalmente una intención de belleza [...]. Por tanto, la afirmación tan habitual de que el arte tiene como objetivo la belleza, solo tiene un significado si esta última es comprendida en un sentido de universalidad.»

Argullol, R.: *Tres miradas sobre el arte,* Destino, Barcelona, 1985, pp. 19-21.

1. Enumerad las razones por las que son conflictivas las relaciones entre belleza y arte.
2. Presenta el tema del texto. Después, elabora un esquema con las dos posturas apuntadas y las razones aducidas. Finalmente, señala la tesis del autor.
3. Elabora una lista con ejemplos concretos de obras de arte que consideres bellas y obras de arte que consideres feas. Comparad vuestras listas y descubrid los cánones de belleza comunes y diferentes.

Para repasar

1. Agrupa en tu cuaderno los siguientes conceptos en tres columnas, según su tipo de relación.

   Ciencia, razón instrumental, técnica, razón práctica, *poiesis*, *epistéme*, ética, razón pura, *phrónesis*, *téchne*, praxis, teoría

2. Indica si son verdaderas o falsas las siguientes afirmaciones:
   - **a.** La ciencia hereda todos los problemas filosóficos.
   - **b.** Ciencia y filosofía no tienen nada en común.
   - **c.** Solo los problemas teóricos son verdaderamente filosóficos.
   - **d.** Platón se pregunta en el *Timeo* por el origen del universo.
   - **e.** Los actuales problemas filosóficos son totalmente nuevos.
3. ¿A qué filósofos pertenecen las siguientes frases sobre la «verdad»? Razona tu respuesta.
   - **a.** «Decir de lo que es, que es; y de lo que no es, que no es».
   - **b.** «Es la concepción que cada uno tiene de la realidad desde su propio punto de vista».
   - **c.** «Es una proposición que describe un estado de cosas existente».
   - **d.** «Es la concepción clara y distinta que uno tiene de algo».
   - **e.** «Es una cierta forma de correspondencia entre la creencia y el hecho».
4. ¿A qué tipo de interpretación de la verdad pertenece cada uno de los autores de las frases del ejercicio anterior?
5. Explica brevemente qué valor se da a la verdad en el realismo ingenuo, el absoluto y el crítico.
6. ¿Existen en las cosas los colores, olores y sabores tal como nosotros los percibimos? Razona la respuesta.
7. Define: «criterio de verdad», «evidencia», «coherencia», «relativismo» y «escepticismo».
8. ¿Qué es para Aristóteles la felicidad?:
   - **a.** La felicidad consiste en lograr una acción útil.
   - **b.** La felicidad consiste en vivir bien y obrar bien.
   - **c.** La felicidad consiste en llevar una vida de placer.
9. ¿Cómo diferencia Aristóteles las virtudes morales y las intelectuales?
10. Relaciona cada teoría con su campo:

• Teoría:	• Campo:
Utilitarista	Felicidad
Epicúrea	Utilidad
Aristotélica	Placer
Deontológica	Deber

11. ¿Cuántos tipos de imperativos existen para Kant? Pon un ejemplo de cada uno de ellos.
12. Cita el nombre de los postulados de la moral kantiana. ¿En qué consisten?
13. ¿Verdadero o falso? Razona tu respuesta.
    - **a.** Andrónico de Rodas es el fundador de la metafísica como saber teórico acerca del «ser».
    - **b.** Descartes defiende la misma idea de sustancia que Aristóteles.
    - **c.** La idea de Tomás de Aquino acerca de la sustancia influyó en la filosofía racionalista.
    - **d.** Hume cuestiona los conceptos tradicionales de la metafísica.
    - **e.** La idea de alma siempre ha tenido una significación exclusivamente religiosa.
    - **f.** Descartes es un pensador dualista en cuanto a la constitución de la naturaleza humana.
14. Indica cuáles son los dos usos básicos del vocablo «ser». Pon ejemplos de cada uno de ellos.
15. Escoge la opción correcta:
    - **a.** ¿Quién creó el argumento ontológico? ***a)*** Tomás de Aquino, ***b)*** Anselmo de Canterbury, ***c)*** Descartes.
    - **b.** ¿De quién son las «cinco vías»? ***a)*** Tomás de Aquino, ***b)*** Kant, ***c)*** Descartes.
    - **c.** ¿Qué autor defiende la prueba ético-moral para demostrar a Dios? ***a)*** Kant, ***b)*** Descartes, ***c)*** Hume.
    - **d.** Freud critica la creencia religiosa porque es expresión de: ***a)*** Proyección antropomórfica, ***b)*** Personalidad inmadura, ***c)*** Esclavitud social.
16. Elabora un esquema en el que expongas las distintas posturas respecto al sentido de la vida. Introduce sus puntos básicos y sus representantes.
17. ¿Qué criterios se han presentado a lo largo de la historia para definir la belleza? Razona tu respuesta.
18. Para que una determinada obra o acción sea reconocida como arte, ¿qué requisitos se deben cumplir? Razona tu respuesta mediante ejemplos.
19. Relaciona el concepto de arte con los filósofos que lo defienden:

    Arte como conocimiento, arte como actividad práctica, arte como sensibilidad.

    Nietzsche, Hume, Platón, Aristóteles, Bergson.

Taller de filosofía

A debate

- ¿Qué debemos hacer: buscar la felicidad o cumplir con el deber? ¿Dónde encontramos la felicidad? ¿Cuáles son nuestros deberes? ¿Cómo podemos saber cuáles son?
- Según Leibniz (s. XVII), vivimos siempre en el mejor de los mundos posibles; según Marción (s. II), en el peor. ¿A qué lado os situáis vosotros: en el pesimismo cosmológico de Marción o en el optimismo cosmológico de Leibniz?
- Si un marciano etólogo desembarcase para observarnos, quedaría perplejo ante nuestra propensión artística (crear o admirar cuadros, esculturas, textos..., más allá de su estricta funcionalidad). ¿Cómo crees que explicarías ese nuestro «extraño» comportamiento? ¿Crees que el arte cumple alguna función en nuestras vidas (como especie biológica) y como seres individuales? ¿Crees que nuestra valoración estética solo depende de nuestro gusto personal subjetivo o que existe algún tipo de criterio más o menos «objetivo» (psicológico, social...) que marca o condiciona nuestra apreciación estética sobre las realidades naturales o los objetos artificiales?
- ¿Creéis que existe vida en otros planetas? ¿De qué tipo: vegetativa, sensitiva, racional...? ¿Creéis que podremos saber de la existencia de esa vida y que podríamos comunicarnos con ellos?
- Relaciones entre arte, política y sociedad. ¿Es necesaria la libertad política para que exista libertad artística? ¿Puede el arte influir para crear una sociedad más libre? ¿Es síntoma de libertad política la libertad artística? ¿Es la moda, verdadero arte o producto mercantil?

Para disertar

- Origen histórico y psicológico de la religión.
- La «hipótesis Gaia» de James Lovelock y Lynn Margulis.
- Ventajas e inconvenientes del desarrollo tecnológico.
- Milenarismos y utopías.
- El sentido de nuestra existencia.
- A partir del capítulo I («Tiempos prehistóricos») del libro de Arnold Hauser *Historia social de la literatura y del arte*, ¿cuál creéis que fue el origen histórico del arte: naturalista o geométrico?
- Importancia de la conservación del Patrimonio artístico y de la Memoria Histórica. Investiga y expón algún caso concreto.
- Libertad artística y genialidad a partir de esta cita de Pablo Picasso: «Los artistas somos indestructibles; aun en la cárcel, o en un campo de concentración, yo sería todopoderoso en mi propio mundo artístico, aunque tuviera que pintar mis cuadros con la lengua mojada sobre el polvoriento suelo de mi celda».

Para que leas

FRANKL, V.: *El hombre en busca de sentido*, Herder, Barcelona, 2004.

Como se nos indica en la contraportada, «el doctor Frankl, psiquiatra y escritor, solía preguntar a sus pacientes aquejados de múltiples padecimientos: "¿Por qué no se suicida usted?" Y, muchas veces, de las respuestas extraía una orientación para la psicoterapia a aplicar: [...] a este, lo que le ata a la vida son los hijos; al otro, un talento, una habilidad sin explotar; a un tercero, quizá solo unos recuerdos que merece la pena rescatar del olvido. Tejer estas tenues hebras de vidas rotas en una urdimbre firme, coherente, significativa y responsable es el objetivo con el que se enfrenta la logoterapia». En esta obra se exponen las dramáticas circunstancias personales que vivió el autor en Auschwitz y que darán lugar a un modo de buscar soluciones a los profundos conflictos personales y aportar ayuda en la búsqueda de sentido a la vida a través de la logoterapia.

Para que veas

Contact, Robert Zemeckis, 1997, 143 minutos.

Sinopsis

Un grupo de investigadores capta un mensaje cifrado proveniente de las estrellas, en el que esconden instrucciones para construir una nave con la que acudir a un encuentro lejano en la galaxia. La Humanidad se debatirá entre su curiosidad innata, el miedo a lo desconocido y los intereses político-económicos. *Contact* es una de las mejores películas de la ciencia ficción.

Temas

Influencia de factores ideológicos, políticos, económicos en el avance científico. Contraposición entre sentimientos y creencias personales. Posibilidad de vida inteligente en otros planetas y después de la muerte.

Cuestiones

- ¿Qué valores éticos representan los distintos personajes de la película?
- Ante la salida de la nave, se concentran diversos grupos. ¿Qué representa cada uno?
- ¿Cuál es el dictamen final, del jurado y de la película, acerca de la experiencia de Ellie? ¿Cuál es el tuyo?

Taller de filosofía

Lo que se dice

Arte y blasfemia

«La disputa acerca de las caricaturas de Mahoma publicadas en varios diarios europeos (primero en Dinamarca, como una broma; luego en los otros lugares, como un desafío) ha creado una preocupante reacción de intolerancia en ciertos grupos musulmanes. La historia se repite: la fe, que es un pilar incólume del creyente, parece temblar y conmoverse ante una mera creación artística, ante meros trazos, pinceladas o palabras, y temer, en nombre del Ser Supremo, un terrible mal humor divino. Que un acto de crueldad o de violencia pueda enardecer al Creador del universo o a su profeta, se entiende, puesto que a ningún autor le agrada ver su obra destruida o estropeada.

Matar, torturar, humillar, abusar de otra criatura es, sin duda, un crimen ante los ojos de Dios [...]. Pero imaginar al mismo tiempo que un dibujito, un chiste, un juego de palabras pueda ofender a Aquel para quien la eternidad es como un día, o a su elegido bendito entre todos los hombres, me parece la mayor de las blasfemias. A nosotros, débiles humanos, puede molestarnos que se burlen de nosotros: no así a un ser que imaginamos supremo, incólume y omnisciente.

Borges sugirió que de los gustos literarios de Dios nada sabemos; es difícil concebir que para Alguien que todo lo conoce y cuya generosa estética le inspiró tanto el poema de la gacela como la pesada broma del hipopótamo, la literatura de cabecera no incluya algún volumen de Diderot, de Fernando Vallejo, de Salman Rushdie. Mahoma recomendaba la risa: "Mantengan el corazón liviano a todo instante, porque cuando el corazón se cansa, el alma se enceguece".

[...]

A los grandes iluminados, porque fueron grandes inteligencias, no les ha faltado el sentido del humor. Cristo (en la versión latina al menos) se burló con un calambour del apóstol Pedro al decirle: "Te llamarás Pedro (Petrus) y sobre esta piedra (petra) levantaré mi iglesia". Cuando Buda tuvo que atravesar un gran desierto, los dioses, con la intención de protegerlo, le arrojaron desde sus varios cielos sombrillas para resguardarlo del sol. A fin de no desairar a ninguno, el Buda se multiplicó cortésmente y cada dios vio que un Buda marchaba sonriente bajo la sombrilla que le había mandado.

[...]

La palabra "blasfemia" es de origen griego, y quiere decir "ofender a otra persona". En la mitología griega, la noción de blasfemia depende de la sensibilidad del dios blasfemado. Así, Atenea castiga a la joven Aracne convirtiéndola en araña, porque ésta se había ufanado de ser mejor tejedora que la diosa. Para la Iglesia católica de la Edad Media, la noción de blasfemia se confunde con la de herejía, salvo que, con la deliciosa lógica burocrática, musulmanes y judíos no podían ser acusados de herejía puesto que nunca se habían declarado creyentes. Se les podía acusar de injuriar a Dios o a sus santos, y no solo con actos y palabras (decir, por ejemplo que el azar, no Dios, rige nuestras vidas) sino también con el pensamiento, lo que se llamó "blasfemar con el corazón".

Un edicto del año 538, del emperador Justiniano, decretó la pena de muerte para todo blasfemador, pero tal pena fue raramente puesta en práctica. En el mundo judeocristiano la noción de blasfemo, jurídicamente, sigue válida aún hoy: en los Estados Unidos, por ejemplo, diversos grupos religiosos han logrado hacer retirar de las bibliotecas escolares libros que a su parecer injurian a Dios. Es así como autores tan diversos como Roadl Dahl, J. D. Salinger y J. K. Rowling se han visto incluidos entre los blasfemadores proscriptos Mark Twain y William Faulkner.

[...]

Los creyentes dicen que su Dios les exige sacrificio y paciencia. Sin duda, prueba de ello es la existencia de unos pocos payasos, herederos de Voltaire, de Erasmo, de Rabelais, quienes, como decía Horacio, dicen la verdad riendo.»

MANGUEL, A.: *El País,* 7 de febrero de 2006.

1. Se cita a varios escritores. Selecciona a uno e investiga sobre su obra.
2. Infórmate en Internet sobre el caso al que se hace referencia al inicio del artículo.
3. El texto está lleno de ironía. ¿En qué momentos aparece claramente esa ironía? Indícalos.
4. Se menciona la relación entre humor e inteligencia. ¿Por qué presentará el autor esta relación? ¿Qué opinas tú al respecto?
5. Entre los mandamientos de la religión católica, el segundo advierte que no se debe «tomar el nombre de Dios en vano». Explica cuál puede ser el motivo de esa prevención.

6.a. ¿Quién es más religioso, el «creyente» o el «practicante»?

b. Para ti, ¿se puede ser religioso sin creer en Dios?

7. ¿Qué debe prevalecer, la libertad de expresión o el respeto a las creencias religiosas? ¿Hasta qué punto? ¿Cómo compatibilizar una y otra?

La tarea

1.a. Comentad estas citas sobre la belleza y el arte:

«La verdadera obra de arte nace misteriosamente del artista por vía mística.» **Wassily Kandinski.**

«Toda obra de arte es hija de su tiempo, muchas veces es madre de nuestros sentimientos.» **Wassily Kandinski.**

«La poesía es pintura muda; la pintura, poesía ciega.» **Leonardo da Vinci.**

«Perder la belleza es tanto como perder el ser, porque el ser es idéntico a lo bello y lo bello es deseable porque es el ser.» **Plotino.**

«Así como en el cuerpo existe una armonía de formas bien proporcionadas y unidas que se denomina belleza, así en el alma la uniformidad y la coherencia de las opiniones o juicios, unida a una determinada firmeza o inmutabilidad, se denomina también belleza.» **Cicerón.**

b. Elaborad murales por grupos de tres o cuatro alumnos en los que se refleje vuestra concepción acerca de la belleza o del arte y en el que intervengan elementos literarios y gráficos.

2. Preparad una presentación en Powerpoint, un vídeo, una escenografía teatral o musical con la que defináis alguno de los conceptos o ideas que se han presentado en este tema.

Escuela de filósofos

El diálogo filosófico

Es una técnica de expresión filosófica a través de la cual se busca la confrontación de dos o, a veces, más posturas distintas acerca de un tema.

Claves

- Se inicia presentando el asunto a debatir en un contexto de encuentro de los personajes que intervendrán.
- Uno de los personajes lanza una idea ofreciendo algún argumento en defensa de su posicionamiento.
- Después de esa primera exposición, el contrincante dialéctico rebate la argumentación anterior y presenta pruebas a favor de su postura.
- El proceso continúa en un diálogo en el que se suceden argumentaciones y contra argumentaciones hasta llegar a una conclusión, que no necesariamente tiene que ser totalmente cerrada.
- Son famosos los *Diálogos platónicos* acerca de distintos temas: sobre el deber del ciudadano (*Critón*), sobre el alma (*Fedón*), etc. Fue también una técnica usada con gran acierto por David Hume en sus *Diálogos acerca de la religión natural*.

Para dialogar

- Virtudes y defectos de la sociedad actual.
- Importancia del arte en nuestras vidas.
- Sentido o sinsentido de la existencia humana.

Investiga

Webquest

El objetivo principal de esta *webquest* es descubrir el nombre de un personaje importante para la historia de la Iglesia que vivió durante el siglo IV d.C. A partir de ahí, se apuntan estas otras tareas:

1. Indicar los rasgos relevantes y la modernidad de sus doctrinas.
2. Exponer las relaciones con la Iglesia oficial.
3. Descubrir qué relación tiene con la ciudad de Santiago de Compostela.
4. Descubrir a la primera monja que escribió en latín.

Tomando como punto de partida la historia de este personaje, examinad los distintos movimientos religiosos que han surgido dentro del seno de la Iglesia y que han sido declarados heréticos. Organizaos en grupos para revisar la historia de alguno de esos movimientos.

5. Pistas para descubrir el personaje:
   - **a.** Para saber dónde nació: ***a)*** Escribir en Google, «caporos». ***b)*** De entre los lugares citados, elegid uno que está muy relacionado con la biografía de un premio Nobel de Literatura español.
   - **b.** Para saber dónde murió: ***a)*** Busca en Google «segunda Roma». ***b)*** De entre las opciones, elige la ciudad que tiene que ver con la biografía de Karl Marx.
6. Con el lugar de nacimiento y defunción, la navegación a través de Google te llevará al nombre de ese personaje y te abrirá las puertas de la relación que tuvo con la ciudad de Santiago de Compostela.
7. Cuando ya conozcas el nombre, en la enciclopedia virtual *Wikipedia* encontrarás la información relevante para completar la que necesitas.
8. Algunas direcciones electrónicas relevantes para hacer estas búsquedas son:
   - **http://www.caminoasantiago.com/pagina.php?id=11**
   - **http://es.wikipedia.org/wiki/Herej%C3%ADa**
   - **http://www.viajeros.com/article563.html**

Ideas clave

- A lo largo de la historia de la filosofía, se han ido presentando **diversos problemas** cuya evolución ha sido muy variada.
- Los problemas de tipo epistemológico se preocupan por el encuentro de la **verdad.** El término «verdad» no es unívoco. Puede entenderse como correspondencia entre pensamiento y realidad, como evidencia, como coherencia o como producto de una determinada perspectiva.
- A partir del siglo XX se ha establecido una fuerte interrelación entre ciencia y técnica, derivada de la interconexión entre esas dos realidades y que han generado una nueva serie de cuestiones filosóficas.
- Con respecto a la posibilidad de alcanzar la verdad, a lo largo de la historia de la filosofía se han producido tres posturas básicas: **realismo, escepticismo y relativismo.**
- Los problemas éticos se han centrado en la determinación de cuál es el criterio para llegar a la **felicidad** (virtud, placer o utilidad) o cuáles son las condiciones que marca nuestro deber moral.
- Los problemas metafísicos han sido durante siglos y son en la actualidad los más abstractos y complejos. Nacieron, cercanos a un enfoque religioso de la realidad, como una **actitud inquisitiva,** indagadora y demandante de respuesta, acerca de los primeros principios de la realidad.
- Los temas de la metafísica, en sentido clásico, han sido: el **ser,** la **sustancia** y los **accidentes,** el **alma** y **Dios.**
- A partir de la **época moderna,** se cuestiona la validez y legitimidad del saber metafísico.
- Las críticas que ha recibido la metafísica desde esa época se pueden clasificar en tres tipos: **gnoseológica-lingüística** (Hume y Carnap), **histórico-política** (Marx) y **ético-moral** (Nietzsche).
- La **nueva metafísica** aborda los trascendentales asuntos a los que la ciencia no puede dar respuesta, por ejemplo, el **sentido** de la **vida.**
- Los problemas de la **estética** nacen de las complejas relaciones entre la «belleza» y el «arte».
- La **belleza** se entiende como expresión del bien, de la verdad, de la simetría o del placer sensible, entre otras. Kant ha definido el **arte** como producto desinteresado. Sin embargo, tanto la actividad como la contemplación estética, como ha denunciado Walter Benjamin, se han convertido en producto de un mercado cultural.

Autoevaluación

1. ¿Verdadero o falso?

a. El problema del «ser» tiene que ver con la diferencia entre realidad y apariencia.

b. La inicial metafísica en Aristóteles también significaba «filosofía de la ciencia».

c. El alma nunca ha significado también «principio de vida».

d. «La ética kantiana se rige por imperativos hipotéticos, es material y heterónoma».

2. Selecciona la opción adecuada:

a. Define «sustancia» como «aquello que no precisa de otra cosa para existir»:

a) Aristóteles.

b) Descartes.

b. Explica la existencia de Dios a partir de una prueba de tipo ontológico:

a) Anselmo de Canterbury.

b) Tomás de Aquino.

c. Considera que Dios es proyección de la imagen paterna:

a) Freud.

b) Kant.

d. En la cultura griega:

a) Solo se desarrolló el saber teórico.

b) Se realizaron desarrollos técnicos considerables.

e. En la concepción premoderna, la técnica:

a) Se confunde con la ciencia.

b) Se entiende como realidad aparte de la ciencia.

3. Asocia estos autores con las ideas correspondientes:

Platón - Descartes - Jaspers - Camus - Comte - Habermas - Kant – Hegel

Belleza como verdad - Alma racional inmortal - *res cogitans* - Bello como «placer desinteresado» - «Situaciones límite» - Nihilismo - Ley de los tres estados - Ciencia y tecnología como «ideología»

Solución: 1. a. V; b. V; c. F; d. F. / 2. a. a); b. a); c. a); d. b); e. b). / 3. Platón: Alma racional inmortal - Descartes: *res cogitans* - Jaspers: "situaciones límite" - Camus: nihilismo - Comte: Ley de los tres estados - Habermas: Ciencia y técnica como ideología - Kant: Bello como placer desinteresado - Hegel: Belleza como Verdad.

3

LA FILOSOFÍA COMO RACIONALIDAD TEÓRICA Y PRÁCTICA

«Se denomina "teoría" incluso a un conjunto de reglas prácticas, siempre que tales reglas sean pensadas como principios, con cierta universalidad, y, por tanto, siempre que hayan sido abstraídas de la multitud de condiciones que concurren necesariamente en su aplicación. Por el contrario, no se llama "práctica" a cualquier manipulación, sino solo a aquella realización de un fin que sea pensada como el cumplimiento de ciertos principios representados con universalidad.»

KANT, I.: *Teoría y Práctica,* Tecnos, Madrid, 2006.

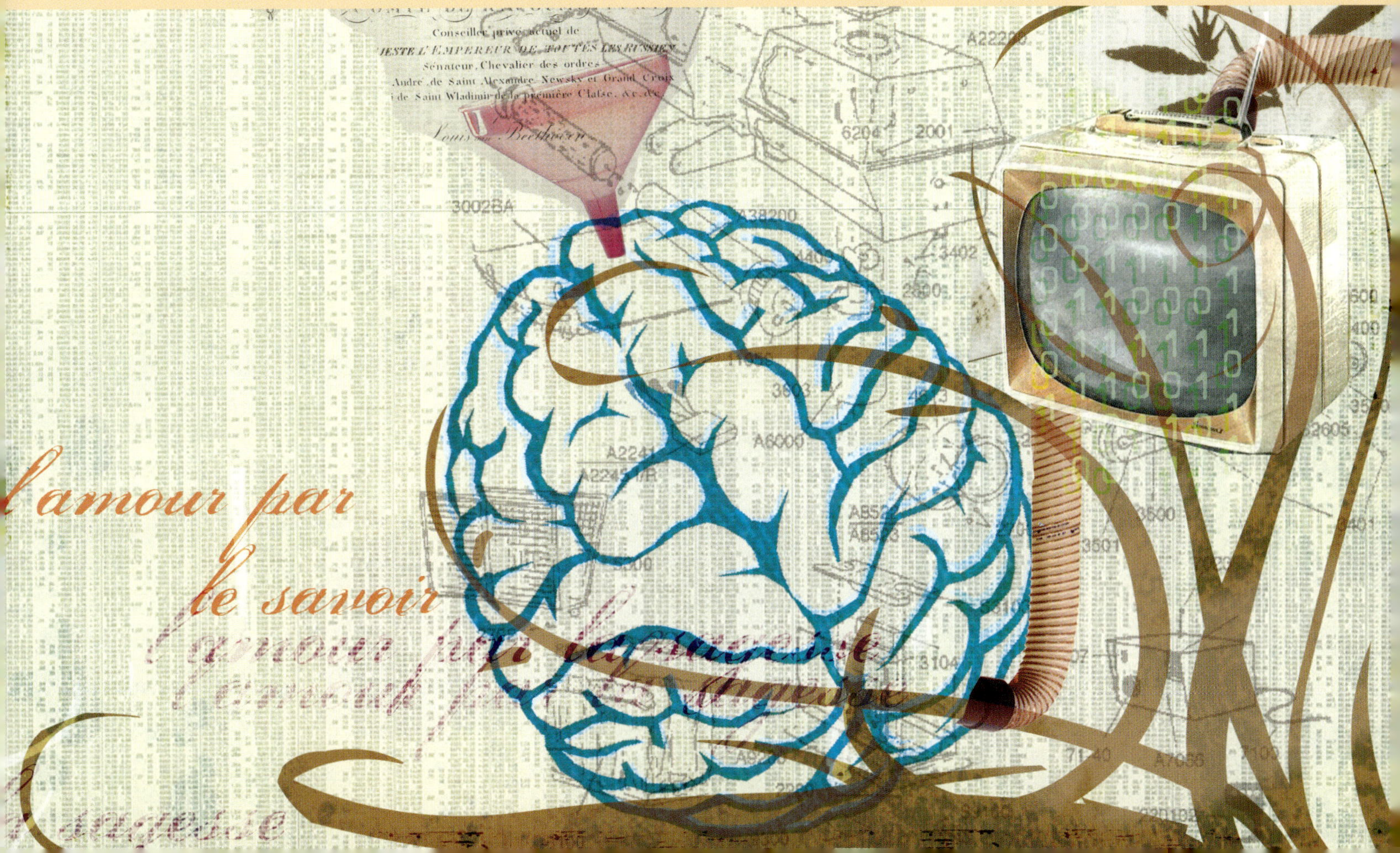

Focaliza

Texto 1. Dimensión teórica de la filosofía

«Que no se trata de una ciencia productiva, es evidente ya por los que primero filosofaron. Pues los hombres comienzan y comenzaron siempre a filosofar movidos por la admiración; al principio, admirados ante los fenómenos sorprendentes más comunes; luego avanzando poco a poco y planteándose problemas mayores, como los cambios de la luna y los relativos al sol y a las estrellas, y la generación del universo. Pero el que se plantea un problema o se admira, reconoce su ignorancia. (Por eso también el que ama los mitos es en cierto modo filósofo; pues el mito se compone de elementos maravillosos). De suerte que si filosofaron para huir de la ignorancia, es claro que buscaban el saber en vista del conocimiento, y no por alguna utilidad. Y así lo atestigua lo ocurrido.»

ARISTÓTELES: *Metafísica.*

Texto 2. Dimensión práctica de la filosofía

«Cualquier forma de vida social es esencialmente práctica. Los misterios que arrastran la teoría al misticismo encuentran su solución racional en la práctica humana y en la inteligencia de esta práctica.

Hasta el presente, los filósofos no han hecho más que interpretar el mundo de diversas maneras, lo que realmente importa es transformarlo.»

MARX, Karl: *Las once tesis sobre Feuerbach.*

1. ¿Por qué no es la filosofía una «ciencia productiva»? ¿En qué se diferencia un saber productivo de un saber práctico? ¿Es la filosofía un saber práctico? Razona las respuestas.

2.a. ¿Se vierte la misma opinión con respecto a la filosofía en los dos textos? ¿A qué tipo de racionalidad responde cada uno de los párrafos? Argumenta tus respuestas.

b. ¿Cuál es el desencadenante del filosofar según Aristóteles? ¿Qué mundo quiere transformar Karl Marx?

3.a. Reuníos en pequeños grupos y exponed cada uno, ante vuestros compañeros, las respuestas que hayáis dado a las interrogaciones de las cuestiones 1 y 2.

b. Elegid un portavoz del grupo para que exponga ante toda la clase las conclusiones generales del grupo, haciendo hincapié en los acuerdos y desacuerdos.

Texto 3. Razón teórica y razón práctica

«Por tanto, dentro del ámbito de nuestra conciencia cabe introducir dos niveles lógicos: el "teórico", que se limita a la consideración de la naturaleza, y el "práctico", que se ocupa de cuanto es posible por medio de la libertad. Y ello porque la conciencia presenta la naturaleza y la libertad como datos irreductibles entre sí: la "naturaleza" consiste en el conjunto de leyes según las cuales todo sucede y que nos sumerge, por tanto, en la esfera de la necesidad; de ahí que el conocimiento teórico se limite a una reflexión sobre lo que es inevitable. La "libertad", por su parte, expresa la ley según la cual todo debe suceder, porque el saber práctico se formula con vistas al obrar de los hombres, que puede ser dirigido por un conocimiento, no de lo que es, sino de lo que debería ser; la conciencia libre es capaz de crear un modo de obrar distinto al que se da de hecho.»

CORTINA, Adela: *Ética mínima,* Tecnos, Madrid, 2000.

1. ¿Qué quiere decir Adela Cortina al afirmar que la naturaleza y la libertad son datos irreductibles entre sí?

2.a. ¿Qué es la razón práctica para la autora del texto? ¿Coincide con la idea de razón práctica que tú tienes?

b. Piensa en la sociedad que te rodea y elabora, con tus compañeros de grupo, una lista de problemas actuales relacionados con la razón práctica, como pueden ser, entre otros, las corrupciones y las mentiras.

3. ¿En qué sentido crees que se puede hablar de la ética y política como saberes prácticos?

Introducción

La razón teórica se ocupa del conocimiento de la realidad. Busca el **ser** de las cosas para explicar lo que hay y formular juicios y raciocinios. La razón práctica guía nuestros comportamientos en los planos ético y político. Se ocupa del **deber ser** y se expresa a través de imperativos.

No se trata de dos tipos diferentes de razón, sino de una sola razón que ejerce funciones distintas que se complementan. Toda teoría revierte a la larga en la praxis y toda praxis hunde sus raíces en la teoría.

1. La filosofía como saber racional

La filosofía occidental nace con el propósito de sustituir las explicaciones míticas de los fenómenos naturales por explicaciones racionales basadas en las facultades cognitivas de los seres humanos. Es decir, con la aparición de la filosofía se inicia una nueva forma de interpretar la realidad desde un plano teórico y de orientar la vida humana individual y colectivamente desde un plano práctico; se introduce la **racionalidad** como piedra angular del conocimiento y la conducta humana en el marco de la cultura universal.

La **racionalidad** es la característica específica que distingue a los seres humanos del resto de los animales. Es la capacidad de obtener conocimiento concreto y abstracto, organizarlo y utilizarlo de una manera apropiada en la resolución de problemas.

La racionalidad sitúa al ser humano en un orden superior al resto de los animales. El fundamento de esta superioridad es la libertad. Sin embargo, existen diferentes niveles de racionalidad en los comportamientos humanos. Esos niveles se pueden descubrir mediante **indicadores** como la intencionalidad, la adaptabilidad al medio, la capacidad de razonar y la capacidad de previsión del futuro.

Fig. 3.1. *La razón está en el cerebro.*

- **Intencionalidad.** Frente a la rutina biológica que determina el comportamiento animal, los seres humanos tienen la capacidad de hacer planes y desarrollar nuevas técnicas e inventar nuevas metas.
- **Adaptabilidad al medio.** El ser humano no solo tiene la capacidad de adaptarse al medio sino que también puede ajustar el medio a sus necesidades gracias al descubrimiento de nuevas tecnologías y posibilidades.
- **Capacidad de razonar.** La racionalidad implica la capacidad de inventar símbolos abstractos y establecer relaciones entre ellos para representar la realidad y buscar soluciones a los problemas que surgen en los procesos de adaptación al medio.
- **Previsión del futuro.** Consiste en anticipar el futuro anunciando qué, cuándo y cómo ocurrirán ciertos hechos si se cumplen determinadas condiciones.

1.1 En torno al conocimiento

«Conocer» significa darse cuenta de algo interno o externo a nosotros mismos. En términos más filosóficos, **conocer** implica establecer una relación representativa entre un «sujeto» que conoce y un «objeto» que es conocido. El **sujeto** es toda persona que tenga la capacidad de advertir experiencias internas o **fenómenos*** externos a sí misma. El **objeto** es la totalidad de las cosas de las que nos podemos dar cuenta desde las experiencias personales más inmediatas y los fenómenos que las causan hasta la comprensión de ideas, juicios y raciocinios.

El **conocimiento** puede producirse de **forma inmediata,** como sucede cuando el sujeto capta los datos que le proporcionan directamente los sentidos, la memoria o la imaginación. También se puede alcanzar de **forma mediata,** como ocurre cuando el sujeto elabora conceptos o ideas a partir de percepciones previamente adquiridas. Conocemos de forma inmediata el color de una rosa, pero qué es la rosa, aquello que subyace a las cualidades que captamos mediante los sentidos, lo inferimos racionalmente a partir de las percepciones.

Actividades

1. En el fenómeno del habla intervienen múltiples órganos, como la laringe, la boca, la lengua, los labios, la nariz, los músculos faciales, etc. ¿Quién los coordina?
2. Busca en un libro de ciencias una imagen del cerebro y señala en su corteza los puntos especializados a los que se hace referencia en el pie de imagen de la fig. 3.1.
3. ¿Qué diferencia encuentras entre un comportamiento instintivo, un comportamiento arbitrario y un comportamiento planificado racionalmente?

El conocimiento que nos proporcionan directamente los sentidos se denomina **conocimiento sensible.** El conocimiento que trasciende el ámbito de los sentidos se llama **conocimiento racional o inteligible.**

Los órganos del conocimiento son los «sentidos» y la «razón». Los **sentidos** son las facultades que nos permiten percibir los objetos concretos que nos rodean e impresionan directamente nuestra sensibilidad. La **razón** es la facultad que nos permite solucionar problemas complejos de adaptación al medio, crear **símbolos*** y establecer relaciones entre ellos para conocer de forma universal y abstracta los objetos de la realidad.

1.2 La razón y los sentidos en los procesos cognitivos

Desde los inicios de la filosofía se discute no solo sobre qué funciones cumplen la razón y los sentidos en los procesos cognitivos, sino también si son fuentes fiables de conocimiento objetivo. Ya en el siglo IV a.C. Platón y Aristóteles ofrecen las dos primeras teorías sistemáticas sobre el problema del conocimiento y llegan a conclusiones opuestas.

- **Platón** distingue entre «opinión» *(doxa)* y «ciencia» *(episteme)*. La **opinión** es un conocimiento superficial y relativo cuya fuente son los sentidos. El objeto de la opinión son las **apariencias,** los objetos materiales y cambiantes del mundo físico. En realidad la «opinión» no es ni tan siquiera conocimiento, sino una forma de ignorancia. La **ciencia** es el conocimiento de la esencia eterna e inmutable de la realidad que son las «Ideas» y que solo puede alcanzarse mediante la razón. Así pues, opinión y ciencia se contraponen, pues el verdadero conocimiento es aquel que se dirige hacia la esencia de una cosa sin recurrir a la esfera sensible.
- **Aristóteles** también distingue entre «conocimiento sensible» y «conocimiento racional», pero, al contrario de su maestro, defiende que los sentidos sí son fuentes válidas de conocimiento. A través del **conocimiento sensible** se percibe lo singular y concreto. A través del **conocimiento racional** se captan las esencias universales de las cosas concretas. Para Aristóteles, por tanto, los sentidos captan realidades particulares y sensibles y, después, sobre esa base, la razón elabora conceptos que expresan las esencias universales de las cosas concretas.

Actividades

4. ¿Cuál es el objeto propio del conocimiento racional según Platón? ¿Y según Aristóteles? Motiva tu respuesta.

5. Desde el punto de vista cognitivo, ¿cómo valoran la experiencia sensible el racionalismo y el empirismo? Razona tu respuesta por escrito.

6. ¿Qué quiere decir *«a priori»* en terminología kantiana?

En el **siglo XVII** comienza la filosofía moderna con el principal objetivo de elaborar una teoría del conocimiento que permita alcanzar verdades seguras y firmes. En torno a este objetivo también se forman dos corrientes antagónicas: el racionalismo y el empirismo.

Fig. 3.2. *De lo concreto a lo universal.*

- **El racionalismo,** cuyo máximo exponente es **René Descartes,** sostiene que los sentidos no son fuentes fiables de conocimiento objetivo. La razón, por sí sola, prescindiendo de los sentidos, puede llegar a descubrir en su interior **ideas innatas*,** absolutamente seguras e innegables. A partir de esas verdades o primeros principios se descubre la realidad auténtica mediante el uso exclusivo de la razón pura sin la rémora de los sentidos.
- **El empirismo,** representado por los filósofos ingleses **John Locke** y **David Hume,** afirma que el conocimiento humano no puede traspasar los límites de la experiencia sensible. Para los empiristas no existen ideas innatas, la única realidad que se puede conocer es la **realidad empírica*,** porque la realidad que no impresiona la sensibilidad humana no es accesible a la razón.

En el **siglo XVIII, Immanuel Kant** (1724-1804) intenta resolver el antagonismo entre el racionalismo y el empirismo. Su teoría del conocimiento es denominada «idealismo trascendental». Distingue dos fuentes de conocimiento, la «sensibilidad» y la «razón o entendimiento», que se necesitan y se complementan. La **sensibilidad** recibe las impresiones sensibles que afectan al sujeto y les da una primera información convirtiéndolas en fenómenos. La **razón** produce espontáneamente ciertos conceptos, como causa, substancia, relación, etc. sin derivarlos de la experiencia. La colaboración de razón y sensibilidad es lo que hace posible el **conocimiento objetivo.**

La propuesta kantiana consiste en defender que la objetividad del conocimiento depende de dos factores que son los datos de la experiencia recibidos por medio de los sentidos (sensaciones), y unas condiciones, formas, estructuras previas a la experiencia, propias del sujeto que conoce y que hacen posible la experiencia y la comprensión racional de los fenómenos percibidos. A las condiciones previas, imprescindibles, para que haya conocimiento objetivo, les llama **formas *a priori*** de la sensibilidad y categorías o conceptos puros del entendimiento. El entendimiento produce espontáneamente, sin derivarlos de la experiencia, ciertos conceptos o categorías en las que serán ordenados los fenómenos de la sensibilidad para su comprensión como objetos.

El conocimiento objetivo se produce, por lo tanto, cuando se aplican las categorías, formas del entendimiento, a los datos empíricos de la sensibilidad. Ordenados previamente en las **formas *a priori*** de la sensibilidad. Fuera del ámbito de la experiencia no puede haber conocimiento objetivo.

@ *En Internet*

En **www.monografias.com/trabajos14/empirismo/empirismo.shtml** encontrarás información más detallada sobre el proceso que se sigue hasta llegar a la síntesis de Kant.

En **www.fisicahoy.com/fisicaHoy/bioCerebro/bioCerebro.html** encontrarás una entrevista donde se descubre el funcionamiento del cerebro mediante la perspectiva de la biofísica.

Texto 1. El conocimiento se adquiere con trabajo

«En uno de los capítulos más famosos de la historia del pensamiento, el mito de la caverna, Platón explica a través de recursos literarios en qué consiste el conocimiento, la realidad, la verdad y la razón. El escenario es fantasmagórico: un puñado de hombres vive en una caverna, atados de piernas y cuello, desde la infancia, sin poder girar la cabeza a causa de las cadenas.

No es fácil imaginar la escena: una gran cueva con unos hombres encadenados desde que eran niños, de manera que solo podían mirar la pared que tienen enfrente. Tras ellos hay un camino elevado por el que pasa gente que habla y lleva estatuas u objetos de todo tipo sobre su cabeza. En medio de la gruta, un gran fuego ilumina a los personajes: ¿Qué piensan estos hombres sobre la verdad? Seguramente creen que la única realidad existente son las sombras y los rumores.

Si uno de ellos consiguiera la libertad, nos continúa explicando Platón, primero, cegado por la luz, no reconocería los objetos reales. Pero, después, al salir, se daría cuenta de que lo que había creído real hasta entonces era solo un reflejo de las cosas verdaderas e intentaría explicárselo a sus antiguos compañeros, que no le creerían y se reirían de él y lo tomarían por loco o, en el peor de los casos, lo matarían como ya habían hecho con Sócrates.»

MUÑOZ REDÓN, Joseph: *GOOD BYE PLATÓN, Filosofía a martillazos,* Ariel, Barcelona, 2007.

1. Apoyándote en el texto, enumera los pasos que, para ti, debe dar el esclavo hasta llegar al conocimiento de la realidad auténtica.

2. ¿Cuáles son las facultades o fuentes que les proporcionan a los hombres encadenados el conocimiento de las sombras y rumores? ¿Y cuál la que le proporciona al liberado de las cadenas el conocimiento de la verdadera realidad?

3.a. Haz una lista de lo que crees que el ser humano puede conocer. Básate en tu propia experiencia.

b. En pequeños grupos, comparad vuestras respuestas y confeccionad una lista común.

4.a Clasificad los elementos que aparecen en la lista común en sensibles y no sensibles.

b. Después, volved a clasificar los dos conjuntos en «lo que es conocido de forma inmediata» y «lo que es conocido de forma mediata o por referencia». Y dibujad un esquema en árbol de vuestra clasificación.

5. Contesta las siguientes preguntas:

a. ¿Qué mundo representa el interior de la caverna y qué mundo el exterior de la cueva?

b. ¿Solo se puede alcanzar la verdad a través del ejercicio de la razón?

2. Conocimiento sensible

El conocimiento sensible es el que se alcanza mediante los sentidos. Por su parte, los sentidos son las facultades que hacen posible la percepción de los objetos que están presentes e impresionan directamente la sensibilidad de un sujeto cognoscente. La información adquirida de este modo se utiliza para dotar de significado a las cosas y adaptarse al medio. Después, esta información se almacena en la memoria para reproducirla cuando sea necesario o transformarla en nuevos conocimientos a través de la fuerza lúdica y creadora de la imaginación.

2.1 Las sensaciones

Las sensaciones constituyen la materia prima del conocimiento sensible y aportan información de las cualidades sensibles de las cosas. A través de los sentidos captamos determinadas cualidades de los objetos externos o estados internos del propio organismo.

> Las **sensaciones** son fenómenos psicofísicos que se originan cuando los órganos de los sentidos son excitados por estímulos externos o internos que les afectan.

Las principales características de las sensaciones:

- **Son cualitativas.** Cada sentido reacciona siempre de la misma forma, sea cual sea la naturaleza de los estímulos que lo afecten (Ley de Muller).
- **Son selectivas**. De los estímulos que nos rodean tan solo unos pocos, aquellos que caen dentro de los umbrales inferiores y superiores de cada órgano sensorial, pueden producir sensaciones.
- **No son una copia exacta de los estímulos.** La peculiaridad perceptiva de cada persona, el ambiente en el que se desenvuelve, las expectativas y la cultura que le es propia influyen en las sensaciones.
- **No representan el primer nivel del conocimiento.** No percibimos primero cualidades de objetos y después objetos, sino que en un primer momento percibimos objetos como totalidades más o menos definidas y, posteriormente, reparamos en sus cualidades.

A. Proceso psicofísico de la sensación

Las sensaciones se producen en tres fases, a saber, «la excitación», «la conducción» y «la respuesta».

- **Primera fase: la excitación.** Se produce por la acción de los estímulos sobre las terminaciones nerviosas de los órganos de los sentidos. Los **estímulos** son realidades fisicoquímicas como ondas electromagnéticas o sonoras, sustancias químicas, presión, temperatura, etc. Los estímulos pueden ser externos o internos.
  - Los **estímulos externos** se captan a través de los órganos de los sentidos externos, es decir, la vista, el oído, el olfato, el gusto y el tacto.
  - Los **estímulos internos** se captan a través de los órganos de los sentidos internos. El sentido cenestésico nos informa del estado general de salud o enfermedad, y el sentido cinestésico nos avisa del movimiento de los músculos y articulaciones. El sentido del equilibrio nos advierte de la posición del cuerpo con respecto a su centro de gravedad.
- **Segunda fase: la conducción.** La excitación de los órganos sensoriales se convierte en corriente nerviosa informativa que las neuronas conducen hasta el cerebro.

Fig. 3.3. *Proceso psicofísico de la sensación.*

Una vez allí, la información se descodifica y el mismo sistema manda órdenes a los órganos ejecutores, que son las glándulas y los músculos. La corriente nerviosa está constituida por ondas de energía electroquímica que circulan por el sistema nervioso a una velocidad que puede variar de 1 a 100 m/s.

- **Tercera fase: la respuesta.** Los impulsos que proceden de los receptores sensoriales llegan a la corteza cerebral, donde se descodifican e interpretan. Desde allí, salen otros impulsos en forma de órdenes hacia los órganos efectores, que son las glándulas y músculos de todo el organismo.

Estímulo	Órgano	Sentido	Sensación
Ondas electromagnéticas	Ojo, retina	Vista	Visión: color, forma, luminosidad
Vibraciones del aire Ondas sonoras	Oído, membrana basilar	Oído	Sonido: intensidad, tono y timbre
Sustancias solubles en la saliva	Lengua, papilas gustativas	Gusto	Sabor: agrio, dulce, salado y amargo
Sustancias químicas solubles en agua o grasa	Parte superior de la mucosa nasal	Olfato	Olor: podrido, quemado, fragante, etéreo, especias, resina
Tacto y presión sobre la epidermis y la dermis	• Corpúsculos de Meissner • Corpúsculos de Vater-Pacini	Mecánico, cutáneo	Mecánica: presión, resistencia, dureza
Temperatura ambiente	• Corpúsculos de Ruffini • Corpúsculos de Krause	Térmico	Calor y frío
Dolor, picaduras, quemaduras, etc.	Terminaciones nerviosas libres	Algésico	Dolor

Tabla 3.1. *Sensaciones provocadas por los estímulos externos.*

2.2 La percepción

La «percepción» es la forma más elemental y primaria de conocer. No es una mera suma de sensaciones, sino un todo más o menos complejo integrado por sensaciones y otros elementos subjetivos como la cultura, las motivaciones, las expectativas, las emociones, etc.

La **percepción** es la aprehensión de los objetos sensibles que constituyen nuestro mundo y estimulan nuestros sentidos.

A. Mecanismos de la percepción

La manera originaria de organizar la experiencia perceptiva es la de captar una figura que destaca sobre un fondo. La figura tiene una forma precisa, bien definida, aparece como más próxima al sujeto. El fondo es más uniforme e indiferenciado, aparece detrás de la figura y tiende a pasar desapercibido.

La organización de lo percibido en figura y fondo se rige por los siguientes principios:

- **Tamaño.** La superficie más pequeña se construye como figura y la más grande como fondo.
- **Simplicidad.** La estructura de figura y fondo se realiza siempre de la manera más sencilla.
- **Envolvente - envuelto.** La superficie envolvente se capta como fondo y la envuelta como figura.
- **Reversibilidad.** A veces la estructura figura-fondo es reversible, porque los factores determinantes no están claramente diferenciados o por otras causas subjetivas.

Del mismo modo nos comportamos cuando existen varios estímulos, puesto que tendemos a agruparlos de forma que la figura sea lo más simple posible. La agrupación de los estímulos en totalidades se rige por los siguientes principios:

- **Proximidad.** Los estímulos, próximos entre sí, se integran en una misma figura.
- **Semejanza.** Los estímulos parecidos se agrupan en una misma figura.

- **Continuidad.** Los estímulos, en una sucesión de continuidad, se integran en una misma figura.
- **Cierre o clausura.** Se tiende a completar aquella figura que aparece incompleta.

Según la **teoría de La Gestalt** o Teoría de la forma, la facultad de organizar lo percibido en estructuras significativas se rige por unas leyes o principios encaminados a conseguir imágenes más perfectas con el menor gasto de energía. Estas leyes son:

- **Ley de la primacía.** Los todos son primarios y se perciben con prioridad a sus partes.
- **Ley de la pregnancia o de la buena forma.** Las figuras tienden a articularse de la forma más completa, simétrica y sencilla posible.
- **Ley de la constancia.** Dentro de ciertos límites, la percepción de un objeto se mantiene constante en su tamaño, independientemente de la proximidad o alejamiento del sujeto.
- **Ley del contexto o contraste.** Un mismo elemento puede percibirse con mayor o menor tamaño según su colocación y relación con las demás partes del conjunto y los intereses del perceptor.

Ley figura-fondo		Proximidad		Continuidad	
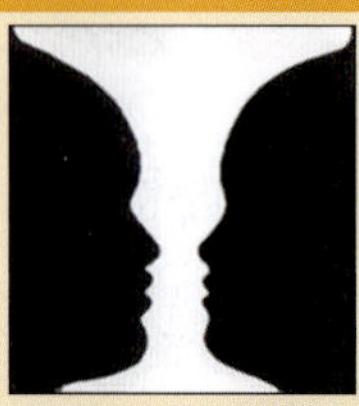	Al presentar unas figuras que están sobre un fondo, se obtiene una percepción en profundidad que traslada la figura a un primer plano.	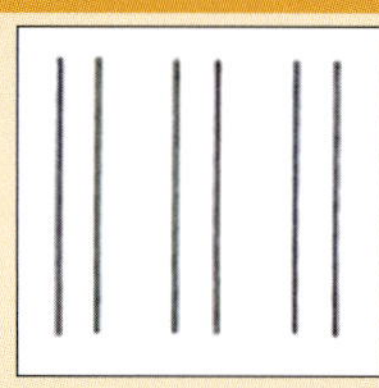	Los estímulos próximos entre sí, por regla general, se integran en una misma figura.		Los estímulos que aparecen en una sucesión de continuidad tienden a ser integrados en una misma figura.
Reversibilidad		**Igualdad o equivalencia**		**Clausura o cierre**	
	A veces sucede que la estructura figura y fondo es reversible, porque los factores determinantes de la figura no están claramente diferenciados o por otras causas subjetivas.	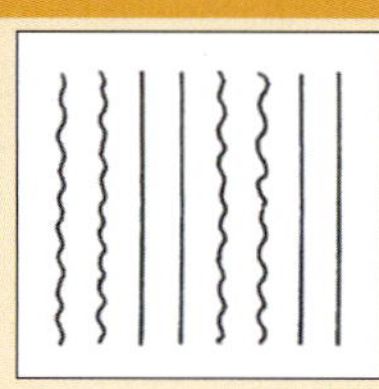	Cuando concurren varios elementos de diferentes clases, hay una tendencia a construir grupos con los que son iguales.		Se tiende a completar aquella figura que parece incompleta.

Tabla 3.2. *Principios de la percepción en figura y fondo y en totalidades según la escuela de la Gestalt.* En esta tabla aparecen algunos principios que controlan la organización de lo percibido en figura y fondo, y los principios que controlan la agrupación de los estímulos en totalidades.

Texto 2. La percepción

«No; ciertamente, el hombre no ve las cosas tal y como son en sí mismas, sino tal y como son para él. Decía un viejo sofista griego, Protágoras de Abdera, que el hombre es la medida de todas las cosas, de las que son y de las que no son; y algo así, en verdad, parece ocurrir con la actividad perceptiva humana. Esta «subjetividad» o carácter relativo de la percepción posee, por lo demás, un profundo significado psicológico. Por de pronto, si penetrara en nuestra mente toda la información que, en forma de energía estimulante, llega constantemente a nuestros sentidos, viviríamos en un caos de impresiones carentes de significado. Las puertas sensoriales que nos ponen en comunicación con el medio ambiente, exterior o interior, no todas están siempre abiertas de par en par. Unas se abren y otras se cierran en función de lo que el organismo necesite hacer en ese instante.»

Pinillos, J. L.: *La mente humana*, Temas de Hoy, Madrid, 1998.

1. ¿Cómo interpretas la frase de Protágoras «el hombre es la medida de todas las cosas»? Piénsalo y después haz una puesta en común con tu compañero.
2. Anota en tu cuaderno tres ideas que te hayan llamado la atención y coméntalas con tus compañeros de grupo. ¿En qué puntos coincidís?
3. Haz un esquema de los principios por los que se rige la percepción de los estímulos sensibles como totalidades.

3. Conocimiento inteligible

Cuando nace un bebé su inteligencia es como una semilla, recién sembrada, que necesita desarrollarse. Sus primeros comportamientos son reacciones mecánicas a determinados estímulos. Pero poco a poco va adquiriendo formas plásticas de conducta, los estímulos no desencadenan respuestas automáticas sino respuestas que requieren un cierto grado de conciencia de ejercicio de la razón. A la capacidad de conocer mediante la razón la llamamos inteligencia.

3.1 Formación y desarrollo de la inteligencia

La **inteligencia** es la facultad que dirige y controla la adaptación del ser humano a situaciones nuevas de forma voluntaria e inventa símbolos abstractos para conocer el ser de las cosas. Estas son las dos funciones básicas de la inteligencia: la «función teórica» y la «función práctica y productiva». La **función teórica** es la capacidad de crear signos abstractos y establecer relaciones entre ellos para conocer qué son las cosas, y la **función práctica** es la capacidad de solucionar problemas con fines de adaptación al medio.

En el desarrollo de la inteligencia se distinguen varios periodos, que van desde el comportamiento reflejo del recién nacido hasta el razonamiento lógico-abstracto de los adultos. La transición de una fase a otra es gradual y se produce durante la infancia y la adolescencia.

Según **Jean Piaget (fig. 3.4),** las etapas del desarrollo de la inteligencia son cuatro, que se distribuyen en dos periodos trascendentales en la vida de las personas: la infancia y la adolescencia.

A. La infancia

Este primer periodo se extiende desde el momento del nacimiento hasta la aparición de la pubertad entre los doce y los catorce años. Se divide en tres etapas:

- **Primera infancia: inteligencia práctica.** Abarca desde el nacimiento hasta los tres años. Esta etapa se caracteriza por el predominio sucesivo de **intereses sensoriales, motóricos y lingüísticos.**

Poco a poco, los reflejos iniciales se van perfeccionando y aplicando a situaciones nuevas. Hacia los nueve meses aparecen las primeras formas de conducta dirigidas intencionadamente hacia un fin determinado. Y a mediados del segundo año los bebés ya realizan representaciones interiores del resultado de sus acciones.

- **Segunda infancia: inteligencia intuitiva.** Se extiende desde los tres hasta los seis o siete años. En esta etapa predominan los intereses lúdicos y concretos. Con la adquisición del lenguaje el niño accede al campo del **pensamiento simbólico concreto,** afianza la posibilidad de sustituir una acción u objeto por un signo y razona por deducciones analógicas.

El **pensamiento simbólico concreto** es la facultad de sustituir acciones u objetos por símbolos sensibles concretos y establecer relaciones entre ellos, en oposición al pensamiento simbólico abstracto, que sustituye acciones u objetos por conceptos.

La deducción analógica consiste en derivar una conclusión particular de uno o varios casos particulares con los que guarda cierta semejanza.

Jean Piaget (1896-1980, fig. 3.4)

Psicólogo suizo, creador de la llamada «epistemología genética». Escribió numerosos libros sobre la educación, el lenguaje y el desarrollo de la inteligencia. Entre sus obras sobresalen *El lenguaje y el pensamiento en el niño*, *Biología y conocimiento* y *Epistemología genética.*

Fig. 3.5. *Modelo de Piaget.* Dependiendo de la etapa, la actividad humana se ve alterada constantemente por la aparición de nuevas necesidades e intereses. En las fases del desarrollo mental se va restableciendo el equilibrio. La mente adulta representa la meta final del proceso evolutivo de la inteligencia.

- **Tercera infancia: inteligencia lógico-concreta.** Va de los seis o siete a los doce años. En esta etapa aparecen los intereses abstractos y se refuerza el aprendizaje de la lectura, la escritura y el cálculo. Se desarrolla el pensamiento lógico concreto. Esta última fase de la infancia está caracterizada por el desarrollo de una inteligencia que puede efectuar operaciones concretas que consisten en seriar y clasificar objetos.

B. Adolescencia: inteligencia lógico-formal

La adolescencia puede abarcar desde los doce o trece años hasta los dieciséis o, incluso, los dieciocho. Durante este periodo se desarrolla el pensamiento abstracto y formal, que capacita para realizar las operaciones más complejas del pensamiento adulto. El adolescente puede elaborar y comprobar hipótesis empíricamente o bien resolver problemas matemáticos complejos y construir razonamientos deductivos.

3.2 Formas del pensamiento abstracto

«Pensamiento» es un término ambiguo que se usa para referirse a diferentes procesos mentales como dudar, resolver problemas, opinar, valorar, razonar, imaginar, recordar, etc. Sin embargo, desde un punto de vista más específico, el pensamiento abstracto es la capacidad de formar conceptos y establecer relaciones entre ellos mediante juicios y raciocinios.

A. Conceptos

Los «conceptos» son representaciones universales y abstractas de las cosas. Son **universales** porque se pueden aplicar a todos y cada uno de los elementos que pertenecen a un mismo conjunto, y **abstractos** porque representan las cosas prescindiendo de sus características individuales. Los conceptos, por tanto, significan lo esencial de las cosas y prescinden de sus particularidades accidentales.

Cuando utilizamos los conceptos «casa», «árbol» o «persona», nos referimos a las propiedades comunes y definitorias de todo lo que se puede identificar como casa, árbol o persona. La expresión verbal de los conceptos se realiza a través de nombres, o términos equivalentes como perro, alto, mal, justicia, el más bajo de la clase, Santiago de Compostela, mar...

B. Juicios

Los «juicios» son operaciones mentales en las que se afirma o se niega algo de un sujeto. Todo juicio consta de tres elementos: sujeto, verbo y predicado. «Martina es estudiosa» es un juicio compuesto de **sujeto** («Martina»), **verbo** («es») y **predicado** («estudiosa»).

Desde un punto de vista lógico, los juicios indican **relaciones de conveniencia o no conveniencia** entre conceptos. «El ser humano es racional» es un juicio en el que se afirma que «racional» conviene a «ser humano». «El ser humano no es inmortal» es un juicio en el que se niega que «inmortal» convenga al «ser humano». La expresión verbal de los juicios se realiza a través de **«oraciones enunciativas»**. Por razón de lo enunciado en los juicios, estos pueden ser verdaderos o falsos, y por razón de sus contenidos, analíticos o sintéticos.

- **Juicios verdaderos.** Un juicio es verdadero cuando lo enunciado en el mismo se corresponde con la realidad de los hechos. Como, por ejemplo, «Sevilla es la capital de Andalucía», «Los caballos no son reptiles».
- **Juicios falsos.** Un juicio es falso cuando lo enunciado no se corresponde con la realidad de los hechos, como, «El río Tajo desemboca en el Mediterráneo», «Las águilas no son aves rapaces».

- **Juicios analíticos.** Expresan contenidos cuya verdad o falsedad se puede demostrar sin recurrir a la experiencia. Si el predicado se deriva del sujeto, el juicio es verdadero, mientras que si el predicado está en contradicción con el sujeto, el juicio es falso. Los juicios analíticos se limitan a explicitar en el predicado lo que está implícito en el sujeto. Por ejemplo, «El triángulo tiene tres ángulos es un juicio analítico verdadero».
- **Juicios sintéticos.** Expresan contenidos propios del ámbito de la experiencia. Su verdad o falsedad se determina al comprobar empíricamente si lo que dice el juicio sucede o no sucede en la realidad. La relación entre el sujeto y el predicado no es una relación de necesidad, sino una **relación de contingencia*.** Para saber si el juicio es verdadero o falso hay que comprobarlo empíricamente. «Los ciudadanos de Valencia son europeos»; su verdad o falsedad depende de la experiencia.

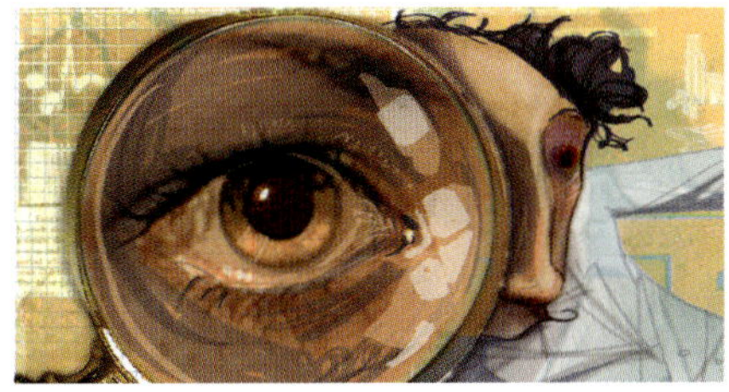

Fig. 3.6. *La ciencia.* El investigador científico comprueba si las consecuencias que se derivan de una hipótesis se confirman con los hechos. Sin embargo, juzgar y razonar son operaciones abstractas imposibles de imaginar sensiblemente.

C. Razonamientos

Los razonamientos son procesos donde se parte de juicios conocidos para concluir con otro juicio que se deriva de los anteriores. Dependiendo del tipo de proceso que se emplee, los razonamientos pueden ser «deductivos» o «inductivos».

- **Razonamientos deductivos.** Consisten en inferir un juicio, o **conclusión** a partir de otro u otros, denominados **premisas*.** La deducción se origina a partir de principios racionales y la conclusión se deduce rigurosa y necesariamente de las premisas, como: «Los seres humanos son mortales», «Antonia es un ser humano», «Luego Antonia es mortal».
- **Razonamientos inductivos.** Consisten en llegar a una explicación general de un tipo de fenómenos, partiendo del análisis concreto de algunos fenómenos que son de la misma clase. La inducción es, por lo tanto, un procedimiento experimental que consiste en una generalización a partir de la observación de una serie determinada de fenómenos o hechos particulares. «Observamos que el perro de Juan ladra y el de María y el de Antonia, y así miles de observaciones en ciudades y naciones distintas. Luego concluimos que todos los perros ladran»; este procedimiento nos lleva a verdades probables.

Texto 3. Inteligencia animal e inteligencia humana

«El progreso de la inteligencia animal, lo que nos anima a decir que el zorro es más listo que la lombriz, se manifiesta de dos maneras. Ante todo, se caracteriza por controlar mejor el medio ambiente y sus propias operaciones. Es decir, son más hábiles para resolver problemas nuevos y aprender. En segundo lugar, poseen un comportamiento más flexible. Su repertorio de rutinas es más rico. Esta inteligencia recibe información, la elabora y produce respuestas con mayor o menor eficacia. Vamos a llamarla inteligencia computacional. A pesar de sus progresos son inteligencias estancadas. La creación de novedades es una exclusiva humana. Es cierto que los simios pueden usar herramientas, pero basta comparar su consuetudinario uso de un palo para hurgar en los hormigueros con los sofisticados y cambiantes utensilios humanos para ver la diferencia. Parece que, a pesar de sus impresionantes habilidades, estos animales privilegiados tienen un techo bajo, que los mantiene cautivos. Continúan determinados por los estímulos que reciben y las rutinas que heredan. La inteligencia humana es una inteligencia computacional que se autodetermina. Y esta habilidad de haber interiorizado los sistemas de control produce una sorprendente transfiguración de todas las facultades. La inteligencia humana es la inteligencia animal transfigurada por la libertad.»

Marina, J. A.: *Teoría de la inteligencia creadora*, Anagrama, Barcelona, 1994.

1.a. Partiendo de tu propia experiencia, haz una lista donde recojas las diferencias entre la inteligencia humana y la inteligencia animal.

b. Compara tu trabajo con el de tu compañero y haced una lista única.

2. Ahora lee con atención el texto. ¿Las diferencias que habéis señalado coinciden con las del texto?

3. ¿Es necesario ser libre para ser inteligente? Anota argumentos a favor y en contra. Después, debatid en pequeños grupos las aportaciones de cada uno.

4. Los límites del conocimiento

En 1784, Kant definía la Ilustración como la salida del hombre de su autoculpable minoría de edad. Esa autoculpabilidad reside no en la ausencia de entendimiento, sino en la falta de valor y de decisión para servirse de la propia razón. Ante este hecho, la Ilustración invita al ser humano a alcanzar la **mayoría de edad** y a liberarse de los tutores o guías que piensan por los demás. Su lema es *¡Sapere aude!,* «atrévete a saber», atrévete a servirte de tu propia razón. Así pues, la Ilustración representa la **confianza ilimitada** en el poder de la razón, que le permitirá al ser humano el conocimiento pleno y el dominio efectivo de la Naturaleza en un proceso de progreso sin límites.

4.1 ¿Qué dice la filosofía al respecto?

Como se exponía en el epígrafe 1.2 de esta unidad, se observa cómo, en un primer momento, se excluye del ámbito del conocimiento racional el conocimiento del mundo sensible. En un segundo momento se dice que solo se puede conocer aquello que la experiencia nos muestra. Y finalmente, se concluye que sin la colaboración de la experiencia y de la razón no es posible el conocimiento objetivo.

A. Filosofía antigua

Sócrates, Platón y Aristóteles consideran que la razón humana tiene la capacidad de descubrir y desvelar las causas últimas de lo que realmente existe.

- Según **Platón**, solo las ideas pueden ser objeto propio del conocimiento racional, mientras que las cosas que nacen, se transforman y perecen, y se perciben a través de los sentidos, no pueden ser conocidas racionalmente. El ámbito del conocimiento filosófico y científico se reduce a lo universal y necesario. De lo particular y concreto solo puede haber opinión, no ciencia.

- **Aristóteles,** por el contrario, defiende que lo universal y necesario no son las ideas platónicas, sino las esencias que existen en tanto en cuanto se realizan en los seres concretos. La humanidad, la justicia o la belleza no existirían si no existieran seres humanos concretos, actos justos y objetos bellos. Según él, las **esencias** constituyen el objeto propio del conocimiento racional. Pero también pueden conocerse racionalmente las cosas particulares que se perciben a través de los sentidos cuando se pueden introducir bajo el dominio universal y necesario de una determinada esencia.

Fig. 3.7. *Los límites del conocimiento.* La filosofía y la ciencia se cuestionan permanentemente las posibles fronteras del saber y el valor que tiene el conocimiento para el hombre.

B. Filosofía moderna

La filosofía moderna nace en el siglo XVII con el propósito de construirse a sí misma como ciencia rigurosa, universal y necesaria. Ese era el objetivo de las dos corrientes que se formaron en torno al problema del conocimiento: el racionalismo y el empirismo.

- El racionalista **R. Descartes** niega el valor cognitivo de los sentidos. Como hemos visto, Descartes no cree en la fiabilidad de los sentidos para alcanzar el conocimiento de la realidad auténtica debido a que, de hecho, alguna vez nos engañan. Exalta el valor de la razón, que por sí sola, prescindiendo de los sentidos, puede llegar a descubrir, los primeros principios que darán solidez al edificio seguro de una ciencia universal.

- Los pensadores empiristas **J. Locke** y **D. Hume** reducen el conocimiento objetivo al ámbito de lo empírico, y defienden que la experiencia es el origen y el límite del conocimiento humano. No podemos conocer el ser oculto de las cosas, sino solo aquello que la experiencia nos muestra, es decir, conjuntos de cualidades sensibles.

Según Hume, el conocimiento científico solo es un conocimiento más o menos probable, basado en la mera costumbre de observar que determinados acontecimientos se suceden en el tiempo y en el espacio.

C. Filosofía de la Ilustración

En el siglo XVIII **Kant** sostendrá que ambas fuentes de conocimiento son necesarias como intento de conciliar esas dos posiciones (racionalismo y empirismo). La objetividad del conocimiento, como ya se ha dicho, depende de dos factores: **datos de la experiencia** y estructuras o **condiciones previas a la experiencia.** El conocimiento objetivo se produce cuando se aplican las categorías, formas *a priori* del entendimiento, a los datos empíricos, proporcionados por la sensibilidad. Fuera del ámbito de la experiencia no puede haber conocimiento objetivo: aquello que está más allá de la experiencia solo puede ser pensado pero no conocido.

D. Filosofía de los siglos XIX y XX

Después de Kant, la reflexión en torno al valor y los límites del conocimiento se puede sintetizar en tres actitudes. La primera está representada por el **idealismo de Georg Hegel,** la segunda por el **neopositivismo lógico** y la tercera por el **racionalismo crítico de Karl Popper (fig. 3.8).**

- **Idealismo.** Hegel interpreta la filosofía no como una ciencia más, sino como la ciencia que puede explicar la realidad partiendo de principios *a priori*. Según este filósofo, el conocimiento humano no tiene límites, no hay ninguna realidad inalcanzable para la razón. La totalidad se puede reconstruir si aplicamos el principio de que toda parte es incapaz de existir sin el complemento del todo.

- **Neopositivismo lógico** (Círculo de Viena). Esta corriente persigue dos objetivos: desterrar de las ciencias naturales todo lo que no sea susceptible de observación y evitar cualquier intento de referencia a absolutos. Los problemas filosóficos son, en realidad, problemas lingüísticos. Por ello, el principal objetivo del neopositivismo lógico fue delimitar el uso adecuado del lenguaje y eliminar los errores cometidos por un uso indebido del mismo. **Rudolf Carnap,** máximo representante del neopositivismo, demuestra que la inducción solo nos conduce a verdades con mayor o menor fuerza de probabilidad. A mayor frecuencia de casos verificados mayor probabilidad, pero nunca certeza absoluta.

- **Racionalismo crítico. K. Popper** sostiene que las verdades absolutas son ideales utópicos. No hay ciencia segura y verdadera, solo opinión probable. Las leyes y teorías siempre se tomarán como provisionales mientras no sean reemplazadas por otras. Sostiene que los enunciados universales no se pueden verificar, porque en la mayoría de los casos no se pueden controlar todos los casos posibles, lo único que se puede hacer es intentar encontrar un caso particular que contradiga el enunciado universal; si se encuentra dicho caso se demuestra que el enunciado es falso, pero si no se encuentra no se puede decir con certeza que sea verdadero. No hay certeza, solo hay probabilidad.

Karl Popper (1902-1994, fig. 3.8)

Pensador sobresaliente en filosofía de la ciencia y filosofía política. Defiende que la ciencia progresa mediante ensayos y errores. Fue un crítico acérrimo del método inductivo. Sostiene que es imposible verificar una teoría científica universal, lo que sí se puede hacer es refutarla. Se le considera el padre del Realismo crítico. En filosofía política es un defensor de las sociedades abiertas contra los políticos que intentan imponer su sello sobre el resto de los ciudadanos. De sus obras destacamos *La lógica de la investigación científica* y *La sociedad abierta y sus enemigos.*

4.2 ¿Qué dice la ciencia al respecto?

Los filósofos y científicos de la Ilustración creían que se había iniciado una época de conocimiento y progreso indefinidos. Sin embargo, la propia ciencia empezó a demostrar muy pronto que tanto la acción como el conocimiento humano tienen límites insuperables, como puede verse a continuación.

En Internet

En **http://es.wikipedia.org/wiki/Albert_Einstein** hay información sobre la vida y las aportaciones científicas de A. Einstein.

A. La relatividad especial

En 1905, **Albert Einstein** formula la **teoría de la relatividad** especial con el fin de resolver los problemas planteados por la constancia de la velocidad de la luz. Su teoría se basa en dos principios. El **primero** afirma que las leyes de la física son las mismas en todos los sistemas inerciales. El **segundo** sostiene que la velocidad de un objeto físico que tenga masa no puede superar la velocidad de la luz en el vacío.

La constancia de la velocidad de la luz también pone límites a lo que se puede observar y conocer. Solo podemos conocer el pasado remoto de los objetos astronómicos que se encuentran muy alejados de nosotros. Incluso puede ser que esos mismos objetos que observamos ahora hayan dejado ya de existir hace tiempo.

B. El principio de incertidumbre o indeterminación

En 1927, el físico alemán **Werner Heisenberg** formuló el principio de Incertidumbre o Indeterminación, según el cual no es posible determinar, simultáneamente y con precisión arbitraria, ciertos pares de variables físicas, como la posición y el momento lineal de un objeto dado. Esto implica que las partículas, en su movimiento, no tienen asociada una trayectoria definida como sucede en la física newtoniana. En otras palabras, cuanto más empeño en determinar la posición de una partícula, menos se conoce su cantidad de movimiento lineal y, por tanto, su velocidad.

Antes de que Heisenberg formulara el principio de incertidumbre se partía de un conocimiento, en teoría, exacto en el campo de la física. Sin embargo, este principio presenta un conocimiento basado solo en probabilidades. Así pues, existe una imposibilidad teórica de superar un cierto margen de error.

Texto 4. Ni todo lo deseable es posible, ni todo lo óptimo, realizable

«Todo lo que podemos saber y lo que podemos hacer está estrechamente acotado por una serie de límites u horizontes de nuestro conocimiento y de nuestra acción. El descubrimiento paulatino de esos límites nos ha situado en una disposición intelectual menos ingenua y optimista que la que compartían los intelectuales decimonónicos, tan dados al utopismo.

Algunos filósofos, como Leibniz, habían considerado que el mundo actual es óptimo y es el mejor de los mundos posibles, por lo que cualquier cambio que se produjese sería para peor. Esta conclusión se ha argumentado a veces teológicamente, señalando que este mundo no podría ser mejor, pues es obra de un Dios omnisciente y omnipotente. Este conformismo de base teológica ya fue ridiculizado en el siglo XVIII por Voltaire, pero pronto se impuso un utopismo igualmente ingenuo, que pensaba que cualquier óptimo es posible y cualquier situación deseable es realizable. Ya hemos visto que ello no es así.

Es obvio que muchas cosas de este mundo pueden y deben ser mejoradas, pero ello no implica que cualquier ideal deseable que se nos ocurra sea realizable. El tratar de descubrir cosas imposibles de conocer solo puede conducir a perder el tiempo y el dinero. El perseguir ideales políticos imposibles de realizar solo puede conducir al sufrimiento inútil y a la frustración. Sin embargo, hay muchas cosas desconocidas por descubrir y muchas mejoras practicables por realizar.

La investigación de los límites y horizontes de lo factible y lo cognoscible nos ayuda a canalizar nuestros esfuerzos hacia aquellas metas no solo deseables, sino además alcanzables, al menos en principio.»

MOSTERÍN, J.: *La filosofía hoy. Límites del conocimiento y de la acción*, Crítica, Barcelona, 2000.

1. En pequeños grupos, buscad tres ideales no realizables y, después, exponed razonadamente vuestros puntos de vista a toda la clase.

2.a. Desde el punto de vista del autor del texto, ¿qué límites no puede traspasar el conocimiento humano?

b. ¿Qué dicen al respecto Descartes, Locke y Kant?

3. ¿En qué nos puede beneficiar el descubrimiento de los límites del conocimiento? Reflexionad en pequeños grupos.

5. Racionalidad práctica moral y política

La racionalidad práctica tiene dos aplicaciones principales: la ética y la política. La **racionalidad ética** se ocupa de aclarar qué es lo moral, fundamentar la moralidad y aplicar sus principios a las distintas facetas de la vida. La **racionalidad política** responde al deseo del sujeto portador de derechos de incidir en lo social, participando y tomando decisiones mediante deliberaciones.

5.1 La naturaleza de la razón práctica moral

Una de las primeras tareas de la racionalidad ética es determinar en qué consiste la moralidad o lo moral. A lo largo de la historia, dicho concepto ha recibido diferentes enfoques. De todos ellos relacionamos brevemente los siguientes:

- **La moral como adquisición de virtudes.** Para algunos filósofos, la adquisición de virtudes conduce a la **felicidad** o «vida buena». En las teorías **hedonistas** de las escuelas helénicas, como la de Epicuro, y posteriormente en las del **utilitarismo,** de Stuart Mill, la felicidad es el **placer.** En otros casos, teorías **«eudaimonistas»,** como la de Aristóteles y autores que siguen su filosofía, la felicidad es la **autorrealización.**
- **La moral como cumplimiento del deber. Kant** presupone que los seres humanos son dignos, autolegisladores, autónomos y que obran por **deber,** sin esperar nada a cambio. La moral supone la realización de la **autonomía humana individualmente.**
- **La moral como solidaridad.** Pensadores del último tercio del siglo XX como Alasdair McIntyre y Charles Taylor, denominados **«comunitaristas»,** defienden un ideal de comunidad que adopta diversas formas, que van desde la solidaridad de clases, pasando por la ciudadanía compartida hasta una identidad cultural o étnica comunes.
- **La moral como capacidad para la solución pacífica de los conflictos.** Algunos autores, como G. H. Mead, priman la reflexión moral en el ámbito social. Se destacan los valores de justicia, reconocimiento recíproco, no violencia, diálogo y pacto.
- **La moral como cumplimiento de principios universales.** Diversos autores, como Lawrence Kohlberg y Jean Piaget, por un lado, y John Rawls, Jürgen Habermas y Karl-Otto Apel, por otro, insisten en una moral evolutiva que culmina en principios universales basados en la justicia. La moralidad se manifiesta como la tendencia del individuo a identificarse con su propia comunidad y con las normas correctas presentes en ella.

Más datos

Conciencia moral

Los actos morales, como actos que son, están orientados hacia el exterior. Sin embargo, por ser morales, tienen un aspecto interno, que es el que hace que sean valorables. Somos morales porque sabemos que podemos elegir y porque nos damos cuenta de que nuestras acciones tienen consecuencias. El darnos cuenta de esas consecuencias es lo que constituye la **conciencia moral** individual, que forma parte del aspecto interno de la moral.

Modos de entender la moralidad		
Modos	*Contenidos*	*Teorías éticas y autores*
Moral como búsqueda del bien.	• Felicidad como autorrealización. • Felicidad como placer.	• Aristóteles, Tomás de Aquino, ética personalista. • Epicuro y ética utilitarista (Stuart Mill).
Moral como cumplimiento del deber.	• Deber y justicia.	• Kant.
Moral como solidaridad.	• Virtud, comunidad y tradición.	• Ética comunitarista: Sandel, Walzer, McIntyre y Charles Taylor.
Moral como habilidad para el consenso, el acuerdo y la paz.	• Reconocimiento recíproco, justicia y no violencia.	• M. H. Mead.
Moral como cumplimiento de principios universales.	• Desarrollo moral. • Justicia y diálogo.	• Piaget y Kholberg. • Apel, Habermas, Rawls.

Tabla 3.3. *Modos de entender la moralidad.*

Fig. 3.9. *Manuscrito de juglares y trobadores, del fascímil «Manessa Códex».*

5.2 La razón práctica política

Una de las dimensiones del uso práctico de la razón es la política. Todos los ciudadanos somos seres políticos, por naturaleza, pues necesitan de las demás personas y solo a través de sus relaciones con ellas pueden realizarse plenamente.

La **política** es el proceso y actividad orientada a la toma de decisiones de un grupo de personas que procuran lograr el objetivo de obtener el poder, con el fin de servir a los intereses generales de los ciudadanos, a quienes representan.

La **filosofía política** trata de los principios, propiedades y causas últimas de la acción política. Intenta responder a preguntas como ¿quién debe gobernar?, ¿por qué se necesita un gobierno?, ¿qué es la libertad?, ¿por qué un individuo debe obedecer a otro?, ¿qué es la justicia?, ¿por qué los seres humanos deben vivir en armonía?, ¿qué objetivos debe perseguir el gobierno?, etc.

Para lograr su objetivo, la filosofía política recurre a sistemas filosóficos de los que deriva sus conclusiones, en coherencia con el sistema de referencia. Así sucede en las teorías de Platón, Aristóteles, Tomás de Aquino, Hobbes, Locke, etc. En cuanto a los temas que se deben tratar **Norberto Bobbio** ofrece un modelo de cuatro puntos:

- **Búsqueda de la mejor forma de gobierno o de la república ideal.** Analizar distintos tipos de gobierno, según se acerquen o alejen del objetivo del bien común.
- **Fundamentos y justificación del Estado.** Establecer los principios que justifican el Estado en función del pacto social que origina la sociedad política.
- **Naturaleza y política.** Diversos pensadores defienden una ley natural que es la base de la ley positiva humana, que justifica un determinado modelo de Estado.
- **Análisis del discurso político.** Reflexionar sobre el discurso político en función de distintas variables: contenidos, discurso hablado, técnicas de persuasión...

Texto 5. Diferencia entre el estado natural y la sociedad civil o política

«En consecuencia, siempre que cierto número de hombres se unen en una sociedad renunciando cada uno de ellos al poder de ejecutar la ley natural, cediéndoselo a la comunidad, entonces y solo entonces se constituye una sociedad política o civil. Y este hecho se produce siempre que cierto número de hombres que vivían en el estado de Naturaleza se asocian para formar un pueblo, un cuerpo político, sometido a un gobierno supremo, o cuando alguien se asocia y se incorpora a cualquier gobierno ya constituido. Por este hecho autoriza a la sociedad o, lo que es lo mismo, a su poder legislativo para hacer leyes en su nombre según convenga al bien público de la sociedad y para ejecutarlas siempre que se precise su propia asistencia (como si se tratase de decisiones propias suyas).

Y eso es lo que saca a los hombres de un estado de naturaleza y los coloca dentro de una sociedad civil, es decir, el hecho de establecer en este mundo un juez con autoridad para decidir todas las disputas y reparar todos los daños que pueda sufrir un miembro cualquiera de esta. Este juez es el poder legislativo, o son los magistrados que él mismo señale. Siempre que encontramos a un cierto número de hombres aunque estén asociados entre sí pero sin disponer de ese poder decisivo a quien apelar, podemos decir que siguen viviendo en el estado de naturaleza.

Resulta, pues, evidente que la monarquía absoluta, a la que ciertas personas consideran como el único gobierno del mundo, es, en realidad, incompatible con la sociedad civil y, por eso, no puede ni siquiera considerarse como una forma de poder civil.»

Locke, J.: *Segundo tratado sobre el gobierno civil,* Alianza, Madrid, 1994.

1. ¿Cuáles son los requisitos imprescindibles para que un conjunto de seres humanos se constituyan en sociedad civil, según Locke?
2. ¿Qué diferencia hay entre un Estado absoluto y un Estado liberal?
3. En el Estado natural, ¿tienen derechos las personas? ¿Están sometidas a alguna ley?

6. Ética y política en la filosofía griega, medieval y renacentista

La moral establece normas y pautas de conducta que forman un código normativo de mandamientos y prohibiciones. La ética analiza el código normativo de la moral en busca de principios universalizables sobre lo bueno o malo moralmente. La política elabora las normas para la convivencia social, coordina acciones para fomentar el bienestar general y regula las relaciones entre individuos, clases, pueblos y naciones.

En este apartado y el siguiente veremos distintas relaciones entre la ética y la política.

6.1 Ética y política en la filosofía griega

El tema de la ética y la política ya está presente en algunos filósofos presocráticos, pero alcanza su plenitud en los sistemas filosóficos de **Platón y Aristóteles.**

A. Ética y política en Platón

Platón, en su obra *La República,* afirma que la ética y la justicia dependen del conocimiento del **bien.** Y la existencia del bien tanto en la vida individual como en la vida social solo es posible si la **razón** domina el alma y los filósofos gobiernan el Estado. En esta obra explica además el paralelismo que existe entre el alma humana, la ética y la organización social, como se recoge en la siguiente tabla:

Paralelismo antropológico, ético y político en Platón		
Justicia		
Antropología	*Ética*	*Políticas*
Alma racional	Prudencia	Gobernantes
Alma irascible	Fortaleza	Guardianes
Alma apetitiva	Templanza	Productores

Tabla 3.4. *Paralelismo antropológico, ético y político en Platón.*

El **Estado** procura la felicidad de los ciudadanos a través de la virtud. Considera que el fin del alma y el fin del Estado es el mismo: realizar la **Idea de Bien y de la Justicia.** La justicia, armonía entre las partes, es la que regula las tres partes del alma, las otras tres virtudes y los tres estamentos sociales.

El objetivo de una comunidad es la realización de la **justicia.** A la política, entendida como el derecho del más fuerte, opone la política que basa la vida del Estado en la justicia. Y la justicia se alcanza cuando cada ciudadano cumple la **tarea** que le es propia.

B. La ética de la polis en Aristóteles

El objetivo que persigue la ética aristotélica es alcanzar la felicidad que se identifica con el **bien supremo.** Existen bienes mediatos que nos conducen a ella, entre ellos está la **polis** («ciudad») y la ***politeia**** («política»), elementos constitutivos de la esencia de lo humano.

Según Aristóteles, la vida social es el mayor de los bienes para los seres humanos, porque les permite desarrollar el sentido de la **justicia** y encaminarse hacia la **perfección.** El ser humano, animal político, tiende por naturaleza a vivir en, por y para la polis, es decir, para el Estado, cuyo objetivo último es el **bien común** y la **felicidad común.**

Aristóteles, al igual que Platón, defiende que la dimensión moral del hombre es inseparable de su dimensión política y que el fin del individuo solo puede ser pensado en el marco de la comunidad.

C. La ética y la política se separan en el periodo helenístico

Fig. 3.10. *Las puertas de la Acrópolis de Atenas.*

Después de la muerte de Alejandro Magno se fragmentó su imperio en diversas monarquías que pusieron fin a la estructura política de los estados griegos y la mayoría de los ciudadanos perdieron la orientación y el sentido de su vida.

Surge así una nueva noción de ciudadano, que asume ante el Estado una actitud de desinterés e, incluso, de hostilidad. Como resultado de la ruptura entre el **individuo** y el **ciudadano,** se produjo la separación entre la ética y la política. Para llenar ese vacío surgen algunas escuelas morales que se afanan en la búsqueda de nuevos sentidos e ideales. Sobresalen el **epicureísmo** y el **estoicismo.**

Los epicúreos renuncian a intervenir en la política y buscan la felicidad en el placer sensible sabiamente administrado por la razón. Los estoicos buscan la felicidad en la virtud y la aceptación impasible del curso de la naturaleza. Los estoicos introdujeron en la cultura occidental el ideal «cosmopolita», que considera el mundo entero como una enorme ciudad que acoge no solo a los seres humanos, sino también a los dioses.

El **cosmopolitismo** representa una convicción por la cual el ser individual se siente ciudadano del mundo antes que de un pueblo, nación o raza.

Los estoicos acuñaron los conceptos de «ecumenismo» y «humanidad». La idea del **ecumenismo** es la idea de una tierra sin fronteras en la que todos los hombres tienen cabida. Defienden un único estado mundial en el que los ciudadanos serán cosmopolitas, miembros de una misma comunidad natural: la humanidad. El parentesco universal que une a los humanos es el hecho de ser miembros de una misma especie.

6.2 Ética y filosofía política en la Edad Media y el Renacimiento

Las teorías ético-políticas de Platón y Aristóteles influyen fuertemente en los autores medievales; no obstante, el pensamiento cristiano alumbra aspectos nuevos, mientras que en el Renacimiento, Nicolás Maquiavelo independiza la política de la ética.

A. Ética y política en Agustín de Hipona

La ética agustiniana comparte con el **platonismo** y el **estoicismo** la idea de que la felicidad es el fin último de la vida humana. Pero, fiel al cristianismo, afirma que no es posible alcanzarla en esta vida, sino en la vida eterna, más allá de la muerte.

En su obra *La ciudad de Dios* concibe la **historia** como el resultado de la **lucha** entre dos ciudades: la **ciudad del bien,** de Dios o de la luz —la Iglesia— y la **ciudad del mal,** terrenal o de las tinieblas —el Estado—. El **poder espiritual** que procede directamente de Dios prevalece sobre el **poder temporal.** Es competencia del Estado mantener la paz terrena que solo puede asegurarse a través de la **coerción** como forma de organizar el orden social.

La **coerción** es un término jurídico que se emplea para referirse a la amenaza de utilizar la violencia con el fin de condicionar el comportamiento de los individuos. Se habla de violencia legítima cuando es ejercida por un Estado que busca defender el bien común.

B. Ética y política de Tomás de Aquino

A diferencia de Aristóteles, autor en el que se inspira, Tomás de Aquino identifica la felicidad, fin último de la vida humana, con la **contemplación beatífica de Dios,** después de la muerte. El primer principio a seguir para conseguir la felicidad es: **hacer el bien** y **evitar el mal.** Este principio dimana directamente de la naturaleza humana, por eso es el primer principio de la «ley natural».

La **ley natural** es una norma a la que todo ser humano debe estar sujeto, ya que solo contiene los deberes que se derivan de la misma naturaleza humana y su esencia puede ser captada por la luz de la razón sin ayuda de la fe. Se fundamenta en la ley eterna o divina y sus principios son evidentes, inmutables y universales.

Para **Tomás de Aquino** el ser humano es social por naturaleza. Nace para vivir en comunidad con otras personas. El **Estado** ha de procurar el bien común, para lo cual legislará de acuerdo con la ley natural. De ella brotan las leyes positivas humanas, que serán aceptadas si no la contradicen y rechazadas o consideradas injustas si la contradicen. Las leyes contrarias a la ley divina deben rechazarse y no es lícito obedecerlas. En consecuencia, la legislación civil depende de la religiosa.

Fig. 3.11. San Jorge, *de Donatello.* Agustín de Hipona defiende la existencia de dos ciudades contrapuestas. La de Dios representa el triunfo de la libertad sobre el mal.

C. Autonomía política frente a ética en Nicolás Maquiavelo

Maquiavelo separa los ámbitos de la moral y la ética del de la política. El fin de la acción política es el **«bien de Estado»,** es decir, lo que se entiende en la actualidad por **razón de Estado*.** El **Estado** se concibe como un **organismo autónomo** que cuenta con sus propios fines que son principalmente la **conservación,** la **estabilidad** y la **prosperidad.** Sostiene que en la acción política «el fin justifica los medios».

El príncipe debe tener **«el vigor o la virtud del león y la sagacidad o prudencia de la zorra».** Debe, así mismo, desconfiar siempre de sus súbditos, porque, según Maquiavelo, el ser humano es esencialmente malo.

En Internet

En **http://www.monografias.com/** encontrarás más información sobre Maquiavelo, su vida y su obra.

Texto 6. Una política sin ética

«No es, por tanto, necesario a un príncipe poseer todas las cualidades anteriormente mencionadas, pero es muy necesario que parezca tenerlas. E incluso me atreveré a decir que si las tiene y las observa siempre son perjudiciales, pero si aparenta tenerlas son útiles; como por ejemplo: parecer clemente, leal, humano, íntegro, devoto, y serlo; pero tener el ánimo predispuesto de tal manera que, si es necesario no serlo, puedas y sepas adoptar la cualidad contraria.

Un príncipe se ve obligado, para conservar su Estado, a actuar contra la fe, contra la caridad, contra la humanidad, contra la religión, a cuyo objeto necesita tener un ánimo dispuesto a moverse según le exigen los vientos y las variaciones de la fortuna y, como ya dije anteriormente, a no alejarse del bien, si puede, pero a saber entrar en el mal, si se ve obligado.»

Maquiavelo, N.: *El Príncipe,* Biblioteca Nueva, Madrid, 2004, cap. XVIII.

1. Maquiavelo nos habla de la apariencia en su texto. ¿Crees que es útil en política?
2. En el texto aparecen conceptos como la fe, la caridad, la humanidad y la religión. ¿Son valores contrarios a la política o deben estar en relación con ella?
3. El autor afirma en el texto que el príncipe debe tener en cuenta las variaciones de la fortuna y no alejarse del bien, si puede, pero saber entrar en el mal, si se ve obligado. ¿Por qué es contraria a la ética esa afirmación?

7. Ética y política en la filosofía moderna y contemporánea

La filosofía moderna comienza con Descartes y culmina con la revolución crítica de Kant, de la que emergieron nuevas corrientes de pensamiento en las esferas de la ética, la epistemología y la estética. La filosofía contemporánea abarca desde parte del siglo XIX hasta nuestros días. Cobran especial relevancia los estudios sobre ética y política.

7.1 Ética y política en la filosofía moderna

La Edad Moderna es el periodo en que triunfan los valores de la razón, el progreso y la comunicación. Durante esta época se aportan varias teorías sobre la **racionalidad práctica** y, en concreto, sobre la ética y la política. Vamos a fijarnos en tres autores importantes: **Thomas Hobbes, Baruch Spinoza** e **Immanuel Kant.**

A. Ética y política en la teoría de Hobbes

La justificación del **estado absoluto** que realiza **Hobbes** en *Leviatán* tiene componentes políticos y morales. Su teoría parte de la existencia del ser humano en un estado de naturaleza previo a la organización social. En ese estado, la vida del hombre es «solitaria, mísera, peligrosa, brutal y corta». El ansia de obtener más y más bienes crea la competitividad, las luchas por la propiedad, la inseguridad y la guerra. En orden a conseguir la paz y una vida más duradera, los hombres tienen que crear una sociedad estable, lo cual supone que tienen que renunciar a su derecho natural.

Con el fin de lograr la seguridad y superar el peligro que el estado de naturaleza implica, los individuos ceden su derecho natural en favor de un tercero, llámese República o Estado absoluto, también denominado «Leviatán». La **moral** es otro instrumento para garantizar la seguridad y la paz, y se genera mediante el mismo **pacto o donación** que sirve de base al poder político. **Poder político absoluto** y **moralidad** están al servicio del individuo.

El **Estado soberano** aparece como la fuente única del derecho, la moral y la religión. Para Hobbes, el **Estado** representa un elemento de **coacción** perpetua sobre el ser humano, aunque haya sido aceptado por el sujeto racional como medio para conseguir la seguridad y la paz. El resultado es que el Estado absorbe al individuo.

B. Ética y política en la teoría contractualista de Spinoza

La propuesta política de Spinoza está a favor de una democracia en la cual el derecho de los individuos tiene límite en los derechos de la **comunidad,** entendida esta como una realidad más «real» que aquellos que la componen. Y es que para Spinoza la **política** es una **empresa colectiva** mientras que la moral es individual, algo que se juega en la subjetividad de cada uno, aunque se desarrolla en la relación entre sujetos. En otras palabras, todos los seres humanos son iguales en el plano político, pero distintos en el orden moral.

En el ámbito de su pensamiento político, al igual que Hobbes, Spinoza adopta una posición de **justificación contractualista** del Estado. El **estado natural** es, para él, un estado de soledad, miseria, sin normas y lleno de enemistades, miedos y guerras, donde el hombre existe solo como individuo. En ese estado, cada uno es su propio juez y nadie está obligado a vivir según el criterio de otro. El **origen del Estado** político es un pacto o convenio en el que una multitud renuncia al derecho natural y lo transfiere por mayoría a un solo hombre o a una asamblea de hombres. Solo el Estado democrático es plenamente absoluto, al identificarse el poder del Estado con el de los ciudadanos.

En consecuencia, el **poder político** que Spinoza diseña tiene sus **límites**, ya que el poder del Estado es el interés fundamental, que dio lugar a su creación. Y en la medida en que ese interés consistía en que los **derechos naturales** se llevaran a la práctica, el poder estatal tendría su límite en el respeto a esos derechos. Esto significa, por una parte, que el poder tiene un límite externo de carácter ético. Pero, por otra, la función del Estado es meramente instrumental porque se encuentra al servicio de los intereses naturales de los ciudadanos, carece de un fin ético propio.

Fig. 3.12. *La sociedad somos todos.* El individuo, al pertenecer a la comunidad, goza de una serie de derechos. La marginación social le priva de ellos.

C. La razón práctica en Kant

La respuesta a la pregunta kantiana, «¿qué debo hacer?», está en la razón práctica. La existencia de la moralidad está relacionada con la libertad. La moralidad y libertad se implican hasta el extremo de que justificar la moral exige demostrar la realidad de la libertad, y, por supuesto, solo confirmando que esta última es posible, habremos asegurado para el conocimiento moral una base firme.

En Kant están presentes los dos usos de la razón: un uso teórico y un uso práctico. Estudia el uso práctico de la razón en el libro *Fundamentación de la metafísica de las costumbres y en Crítica de la razón práctica*. En su **uso práctico,** la razón práctica traza una línea divisoria clara entre deber y querer, entre moral e interés. Las normas morales están dirigidas a seres libres que se dan cuenta de que deber implica poder. Y de que las normas morales son autónomas y la libertad es la condición necesaria de la obligatoriedad de las normas. La razón práctica fundamenta la ética.

Kant considera que el **fin de la moral** es la **felicidad y la virtud,** al igual que la ley moral que de él se deriva. Además, el fin de la moral tiene un carácter autónomo y se basa en el deber. La **autonomía moral** supone que la razón de cada ser humano no solo puede, sino que, de hecho, hace aparecer en cada sujeto la ley moral. Para Kant todo ciudadano obedece la ley que él mismo se da porque es libre y funda el orden moral y el orden jurídico en unión con los demás hombres. La **libertad** es el **fundamento** de la **moral** y del **derecho.**

Para el sujeto autónomo kantiano, la sociedad y su organización política son una condición experimental de la realización del fin moral: el **cumplimiento del deber.** La **ley moral** obliga tanto a los individuos como a los Estados, aunque él mismo reconoce la peculiaridad de la ética política respecto de la individual.

En relación con la política, Kant indica que la meta de la historia consiste en alcanzar el establecimiento de una **sociedad civil universal** en que reine la **justicia política.** El papel del Estado es procurar que la naturaleza humana se desarrolle como debe. Esto se consigue determinando los límites de la libertad, porque la libertad de uno termina donde comienza la de los demás. A la consecución de este objetivo se contribuye con el establecimiento de una **constitución civil** justa por medio de la cual la libertad queda establecida por leyes externas al sujeto.

7.2 La razón práctica en la época contemporánea

En la época contemporánea se manifiesta una tensión entre la ética individual y la ética social que ya venía de atrás. Para algunos pensadores como **K. Jaspers** o **G. Hegel**, la teoría del Estado se sitúa por encima del deber individual y del reino económico social. Esta idea obedece a que el individuo participa de la cultura y de la dignidad humana a través del Estado. Varios pensadores como Weber, Habermas y Rawls, se mantienen dentro de esta línea de contenidos. En este apartado analizaremos brevemente algunos puntos de las teorías de **Max Weber** y **J. Habermas.**

@ ***En Internet***

En **http://filosofia.idoneos.com/index.php/340982** encontrarás más información sobre la ética kantiana.

A. Hacia una ética política en Weber

Fig. 3.13. *Las religiones siguen la ética de la convicción.* Las iglesias operan dentro de lo que Weber identifica como la ética de la convicción. Los dogmas no admiten discusión.

Weber acepta que el **comportamiento ético** es el que se ajusta a principios o normas morales que son por definición universales e inderogables. No obstante, observa que mantenerse fiel a los principios significa fracasar como político. Así que, sea cual sea la ética del político, no es una ética de principios.

La práctica política no es, sin embargo, el campo de la amoralidad o de la inmoralidad. La necesaria obediencia a las leyes debe someterse a ciertos requisitos éticos. Los ciudadanos solo se sienten obligados a obedecer leyes «legítimas». Y la **legitimidad** viene dada por el **procedimiento legislativo,** que debe ser imparcial y justo, así como por el contenido de las mismas **leyes,** que debe responder a ciertos fines o principios comunes que podemos denominar «éticos».

La ética política tiene su origen en las necesidades de la práctica política y constituye un ámbito normativo separado del propiamente moral. Al percibir esta separación radical, Weber hubo de negar lo que Kant llamó «ética política», que era el intento de prolongar el imperio de la norma moral en el campo de la práctica político-jurídica. Así, mientras que el modelo formal kantiano, basado en el deber, se ajusta a la vida moral personal, la ética política exige un modelo de fines y consecuencias. Weber denominó al primero **«ética de la convicción»** y al segundo **«ética de la responsabilidad».** La primera es propia del político y, la segunda, del intelectual. Esta distinción weberiana representa el punto de partida de la ética política contemporánea.

B. Teoría crítica y de la acción comunicativa de Habermas

Habermas es el representante más afamado de la segunda generación de la Escuela de Investigaciones Sociales de Francfort, fundada en el primer tercio del s. XX. Los autores más representativos de la primera generación fueron Theodor Adorno y Max Horkheimer, de los que se fue separando poco a poco. En los años 60 se propone realizar una crítica inmanente de la sociedad capitalista, centrándose en el entorno inmediato del actor social individual, al que Habermas llama **«mundo vital».** Dicha crítica, que acabará siendo **«teoría crítica»,** se dirige también contra la ciencia positivista y el estado moderno.

- **Crítica de la ciencia positivista.** La ciencia positivista acabó siendo esclava de la «racionalidad instrumental» y permitió que el capitalismo desarrollara armamento más sofisticado y mercancías cada vez más variadas y complejas, pero fue incapaz de producir una justificación creíble del sistema capitalista. Así, la ciencia y la racionalidad instrumental se pusieron en contra de los seres humanos en lugar de servirles. Para dar la vuelta a esa situación propone elaborar una teoría crítica para cambiar la cara negativa de la ciencia y convertirla en una actividad emancipadora que se ocupe de la reforma social y política.

- **Crítica del Estado**. En los años 70 Habermas intentó demostrar que el Estado moderno era un producto de la supervivencia del capitalismo y que no podría proteger a la gente en las situaciones de crisis económicas por falta de capacidad para conseguir las rentas necesarias para apoyar los programas de bienestar social. Cuanto más incapaz sea el Estado de proteger a la gente, menos podrá garantizar su legitimidad. Sin embargo, Habermas no acepta un instrumento revolucionario, en el sentido de la revolución marxista. Para lograr la emancipación, prefiere buscar nuevas vías emancipadoras. Ese trabajo culminó en la publicación de su obra cumbre *Teoría de la acción comunicativa,* publicada por primera vez en Alemania en 1981.

- **Análisis de las estructuras del mundo vital.** El mundo vital es un horizonte de conciencia que incluye la esfera pública y privada, la esfera de la formación de la identidad y la esfera de la acción comunicativa. Habermas se centra en el examen de las estructuras del mundo vital entre las que destacan la **acción comunicativa,** el **lenguaje** y la **conciencia moral.**

En Internet

En **http://es.wikipedia.org/wiki/max_weber** encontrarás información sobre la vida y el pensamiento de Weber.

- **La acción comunicativa.** La comunicación es para Habermas el aspecto más importante de todas las actividades del mundo vital, porque es en la comunicación donde las personas pueden obtener el reconocimiento de la validez de sus expresiones y donde se pueden modificar las estructuras del mundo vital para detener el crecimiento de la racionalidad instrumental. Se esfuerza por demostrar que debe haber un elemento normativo que domine en la interacción y un elemento instrumental que se ocupe de la satisfacción de las necesidades humanas.
- **El lenguaje.** La naturaleza del lenguaje como comunicación significa que tanto el hablante como el oyente del discurso poseen un interés *a priori* que es el interés de entenderse. Entenderse significa llegar a un acuerdo que supone el reconocimiento intersubjetivo de la validez de lo que expresa el otro. Cada interlocutor se verá arrastrado a reflexionar sobre su propia posición en el proceso comunicativo, con ello aumentará el conocimiento de cada persona sobre sí misma, a partir de su interacción con los demás, que es el verdadero *telos* del lenguaje.
- **Conciencia moral.** Pretende demostrar que el punto de vista moral se apoya en un núcleo original dentro de la estructura del medio vital. Una posición moral sustancial se deriva de un núcleo universal de moralidad. El interés emancipatorio puede llevar a los seres humanos a la verdad y a la moralidad. Las normas que deben fundamentar la sociedad son las ideas de verdad, libertad y justicia. Su valor normativo no se puede descubrir en una teoría idealista, religiosa o metafísica sino en las estructuras del **medio vital** a través de la acción comunicativa.

Habermas fundamenta el núcleo de su ética comunicativa en el concepto de comunidad ideal de diálogo. Para él, un procedimiento imparcial y justo parte del reconocimiento de los límites de la racionalidad humana, que debe basarse en el diálogo. La falta de diálogo provoca distanciamiento entre los distintos sectores sociales que existen en el ámbito de la comunicación. Nadie puede vivir, crecer, desarrollarse y amar sin comunicación.

En Internet

En **http://www.boulesis.com/didactica/apuntes/?a=57** encontrarás un estudio más amplio de la ética comunicativa de Jürgen Habermas.

Texto 7. La sustitución del derecho natural racional por la idea de Estado de derecho

«El derecho natural racional no solo se abandonó por razones filosóficas; el estado de cosas que ese derecho tenía por fin interpretar se le tornó tan complejo que le resultó inabarcable. Muy pronto quedó claro que la dinámica de una sociedad integrada a través de mercados ya no podía quedar captada y apresada en los conceptos normativos del derecho, ni mucho menos podía detenérsela en el marco de un sistema jurídico diseñado *a priori*. Toda tentativa de deducir de principios supremos, de una vez por todas, los fundamentos del derecho privado y del derecho público, tenía que fracasar ante la complejidad de la sociedad y de la historia.

Las teorías del contrato social —y no solamente las idealistas entre ellas— estaban articuladas en términos excesivamente abstractos. No habían reflexionado sobre los supuestos sociales de su individualismo posesivo. No se habían confesado a sí mismas que las instituciones básicas del derecho privado que son la propiedad y el contrato, así como los derechos subjetivo-públicos de protección frente al Estado burocrático, solo podían prometer justicia a condición de poder contar con el ficticio soporte de una economía de pequeños propietarios. Simultáneamente, las teorías del contrato social —y no solamente las que procedían en términos apriorísticos— estaban planteadas de forma demasiado concertista. No se habían percatado de la alta movilidad de las relaciones sociales y habían subestimado la presión que, en punto a adaptación, ejercen sobre todas las esferas sociales el crecimiento capitalista y, en general, la modernización social.»

Habermas, J.: *Escritos sobre moralidad y eticidad*, Paidós, Barcelona, 1991.

1. ¿Cuál te parece a ti que es la idea principal de este texto?
2. Explica el significado de los siguientes conceptos: derecho natural. Estado de derecho, contrato social, derecho público, derecho privado, *a priori*, Estado burocrático.
3. Compara el Estado de derecho del que nos habla Habermas con *La República* platónica y señala tres diferencias importantes.

Para repasar

1. A la hora de conocer, se establece una relación entre dos elementos. ¿Cuáles son y qué papel tienen?

2.a. De los siguientes términos, ¿cuáles se refieren a conocimientos sensibles y cuáles a razón?
juicios - argumentos - vista - audición - percepciones - leyes - teorías - sensaciones

b. Pon un par de ejemplos de conocimientos sensibles y un par de ejemplos de conocimientos racionales o inteligibles.

3. De las siguientes afirmaciones, ¿cuáles pertenecen al racionalismo y cuáles al empirismo?
   - **a.** «Lo que es percibido por los sentidos es lo real.»
   - **b.** «Al nacer la mente está en blanco.»
   - **c.** «La razón descubre en sí misma los primeros principios del conocimiento.»
   - **d.** «Los sentidos nos engañan.»

4. Haz un esquema de los principios por los que se rige la percepción de los estímulos sensibles.

5. Enumera los estímulos propios de las terminaciones nerviosas de los órganos de los sentidos externos.

6. Clasifica los siguientes términos según se relacionen con la percepción o el concepto.
representación sensible - representación mental - abstracto - concreto - particular - universal - humanidad - veo mi casa

7. ¿A qué fases o etapas del desarrollo evolutivo corresponden los siguientes tipos de inteligencia:
i. lógico-formal, i. lógico-concreta, i. intuitiva, i. práctica.

8. De las siguientes definiciones, indica cuál se corresponde con un razonamiento deductivo y cuál con uno inductivo.
   - **a.** Proceso donde se parte de categorías generales para hacer afirmaciones sobre casos particulares.
   - **b.** Proceso donde se parte de casos particulares para llegar a conclusiones generales.

9. ¿A quiénes pertenecen estas frases? ¿A Popper, Hegel, Comte o Carnap? Motiva la respuesta.
   - **a.** «El conocimiento humano no tiene límites.»
   - **b.** «Las verdades absolutas son ideales utópicos.»
   - **c.** «Los enunciados empíricos solo tienen sentido si son verificables.»
   - **d.** «El único conocimiento válido es el de las ciencias empíricas.»

10. ¿Cómo averiguas la verdad de un juicio analítico y de un juicio sintético? Razona tu respuesta.

11.a. Cita dos autores que niegan el valor cognitivo de los sentidos. Razona tu respuesta.

b. Cita tres autores que niegan que la razón por sí sola pueda alcanzar conocimiento objetivo. Razona tu respuesta.

12.a. ¿Qué diferencias existen entre los saberes productivos, teóricos y prácticos?

b. Las siguientes disciplinas, ¿a qué tipo de saber corresponden? Justifica la respuesta.
música - metafísica - medicina - economía - física - matemáticas - ética - retórica - política

13. De estas definiciones, ¿cuál se corresponde con racionalidad ética y cuál con racionalidad política?
   - **a.** Reconocer como propios los bienes que perseguimos o intentamos realizar, junto con otros.
   - **b.** Indicar el justo medio, exacto y normativo, entre el exceso y el defecto.

14. ¿Qué ámbitos abarca la racionalidad práctica política? Escoge dos:
   - **a.** Nos indica quién debe gobernar.
   - **b.** Nos explica por qué un ciudadano debe obedecer a otro.
   - **c.** Nos da normas para cumplir con el deber.
   - **d.** Nos habla del criterio moral.

15. Define las distintas clases de virtudes que refiere Platón. ¿Cuál es la principal en la política?

16. ¿A qué leyes se refieren los siguientes conceptos de Tomás de Aquino? ¿A la ley natural, la ley positiva o la ley eterna?
   - **a.** Es la ley con la que Dios gobierna el mundo.
   - **b.** Es la ley evidente, inmutable y universal.
   - **c.** Es la ley humana promulgada, por ejemplo, en las constituciones.

17. ¿Por qué para Maquiavelo la política no necesita de la ética?
   - **a.** Porque admite cualquier medio para obtener el poder.
   - **b.** Porque se basa en el bien del Estado.

18.a. Entre los siguientes conceptos, elige cuatro que están presentes en la ética kantiana:.
justicia - deber - autonomía - solidaridad - paz - templanza

b. ¿En qué se diferencian la razón teórica y la razón práctica en Kant?

19. ¿A qué filósofos contemporáneos se refieren las siguientes expresiones:
   - **a.** La ética debe combinar libertad e igualdad.
   - **b.** Debemos guiarnos por los principios de la justicia.
   - **c.** El fin propio de la política debe ser el buen gobierno.
   - **d.** Debemos valorar las consecuencias de los actos.
   - **e.** La ética representa una comunidad ideal de diálogo.

Taller de filosofía

Debate

¿Es ético mentir en política?

1.a. ¿Conoces algún caso en que la clase política gobernante haya mentido a los ciudadanos? ¿Qué acciones se pueden llevar a cabo para defender la verdad?

b. Lee este texto bajado de Internet.

«Y, en nuestros días, la descomunal y conocida mentira de la existencia de armas de destrucción masiva en Irak ha pretendido justificar la invasión, ocupación y control petrolífero de ese país. Pero el uso sistemático de la mentira en la acción política no se circunscribe a la guerra. Parece que la mentira, que no es otra cosa que faltar a la verdad, va de la mano de la política.

El periodista y analista Miguel Ángel Bastenier ha escrito que, aunque "en una guerra la primera víctima es la verdad, hoy se va más allá: se pervierte el lenguaje y se envilece la palabra".

El engaño sistemático, la manipulación de las palabras y la corrupción del lenguaje se han convertido en herramientas políticas que no se ponen en cuestión. El engaño y la ocultación de la verdad contribuyen a mantener elevados niveles de desinformación en los ciudadanos, lo que les impide decidir su voto con justicia, discernimiento y acierto; puesto que la decisión electoral es esencial en democracia, cuanto atente contra la libertad y ecuanimidad de esa decisión es una agresión contra la misma democracia.

Ante la mentira, siempre tenemos la opción de manifestar con claridad nuestro desprecio por la miseria moral y la cobardía política de los mentirosos y rechazarlos con nuestro voto.»

2. ¿Se puede mentir en política? ¿Deberían castigarse las mentiras de la clase política? ¿Cómo?

3. ¿En qué sentido crees que se puede hablar de la ética y la política como saberes prácticos?

4. Debatid en pequeños grupos las respuestas. Cada moderador debe exponer a la clase el desarrollo del debate en su grupo. ¿Qué opina la mayoría de la clase?

Para que leas

GRIMALTOS, Tobies: *El juego de pensar,* Algar, Alzira, 2002.

En este pequeño libro se plantean preguntas, de una forma sencilla, tales como ¿Qué soy yo? ¿Cómo son las cosas realmente? ¿Qué quiere decir ser libre? Marta, la protagonista, joven adolescente, empieza a hacerse preguntas como estas que todos nos planteamos alguna vez. Aprovecha que su padre es profesor de filosofía, y como si se tratase de un juego, dedica algunas noches a hablar, discutir y dialogar con él sobre estas y otras cuestiones, que van revelándose cada vez más interesantes. Marta descubre que pensar no solo es necesario, sino que también es divertido.

Nunca aprendizaje y entretenimiento han ido tan unidos como en este apasionante paseo por los grandes temas filosóficos.

Para que veas

Lejos (Loin). *André Téchiné*, 2001, 120 minutos.

Sinopsis

La película cuenta la historia de una joven judía, Sarah, que regenta una pensión en Tánger. Su madre murió y ella planea marcharse con su hermano a Montreal. Sarah mantiene una relación amorosa con Serge, un camionero francés que recorre Europa y está involucrado en una operación de contrabando. Otro joven marroquí, Saïd, que trabaja para ellos también busca una oportunidad para empezar una nueva vida en Europa.

Temas

La película retrata una ciudad como Tánger, situada en una encrucijada de culturas y, por tanto, lugar de encuentro pero también de separación, de fronteras. La inmigración es un problema actual que tiene dimensiones éticas y políticas, a las que debe dar respuesta la razón práctica.

Explotación

1. ¿Cómo se entiende el título de la película?

2. ¿Cómo se puede explicar que mientras unos extranjeros se instalan en Tánger otros, locales, tratar de huir de ahí desesperadamente?

3.a. Señala las razones que se dan en la película para justificar la inmigración.

b. Escribe razonadamente tus argumentos a favor o en contra de esa justificación.

4. ¿Cómo son las condiciones en las que los jóvenes marroquíes tratan de llegar a España?

5. En la película vemos muchas imágenes de gente que está esperando. ¿Por qué la inmigración desde el Sur implica siempre una gran espera?

Taller de filosofía

Lo que se dice

¿La experiencia condiciona el conocimiento?

«No hay duda alguna de que todo nuestro conocimiento comienza con la experiencia. Pues ¿cómo podría ser despertada a actuar la facultad del conocer sino mediante objetos que afectan a nuestros sentidos? [...] Por consiguiente, en el orden temporal ningún conocimiento precede a la experiencia y todo conocimiento comienza con ella.

Pero, aunque todo nuestro conocimiento empiece con la experiencia, no por eso procede todo él de la experiencia. En efecto, podría ocurrir que nuestro mismo conocimiento empírico fuese una composición de lo que recibimos mediante las impresiones y de lo que nuestra propia facultad de conocer produce (simplemente motivada por las impresiones) a partir de sí misma. En tal supuesto, no distinguiríamos esta adición respecto de dicha materia fundamental hasta tanto que un prolongado ejercicio nos hubiese hecho fijar en ella y nos hubiese adiestrado para separarla.

Consiguientemente, al menos una de las cuestiones que se hallan más necesitadas de un detenido examen y que no pueden despacharse de un plumazo es la de saber si existe semejante conocimiento independiente de la experiencia, e incluso, de las impresiones de los sentidos. Tal conocimiento se llama *a priori* y se distingue del empírico, que tiene fuentes *a posteriori*, es decir, en la experiencia.

De todas formas, la expresión *a priori* no es suficientemente concreta para caracterizar por entero el sentido de la cuestión planteada. En efecto, se suele decir de algunos conocimientos derivados de fuentes empíricas que somos capaces de participar de ellos o de obtenerlos *a priori* ya que no los derivamos inmediatamente de la experiencia, sino de una regla universal que sí es extraída, no obstante, de la experiencia. Así decimos que alguien que ha socavado los cimientos de su casa puede saber *a priori* que esta se caerá, es decir, no necesita esperar la experiencia de su caída de hecho. Sin embargo, ni siquiera podría saber esto enteramente *a priori*, pues debería conocer de antemano, por experiencia, que los cuerpos son pesados y que, consiguientemente, se caen cuando se les quita el soporte.»

KANT, I.: *Crítica de la razón pura,* Alfaguara, Madrid, 2000.

Contesta razonadamente a las siguientes cuestiones:

1. ¿Basta tener experiencia para saber?
2. ¿De qué sirve la experiencia en el conocimiento teórico?
3. ¿Hay aspectos del conocimiento independientes de la experiencia?
4. Explica el significado de los términos *a priori* y *a posteriori*.

¿La opinión pública tiene siempre razón?

«El trato que se da a los sabios en los estados, tiene un no sé qué de extraño y particular, que nadie ha experimentado nunca algo que se aproxime a ello [...] Figúrate, pues, un patrón de una o de muchas naves, tal como voy a pintártelo; más grande y más robusto que el resto de la tripulación, pero un poco sordo, de vista corta y poco versado en el arte de la navegación. Los marineros se disputan el timón; cada uno de ellos pretende ser piloto, sin tener ningún conocimiento náutico y sin poder decir ni con qué maestro ni en qué tiempo lo ha adquirido. Además, son bastante extravagantes para decir que no es una ciencia que pueda aprenderse, y estarán dispuestos a hacer trizas al que intente sostener lo contrario. Imagínate que los ves alrededor del patrón, sitiándole, conjurándole, y apurándole para que les confíe el timón. Los excluidos matan y arrojan al mar a los que han sido preferidos; después embriagan al patrón o le adormecen haciéndole beber la mandrágora, o se libran de él por cualquier otro medio. Entonces se apoderan de la nave, se echan sobre las provisiones, beben y comen con exceso y conducen la nave del modo que semejantes gentes pueden conducirla. Además consideran como un hombre entendido, como un hábil marino, a todo el que pueda ayudarles a obtener, por la persuasión o por la violencia, la dirección de la nave; desprecian como inútil al que no sabe lisonjear sus deseos; ignoran por otra parte lo que es un piloto, y que, para serlo, es preciso tener conocimiento exacto de los tiempos, de las estaciones, del ciclo de los astros, de los vientos y de todo lo que pertenece a este arte... Los marineros, en la disposición de espíritu en que yo los supongo, ¿no le considerarán como hombre inútil y como visionario que pierde el tiempo en contemplar los astros?»

PLATÓN: *La república,* Libro VI, EDAF, Madrid, 1980.

Contesta razonadamente a las siguientes cuestiones:

1. ¿Qué legitimidad se puede dar a la opinión pública?
2. En política, ¿es razonable prescindir de los sabios?
3. ¿Se puede hacer caso omiso de la existencia de la opinión pública?
4. ¿Según el texto, qué opinión, crees tú, que tenía Platón de la democracia?

La tarea

1. Lee atentamente los siguientes párrafos sobre los derechos de los animales irracionales.

   «Un mono, a diferencia de un hombre, no puede obligarse jurídicamente; por lo tanto, tampoco puede ser depositario de derechos inalienables. Sabemos, sin embargo (y esto también se trata de un conocimiento empírico), que un mono jamás podrá obligarse, como tampoco podrá ejercitar sus derechos, por la sencilla razón de que su raciocinio nunca alcanzará a tanto, ni como individuo ni como especie. Y es que el Derecho es un producto exclusivamente humano: su conocimiento natural solo ha sido esculpido en el corazón del hombre; solo el hombre puede legislar, y solo puede legislar para hombres.»

   De Prada, J.M.: *Gran Simio*. XL Semanal de *El País*, n.º 976, Madrid, 2006.

2. Analizad y debatid, en pequeños grupos, los razonamientos del artículo.

3. Un portavoz de cada grupo lee ante toda la clase las conclusiones obtenidas por su grupo.

4. Lee atentamente las siguientes citas relacionadas con la razón práctica.
   - «¿Cuál es el primer principio político? La educación. ¿Cuál es el segundo? La educación. ¿Y el tercero? La educación.» **J. Henry Poincaré**
   - «El político debe tener: amor apasionado por su causa; ética de su responsabilidad; mesura en sus actuaciones.» **Max Weber**
   - «La ciudad (polis) es una de las cosas que existen por naturaleza; y el hombre es, por naturaleza, un animal político.» **Aristóteles**
   - «Es muy difícil hacer compatibles la política y la moral.» **Francis Bacon**
   - «No se puede progresar hacia la felicidad por medio de la acción política.» **Skinner**

5. Comentad en pequeños grupos las frases anteriores y responded a las siguientes cuestiones:
   - ¿Crees que a través de la ética y la política se puede alcanzar la felicidad?
   - ¿Es posible ser buen ciudadano al margen de una adecuada educación?
   - ¿La sociabilidad es algo propio de nuestra naturaleza?
   - ¿El político debe ser responsable y justo en sus decisiones?
   - ¿Sería posible la justicia sin la política?
   - ¿La ética y la política son compatibles?

Escuela de filósofos

El debate

El debate representa un acto adecuado de comunicación humana que consiste en la discusión entre dos o más personas acerca de un tema que contiene una propuesta.
Los debates no los gana necesariamente quien tiene la razón, sino quien sabe sostener mejor sus ideas y exponerlas con claridad y convicción. Es importante, pues, saber argumentar y convencer. En todo debate bien organizado hay un moderador que lo conduce.

Claves

- Supone un esfuerzo de reflexión que exige adoptar y defender una postura ante la problemática que se analiza.
- Se trata de una técnica de comunicación aplicable sobre todo a la política y a los temas de ética o del ámbito de la razón práctica que nos preocupan.
- Permite activar principalmente las habilidades orales.
- Ejercita la capacidad de juzgar un problema ético-político y buscar criterios para su solución.
- Se entabla una relación entre dos personas, o entre dos grupos, que pueden tener criterios diferentes, pero ambos defendibles.
- Permite ejercitar el arte de la argumentación y la capacidad de convencer al interlocutor o interlocutores.
- Pone a prueba el espíritu crítico de los participantes en la discusión y activa su capacidad de reflexionar de forma clara, rigurosa y coherente.

La conferencia

Es una exposición de carácter informativo ante un auditorio. Se utiliza para trasladar información a un grupo o colectivo determinado. El conferenciante transmite información normalmente de carácter técnico o específico a un auditorio que escucha.

Claves

- Es fundamental delimitar el tiempo de la exposición. Lo habitual suelen ser treinta minutos de duración para, después, abrir un turno de preguntas.
- Es muy útil recurrir a un apoyo visual u otros métodos auxiliares para facilitar que los conceptos se capten y se siga adecuadamente la conferencia.
- La organización del discurso resulta fundamental, así como el uso de un lenguaje correcto y claro.
- El conferenciante debe tener una buena habilidad a la hora de comunicar; algo que se puede lograr con la planificación de la conferencia y con la práctica previa.

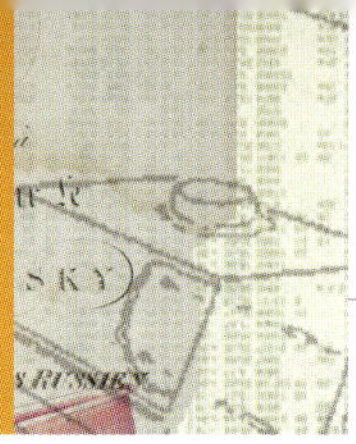

Ideas clave

- Los órganos del conocimiento objetivo son los **sentidos** y la **razón** en mutua colaboración.
- El primer nivel del conocimiento lo constituyen las **percepciones** o representaciones sensibles de las cosas que integran el mundo que nos rodea e impresionan nuestra **sensibilidad.**
- La **inteligencia** humana es la facultad que resuelve los **problemas fácticos** de adaptación al medio. Además, crea **símbolos universales** y abstractos de las cosas y establece **relaciones** entre ellos para comprender la realidad más profunda de nuestro mundo.
- La filosofía y la ciencia nos dicen que el **conocimiento** humano tiene unos **límites** que no puede traspasar.
- La **racionalidad práctica** describe un uso de la razón que destaca la propiedad que tiene para orientar y dirigir la acción, abarca, sobre todo, la dimensión **ética** y **política** de la vida humana.
- La **racionalidad ética** recoge las tres funciones principales de esta disciplina, que son: **aclarar** qué es lo moral, **fundamentar** la moralidad y **aplicar** a los distintos ámbitos de la vida social las dos funciones anteriores, en el contexto de una **moral crítica.**
- La **racionalidad política** es una racionalidad propia de la acción humana.
- En el **mundo antiguo** ética y política comparten una serie de valores como el **bien,** la **justicia** y la **felicidad.** En la **Edad Media** se contraponen dos ámbitos: el de la ciudad terrena política y el de la ciudad celestial ético-religiosa.
- En el **Renacimiento, Maquiavelo** independiza y somete la ética a la política. En la Edad Moderna las teorías contractualistas parten de un estado de naturaleza premoral y moral para llegar a un pacto.
- En la **Edad Contemporánea** se lleva a cabo una propuesta basada en una ética social, amparada por los valores de la **justicia,** la **tolerancia,** la **solidaridad** y el **diálogo.**

Autoevaluación

1. Los sentidos no son fuentes válidas para conseguir conocimientos objetivos según:
- **a.** Kant.
- **b.** El racionalismo.
- **c.** El empirismo.

2. Las sensaciones visuales se producen en:
- **a.** La retina.
- **b.** La médula espinal.
- **c.** La corteza cerebral.

3. En la percepción normalmente se captan figuras sobre un fondo que:
- **a.** Aparece como más próximo al sujeto.
- **b.** Aparece con colores más apagados.
- **c.** Aparece con una forma precisa.

4. Los conceptos son:
- **a.** Representaciones de realidades futuras.
- **b.** Imágenes sensibles de las cosas.
- **c.** Representaciones universales y abstractas de las cosas.

5. «Ojalá salga el sol mañana» es un enunciado:
- **a.** Analítico.
- **b.** Sintético.
- **c.** No es un enunciado.

6. La razón humana puede desvelar las causas últimas de la realidad, según:
- **a.** Karl Popper.
- **b.** Locke.
- **c.** Platón.

7. La ética se diferencia de la política en que:
- **a.** Abarca los ámbitos individuales.
- **b.** Abarca los ámbitos individuales y colectivos.
- **c.** Abarca los ámbitos colectivos.

8. La razón práctica filosófica comprende:
- **a.** Lo ético.
- **b.** Lo ético y lo político.
- **c.** Lo estético.

9. La naturaleza de la moral se basa en:
- **a.** El deber, la felicidad y las virtudes.
- **b.** En la objetividad.
- **c.** En lo técnico y lo biológico.

Solución: 1. b.; 2. c.; 3. b.; 4. c.; 5. c.; 6. c.; 7. b.; 8. b.; 9. a.

Bloque II. El ser humano. Persona y sociedad

Hacer política

Daniel Innerarity

Se eligen los gobiernos, no los pueblos. Esta evidencia no resulta tan clara en la práctica, pues con frecuencia se gobierna lamentando tener enfrente un destinatario tan poco comprensible con la dificultad de la tarea. Bertolt Brecht parodió esta circunstancia en la figura de un gobierno que, decepcionado por el pueblo que le había tocado en suerte, deliberaba sobre la posibilidad de disolverlo y elegir uno nuevo. En el fondo, esta parodia sirve muy bien para desenmascarar a quienes están en la política pero no hacen propiamente política, sino algo que no se le parece.

¿En qué consiste ese tipo de acción que llamamos política? A mi juicio, la política, especialmente cuando queremos diferenciarla de otras actividades, exige fundamentalmente dos cosas: 1) haber caído en la cuenta de que su terreno propio es el de la contingencia y 2) una especial habilidad para convivir con la decepción. Habrá sin duda otras definiciones más exactas pero seguro que ninguna de ellas deja de recoger, en alguna medida, estas dos propiedades.

La política es, en primer lugar, una gestión de asuntos desde el punto de vista de su contingencia, es decir, considerándolos como abiertos, «decidibles», imprevisibles, opinables, controvertidos, revisables. Gracias a esta propiedad la perspectiva política se distingue de otras actividades como las que llevan a cabo los científicos, los militares, los moralistas o los economistas. Por supuesto que cabe tratar los asuntos políticos como algo solucionable por estos, pero ese no es el núcleo de lo que entendemos como específico de la política. Lo específicamente político es aquella dimensión de los problemas que no pueden resolver adecuadamente esas otras profesiones. Politizar es situar las cosas en un ámbito de pública discusión, arrebatárselas a los técnicos, los profetas y los fanáticos.

Hacer política es renunciar a otro procedimiento que no sea convencer, pero convencer a otros es algo que nunca puede estar plenamente garantizado. Quien entra en un diálogo, aunque las reglas de juego estén muy claras, no sabe exactamente cómo va a salir. Solamente es sincero un diálogo en el que yo pueda convencer a otros, pero en el que también pueda ser convencido, en todo o en parte. Lo demás son escenarios para la autoconfirmación.

Dialogar es siempre algo arriesgado y así parecen haberlo entendido los que se niegan a hacerlo temiendo perder algo en esa operación.

Forma parte de la naturaleza de la política una imprevisibilidad más radical que en otros asuntos. Los efectos de lo que se dice y de lo que se hace no están nunca suficientemente garantizados. Tal vez sea esta propiedad la que asemeja a la política con el juego, por lo que hacer política consista en realizar apuestas arriesgadas, más que en programar, calcular, ordenar o planificar.

siguiente →

Daniel Innerarity es catedrático de filosofía política y social, investigador «Ikerbasque» en la Universidad del País Vasco y director del Instituto de Gobernanza Democrática de San Sebastián. Doctor en Filosofía, amplió sus estudios en Alemania (como becario de la Fundación Alexander von Humboldt), Suiza e Italia. Ha sido profesor invitado de diversas universidades europeas y americanas. Entre sus últimos libros cabe destacar *Ética de la hospitalidad, La transformación de la política* (III Premio de Ensayo Miguel de Unamuno y Premio Nacional de Literatura en la modalidad de Ensayo 2003), *La sociedad invisible* (Premio Espasa de Ensayo 2004), *El nuevo espacio público, El futuro y sus enemigos, La humanidad amenazada: gobernar los riesgos globales* (con Javier Solana) y *La democracia del conocimiento.* Premio Eusko Ikaskuntza-Caja Laboral de Humanidades, Arte, Cultura y Ciencias Sociales 2008.

Cuestiones

1. ¿Qué dos características de la política explica el texto?
2. ¿Qué significa que la política gestiona «asuntos contingentes»?

3.a. ¿Por qué pueden perderse unas elecciones?

b. Escribe en tu cuaderno una lista de motivos por los que una opción política triunfa o no y compárala con la de tu compañero de mesa. Escoged las tres razones que parezcan mejores.

c. ¿Sirven para contestar a la pregunta «¿Es la opción ganadora en una democracia la mejor?»?. En un debate abierto entre todos, reflexionad acerca de qué debería suceder en una sociedad para que la mejor opción política fuese la ganadora.

Las elecciones son precisamente el momento de máxima incertidumbre, cuando el principio de que todo es posible planea sobre todos como una promesa o como una amenaza. Una elección es una interrupción de la inercia, una institución de ruptura de la continuidad. En ese momento se visualiza de manera evidente que la política nos introduce en un mundo en el que hay que responder y dar cuentas, que el poder no es absoluto porque está obligado a revalidar, que la política no da más que oportunidades a plazos. Por eso en todo proceso electoral se concentran como en ningún otro momento tanto miedo y tanta esperanza, porque nunca hay tanto en juego ni es la realidad algo tan incierto y contrastado con lo posible. El juego democrático, aquello a que todo participante se somete implícitamente, consiste en que quien ha ganado podría haber perdido y siempre podrá perder.

De ahí que la política sea fundamentalmente un aprendizaje de la decepción. Está incapacitado para la política quien no haya aprendido a gestionar el fracaso o el éxito parcial, porque el éxito absoluto no existe. Hace falta al menos saber arreglárselas con el fracaso habitual de no poder sacar adelante completamente lo que se proponía. La política es inseparable de la disposición al compromiso, que es la capacidad de dar por bueno lo que no satisface completamente las propias aspiraciones. Similarmente los pactos y las alianzas no acreditan el propio poder sino que ponen de manifiesto que necesitamos de otros, que el poder es siempre una realidad compartida. El aprendizaje de la política fortalece la capacidad de convivir con ese tipo de frustraciones e invita a respetar los propios límites.

Perder no es dejar de tener razón, porque tampoco haber ganado le asegura a uno el tenerla. Tener razón no depende de tener la mayoría (existe incluso una estupidez típica de la mayoría que viene a consistir en querer tener, además de la mayoría, la razón), aunque en política no hay conducta razonable que pueda sustraerse a la obligación de formar una mayoría. Hay ideas muy valiosas en toda oposición y alternativas que no dejan de serlo por una mala acción política. En una sociedad democrática hacer política es el único instrumento legítimo para construir una nueva mayoría o para conservarla. Todo lo demás son deliberaciones de iluminados eligiendo pueblo.

← anterior

4

LA DIMENSIÓN NATURAL Y SOCIOCULTURAL DEL SER HUMANO

- 1. Origen y evolución de la vida y las especies
- 2. Antropogénesis: hominización y humanización
- 3. Naturaleza y cultura
- 4. La cultura y el proceso de socialización

«Los animales disponemos de dos sistemas para procesar la información: el genoma y el cerebro. El genoma procesa la información lentamente, pero es muy fiable como mecanismo de transmisión y almacenamiento. Los genes han resuelto el problema "inventando" el cerebro. Los cerebros registran los cambios al instante, procesan la información con rapidez y la transmiten de cerebro a cerebro, creando así la red informacional en que consiste la cultura. La cultura es información transmitida entre cerebros, es decir, la información transmitida por aprendizaje social.»

MOSTERÍN, J.: *La naturaleza humana*, Espasa, Madrid, 2006.

Focaliza

Después de leer el texto, intenta contestar a las preguntas siguientes:

«¿Dé dónde venimos? ¿Qué somos? ¿A dónde vamos? Son las únicas preguntas que vale la pena plantear. Cada uno ha buscado la respuesta a su modo, en el titilar de una estrella, el ir y venir del océano, la mirada de una mujer o la sonrisa de un recién nacido... ¿Por qué vivimos? ¿Por qué hay un mundo? ¿Por qué estamos aquí?

Hasta ahora solo nos ofrecían una respuesta la religión, la fe, las creencias. Hoy también la ciencia tiene una opinión. Quizás sea una de las mayores adquisiciones de este siglo: la ciencia dispone, en la actualidad, de un relato completo de nuestros orígenes. Ha reconstruido la historia del mundo.

Descendemos de los monos y de las bacterias, pero también de los astros y de las galaxias. Los elementos que componen nuestro cuerpo son los que antaño fundaron el universo. Somos, verdaderamente, hijos de las estrellas.

La idea perturba, es obvio, porque desafía antiguas certidumbres, destroza prejuicios; es así: desde la Antigüedad, los progresos del conocimiento no cesan de situar al hombre en el lugar que le corresponde. ¿Nos creíamos en el centro del mundo? Galileo, Copérnico y los otros nos desengañaron: en realidad habitamos un planeta trivial, situado en los suburbios de una galaxia modesta. ¿Creíamos ser creaciones originales, distantes de las demás especies vivientes? ¡Qué lástima! Darwin nos colgó en el árbol común de la evolución animal... Tendremos que volver a tragarnos nuestro inmotivado orgullo: somos las últimas producciones de la organización universal. [...] Así pues, no podemos interrumpir el relato en nuestra extraña época sin antes preguntarnos: ¿a dónde vamos? ¿Cómo va a continuar esta larga aventura que fue cósmica, química y biológica y que ahora se convierte en cultural? ¿Cuál es el porvenir del hombre, de la vida, del universo? La ciencia, por supuesto, no tiene respuestas para todo. Pero puede intentar algunas predicciones prudentes. ¿Cómo seguirá evolucionando el cuerpo? ¿Qué sabemos de la evolución del universo? ¿Hay otras formas de vida?»

VV.AA.: *La historia más bella del mundo*,
Anagrama, Barcelona, 1998.

1. ¿Por qué crees que el ser humano se consideró especial durante siglos? ¿Lo somos?
2. ¿Te consideras «un animal»? ¿Por qué parece una pregunta ridícula? Trata de aportar una definición de «ser humano».
3. ¿Cómo crees que surgió nuestra especie?
4. ¿Por qué llegó a existir el ser humano?
5. Imagina que un bebé es abandonado en la selva y criado por animales. ¿Dirías que es un ser humano?
6. El hombre y el chimpancé comparten el 98,4 % de los genes. ¿Qué nos diferencia?

Introducción

En esta unidad estudiaremos el largo camino que nos ha permitido ser humanos. Empezaremos repasando nuestra filogénesis, o sea, el origen y evolución desde la primera forma de vida hasta llegar a la especie humana. Más tarde nos centraremos en la antropogénesis, que estudia la historia de la evolución de nuestra especie en dos momentos: primero, con el proceso de hominización, que explica cómo nuestro cuerpo consiguió alcanzar nuestra actual forma antropomorfa, y luego con el proceso de humanización o sociogénesis, durante el cual el comportamiento y las experiencias en sociedad del pasado nos permitieron desarrollar capacidades humanas como la afectividad, el pensamiento o el lenguaje. Nuestra evolución es el desarrollo de la interacción entre nuestra anatomía y la cultura, que cambió el modo de vida de los homínidos y sus posibilidades de sobrevivir. Desde entonces, no ha dejado de reinventarse.

La antropogénesis es, por tanto, un proceso inconcluso, como seres vivos que somos, y por otra parte, cada individuo particular debe terminar de desarrollarse como persona única, pero siempre lo hará dentro del marco de la cultura en la que ha nacido. Sin embargo, al asumir una cultura determinada nuestra sociedad nos inculca en la infancia información que no siempre es deseable.

1. Origen y evolución de la vida y las especies

En la Unidad 1 hemos visto cómo los primeros griegos se preguntaban por el origen de la vida. Así se iniciaban la filosofía y la ciencia, ambas fruto del pensamiento racional, frente al mito, que pertenece al ámbito de lo religioso y lo poético.

Desde entonces, tanto la filosofía como la ciencia o la religión han aportado diferentes respuestas a esa pregunta tan esencial: «¿de dónde venimos?». A continuación, presentaremos las respuestas aportadas por cada una de ellas. Además, mostraremos cuál fue el camino recorrido desde la formación de las galaxias hasta que en el planeta Tierra apareció el ser humano. Él ha sido, en realidad, quien ha fabricado todas estas respuestas después de una larga evolución biológica y cultural.

Fig. 4.1. *¿De dónde venimos?* El ser humano es el único animal que se pregunta por sus orígenes, por el principio de su existencia y la del mundo en que vive.

1.1 Ciencia

La ciencia trata de explicar mediante teorías científicas cuál es el origen de la vida. Una **teoría científica** es un conjunto de leyes científicas que tratan de explicar los hechos que ocurren en el mundo y que, además, es capaz de predecir con éxito hechos futuros. A continuación veremos las teorías que permiten explicar el origen del universo y la vida más significativas.

A. Origen del cosmos

El ***Big Bang*** o «gran estallido» se produjo hace aproximadamente diez mil o quince mil millones de años. Como su nombre indica, se trató de una explosión inicial en todos los puntos de una materia informe que, al expandirse, generó el universo.

Este estallido no sucedió en un lugar concreto, pues lo que nosotros entendemos por tiempo y espacio comienzan con él. Eso significa que no hablamos de un huevo cósmico originario, ni de una porción de materia que llenó un cosmos vacío. Se trataba de una materia amorfa, caótica y densa que, sometida a miles de millones de grados de temperatura, se expandió de manera simultánea y en todas direcciones.

En Internet

En **http://www.elmundo.es/elmundo/2004/graficos/abr/s1/tetrapodo.html** encontrarás gráficos que muestran los pasos evolutivos que se produjeron entre los peces y los anfibios.

El espacio, uniformemente lleno de luz y materia, fue avanzando; todas las porciones de materia se separaron por igual unas de otras y el espacio se expandió con ellas como resultado de los choques y la fuerza de gravedad. Por tanto, el espacio es dinámico y las galaxias se siguen expandiendo con él desde ese primer estallido que lo originó todo. En un segundo momento, se crearía la vida, al menos en la Tierra.

B. Origen de la vida

Cuando los gases y el polvo se condensaron tras el *Big Bang,* empezaron a surgir poco a poco las galaxias. La Tierra se formó hace 4 500 millones de años, aunque no era tal y como hoy la conocemos.

La atmósfera primitiva de nuestro planeta en ese momento era de un compuesto de metano, amoníaco y vapor de agua, no de oxígeno molecular.

Esta es la hipótesis que un bioquímico ruso, **A. I. Oparin (fig. 4.2),** formuló en torno a 1930 para explicar el origen de la vida a partir de materia inerte. Con los elementos de la atmósfera primitiva y la acción que ejercían sobre ellos los rayos ultravioleta proyectados por el Sol, los relámpagos y el calor de las erupciones volcánicas, fue posible la aparición de moléculas complejas. Estas moléculas inorgánicas son capaces de crear ácidos nucleicos y proteínas, los componentes esenciales de las moléculas orgánicas, generando la capacidad de reproducirse. A su vez, las moléculas orgánicas se habrían depositado sobre la Tierra en forma de lluvia, acumulándose en los océanos donde estaban protegidas, para asociarse entre sí y formar compuestos moleculares más complejos.

En el resto del cosmos, donde existían los mismos gases, también se formaron moléculas complejas. Prueba de ello es que el espacio está lleno de materia orgánica y los astrofísicos han encontrado diferentes moléculas orgánicas en casi todo el universo. Sin embargo, para que la vida se desarrolle son precisas algunas condiciones, como agua líquida y una temperatura adecuada.

Estas condiciones se dieron en la Tierra, donde aparecieron las primeras células procariotas, precursoras de los primeros vegetales, y las bacterias anaerobias, que serán el primer paso hacia el mundo animal.

Aleksandr Ivanovich Oparin (1894-1980, fig. 4.2)

Fue un bioquímico soviético que, junto con el inglés John Haldane, consiguió al fin explicar cómo los seres vivos en un principio habrían surgido a partir de materia inorgánica. Hasta entonces era inconcebible que «lo vivo» naciese de «algo muerto», y no encontraban explicación satisfactoria al origen de la vida.
Siguiendo las tesis de Oparin, el joven químico Stanley Miller se propuso llevar a la práctica este experimento, que sus colegas creían inviable. El profesor Harold Urey colaboró con él, y ambos consiguieron lo que parecía imposible: las moléculas que componen a los seres vivos.

1.2 Religión

En un mundo incomprensible y muchas veces hostil, el hombre se ve ante la necesidad de encontrar explicación a la belleza del cosmos y a las fuerzas de la naturaleza.

En todo el mundo, las distintas religiones proporcionaron las primeras explicaciones: existe algo, muy superior en poder y dignidad al hombre, que dirige el universo según su antojo. Aparece la dimensión de lo sobrenatural, que cada religión entenderá de un modo diferente.

Las dos explicaciones religiosas sobre las que se basa la cultura occidental son la judeocristiana y la griega. Debido al carácter mítico de estas explicaciones, no se hace diferencia entre el nacimiento del universo, de la vida o del ser humano: todo sucede simultáneamente a lo largo de la narración en la mayoría de los casos.

A. Explicación judeocristiana del cosmos

Esta explicación aparece en la *Biblia,* más concretamente en el *Génesis* (Gn 1,8). En esta obra se narra cómo **Dios** va creando sucesivamente todo lo que existe. Su obra culmina con la creación del ser humano, al que encarga ser dueño y señor de la creación. Se trata de una interpretación del universo creacionista que está presente también en otras religiones.

El **creacionismo** es una interpretación que se basa en un dios preexistente para explicar el origen del mundo.

Según el creacionismo, Dios concibió el universo de la nada, originando de este modo la materia y otorgándole un orden gracias a unas leyes que también son obra suya. Estas leyes se aplican a la creación y a la naturaleza: todos los seres las siguen y el ser humano las descubre gracias a las ciencias que él mismo inventa. Esto significa que hay una finalidad en el universo, pues todas las criaturas existen para cumplir el papel que Dios les ha adjudicado en la naturaleza.

B. Explicación griega del cosmos

Para griegos y romanos, la idea de creación no tiene sentido porque es imposible que de la nada absoluta aparezca el cosmos. En la Antigüedad se creía que existía una **materia caótica** sobre la que Dios trabajaba, al igual que un orfebre o un artesano. El universo era, pues, la obra de arte divina final. *Cosmos* es un término griego que significa «orden y proporción». Usar este concepto para describir el universo significa entenderlo como algo que tiene sus propias leyes. El ser humano puede intentar comprender dichas leyes porque tiene una capacidad que se lo permite: el **logos.**

A través de la razón, el hombre puede entender el orden de la naturaleza y unirse a ella. De esta forma, el ser humano se convierte en un microcosmos, ya que encierra en sí mismo una parte de naturaleza y de inteligencia, al igual que el cosmos pero a pequeña escala. Esta visión del universo es propia del momento en que los mitos se mezclaban con los primeros intentos de explicación racional. A continuación vamos a ver qué ocurrió cuando la filosofía comenzó su camino en solitario.

1.3 Filosofía

En el periodo cosmológico con el que se inicia la historia de la filosofía se intenta hallar el principio que originó el cosmos y lo mantiene como algo vivo, bello, ordenado e inmutable. Casi todos los **presocráticos** se lanzaron a la búsqueda de ese primer elemento o ***arjé**.**

Los presocráticos son los primeros filósofos conocidos anteriores a Sócrates. **Tales,** el primero de ellos, inicia la historia del pensamiento en Occidente al explicar que ese principio que genera la naturaleza y la mantiene con vida es el agua. Para **Anaxímenes** el *arjé* es el aire. **Heráclito** dice que se trata del fuego y, después de él, **Empédocles** añadirá la tierra a su lista para defender que existen cuatro *arjés:* agua, aire, fuego y tierra.

También **Pitágoras** defiende que no hay un solo principio, sino varios, que además carecen de materia: los números.

Los últimos representantes presocráticos fueron **Leucipo** y **Demócrito (fig. 4.3),** creadores del concepto de **átomo.** Según los atomistas, el mundo está lleno de átomos que se mueven en el vacío y son eternos. El átomo es la última porción de materia imposible de dividir que en número infinito compone todo lo que existe.

La filosofía griega siguió su andadura tras los presocráticos, y en el s. IV a.C. alcanza todo su esplendor con los sistemas filosóficos de Platón, quien conserva el amor de Pitágoras por las matemáticas y la creencia de que el mundo podría explicarse gracias a ellas. Por último, su alumno Aristóteles mantendrá que si la filosofía quiere comprender el cosmos, debe explicar los cambios que sufren los seres.

Para saber más

La antigua concepción creacionista ha sido rebautizada hoy en día como **teoría del diseño inteligente,** la cual mantiene que una criatura tan perfecta como el ser humano no ha podido surgir azarosamente, por capricho de la naturaleza, sino que ha debido ser producida por alguien que planeó la creación de un ser tan complejo antes de que apareciese sobre la Tierra como un animal más. La polémica en torno a esta teoría se debe a que, en realidad, fue elaborada desde una posición religiosa que niega la teoría de la evolución.

Demócrito (460-370 a.C., fig. 4.3)

Fue alumno de Leucipo. Continuó y difundió la tesis atomista de su maestro, profundizando en ella. Escribió sobre física, ética, cosmología, música y matemáticas, pero todas sus obras se han perdido y solo conservamos pequeños fragmentos aislados. Otros autores, como Aristóteles, comentaron sus teorías y así hemos podido conocerlas. Al parecer, su ética proponía el disfrute moderado de los bienes materiales, porque el sosiego y el equilibrio que el espíritu busca, solo puede encontrarse en uno mismo.

1.4 Origen y evolución de las especies

En Internet

En la siguiente página web:
http://www.xtec.es/~lvallmaj/palau/darwin2.htm
descubrirás más información sobre la teoría de la evolución y sus implicaciones.

La concepción de Aristóteles de las especies como invariables y eternas, bloqueó el camino para entender que el universo puede cambiar y los seres vivos también. La consecuencia directa de esta teoría fue que la astronomía y la biología siguieron un camino errático durante siglos. Fue muy difícil vencer esa concepción del mundo, y dificultó que fuesen aceptadas otras teorías que veremos a continuación y que intentaron explicar el origen de la pluralidad de especies que existen.

A. Fijismo

Aristóteles llevó a cabo una serie de estudios sobre los seres vivos. Sus investigaciones le condujeron a una clasificación del reino animal y vegetal en **especies*** y **géneros***. El resultado final fue una nueva concepción, el fijismo.

El **fijismo** mantiene que las especies y géneros son fijos, esto es, no han sufrido ni sufrirán cambio alguno.

Las especies, entonces, son un conjunto de individuos con características comunes, capaces de reproducirse entre sí y cuya descendencia perpetúa las características de un grupo originario y sin variaciones desde el inicio de los tiempos.

La conclusión a la que se puede llegar es que existe una finalidad en la naturaleza: seguir el orden divino para conseguir que el mundo pueda llegar al máximo grado de perfección posible. El ser humano es quien disfrutará de ese mundo, ya que es el más perfecto de los seres y el único completamente distinto a los demás animales.

Esta idea defiende que las cosas particulares nacen y mueren, pero las especies son eternas. A ella se le suma posteriormente el **creacionismo:** Dios creó esas especies, al ser obra divina serían perfectas y por lo tanto no necesitarían mejorar ni cambiar nunca más. Como consecuencia, las especies son invariables e independientes entre sí y fueron creadas para proporcionar al ser humano el mejor de los mundos posibles.

El antropocentrismo es otra teoría clave dentro de la concepción fijista. Se trata de un punto de vista típico de la filosofía posterior a la Edad Media. El **antropocentrismo** considera al hombre el centro de la creación, al tratarse del ser más importante. Además, el ser humano es el elemento a partir del cual se deben medir todos los demás. La influencia del relato del *Génesis* donde se narra cómo el mundo se crea para nosotros fue determinante. De ahí que bajo esta teoría se entienda la naturaleza desde nuestro punto de vista, proyectando en ella nuestro modo de actuar: si cuando nosotros hacemos algo es debido a que pretendemos conseguir un determinado beneficio o fin, también en la naturaleza toda acción tiene un motivo, y la vida existe en ella con una finalidad. Del mismo modo, algo complejo debió ser proyectado antes por un autor inteligente, es imposible que haya llegado a existir de otra manera. La incapacidad para imaginarnos procesos que duran millones de décadas, dado que nosotros normalmente medimos lapsos de tiempo muy cortos en nuestra vida cotidiana, hizo el resto.

B. Transformismo

En el siglo XVIII, **Lamarck** fue el primero que aventuró la idea de que los seres no siempre habían sido iguales. Con esta idea Lamarck se enfrentaba de plano al fijismo, al que contrapuso una nueva teoría: el transformismo.

El **transformismo** explica que unas especies se originan a partir de otras como fruto de transformaciones anatómicas pues, según Lamarck, «la función crea el órgano».

Para poder adaptarse al medio, las especies se transforman con el uso de los órganos más adecuados, mientras que los inservibles se van atrofiando. Así, los componentes de las distintas especies adquieren nuevos caracteres que transmitirán por herencia a sus descendientes. Sin embargo, Lamarck se equivocaba ya que los caracteres adquiridos no se pueden heredar porque solo se heredan los genes y, por tanto, las mutaciones genéticas.

C. Darwinismo

Entre 1831 y 1836 **Charles Darwin (fig. 4.4)** se embarcó a bordo del *Beagle* para llevar a cabo una serie de investigaciones. Los datos que recogió a lo largo de su viaje por Sudamérica y las islas del Pacífico le hicieron dudar de que no existiera ninguna relación entre la gran variedad de especies que se iba encontrando. Sus observaciones le conducían a establecer, por el contrario, muchos rasgos en común. De esta forma, Darwin llegó a la conclusión de que las distintas especies de pinzones que vivían en las islas Galápagos procedían de una única especie común.

Al regreso de su expedición, Darwin comenzó a elaborar una teoría de la evolución de las especies pero, una vez ultimada, no se atrevió a publicarla. Temía la reacción desfavorable de la mentalidad fijista de la época y, además, en ella se cuestionaba el origen divino de la creación del mundo. Finalmente saldrá a la luz y en 1859 publica su obra *El origen de las especies,* donde expone la teoría más importante del siglo XIX y que se puede comparar a la revolución astronómica de Copérnico y a la mecánica de Galileo y Newton. En síntesis, la **teoría de la evolución** se basa en las siguientes afirmaciones:

- **Todos los seres vivos tienen un origen común.** Los seres vivos están emparentados entre sí porque descienden de la primera forma de vida, de la que se generaron lentamente todas las demás. Los coetáneos de Darwin no aceptaron esta idea y, menos aún, que el ser humano estaba incluido en esta cadena.

- **Las especies evolucionan.** Las especies aparecen, se extinguen y cambian constantemente, pero nosotros no podemos constatar cambios que se producen a muy largo plazo.

- **Gradualismo.** El proceso de cambio es progresivo y no hay saltos repentinos y discontinuos de una especie a otra.

- **La selección natural.** Se trata del gran descubrimiento de Darwin y Wallace. Es el mecanismo que produce la evolución. Opera en dos momentos:

  - En cada generación nacen individuos con distintas características particulares. Esto proporciona una gran variedad genética.

  - Cada individuo lucha por sobrevivir, ya que su población aumenta en cada generación siempre en una proporción mayor que el alimento disponible. A ello se suma que unas especies deben luchar contra otras para asegurarse alimento y territorio, además de contra un medio ecológico en cambio constante al que han de adaptarse para no morir.

Charles Robert Darwin (1809-1882, fig. 4.4)

Naturalista inglés conocido por haber entendido los mecanismos de la evolución. En 1858, tras veinte años sin atreverse, dio a conocer su teoría, después de que Wallace le pidiese su opinión sobre una teoría que él había elaborado. Había llegado por separado a la misma conclusión que Darwin sobre la selección natural, así que en 1858 ambos presentaron como coautores la publicación de su teoría ante la *Linnean Society.* Un año más tarde Darwin publicó en solitario *El origen de las especies,* obra donde afirma que el ser humano también era fruto de una forma de vida inferior. Esta teoría causó grandes polémicas, tal como su autor preveía. Sin embargo, las mayores críticas llegaron con *El origen del hombre*, obra que publicó en 1871.

D. Mutacionismo

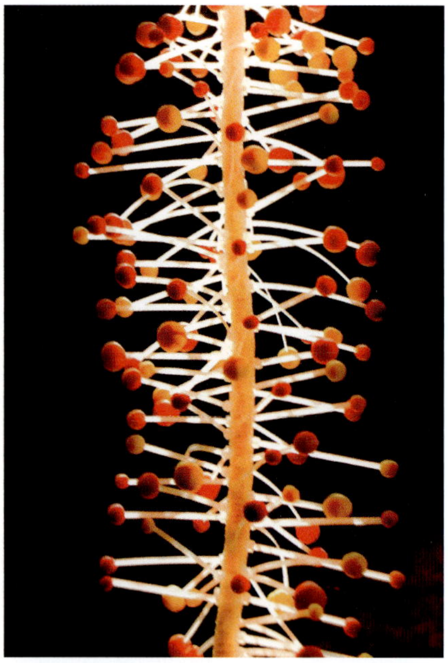

Fig. 4.5. *Representación de un segmento de ADN.* Una mutación es una alteración que se produce en la estructura o el número de genes o cromosomas de un organismo vivo. Se transmite a los descendientes por herencia.

El punto débil de la teoría de Darwin radica en la incapacidad para explicar algo crucial en su argumentación: ¿cómo surgían esas variaciones aleatorias que hacían posible la evolución y cómo se transmitían? El mutacionismo puede explicar los mecanismos de la herencia y la génesis de la variación en los seres a partir de las **leyes de Mendel,** que Darwin desconocía.

En el siglo XX se redescubre la importancia de los genes al constatar que la estructura de ADN que forma los cromosomas puede verse alterada y dar lugar a cromosomas diferentes. En esto consisten precisamente las **mutaciones,** en errores que se producen bajo el efecto de agentes químicos agresivos o de radiaciones, por ejemplo. La mayor parte de estas mutaciones son perjudiciales y el individuo que las posee muere sin posibilidad de transmitirlas. En casos extraños, como cuando el medio cambia, rasgos extremos fruto de un error pueden beneficiar a su portador y crear nuevas posibilidades de evolución.

E. Teoría sintética

Esta perspectiva es la que actualmente acepta la ciencia. La teoría sintética, también denominada «neodarwinismo», unifica mutacionismo y darwinismo al actualizar las teorías de Darwin a la luz de los últimos avances genéticos. Relaciona los genes con la selección natural, el mecanismo que al seleccionarlos permite la evolución. Esta teoría surgió en los años 40, cuando se unieron los trabajos de genética de Mendel a la teoría de la evolución de Darwin.

El **mutacionismo** defiende la mutación como la causa determinante en el proceso evolutivo. La teoría sintética admite que la evolución parte de las mutaciones cromosómicas, que originan la enorme variación genética necesaria para que se produzcan los cambios, pero en un segundo momento, es la selección natural la que desempeña el papel fundamental, determinando cuáles son los genes que pueden reproducirse y regulando la variabilidad genética que las mutaciones producen indiscriminadamente.

Texto 1. Selección y supervivencia

«El significado de *El origen de las especies* es cuádruple. Primero, Darwin vio el mundo de los seres vivos como cambiante y no estático: las especies cambiaban de forma gradual, con lo cual aparecían especies nuevas y se extinguían otras. Segundo, Darwin imaginó el proceso gradual y continuo, sin "saltos" o cambios bruscos. Tercero, Darwin postuló la idea del antepasado común: compartían un antepasado común todos los mamíferos, por ejemplo, también todos los reptiles, todas las aves, todos los insectos, etc. Darwin llegó a especular incluso con que, en última instancia, toda forma de vida, comprendidos a la vez plantas y animales, debía proceder de un antepasado común. Cuarto, el mecanismo de cambio, de evolución, era la selección natural, proceso mediante el cual aquellos individuos dotados de características perfeccionadas daban la descendencia más numerosa.

La selección natural solo puede producirse si hay "variación". La "variación" supone que los descendientes, si bien pueden tener muchos caracteres en común con sus padres, nunca son idénticos a ellos. [...] Puede tratarse de variaciones de tamaño, de color, de coordinación muscular y de otras características estructurales o de comportamiento.»

LEAKEY, R. E.: *La formación de la humanidad*, RBA, Barcelona, 1993.

1.a. Describe la imagen de la vida en el mundo que crees que tiene Darwin. Después, compara tu descripción con la de tu compañero.

b. Comparad ahora vuestras descripciones con el texto. ¿Coinciden? ¿En qué puntos?

2. Busca los cuatro significados de *El origen de las especies* en el texto y anótalos en tu cuaderno.

3. La idea de que toda forma de vida procede de un antepasado común, ¿ha sido corroborada por la ciencia posterior? Puedes consultar el apartado 1 si es necesario.

2. Antropogénesis: hominización y humanización

Después de conocer cómo actúan los mecanismos evolutivos, en este apartado nos centraremos en cómo este proceso azaroso se produjo en algunos primates. Estos animales modificaron su anatomía lentamente hasta que apareció el ser humano, dotado de las características que nos diferencian de los demás animales con los que estamos emparentados. Veremos en qué consisten esas características y de qué manera las hemos adquirido a lo largo del tiempo.

Humanos y chimpancés descienden ambos de simios que vivían hace siete millones de años; por tanto, tenemos antepasados comunes. Sin embargo, esto no significa que el ser humano descienda del mono, como se ha divulgado para ridiculizar la teoría darwinista, sino del mismo tronco primate. En otras palabras, el ser humano aparece como una discontinuidad en la continuidad respecto del grupo primate, como lo prueba la **antropogénesis** o desarrollo de la especie humana a partir de la «hominización».

2.1 Proceso de hominización

La **hominización** es el proceso que permitió que la especie humana evolucionase desde sus primeros ancestros hasta el *Homo sapiens sapiens*. Se trata de un proceso prolongado en el tiempo. Comienza con la aparición de los primates.

El relato de la hominización comienza a finales del Jurásico. En ese momento se produjo un enfriamiento global que acabó con los dinosaurios y con muchas otras especies. Los antecesores de los lemures, que eran animales muy adaptables, se refugiaron en las grietas de las rocas. Adquirieron una ventaja evolutiva que consistía en llevar el huevo con la cría dentro de la madre, por lo que esta corría menos peligro al no ser depositada en el exterior. Fue así como aparecieron sobre la Tierra los primeros mamíferos. Sin embargo, estas crías que salían vivas del seno materno nacían más inmaduras y la madre debía amamantarlas durante un tiempo.

Hace 65 millones de años, algunos mamíferos evolucionaron dando lugar a los primates primitivos.

Estos nuevos animales dormían de día y cazaban de noche, lo que les proporcionó una agudeza visual que los seres humanos heredamos. De ellos también recibimos manos prensiles, partos reducidos frente a las camadas de otros mamíferos y una vida social compleja que se inicia con una relación madre-hijo muy intensa.

Más allá de esto, no podemos reconstruir con certeza el proceso que nos llevó de los primeros primates al ser humano. Sin embargo, gracias a los fósiles y a la biología, sí se han demostrado estrechas relaciones genéticas entre primates, homínidos y ser humano. Los chimpancés son los antecesores más cercanos a los homínidos, que se separan de los chimpancés hace 4 millones de años, dando lugar a los primeros *Australopithecus*. De ellos surgirán posteriormente varias especies de *Homo,* pero desde hace 13 mil años solo sobrevive el *Homo sapiens*. Conocemos los demás géneros de homínidos gracias al descubrimiento de ejemplares fósiles.

A. Cambios anatómicos

El relato del origen del ser humano comienza con un simio que sufre modificaciones en su cuerpo: adopta una postura erguida que le permite trasladarse sobre las patas traseras, su cerebro crece y su mano se acorta. Sin embargo, como se verá, estos cambios no son triviales, pues han dado lugar a modificaciones realmente importantes para nuestra especie.

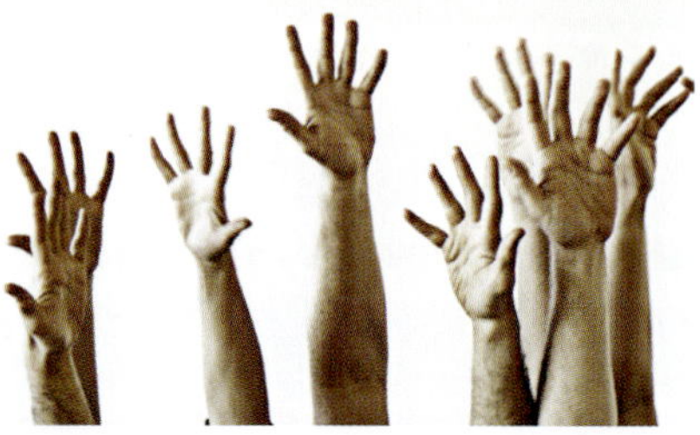

Fig. 4.6. y **fig. 4.7.** *Silueta de manos actuales y pintura rupestre.* Las manos actuales son exactamente igual a las de esta pintura prehistórica. Hay muchas pinturas de este tipo, como las de esta imagen pertenecientes a la Fuente del Salín, en Cantabria.

- **Bipedestación.** Un cambio climático extremo a finales del Mioceno, hace 6 millones de años, llevó a los homínidos del bosque a las planicies de la sabana africana. Para trasladarse por ella y atravesar los claros que ahora aumentaban, no era suficiente la locomoción arborícola, por lo que se vieron obligados a desplazarse usando las dos patas traseras. El cambio de hábitat también posibilitó que aquellos que estuviesen más erguidos pudiesen ver mejor a sus depredadores y se desplazasen más rápido con menos esfuerzo. La **postura bípeda** fue el primer cambio que generó otros tan importantes como la oponibilidad del pulgar o la liberación de las manos. Además, esta postura supuso el desarrollo de la columna vertebral que, al erguirse, permitió el enrollamiento del cerebro y, por tanto, la encefalización.

- **Encefalización.** El cerebro gana cada vez más volumen y más conexiones neurológicas. La fabricación de utensilios y la complejidad creciente de la vida social son factores clave para este crecimiento. La dieta también influyó en este cambio: al consumir carne, los homínidos dispusieron de energía sobrante que permitió que el cerebro cada vez trabajase más y aumentase su tamaño. Paralelamente, las dimensiones de la mandíbula se redujeron debido a una mutación en el gen que daba lugar a la masa muscular que la unía al cráneo. Así, los músculos masticatorios se anclan en la parte superior del cráneo. Por ello, el crecimiento del cráneo, y el del cerebro que está en su interior, se interrumpe en todos los primates, salvo en nuestro caso. De ahí que el ser humano tenga una mandíbula más pequeña y un cráneo mayor al no disponer de esta fuerte musculatura.

- **Acortamiento de la mano.** La proporción de la palma y de los dedos se acortó; de hecho, esta parte del cuerpo es mucho más corta que la de otros primates. Sin embargo, el pulgar se alargó, además de adoptar una posición opuesta a los dedos restantes. Al liberarse la mano gracias a la bipedestación, los cambios evolutivos hicieron posible una manipulación más fácil, que solo podía lograrse acortando la mano y alargando el pulgar. El uso de esta nueva mano, «la herramienta de las herramientas», estará supeditado a un cerebro capaz de moverla cada vez con más precisión.

B. Cambios fisiológicos

La liberación de las manos permitió al homínido fabricar herramientas. Sin los útiles que construye, el homínido estaría desprotegido, pues su cuerpo cada vez es menos tosco. No obstante, su cerebro se hace más capaz compensando esta anatomía vulnerable, que irá dirigiendo con acierto.

- **Liberación de las manos.** Fue una consecuencia directa de la nueva postura bípeda. Aunque de cintura para arriba todavía conservamos hoy una complexión arborícola, las manos quedaron libres al no necesitar los brazos para desplazarnos. De esta forma, las manos se convirtieron en la «herramienta» que pudo fabricar todos los demás utensilios, dando origen así al nacimiento de la técnica.

  El mejor dominio de la mano fue posible gracias a un cerebro mayor. A su vez, los dedos adquirieron una gran variedad de movimientos, necesarios para manipular mejor las herramientas y los materiales. El más importante de estos movimientos fue la **oponibilidad del pulgar,** necesaria para realizar la **pinza de precisión,** que permite un agarre fuerte pero también delicado entre la yema del pulgar y los demás dedos.

  Hay una relación recíproca entre la mano y el cerebro. La **fabricación de herramientas** implicó la realización de tareas cada vez más complejas, lo que promovió la encefalización. Al mismo tiempo, solo un cerebro cada vez más capaz permitiría mover las manos de manera más armónica y precisa.

- **Plasticidad biológica.** Nuestro cuerpo no está especializado para ninguna función y es muy vulnerable. Baste pensar en nuestros dientes: ni nos permiten defendernos de otros animales, ni consumir muchos alimentos en su estado natural. Para el ser humano la supervivencia no depende de su cuerpo, sino de la cultura que adquiere para aprender a usarlo, al tener el proceso de maduración más lento del mundo animal y una carencia de instintos.
- **Particularidades de la reproducción.** La sexualidad humana se caracteriza por su control cortical, no meramente hormonal. El ser humano no posee épocas de celo para la reproducción de la especie; su capacidad reproductiva es activa en cualquier época del año. Además, se distingue del resto de los animales por la erotización y personalización del sexo, en el que destaca la postura frontal, que permite reconocer al compañero o compañera sexual.

C. Cambios sociales

La vida en sociedad, característica ya de los primates, se intensifica, y con ella los cambios que nos alejan inexorablemente de los chimpancés. El modo de vida de los homínidos se va haciendo, como veremos en primer lugar, cada vez más social. Quizá el cambio del bosque a un hábitat en las planicies africanas, más desprotegidas, les empujó a la cooperación para conseguir alimentos y manipularlos. Las tareas colectivas obligaron a organizar y repartir ocupaciones distintas dentro del grupo. En estas circunstancias, se hace necesario un medio para comunicarse: el lenguaje.

- **Intensificación de la vida social.** La cooperación entre los miembros del grupo se hace necesaria para organizar estrategias y fabricar herramientas de caza, así como para cocinar el alimento. La transmisión de información sobre la creación y el uso de útiles y conocimientos también obliga a una interacción creciente. Los homínidos mantienen una larga dependencia materna debido a su proceso de maduración, de ahí que su capacidad de aprendizaje sea mayor. Además, gracias a este proceso, los lazos interpersonales se estrechan dando paso a una conducta social compleja.
- **Lenguaje.** Como resultado de la complejidad creciente de la vida social, se hace imprescindible una forma de comunicación eficaz. Para que esta comunicación se desarrolle, es esencial que la capacidad cerebral aumente. En otras palabras, existe una estrecha relación entre la maduración cerebral y la capacidad lingüística. Sin embargo, no podemos precisar cuál de las dos apareció antes. De hecho, todavía hoy en día es fuente de discusión si surgió antes el pensamiento o el lenguaje. Lo que sí se sabe es que ciertas áreas del cerebro estaban preparadas para que se desarrollara la capacidad de hablar antes que el aparato fonador. Este estuvo preparado para su función actual mucho después, pues era preciso que se produjeran modificaciones complejas del conducto vocal.

Muchos autores señalan que la gran interacción social de los homínidos es el factor clave de la hominización, ya que exige un incremento constante de la inteligencia que impulsaría el desarrollo cerebral y posibilitaría la aparición del lenguaje.

Este es también el camino hacia la humanización, que empieza no solo porque los homínidos tengan forma humana, sino porque, además, su comportamiento empieza a mostrarse del mismo modo.

> **+ *Para saber más***
>
> La capacidad lingüística se basa en la aparición de una mutación en el gen Foxp2, que está presente en los mamíferos. Ya en los neardentales, hace 230 000 años, aparece una mutación en este gen, lo que produjo un desarrollo diferente de tejidos que formaban el hígado, el intestino y el área de Broca, área del cerebro donde se localiza el lenguaje, lo que nos permite, por ejemplo, aplicar reglas gramaticales.

2.2 Proceso de humanización

Los procesos de hominización y humanización se cruzan con la aparición del lenguaje humano, la base sobre la que irá apareciendo progresivamente una conciencia que explotará los cambios anatómicos resultado de la hominización. Ambos procesos se diferencian para poder comprenderlos por separado, aunque fueron en parte simultáneos e interdependientes.

Fig. 4.8. *León mesopotámico de la puerta de Ishtar.* El paso de la vida nómada a la sedentaria supone un cambio determinante que conllevará, a su vez, otros cambios como la construcción de lugares en los que vivir en sociedad y en los que se comparte una cultura.

La **humanización** es el proceso que nos conduce de homínidos con cuerpo antropomorfo o de forma humana a hombres. En el ser humano, la característica diferencial con respecto a otros seres no está en su forma anatómica propia, sino en su capacidad intelectual.

Los cambios anatómicos no servirían de nada si no se ponen al servicio de una conciencia que pueda explotar estos recursos. Así pues, el proceso de humanización se centra en los cambios que experimenta la **conducta.** Esta deja de ser instintiva e imitativa para centrarse en el aprendizaje y en la transmisión de información. El resultado final es la **cultura,** que nos dota de la posibilidad de ser los animales con mayor capacidad de adaptación y respuesta a cualquier circunstancia y menor dependencia de un contexto ecológico concreto.

A. Factores

Para llegar a terminar el proceso que implica el paso de la hominización a la humanización, hubo una serie de factores que fueron determinantes. Todos ellos contribuyeron a la creación de una base cultural que es imprescindible para llegar al ser humano. La cultura forma parte de la naturaleza humana, además de definir y diferenciar a nuestra especie. Se transmite mediante el lenguaje, que posibilita y acelera el proceso. Además de este factor clave existen otros que a continuación presentamos.

- **Descubrimiento del fuego.** Hay quien sostiene que no descubrimos el fuego, sino que, al aprender a controlarlo, el primate se convirtió en humano. Su utilización supuso grandes ventajas, pues el fuego alumbra y calienta, espanta a los depredadores, permite la cocción de alimentos y proporciona un lugar de reunión.

- **Fabricación de herramientas.** La fabricación de utensilios permitió especializarnos mediante un instrumento en distintos tipos de tareas que eran necesarias. Su destino principal en ellas era servir como instrumentos cortantes y armas defensivas.

- **Agricultura y ganadería.** Las sociedades nómadas, cuyo medio de subsistencia se basaba en la caza y la recolección, dependían de un recurso incierto que a veces escaseaba. Por ello, las actividades agrícola y ganadera supusieron un cambio revolucionario, al asegurar a quienes las ponían en práctica que siempre habría alimento disponible. Gracias a la agricultura y a la ganadería es posible obtener más cantidad de alimentos, formar grupos más numerosos e incluso acumular excedentes.

- **Organización social.** Se produce cuando la mayoría de estos grupos dejan de ser nómadas gracias a la agricultura y la ganadería. Esto supone la aparición de un nuevo modelo social, donde existe una jerarquía y unas normas sociales que respetar. Las consecuencias de este importante factor de socialización son las que siguen:

  - **Comercio.** Las labores desempeñadas dentro del nuevo marco agrícola y ganadero requieren menos atención, por lo que ahora se dispone de tiempo libre para establecer los primeros intercambios y acuerdos.

  - **Guerra.** La otra cara de la moneda es que surge el sentimiento de propiedad sobre los frutos del trabajo propio, y la guerra para defenderlos. Así se forman los primeros ejércitos y jerarquías sociales.

  - **Historia.** De la mano de los ejércitos y jerarquías que luchan por el poder, aparecen distintas formas de vida en sociedad. Nacen la política, la economía y la historia. Todos estos factores precisan para su desarrollo de un pensamiento cada vez más complejo.

B. Pensamiento

Todos los factores de humanización apuntan a la necesidad de una capacidad cada vez mayor con la que realizar operaciones mentales cada vez más complejas. Esta capacidad es el pensamiento. Gracias al **pensamiento** interpretamos toda la información que llega al cerebro mediante la razón y la imaginación, haciendo posible la aparición de la **vida afectiva,** que regula y reprime los instintos y sirve de base a la vida moral, que nos permite ser libres y responsables. También la **temporalidad** es un rasgo humano, gracias al cual podemos entender el pasado y proyectar planes futuros que nos empujan a actuar.

Todas estas características nos separan de los demás animales; nosotros podemos desarrollarlas porque tenemos un cerebro más grande y más complejo. Al tener menos neuronas y un menor número de conexiones entre ellas es imposible que otros animales puedan realizar operaciones complejas como restar, pilotar aviones o interpretar mapas. Con todo, la diferencia más grande está en nuestro lenguaje articulado.

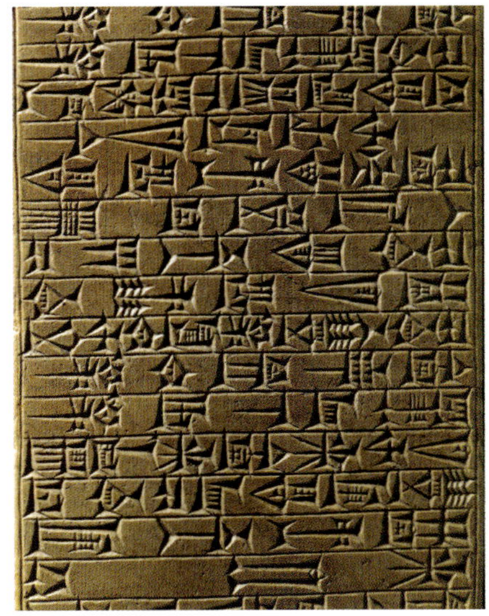

Fig. 4.9. *Detalle de escritura cuneiforme fechada entre 1792-1750 a.C. en Babilonia.*
La palabra es un signo lingüístico formado por un significante y un significado. Estos dos elementos se relacionan entre sí de forma arbitraria.

C. El lenguaje

Uno de los rasgos que caracterizan al ser humano y lo diferencian del resto de los animales es el **lenguaje articulado*.** A través de la articulación de signos sin sentido, como los fonemas, el hombre puede componer palabras y oraciones que sí tienen sentido. Esto es así debido a que el lenguaje humano se caracteriza también por ser **simbólico,** lo que significa que elabora y emplea signos convencionales.

Una **palabra** es un signo lingüístico porque sustituye a la cosa que nombra. Se trata de un signo convencional porque es **arbitrario,** es decir, no guarda ninguna relación con el objeto al que se refiere. Sin embargo, esa convención o acuerdo que todos aceptamos entre la palabra y lo que esta simboliza, une a toda la comunidad y la separa de otras que emplean símbolos distintos, que hablan lenguas diferentes.

Gracias a esta capacidad de asociación aparentemente sencilla, se desarrolla la **capacidad simbólica,** que permite a todo ser humano crear símbolos. El uso de símbolos obliga a un ejercicio de abstracción y posibilita la aparición del **pensamiento abstracto.**

Si el hombre no estuviera en posesión de un lenguaje simbólico, perdería capacidades humanas, como la de elaborar pensamientos complejos y conceptos. En conclusión, simplemente podríamos decir que perderíamos la capacidad de pensar.

Texto 2. La inteligencia animal

«Somos los únicos seres que preguntan por el significado de la propia existencia. Pero no nos dejemos ahora llevar por un exceso de triunfalismo, porque también es cierto que desde los comienzos de las ideas científicas entre los griegos se han hecho muchos esfuerzos por situar a nuestra especie de espaldas a la naturaleza o, peor aún, por encima de ella. De aquí proceden algunos de los grandes problemas que aquejan a la humanidad en el momento presente. Solo a partir de Darwin se ha comprendido que no somos la especie elegida. Y no deja de ser paradójico que tantos siglos de ciencia nos hayan llevado a saber algo que cualquier bosquimano del Kalahari, cualquier aborigen australiano o cualquiera de nuestros antepasados que pintaron los bisontes de Altamira conocía de sobra: que la Tierra no pertenece al hombre, sino que el hombre pertenece a la Tierra.»

ARSUAGA, J. L. y MARTÍNEZ, E. I.: *La especie elegida*, Temas de Hoy, Madrid, 1998.

1. Si definimos las abejas como los animales que producen miel y cera, ¿cómo definirías a nuestra especie?

2. ¿El ser humano puede ser definido como «el rey de la creación» al poseer una característica excepcional? Seleccionad a un moderador y organizad un debate.

3. Naturaleza y cultura

Fig. 4.10. *El hombre, producto de la cultura y de la naturaleza.* La biología y la cultura hacen que el hombre sea tal como es. Para comprendernos como seres humanos, debemos recurrir a ambos componentes.

Como acabamos de ver, la naturaleza y la cultura interactúan en el ser humano hasta ser indisociables. Sin embargo, a lo largo de la historia de la filosofía y de la ciencia los términos «naturaleza» y «cultura» se han empleado a menudo como opuestos. Esto ha generado un debate que todavía hoy en día permanece abierto y da lugar a numerosas polémicas. La biología, la genética, la religión y la política siguen discutiendo sobre qué es lo natural y qué lo artificial.

Desde que surgió el hombre de **Cromañón***, el *Homo sapiens* no ha evolucionado más allá, o sea, que su cuerpo es básicamente el mismo desde hace miles de años. Sin embargo, es obvio que su cultura ha experimentado un desarrollo espectacular desde entonces. Esta observación nos ha inducido a pensar que, por tanto, somos humanos solo gracias a la cultura. De hecho, esto fue lo que se creyó durante mucho tiempo, dado que, comparados con los demás animales, la cultura nos diferencia y nos separa de ellos. Así, existe una gran diferencia entre huir de un depredador u otros procesos que realiza el animal, y resolver una raíz cuadrada o construir una catedral, actividades típicas del ser humano.

No obstante, ¿hasta qué punto esta observación es cierta? No hay duda de que el **proceso de humanización** consistió en explotar nuestras capacidades cognitivas para comunicarnos y entender el mundo. Sin embargo, esto habría sido imposible sin la capacidad cerebral necesaria. Así pues, si nuestra biología no hubiese avanzado, nunca habría existido la cultura, pues es imposible pensar sin un cerebro dotado para ello. En resumen, sin el **proceso de hominización,** que es anterior, no hubiera tenido lugar el proceso de humanización.

En consecuencia, somos un producto de la biología y de la cultura: ambas son necesarias y se determinan mutuamente. Si un ser humano creciese sin cultura y fuera solo fruto de la biología, carecería de cualquier capacidad humana.

Los niños salvajes así lo prueban, puesto que no hablan, una característica típica del ser humano, mientras que sí reaccionan instintivamente y desarrollan capacidades típicamente animales, como no sentir frío al contacto inmediato con el agua o la nieve. En resumen, el concepto de naturaleza suele oponerse al de cultura. La naturaleza hace referencia a lo biológico, a los rasgos universales presentes en todos los seres humanos por el hecho de pertenecer a la misma especie biológica. Por el contrario, la cultura se asocia a lo adquirido, a lo artificial, a los rasgos particulares que caracterizan el modo en que cada grupo humano resuelve el problema de la supervivencia. No obstante, ante la pregunta de si puede existir un ser humano al margen de una cultura, la respuesta es que biología y cultura se complementan mutuamente. Aunque podamos distinguir ambos conceptos de forma analítica, no tenemos más remedio que ligarlos para comprendernos.

Se tiende a pensar que todo lo que sucede en la naturaleza es bueno. En contraposición, todo lo que el hombre crea es malo, porque puede alterar y agredir a la naturaleza, como si esta nunca hiciera nada malo ni modificara al ser humano. En realidad, los conceptos «bueno» y «malo» son valoraciones creadas por la cultura humana. Al emplear la razón para describir el mundo, aplicamos a la naturaleza estos conceptos que, en realidad, son totalmente ajenos a ella. Así pues, la naturaleza no es ni buena ni mala, sino **amoral***.

El **mito del buen salvaje**, descrito por **Rousseau (fig. 4.11)** en el siglo XVIII, cae en esta confusión. Este filósofo se imagina que en un estado de naturaleza original, anterior a la creación de la cultura, los seres humanos vivían felices lejos de la civilización, que solo ocasionó problemas y nos volvió egoístas. Así pues, para Rousseau «estado de naturaleza» y «civilización» son términos antagónicos, pues representan, respectivamente, la bondad primigenia frente a la corrupción de costumbres.

Jean-Jacques Rousseau (1712-1778, fig. 4.11)

Filósofo suizo que reflexionó en torno al problema de cómo lograr una convivencia armónica entre todos los individuos que componen una sociedad. Mantenía que aislado de todos y en la naturaleza, el hombre es feliz. Sin embargo, el contacto con otros seres humanos le corrompe, haciéndole pasar del «amor de sí», un sentimiento espontáneo e ingenuo relacionado con el instinto de autoconservación, al «amor propio», producto de la civilización y relacionado con el egoísmo.

Hasta ahora hemos sostenido que la naturaleza es amoral, pero no es cierto que para el ser humano sea siempre buena y preferible a la cultura. Imaginemos a una persona que tenga cataratas por naturaleza. Pues bien, gracias a la cirugía, ciencia que se ha desarrollado dentro de la civilización, esta persona podrá ver. Con este ejemplo podemos concluir que la cultura puede solucionar problemas que la naturaleza nos crea.

Quizás, el problema estriba en que el ser humano no se da cuenta de que forma parte de la naturaleza y, al alterarla gratuitamente, obra en contra de sus propios intereses.

3.1 La naturaleza humana

En la Unidad 6 se tratarán más en profundidad posibles respuestas a la pregunta «¿qué es el ser humano?». Mientras, vamos a apuntar dos corrientes de pensamiento que explican de un modo distinto qué somos, basándose bien en la naturaleza o en la cultura.

Para la primera de ellas, la naturaleza de un ser se circunscribe a lo congénito, es decir, a toda aquella información genética que sus progenitores le han transmitido al nacer y que, a su vez, ese ser transmitirá. Por tanto, para la biología el ser humano es como el resto de los seres animados. Esto es así porque el humano, al igual que cualquier otro ser animado, es un sistema vivo y, como tal, un compuesto orgánico y químico de materia que se organiza a sí mismo para reproducirse y actuar. Todo ello es posible gracias a la información genética que está almacenada en las células de todo ser vivo. Parte de la filosofía y la biología actual apuesta por este modo de entender al ser humano: estamos determinados por los genes. Esto es lo que defienden el evolucionismo, la etología, la sociobiología y la genética conductual.

A. Evolucionismo

Darwin ya había explicado que nuestra naturaleza es el resultado de un proceso de evolución biológica. Por lo tanto, nuestro modo de ser y nuestra manera de comportarnos también.

La esencia del ser humano sería un producto de la evolución de la especie, al igual que las capacidades con las que cuentan los demás animales. Según estas teorías, la esencia propia del ser humano nos viene dada de antemano por nuestros genes. Con otra dotación genética diferente, habríamos evolucionado de forma distinta y el hombre no tendría la naturaleza que le define hoy, o quizás ni siquiera existiría.

En conclusión, somos lo que somos porque nuestro cerebro ha evolucionado hasta tener una capacidad que nos permite entender el mundo de la manera que lo hacemos. La biología es, pues, la base de esta perspectiva.

B. Etología

En esta rama científica, que estudia el comportamiento de los animales en su medio natural, también se dejó de lado la dimensión cultural del ser humano. Así, se llegó a la conclusión de que, como animales que somos, gran parte de nuestro comportamiento se debe a la información que portan nuestros genes. Por tanto, los seres humanos podemos aprender y en parte decidir cómo comportarnos, pero no podemos evitar nuestra naturaleza instintiva.

Además, para los primeros etólogos el instinto era menos perjudicial para el mundo en que vivimos que nuestra cultura. Esta idea obedecía a la concepción de que el hombre es el único animal que arrasa el planeta, abusa de sus congéneres y dispone de armamento.

+ *Para saber más*

Uno de los criterios de clasificación de los seres humanos en todas las culturas es el sexo. Cada sociedad asigna a cada uno de los sexos biológicos un conjunto de rasgos y conductas que constituyen los denominados géneros sociales. Por tanto, lo que denominamos «femenino» y «masculino» son los **géneros sociales** que definen cómo deben de actuar, reaccionar o sentir las personas de cada uno de los sexos.
Sin embargo, los géneros sociales no son universales. Basta con pensar que ser mujer o ser varón no sugiere los mismos comportamientos en todas las culturas y en todas las épocas. De esta simple reflexión se desprende que los géneros no se establecen en función de una diferencia «natural», sino que obedecen a una construcción sociocultural. La **identidad de género** es, pues, la conciencia de pertenencia a un sexo y está asociada siempre a patrones de conducta definidos por la cultura. Además, es en la construcción de las identidades donde se han establecido desigualdades sociales, desigualdades que a lo largo de la historia ha sufrido sobre todo el género femenino.

Fig. 4.12. *La etología, es decir, el trabajo de campo en el hábitat de los animales, en este caso los chimpacés, es la base de los estudios de Jane Goodall.*

C. Sociobiología

Fig. 4.13. *Una abeja libando en una flor.* Los sociobiólogos estudiaron el comportamiento de los insectos sociales para trasladar sus observaciones a la conducta del ser humano y así determinar qué obedece a los genes.

Desde 1975, la **sociobiología*** trasladó al ser humano las conclusiones de sus observaciones sobre la conducta animal a partir del estudio del comportamiento de algunos insectos, como las abejas o las hormigas. Esta rama de la biología defiende que, incluso sin ser concientes de ello, existe una predisposición a comportarnos de manera instintiva ante un problema habitual en nuestro medio natural.

Nacemos ya condicionados por genes que fueron seleccionados a lo largo del proceso evolutivo humano, puesto que producen comportamientos comunes a todas las personas que nos benefician para salvar determinados estímulos ambientales con los que nos enfrentamos a lo largo del desarrollo de nuestra especie.

Pongamos un ejemplo para ilustrar este concepto. Tener hijos y querer a nuestros familiares es algo común a toda la especie humana. Esta conducta, que está presente en nuestra naturaleza y es fruto de la evolución, sin lugar a dudas era provechosa para nosotros, puesto que sin ella nuestra especie simplemente habría desaparecido.

Sin embargo, aunque el ser humano cuente con estrategias que a lo largo de la evolución se han ido almacenando en los genes, que dirigen nuestra conducta y nos predisponen a comportarnos de una determinada manera, no significa que ese sea el comportamiento adecuado. De hecho, debemos replantearnos nuestras inclinaciones naturales y decidir racionalmente cuáles son apropiadas y cuáles deberíamos intentar evitar, por mucho que dichas inclinaciones sean fruto de la naturaleza.

D. Genética conductual

Como hemos visto, el interés por la naturaleza humana ha traspasado las barreras de la filosofía. La biología, la psicología o la paleontología son un grupo creciente de ciencias interesadas en este argumento. La Genética conductual cumple la función de descubrir en qué medida la base del comportamiento es la naturaleza.

Sin embargo, definir al ser humano sin más como el resultado de 46 cromosomas es demasiado pobre para las teorías que defienden la importancia de la cultura. Para el conductismo, el historicismo y el existencialismo, la naturaleza no ejerce ninguna influencia en nuestro comportamiento. La cultura es la base de lo específicamente humano.

Fig. 4.14. *La relación entre el ser humano y la naturaleza.* En nuestro mundo conviven seres naturales y seres artificiales. Sin embargo, el ser humano, a lo largo de su evolución, ha intentado adecuar y controlar la naturaleza mediante su acción y la producción de objetos artificiales.

E. Conductismo

En los años 40 y 50 el **conductismo** surgió como respuesta a la etología. Se trata de una teoría psicológica que rechaza de plano la existencia de los instintos en el ser humano y se apoya en la **conducta*** como explicación. Skinner fue uno de sus representantes, y sostenía que es solo la cultura quien nos hace comportarnos tal como lo hacemos. De esta afirmación se deduce que todo en nosotros es aprendido. Además, el ser humano es lo que ya el filósofo **Locke** definió como *«tabula rasa»*. Por tanto, la mente es un folio en blanco hasta que, al nacer, la cultura empieza a escribir en él.

A la luz de esta nueva concepción, salvo que tengamos una enfermedad congénita, no hay nada que nos condicione. Por tanto, todos somos iguales al nacer y tenemos exactamente las mismas capacidades intelectuales. Lo que nos hace distintos es la cultura, así como todo lo que sucede a nuestro alrededor.

F. Historicismo

Ya en el siglo XIX, desde el ámbito de la filosofía, **Dilthey** sostiene que el ser humano no posee naturaleza, como los animales. El hombre es tal debido a su historia, que se entiende como algo vital y biográfico. Por tanto, cada ser humano es de una determinada forma en función de las experiencias que ha vivido y de las circunstancias concretas de su existencia. Ortega y Gasset compartirá más tarde esta afirmación.

G. Existencialismo

Este movimiento filosófico popular a partir de los años 50, afirma que no solo no tenemos naturaleza, sino que además esto supone una condena para nosotros.

El hecho de que el hombre, por así decir, esté «maldito», obedece a que se ve obligado a elegir eternamente en cada una de las situaciones que se le presentan, ya que no dispone de respuestas instintivas automáticas que le pauten cómo responder en cada caso.

3.2 Cultura e instinto en el animal

El comportamiento de un animal dentro de su hábitat nos permite descubrir que a lo largo de la evolución ha desarrollado un sistema de instintos que aseguran su supervivencia y le permiten tener una respuesta adecuada para cada estímulo que recibe. Por tanto, ante un peligro, un animal responde de manera inmediata con una respuesta específica programada de antemano. En conclusión, podemos afirmar que la conducta animal es instintiva.

Y no solo eso, pues si la conducta animal es instintiva, de ello se deduce que es también predecible, puesto que no varía. Ante un mismo estímulo, el animal dará siempre la misma respuesta, ya que esa respuesta forma parte de su naturaleza y está en sus genes. Por tanto, la conducta animal es, además, hereditaria y común a todos los individuos de esa especie.

Es por ello que un animal joven y sin experiencia responde ante situaciones nuevas con un acto instintivo que nunca había visto antes. Pero no solo nace ya con esa capacidad, sino con una anatomía especialmente diseñada para ejecutar con éxito esas respuestas automáticas. Así, el pájaro tiene alas que le permiten volar y un instinto que le indica cómo hacerlo, mientras que los peces están dotados de aletas y branquias y nadan sin necesidad de aprender a hacerlo. En conclusión, el **instinto** y la **anatomía** son determinantes. Sin embargo, es evidente que en el mundo animal hay muchas especies distintas con capacidades muy dispares entre sí. De hecho, muchos animales son capaces de desarrollar conductas adquiridas mediante la experimentación o la imitación.

La actitud abierta a la **experiencia** es una característica propia de los ejemplares más jóvenes. Gracias a ella, en algunas especies estos individuos introducen innovaciones y nuevos aprendizajes. Este hecho es admitido por todos, pero existen discrepancias a la hora de aceptar que se trata de un caso de transmisión cultural. Así, al referirse a la cultura en el animal, hay quien prefiere hablar de «protocultura», de modo que quede clara la gran diferencia de grado que existe con respecto a la cultura humana.

Esta apertura a la experiencia propia de los miembros más jóvenes se pierde al llegar a la madurez. Una vez que se ha adaptado a su medio, el animal no necesita realizar más aprendizajes y pierde esa capacidad que, además, no todos poseen. De hecho, algunos animales nacen ya totalmente programados por sus genes, con comportamientos complejos y muy eficientes, para responder a las necesidades que presenta su medio. Por este motivo se dice que el animal vive en un **mundo cerrado.**

Para saber más

Psicología evolucionista

Teoría muy próxima a la sociobiología, desde los años 90, la **psicología evolucionista*** mantiene que nuestro cerebro es fruto de la evolución. Por tanto, nuestra conciencia y nuestra conducta, que también son producto de nuestro cerebro, están dotadas de un diseño funcional y estructural. Este diseño responde a un conjunto de estrategias evolutivas que adoptamos para resolver mejor los problemas que nos asediaban. Así pues, nuestra conducta actual sí sería el resultado de los genes, pero también del entorno y de la interacción entre ambos.

3.3 Necesidad de cultura del ser humano

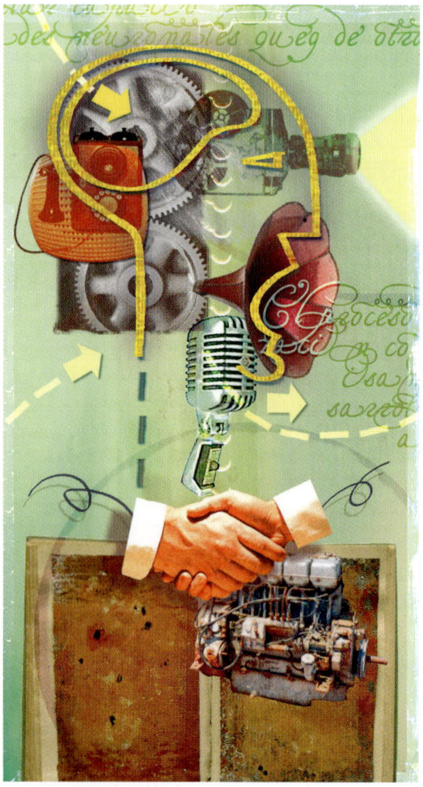

Fig. 4.15. *El pensamiento y el lenguaje en el ser humano.* Frente a los animales, el ser humano dispone del pensamiento y la lengua. Gracias a ellos puede comunicarse y seguir aprendiendo a lo largo de toda su vida.

Al mundo cerrado propio del animal se contrapone el **mundo abierto** del ser humano. El hombre no tiene instintos que resuelvan espontáneamente situaciones propias de su hábitat, pero tampoco le condicionan. Prueba de ello es que el ser humano se ha esparcido por los cinco continentes y ha colonizado todo tipo de ecosistemas naturales, además de inventar nuevos modos de vida.

Si ya no tenemos respuestas instintivas adecuadas para nuestro mundo actual, eso significa que debemos inventar estrategias para superar nuestros problemas. Si no lo hiciéramos así, moriríamos desvalidos. De hecho, esto es lo que le ocurre a un recién nacido si nadie lo cuida. Sin apenas instintos, tampoco tenemos cultura ni capacidad para adquirirla. Es como si naciésemos prematuramente, y así es.

Si miramos la cabeza de ese recién nacido con relación al cuerpo, es enorme, cuando en un adulto es pequeña. Para nosotros, la cabeza es la parte del cuerpo más necesaria y es la más compleja, pero aunque nace más desarrollada que el cuerpo, aun así es incapaz de realizar funciones básicas en el neonato humano. Al contrario, en cuestión de horas un potro es capaz de correr. Esta incapacidad inicial del ser humano se debe a que durante el curso de la evolución, cuando conseguimos convertirnos en bípedos, descargamos más peso en la pelvis. A su vez, la pelvis se fue haciendo cada vez más estrecha para sostener el cuerpo sobre dos únicos puntos de apoyo, hecho que originó un cráneo menos desarrollado. Sin embargo, la **progresiva cerebración,** fruto del proceso de hominización, fue en sentido opuesto, pues la cabeza se fue haciendo cada vez mayor al necesitar un cerebro más grande. La consecuencia de estos dos procesos dio lugar a que la cría naciera antes de tiempo, aunque hubiera debido permanecer al menos un año más en el seno materno para gozar de cierta autonomía.

Esta consecuencia supone, por tanto, una infancia muy larga durante la cual el recién nacido precisa de muchos cuidados. Mientras que los animales vienen al mundo «terminados», el ser humano nace a medio hacer, sobre todo a nivel neuronal. Además, el hombre nunca llega a desarrollar sus capacidades por completo. En concreto, existe una capacidad permanente de aprender y ser educado, que se denomina «neotenia», que nunca se completa. La **neotenia** es un fenómeno por el que seres vivos maduros y con capacidad para reproducirse mantienen características propias de los ejemplares jóvenes.

La conclusión lógica que podemos extraer de todo lo expuesto es que la carencia de instintos hace que el animal humano resuelva sus problemas empleando la gran capacidad cognoscitiva que posee. Gracias a ella no solo puede manejar, transmitir y almacenar información indispensable para construir una cultura que supla carencias naturales, sino también disponer de respuestas diversas con respecto a un mismo problema.

Texto 3. La mente humana

«Supongamos que la mente es, como decimos, un papel en blanco, vacío de cualquier carácter, sin ninguna idea. ¿Cómo se rellena? ¿De dónde le llega toda esa enorme provisión que la fantasía desbordada y sin límites del hombre ha pintado sobre ella con una variedad casi infinita? ¿De dónde proceden todos los materiales de la razón y el conocimiento? Para responder con una sola palabra, de la experiencia.»

Locke, J.: *Tratado sobre el entendimiento humano*, Aguilar, Madrid, 1987.

1. Lee el texto y señala cuál de las dos posturas mantiene Locke.
2. La mente humana, ¿está vacía al nacer y después se va llenando o nacemos ya con datos previos? Discútelo con tu compañero.

4. La cultura y el proceso de socialización

La cultura en la actualidad es entendida de forma más amplia, además de ser un bien de todos. Así, conocer determinados tipos de alimentos y su particular elaboración, nos acerca a una de las manifestaciones culturales posible en los diversos sistemas que existen. En 1871, el antropólogo **E. B. Tylor** define la **cultura** como «un conjunto complejo que incluye conocimientos, creencias, arte, moral, derecho, costumbres y otras capacidades o hábitos adquiridos por el ser humano como miembro de una sociedad». Sin embargo, no todos los antropólogos aceptaron esta definición relativamente moderna.

Tanto es así, que hasta no hace mucho se consideraba cultura solamente al conjunto de actividades que los ciudadanos de la alta sociedad realizaban en su tiempo de ocio (ópera, ballet o visita a museos, por ejemplo). De todas formas, los antropólogos culturales han dejado claro que el término debe incluir el «conjunto complejo» de elementos que menciona Tylor, además de cualquier otra producción humana, como los juegos, la gastronomía, o el modo de peinarse. El filósofo español Jesús Mosterín aporta otra definición de este concepto que merece la pena apuntar. Para este pensador, la cultura es fundamentalmente «información transmitida entre animales de la misma especie por aprendizaje social». Mosterín explica que, frente a la información genética proporcionada por los genes, estaría la información memética que proporcionan los *memes*. Un **meme** sería cada unidad de información cultural que se transmite siguiendo un proceso similar al de los genes en la naturaleza.

Después de entender que han existido distintas perspectivas a la hora de definir lo que es cultura, quizás convenga recurrir a la etimología de la palabra.

El término **«cultura»** proviene del latín *colere*, palabra que hace referencia al cultivo de la tierra. Frente a este término, la palabra **«naturaleza»** nos conduce al verbo *nacere,* que en latín significa «nacer».

4.1 El proceso de socialización

El ser humano, como ya sabemos, nace como una criatura desprotegida e inacabada. La naturaleza nos ha dotado de un cerebro predispuesto para pensar y hablar, pero como hemos visto, las capacidades humanas solo se desarrollan por medio de la cultura que puede llegar a ponerlas en acto. Pensaremos y hablaremos realmente si la cultura de la que formamos parte estimula en nosotros esas capacidades durante la infancia. No obstante, superar esta etapa no significa que el ser humano esté completo. El proceso de socialización continúa durante toda la vida: la neotenia lo hace posible. El hombre no deja de absorber cultura y realizar aprendizajes que modificarán su forma de entender el mundo (conocimiento) e, incluso, de actuar en él (conducta). Otro punto a tener en cuenta es el papel que desempeña la sociedad, pues solo somos humanos si vivimos dentro de una comunidad que nos entrena para serlo.

El **proceso de socialización** consiste, precisamente, en desarrollar capacidades neuronales que, de otra manera, se perderían. Estas capacidades nos permiten, además, adaptarnos a la comunidad y así poder vivir en sociedad.

Dada la importancia del proceso de socialización, es oportuno profundizar en sus **características** con objeto de comprenderlo en su totalidad. Así pues, a continuación se desglosan los rasgos más importantes.

- **Aprendizaje de patrones culturales.** Los valores y las conductas aceptables en un determinado grupo social son algunos de los modelos culturales que el individuo debe aprender para formar parte de la sociedad.

+ *Para saber más*

MEME es un neologismo creado por el biólogo inglés Richard Dawkins, quien acuñó el término en su obra *El gen egoísta*.
Los memes serían el equivalente cultural a los genes en biología, y su nombre guarda relación con memoria y mímesis. Gracias a ambas se produce la difusión de ideas, conocimientos y prácticas culturales en una población, que se transmiten de un individuo a otro, generando copias en distintos medios.
Las unidades de información cultural, o memes, también se replican de forma análoga a como lo hacen los genes. Mientras que los genes se replican gracias a las cadenas de ADN (que hacen copias idénticas de sí mismas), los memes utilizan nuestro cerebro para replicarse y propagarse.
El soporte de la información genética es el ADN, que se encuentra en los cromosomas de todas las células de nuestro cuerpo. El soporte de la información memética también es nuestro cuerpo, ya que los humanos almacenamos la información cultural en nuestro cerebro, pero además podemos hacerlo en otros soportes como partituras musicales, libros, CD, etc. Gracias a este proceso, según Dawkins es posible una evolución cultural.

Fig. 4.16. *La gastronomía.* La cultura en la actualidad es entendida de forma más amplia, además de ser un bien de todos. Así, conocer determinados tipos de alimentos y su particular elaboración, nos acerca a una de las manifestaciones culturales posible en los diversos sistemas que existen.

- **Interiorización.** Todo lo que se ha aprendido cuando el niño es pequeño, queda interiorizado. No se trata de que repita lo que ve, o de que se le fuerce a comportarse de determinada forma, sino que espontáneamente, él asume por sí mismo que las cosas deberían ser así, porque esa es la forma normal de hacerlo, ya que todo el mundo lo hace así.
- **Estabilidad psicológica.** Al adoptar los patrones externos que se le imponen, el individuo puede relacionarse con los demás y entender su mundo. Esto le proporciona una estabilidad psicológica que es fruto de la integración en la cultura que le rodea. Este proceso se produce mediante la relación con los demás, que condiciona de modo profundo nuestra forma de pensar. Sin embargo, conviene no olvidar que somos responsables de nuestra propia identidad: podemos elegir lo que nos gusta y cómo queremos ser, al margen de los valores dominantes.

Tal como se ha adelantado anteriormente, la socialización es un proceso que dura toda la vida pero es determinante en la niñez. Por ello los sociólogos distinguen varias etapas, que dependen de la trayectoria personal de cada individuo:

- **Socialización primaria.** Cubre alrededor de los cinco primeros años de vida. Durante esta etapa el ser humano realiza los aprendizajes más importantes en un contexto eminentemente familiar. Son determinantes las demostraciones de cariño y las personas significativas para el niño. Una característica propia de esta fase es que el niño juega copiando los roles de los adultos y así se prepara para interpretarlos en el futuro.
- **Socialización secundaria.** Dura el resto de la vida de un ser humano. Es un aprendizaje menos firme que el de la socialización primaria, pero durante esta etapa se pueden cambiar pautas de conducta aprendidas con anterioridad. Incluye todo tipo de aprendizajes pues, a medida que va creciendo, el hombre va formando parte de nuevos sectores de la sociedad, como la escuela o el trabajo.
- **Resocialización.** Consiste en volver a interiorizar otra cultura, es decir, un modo distinto de entender el mundo. Se trata de un aprendizaje donde se reestructura todo lo que se ha aprendido antes. Así pues, la persona que pasa por este proceso se olvida o entiende de forma diferente su vida pasada y presente. No se trata de una etapa obligatoria para todas las personas, sino que solo la pasan aquellos que sufren una crisis personal o quienes deben adaptarse a una nueva forma de vida (emigrantes, jubilados, etc.).

El proceso de socialización se lleva a cabo en grupos o medios denomidados **«agentes de socialización»,** que permiten o imponen diferentes aprendizajes. Así, en la familia se aprenden pautas de comportamiento y valores, además de estimularse la capacidad cognoscitiva y el habla. En el círculo de amistades, al ser un grupo donde todos sus miembros están al mismo nivel, se exploran las reglas de conducta. Otros agentes de socialización que desempeñan un papel crucial en la formación de actitudes y valores son la escuela y los medios de comunicación de masas.

4.2 Cultura y personalidad

Como ya sabemos, a lo largo del proceso de socialización un ser humano precisa vivir en sociedad para poder ser tal. Desde una perspectiva biológica, el niño necesita del estímulo de otros seres humanos para que su capacidad cerebral aumente progresivamente y así se creen redes neuronales que posibiliten el desarrollo del lenguaje y del pensamiento. Desde una perspectiva emocional y afectiva, el individuo aprenderá a canalizar y entender sus sentimientos para disfrutar de ellos solo si sabe cómo se gestionan dentro de su cultura. Sin embargo, durante la socialización se produce un proceso en dos direcciones opuestas:

- **La cultura nos hace iguales.** Al imponer a todo un grupo social una misma cultura se iguala a todos sus miembros. Así pues, el individuo no elige la forma concreta de ser humano entre todas las culturas que existen, sino que es la cultura donde nace la que le obliga a formar parte de ella.

  Un niño asimila la forma de entender el mundo y desenvolverse en él según su cultura pero, al no ser adulto, no puede juzgarla críticamente. Por tanto, los valores, usos y costumbres de su sociedad son los únicos correctos, los únicos que conoce y los únicos que debe aprender.

  No obstante, mediante estos patrones culturales, el niño tiene asegurada una estabilidad psicológica y emocional, pues de ellos derivan las reglas que rigen una sociedad y lo que se espera de cada miembro.

- **La cultura nos permite ser diferentes.** Los roles que marca el grupo social al que pertenecemos nunca se cumplen al pie de la letra, pues cada individuo los interpreta a su manera de acuerdo con un punto de vista personal. Esto obedece a que la propia cultura nos proporciona la capacidad de pensar sobre las reglas sociales y criticarlas. Este hecho resulta paradójico, pues al poner en tela de juicio la cultura que nos ha hecho humanos, estamos cuestionando al mismo tiempo lo que nos constituye y nos hace ser tal como somos.

En conclusión, la cultura nos hace iguales y a la vez distintos. El ser humano puede pensar y criticar su propia cultura porque el proceso de socialización le ha dotado de una identidad cultural que le permite realizar operaciones mentales complejas. Sin embargo, esa identidad cultural es colectiva, dado que se trata de una creación del grupo social que cada individuo emplea solo por formar parte de él. ¿Significa eso que pensamos lo que nuestro grupo social piensa? Lo sorprendente es que, aunque tengamos una **identidad cultural colectiva,** no nos disolvemos en ella.

Este hecho explica que no todos aceptamos igual los valores que la tradición impone y, frente a los juicios y actitudes de los demás, se van formulando los propios hasta configurar una **conciencia individual.** Aquellos que tienen una personalidad más acusada tendrán más desencuentros con los patrones que su cultura impone, pero también son los que fuerzan a esa cultura a replantearse a sí misma, permitiendo que cambie y mejore.

Por tanto, cada **persona*** posee unos rasgos básicos comunes a todos los **individuos*** que forman parte de su mismo grupo, pero también diferencias particulares que dependen de su personalidad.

+ *Para saber más*

En el siglo XIX, Freud explicó que la sociedad ha inventado la cultura y con ella mecanismos represivos para poder contener el caos que surgiría si cada persona buscase solo satisfacer sus deseos sin ningún tipo de freno. Frente a él, Marcuse piensa que nuestra civilización concreta la que es represora, dado que la **felicidad** está subordinada a usos sociales impuestos: debemos tener un tipo de trabajo, de pareja y de leyes que no podemos discutir. Para Marcuse, si cambiamos esta situación, podemos aspirar a una cultura que no se base en la represión sino en la búsqueda de la felicidad.

4.3 Diversidad y pluralismo cultural

El proceso de socialización, como se ha mencionado anteriormente, es el que nos permite dotar a nuestra biología animal de una forma humana que se superpone a la natural. Las diferentes culturas disponen de distintas maneras de llevar a cabo ese proceso, lo que provoca en ocasiones un conflicto, dada la disparidad de criterios y valoraciones que cada una establece a la hora de interpretar el mundo.

Frente a la naturaleza humana, que es universal, las diferentes culturas son particulares. Incluso los que se consideran **universales culturales,** rasgos comunes a todas las culturas, se interpretan de distinta forma dependiendo de cada cultura.

Sin embargo, las culturas no son compartimentos estancos, ya que se mezclan, se contaminan y se modifican. De esta forma se produce el **multiculturalismo,** convivencia de múltiples culturas en un único espacio, fenómeno tan habitual tanto hoy en día como a lo largo de la historia.

Al mismo tiempo, siempre han existido distintas etnias o nacionalidades dentro de un mismo Estado, así como grupos que se han sentido y se sienten fuera de la línea social imperante solo por tener rasgos que, en apariencia, les diferencian de los demás.

Fig. 4.17. *Niño en Mozambique.* A pesar de que en la *Declaración de los derechos humanos* se afirma que todos somos iguales, el hecho de nacer en un lugar u otro del planeta determina que no todos contemos con las mismas oportunidades.

Afortunadamente, ha cambiado la manera de entender el problema que surge cuando se margina a una cultura que es minoritaria o no pertenece al grupo que está en el poder. Antes, las minorías étnicas marginadas intentaban asimilar la cultura dominante lo más rápido posible, pues asumían que era la única cultura apropiada, mientras que ahora piden que se respete su propia identidad cultural y no se destruya.

A pesar de que se comprenden mejor estos fenómenos, desgraciadamente, no siempre se actúa ante la diversidad como correspondería y se sigue tratando de imponer la cultura dominante. Sin embargo, este nuevo planteamiento es fruto de un cambio de actitudes ante la diferencia cultural pues, como veremos a continuación, se ha evolucionado del etnocentrismo al relativismo, y de este al pluralismo cultural.

A. Etnocentrismo

El **etnocentrismo** es una actitud ante la diferencia cultural que consiste en creer que la propia cultura es la única adecuada e, incluso, superior a cualquier otra. Esta fue siempre la postura que asumieron las culturas imperialistas al invadir otros pueblos. De hecho, bajo esta visión las poblaciones autóctonas se consideran bárbaras o salvajes, cuando no infantilizadas o con un desarrollo mental inferior al de la propia cultura.

La consecuencia de esta actitud es identificar el desarrollo cultural exclusivamente con la propia cultura. Así pues, todo lo que es ajeno se tilda de irracional y primitivo. Por lo tanto, el modelo a seguir es el propio y los demás deben adoptarlo para poder civilizarse. Desde este punto de vista, los hombres primitivos contemporáneos serían una copia en vivo de los hombres de la Edad de Piedra. Entender así las sociedades arcaicas, aquellas cuyo tipo de organización social y técnico es más sencillo que el nuestro, supone pensar que éstas viven en la Prehistoria como cromañones. Esto es imposible, ya que desde hace 40 000 años el proceso de humanización empezó para todos y cada cultura lo interpretó a su manera.

Por otra parte, evolución no es sinónimo de tecnología, aspecto que sin lugar a dudas se ha desarrollado más en nuestra cultura. Así pues, es indispensable tener en cuenta también otros factores a la hora de compararnos. Baste con pensar que en nuestra sociedad el número de infartos o de enfermedades provocadas por el estrés y la ansiedad es mucho más elevado que en otras sociedades arcaicas.

Otro de los problemas que plantea el etnocentrismo reside en que normalmente está ligado a todo tipo de actitudes violentas, como son el **racismo***, la **xenofobia*** o la **aporofobia***. Estas actitudes fomentan no sólo la exclusión de aquellos que están al margen de la cultura dominante, sino que incluso pueden desembocar en auténticos **genocidios***.

El rechazo hacia los más débiles y desamparados, que no tienen recursos o voz para defender la dignidad de su cultura, es una manifestación de este fenómeno. Por el mismo motivo, los inmigrantes o refugiados tienen que sufrir su condición, las acusaciones de ser una amenaza para la seguridad y la cultura del Estado, además de ser vistos como causa del paro o la precariedad laboral en el país que les acoge. En realidad, el problema no es solo cultural: bajo él se esconde actualmente un problema económico.

B. Relativismo

El **relativismo** surge con el objetivo de superar los prejuicios etnocéntricos. Para ello, sostiene que cualquier manifestación cultural es fuente de ideas y valores que son fruto de su historia particular.

Así pues, según esta visión, solo podemos entender un determinado rasgo cultural dentro de la cultura que lo ha provocado. A ello se suma el hecho de que no existe una forma de entender el mundo que prime sobre las demás: todas las culturas de la Tierra son igual de dignas e importantes.

Esta actitud de respeto hacia todas las culturas del planeta supuso, sin lugar a dudas, un claro avance al fomentar, entre otras, la tolerancia. Sin embargo, surge un nuevo problema, pues esta actitud no es crítica ante las distintas culturas. Por un lado, se considera que no debe cambiarse lo que es tradicional. Por otro, no se fomenta el diálogo intercultural. El resultado es un estancamiento, en lugar de una evolución.

Si sostenemos que cualquier costumbre o tradición, por el hecho de ser parte de una cultura, es respetable, entonces justificamos comportamientos que van contra la dignidad humana. El sexismo, por ejemplo, puede existir en una determinada cultura durante siglos, pero no por ello debemos aceptarlo.

C. Pluralismo cultural

A este punto, resulta evidente que en el mundo en que vivimos es cada vez más necesaria una actitud coherente hacia el creciente **multiculturalismo***. Así, frente al etnocentrismo y el relativismo cultural, el **pluralismo cultural** defiende la **interculturalidad*** como actitud de diálogo y respeto a las diversas culturas que coexisten en un mismo espacio geográfico dentro del marco de los derechos humanos.

El pluralismo cultural propone, pues, un modelo diferente donde todas las culturas se encuentran en condiciones de igualdad. Además, la convivencia armónica entre ellas es un rasgo cultural de gran importancia que se debe cultivar entre todos los miembros de la sociedad. Si se sigue este modelo, se reconocería a todas las culturas la posibilidad de ser diferentes entre sí pero iguales en cuanto a dignidad y derechos. En cuanto a valores éticos como la libertad, la justicia o los derechos humamos, son sin lugar a dudas valores universales más allá de cada cultura particular.

En conclusión, el pluralismo cultural es el modelo más adecuado a seguir hoy en día. Si nos limitamos a heredar los prejuicios etnocéntricos del pasado, nos condenaremos a un futuro lleno de problemas sociales donde la falta de sensibilidad ante los derechos humanos nos conducirá irremediablemente a una deshumanización.

Fig. 4.18. *Campo de concentración de Auschwitz, en Polonia.* Una visión etnocentrista puede llegar a provocar guerras y genocidios de grandes magnitudes. En la Segunda Guerra Mundial alrededor de seis millones de judíos fueron exterminados en campos de concentración como este.

Texto 4. Valores culturales y congénitos

«El ser diestro o zurdo es un valor congénito, mientras que el ser políticamente de derechas o de izquierdas es un valor cultural. Los valores culturales, como cualquier otro contenido cultural, están en el cerebro de un individuo. Sobre los valores del grupo solo se pueden hacer afirmaciones de tipo estadístico. A la inversa, el individuo recibe sus valores de los demás miembros del grupo al que pertenece o en el que vive. Entre los valores congénitos y los culturales puede haber conflicto.

[...] Obviamente los diversos grupos étnicos y religiosos hacen con frecuencia valoraciones contrapuestas. Entre los argelinos arabizados se considera que las mujeres deben cubrirse la cara con un velo, pero no los hombres; los tuareg, sin embargo, hacen exactamente la valoración opuesta: son los hombres, no las mujeres, quienes deben cubrirse la cara con el velo. En Alemania hasta hace poco los protestantes transportaban el estiércol por las calles el día del Corpus Christi, fiesta de los católicos, mientras que estos hacían lo propio el Viernes Santo, fiesta de los protestantes. Los muslimes consideran día sagrado y festivo el viernes; los judíos, el sábado; los cristianos, el domingo. La información valorativa se transmite a través de muchos canales, y es contagiosa. Los ideales y prejuicios se contagian fácilmente. Es fácil hacerse pacifista entre los pacifistas, antisemita entre los antisemitas, fumador entre los fumadores, holgazán entre los holgazanes, etc.»

MOSTERÍN, J.: *Filosofía de la cultura*, Alianza Editorial, Madrid, 1993.

1. ¿Por qué crees que los valores culturales varían de una sociedad a otra? Escribe una breve reseña donde incluyas algún ejemplo que ilustre tu opinión.
2. a. Con la ayuda del diccionario, escribe una definición de «valor cultural» y de «valor congénito».
   b. Busca en el texto las dos definiciones. ¿Coinciden con las tuyas?
3. Completa tus definiciones con una lista de ejemplos. Después, compara tus respuestas con las de tu compañero.
4. ¿Hay valores comunes a todos los seres humanos? Abre un debate en grupo.

Para repasar

1.a. Relaciona a cada autor con su teoría.
- Aristóteles.
- Darwin.
- Lamarck.
- Los caracteres adquiridos son heredables.
- Las especies no han cambiado a lo largo del tiempo.
- La selección natural es la clave de la evolución.

b. ¿Cómo se denominan estas teorías?

2. Selecciona la opción u opciones adecuadas.

a. Los tres tipos de cambios producidos en la hominización:
a) No tienen que ver entre sí.
b) Están relacionados.
c) Son independientes, pero están relacionados.

b. La encefalización es un cambio:
a) Anatómico.
b) Fisiológico.
c) Social.

c. La oposición del pulgar:
a) Acortó la mano.
b) Permitió asir objetos fuertemente.
c) Hizo posible agarrar objetos delicadamente.

d. La liberación de las extremidades superiores:
a) Tiene que ver con la bipedestación.
b) Se relaciona con la encefalización.
c) Tiene que ver con la fabricación de herramientas.

3. ¿Cuáles son los distintos factores que inciden en el proceso de humanización? Elabora un pequeño resumen donde escribas al menos una característica por factor.

4. Estas afirmaciones, ¿con qué teoría se corresponden? Razona tu respuesta.

a. La naturaleza del ser humano es un producto de la evolución biológica.

b. El hombre no dispone de respuestas instintivas y debe, por tanto, elegir en cada situación.

c. El ser humano cuenta con información almacenada en sus genes a lo largo de la evolución que pautan su conducta.

d. Solo a través de la conducta se puede explicar la naturaleza humana.

e. El hombre no puede luchar contra su parte instintiva. Además, el instinto perjudica menos al mundo que nuestra cultura.

5.a. Define «instinto» y «cultura» y explica cuál es la diferencia entre ambos términos.

b. ¿Por qué el hombre necesita la cultura y los animales no?

6. Realiza un resumen sobre el proceso de socialización donde expliques en qué consiste, en cuántas etapas se reparte y quiénes son los agentes de socialización.

7. Indica cuáles son las tres actitudes posibles ante la diversidad cultural y elige las características de cada una de ellas entre las siguientes.
- Chovinista.
- Hay maneras mejores que otras de hacer las cosas.
- Todo vale.
- Elabora juicios críticos.
- No comprometido.
- Intolerante.
- Tolerante.
- Hay muchas formas de hacer las cosas.
- La forma correcta de hacer las cosas es solo una.

8. Clasifica las siguientes afirmaciones considerando su grado de etnocentrismo y razona por qué son muy, poco o nada etnocéntricas.

a. El tercer mundo tiene mucho que enseñar a las sociedades ricas y superficiales.

b. Mueren tres personas y un portugués en un accidente de tráfico.

c. Los negros tienen un gran corazón; el problema es que los blancos los tratan mal.

d. La ministra de exteriores es homosexual, pero hace bien su trabajo.

e. Me gusta conocer cómo es una persona. Eso es lo primero, todo lo demás son detalles que vienen después.

9.a. ¿Qué le aporta la sociedad al individuo? Escribe en tu cuaderno los factores positivos y negativos que recuerdes.

b. ¿Al individuo le compensa o no vivir en sociedad? Con el resultado de tus anotaciones, expón tu opinión.

10. Selecciona la opción u opciones adecuadas:

a. Naturaleza y cultura:
a) Se oponen.
b) Se superponen.
c) Son indiferentes.

b. El ser humano tiene:
a) Instinto.
b) Cultura.
c) Instinto y cultura.

c. Las teorías que explican que la naturaleza humana se basa en la biología son:
a) Etología.
b) Conductismo.
c) Historicismo.
d) Sociobiología.
e) Teoría de la evolución.

d. La cultura se adquiere mediante el proceso de:
a) Hominización.
b) Humanización.
c) Socialización.

Taller de filosofía

A debate

Identidad cultural y etnocentrismo

1. El texto que viene a continuación describe a los sonacirema, grupo de costumbres extrañas y exóticas investigado por Horace Miner. Léelo y anota en qué consisten esos rituales y cuáles son sus características.

«La creencia fundamental que subyace en todo el sistema parece ser que el cuerpo humano es feo y que por naturaleza tiende a debilitarse y a enfermar. Encarcelado en ese cuerpo, la única esperanza del hombre es poder apartarse de estas tendencias mediante el uso de las poderosas influencias del ritual y de la ceremonia. Cada hogar tiene uno o más altares dedicados a este fin [...]. El lugar central del altar lo ocupa una caja o cofre construido en la pared. En este cofre se guardan los numerosos amuletos y pociones mágicas sin los que ningún nativo cree que podrá sobrevivir. Estos preparados los garantizan diversos especialistas. Los más poderosos son los curanderos, cuya asistencia debe recompensarse con cuantiosos regalos.

Sin embargo, los curanderos no proporcionan las pociones curativas a sus clientes sino que deciden sobre los ingredientes y luego los escriben en una lengua antigua y secreta. Esta escritura la comprenden únicamente ellos y los herbolarios, quienes, a cambio de otro regalo, proporcionan los amuletos necesarios [...]. Los sonacirema sienten al mismo tiempo horror casi patológico y una gran fascinación por la boca, cuyo estado piensan que tiene una influencia sobrenatural en todas las relaciones sociales. Creen que, si no fuera por los rituales bucales, se les caerían los dientes, sangrarían sus encías, sus mandíbulas se reducirían, sus amigos les abandonarían y serían rechazados por sus amantes. También creen que existe una estrecha relación entre las características orales y las morales. Por ejemplo, hay una ablución ritual de la boca de los niños que se supone mejora su carácter moral.

El ritual corporal cotidiano general incluye un rito bucal. Aparte de la minuciosidad en el cuidado de la boca, este rito conlleva una práctica que resulta repulsiva para el no iniciado. Me contaron que el ritual consiste en insertar un pequeño haz de pelos de cerdo en la boca, junto con ciertos polvos mágicos, y en moverlo con una serie de gestos muy formales.»

MINER, 1956.

2. Echa un vistazo a tus notas y haz una puesta en común en pequeños grupos. A continuación, reflexionad sobre los siguientes aspectos:

- ¿Serías capaz de vivir en una comunidad sonacirema durante mucho tiempo?
- ¿Crees que los sonacirema están demasiado influidos por la magia y lo que les dicen los hechiceros? ¿Deberían ser más racionales?
- ¿Cómo crees que se han originado estos rituales tan extraños?
- Describe cómo imaginas que se desarrolla la vida en los poblados sonacirema.

3. Lee ahora la última parte del texto.

«¿Quiénes son los sonacirema y en qué parte del mundo viven? Usted mismo podrá responder a esta pregunta e identificar la naturaleza de los rituales corporales descritos, leyendo simplemente "sonacirema" al revés. Casi todas las actividades cotidianas parecerán extrañas si se describen fuera de contexto, en lugar de verse como parte de la forma de vida total de un pueblo. Los rituales de aseo occidentales no son más ni menos extraños que las costumbres de cualquier grupo del Pacífico que se saca los dientes frontales con el fin de embellecerse, o de ciertas tribus sudamericanas que se introducen aros en los labios para que resulten más protuberantes, en la creencia de que ello realza su atractivo.

No podemos entender estas prácticas y creencias fuera de las culturas de las que forman parte. Es un presupuesto clave de la sociología el que una cultura ha de estudiarse a partir de sus propios significados y valores. Los sociólogos se esfuerzan [...] por evitar el etnocentrismo.»

4. ¿A qué se debe que nos sorprenda saber quiénes son los sonacirema?

5.a. Relee tus notas teniendo en cuenta que ahora sabes que se describe a una sociedad occidental como la nuestra y no a un pueblo primitivo.

b. ¿Qué es lo que ha fallado para no reconocernos en esta descripción? Haz una lista con los motivos que lo expliquen.

6. Organizad una mesa redonda donde se responda a las siguientes cuestiones:

- Al igual que hemos trivializado la cultura que se describía en este texto, ¿puede pasarnos lo mismo con otras culturas? ¿No será que al no entender una cultura, de entrada pensamos que son extrañas, bárbaras o atrasadas?
- Los antropólogos y sociólogos, ¿son imparciales o deben esforzarse para que su cultura no les influya al describir otras?
- ¿Seremos extraños nosotros para otros pueblos? ¿Quiénes son los extraños, entonces?

Taller de filosofía

Para que veas

Cosmos. Episodio II: Una voz en la fuga cósmica
Carl Sagan, 1980, 55 min.

Sinopsis

En este capítulo, Carl Sagan explica los orígenes del universo, de la Tierra y de la vida, mostrando el proceso evolutivo desde la vida microscópica hasta la vida humana. Además, se explica también en qué consiste el calendario cosmológico creado por él, gracias al cual hace comprensibles los 15 000 millones de años que han transcurrido desde el *Big Bang*.

Temas

Se trata de una exposición científica acerca de los temas vistos en la unidad: *Big Bang,* origen del universo, origen de la vida, teoría de la evolución.

Actividades

1. ¿Qué tenemos en común todos los seres que pueblan la Tierra?
2. Explica cómo hemos llegado a tener animales domésticos.
3. ¿De qué está formado el ADN?
4. Coloca por orden la siguiente lista de seres vivos que aparecieron en el Cámbrico.
   aves - mamíferos - dinosaurios - vertebrados - árboles - anfibios - reptiles - plantas - insectos - trilobites.
5. Explica las afinidades entre el ser humano y los árboles. ¿Se necesitan mutuamente?

Lo que se dice

Naturaleza y cultura

«La posibilidad de desarrollarse y transformar el entorno en provecho propio es uno de los principales atributos de los humanos en cuanto creadores de cultura. Recordemos algunos de los pasos que se han dado: asentamientos cada vez más grandes, urbanismo, nacimiento de estados, mejores sistemas de comunicación, industrialización. [...] Ahora bien, si la cultura se desarrolla en el ámbito de la naturaleza, ¿cómo se ha comportado con esta a lo largo de los milenios? A medida que la población del planeta se ha incrementado hasta sobrepasar hoy los seis mil millones de personas, la Tierra ha sido objeto de innumerables transformaciones realizadas por el ser humano. Estas no solo se conciben como asentamientos y acciones para construir el propio hábitat, sino que implican todo género de actuaciones para explotar los recursos que allí existen. La consecuencia ha sido que la naturaleza ha estado siendo modificada de múltiples maneras. Los humanos hemos talado bosques y selvas, desviado ríos, perforado minas, extraído minerales [...]. Hemos saturado al planeta de motores de combustión interna, hay cientos de millones de automóviles que emiten gases, hemos contaminado con plantas generadoras de energía, incluyendo las nucleares. El resultado no ha sido el esperado y deseado. En un afán incontenible de apropiación de lo que existe en la naturaleza, la hemos vulnerado. [...] Más que un diálogo entre naturaleza y cultura parece que hemos hecho realidad un enfrentamiento entre ellas. [...] ¿Adónde vamos los terrícolas? Cada vez somos más numerosos y, con nuestras técnicas, más depredadores. Millones y millones ni siquiera tienen conciencia de lo que está ocurriendo. Solo buscan mejorar un poco su afligida existencia. Se lanzan a la aventura de las migraciones. ¿Es este el camino para resolver el drama de las remendas desigualdades económicas? La humanidad, con sus fabulosos desarrollos técnicos y científicos, parece olvidarse de los valores humanos. Hay países que no solo continúan vulnerando a la naturaleza de modo desenfrenado para incrementar sus recursos, sino que agreden paralelamente a otros pueblos para apoderarse de lo que les pertenece. En la gran mayoría de las guerras la ambición económica es el motor que las atiza. Pensemos en Irak. ¿Estamos acaso aletargados los humanos o es que la ambición nos tiene cegados? Al ritmo que vamos, ¿cuántos siglos o años podemos esperar que perdure nuestro planeta? Naturaleza y cultura, dos realidades que deben estar en diálogo y complementarse, hoy están enfrentadas brutalmente cual si se buscara adelantar el colapso del Planeta, lo que aprendimos de chicos acerca del fin del mundo.»

León Portilla, M., *El País*, 20/03/2006.

1. ¿Qué significa que el ser humano es un creador de cultura? Indica las características que lo hacen posible con ejemplos ilustrativos.
2. El autor del texto, ¿cómo relaciona cultura y naturaleza? Señala las frases donde aparece esta relación.
3. Según el artículo, ¿somos seres culturales? Indica en qué argumentos se apoya el autor para sostener su tesis.
4. Piensa en las modificaciones que ha sufrido la naturaleza gracias a la capacidad cultural del ser humano. ¿El autor nos presenta un balance positivo o negativo de esta intervención humana? Justifica tu repuesta.
5. Resume los puntos fundamentales del texto.

Para que leas

Golding, W.: *El Señor de las moscas*, Alianza, Madrid, 1994.

Un grupo de niños perdidos en una isla desierta tratan de valerse por sí mismos. Ante la ausencia de adultos que impongan el orden, se dividen entre los que creen que deben seguir la moral y las reglas que les enseñaron y los que prefieren seguir sus instintos animales.

Leakey, R. E.: *La formación de la humanidad*, RBA, Barcelona, 1993.

En este libro se explica, de una forma muy amena pero rigurosamente científica, cuáles son los orígenes del hombre.

La tarea

Vais a elaborar un *collage*. Para ello, la clase se dividirá en dos grupos, cada uno de los cuales trabajará analizando citas distintas.

Grupo A

Citas

- «El hombre no tiene naturaleza, sino que tiene... historia.» **Ortega y Gasset**
- «El hombre no es otra cosa que lo que él se hace.» **Sartre**

Trabajo de campo

- Estos dos autores, ¿qué visión tienen del ser humano?
- ¿Esta visión da más importancia a la naturaleza sobre la cultura, o viceversa?
- ¿Cuál de las dos partes crees que es más determinante en tu vida?

Debate

- ¿Estás de acuerdo con que lo que más pesa en nosotros es la historia? ¿Es cierto que no tenemos naturaleza?
- ¿Sartre está en lo cierto cuando opina que lo que somos es resultado de nuestras acciones? ¿Podemos hacer todo lo que decidamos? ¿Somos responsables de todo lo que nos pasa?

El *collage*

- Anota las ideas que has extraído del debate. Busca imágenes que sean representativas de alguna de esas ideas y recórtalas.
- Seleccionad las imágenes y montad el *collage*. No olvidéis poner un título a cada imagen.
- Repartíos las imágenes. Cada uno deberá explicar el sentido de sus imágenes apoyándose en el título.

Debate abierto

- ¿Creéis de verdad que el hombre no tiene naturaleza? ¿La historia es tan importante?
- ¿Estáis de acuerdo con que el hombre es solo producto de sí mismo? ¿Creéis que su naturaleza, su cultura y su historia no cuentan?

El otro *collage*

- Anota las ideas que has extraído del debate. Busca imágenes que ilustren esas nuevas ideas.
- Seleccionad las imágenes y montad el *collage*. No olvidéis poner un título a cada imagen.

Grupo B

Citas

- «Nadie tiene la verdad absoluta sobre las cosas. El enriquecimiento de la cultura y también de la vida está en la diversidad.» **Ferrater Mora**
- «Parece paradoja, pero es cierto que cada ser humano será tanto más útil a la sociedad cuanto más fuerte sea su personalidad y, por tanto, su incapacidad primaria de adaptación.» **G. Marañón**

Trabajo de campo

¿Cómo crees que se entiende en estas frases la imposición de patrones culturales? Elige la opción correcta.

- Son algo obligatorio e inalterable.
- Solo hay un tipo de patrón correcto.
- Las diversas formas de interpretarlos enriquecen a los individuos y a las culturas de las que forman parte.

Debate

- Compara tus respuestas con las de tus compañeros y discutid acerca del significado de la opción que hayáis establecido como correcta.

El *collage*

- Anota las ideas que has extraído del debate. Busca imágenes que sean representativas de alguna de esas ideas y recórtalas.
- Seleccionad las imágenes y montad el *collage*. No olvidéis poner un título a cada imagen.
- Repartíos las imágenes. Cada uno deberá explicar el sentido de sus imágenes apoyándose en el título.

Debate abierto

- ¿Estás de acuerdo con lo que afirma Ferrater Mora?
- ¿Qué opinas de la afirmación de Gregorio Marañón? ¿Ayudan a la sociedad las personas que se resisten a adaptarse a ella? ¿Es esto beneficioso para esa persona?

El otro *collage*

- Anota las ideas que has extraído del debate. Busca imágenes que ilustren esas nuevas ideas.
- Seleccionad las imágenes y montad el *collage*. No olvidéis poner un título a cada imagen.

Ideas clave

- Existen tres clases de **explicaciones** sobre el **origen y evolución de la vida:** científica, religiosa y filosófica. La **ciencia** explica el cosmos a partir del ***Big Bang,*** y la vida a partir de las **hipótesis de Oparin.**
- La religión judeocristiana defiende el **creacionismo,** mientras que en la Antigüedad clásica se entiende el universo como algo que tiene sus propias leyes. El ser humano puede comprenderlas gracias al **logos.**
- En la **filosofía** los **presocráticos** se lanzaron a la búsqueda del primer elemento o *arjé*.
- El **origen de las especies** se explica mediante cinco teorías: el fijismo, el transformismo, el darwinismo, el mutacionismo y la teoría sintética.
- Mediante el **proceso de hominización** se explican los cambios anatómicos que transformaron al primate en homínido. Se produjeron cambios **anatómicos, fisiológicos** y **sociales.**
- A través del **proceso de humanización** se describen los cambios de conducta que marcan el paso del homínido antropoide hacia el ser humano. Hay una serie de factores determinantes: **descubrimiento del fuego, fabricación de herramientas, agricultura y ganadería** y **organización social.** Contribuyen al surgimiento del **pensamiento** y el **lenguaje.**
- La **naturaleza humana** es lo que nos define como seres humanos distintos a los demás seres vivos. Existen diferentes posturas que la explican dando primacía a nuestra parte cultural o a nuestra parte biológica.
- La **cultura,** opuesta al instinto, es un rasgo característico del ser humano, que tiene una curiosidad permanente y realiza nuevos aprendizajes durante toda su vida.
- Adquirimos la cultura mediante el **proceso de socialización,** que impone al individuo unos patrones culturales.
- La **diversidad cultural** puede entenderse desde tres perspectivas distintas: etnocentrismo, relativismo y pluralismo cultural.
- El individuo recibe una **cultura común** a los demás miembros de su sociedad, pero él la reinterpreta desde su punto de vista particular, lo que posibilita que ante el mismo patrón impuesto existan **diferentes personalidades.**
- La cultura hace posible que las personas sean más libres, aunque también puede recortar su libertad y ser represiva.

Autoevaluación

1. Indica a qué teoría corresponden las siguientes afirmaciones.

- **a.** Las especies son inmutables.
- **b.** Completa la teoría de la selección natural.
- **c.** La función crea el órgano.
- **d.** Todas las especies han evolucionado de un origen común.
- **e.** La genética explica la evolución.

2. ¿Son verdaderas o falsas las siguientes afirmaciones?

- **a.** La hominización se basa en cambios anatómicos.
- **b.** La humanización precede a la hominización.
- **c.** Los factores que intervienen en la humanización son anatómicos, fisiológicos y sociales.
- **d.** El factor determinante en el proceso de hominización es el lenguaje.
- **e.** El descubrimiento del fuego, la fabricación de herramientas, la agricultura y ganadería, así como la organización social son factores clave en el proceso de hominización.

3. Completa las frases siguientes con las palabras del recuadro en tu cuaderno.

etnocentrismo – pluralismo cultural – relativismo

- **a.** Quien opina que los aborígenes son indecentes y bárbaros por no ir vestidos como los occidentales está lleno de prejuicios y cae en el (1).
- **b.** El (2) tampoco es la solución, porque cree que es tan respetable una cultura que defiende la tortura como otra que crea una ONG para erradicarla.
- **c.** El (3) respeta la diversidad pero no la intolerancia.

4. Decide cuáles de las siguientes afirmaciones son verdaderas o falsas.

- **a.** Todas las personas piensan igual si pertenecen a la misma cultura.
- **b.** Dentro de un grupo cultural, siempre existirán diferentes características entre las personas que lo forman.

Solución: 1. a. fijismo; b. teoría sintética; c. transformismo; d. darwinismo; e. mutacionismo. 2. Son verdaderas: a. y b. 3. 1. etnocentrismo; 3. pluralismo cultural; 2. relativismo. 4. Son verdaderas: b.

5

DIMENSIÓN LINGÜÍSTICA Y SIMBÓLICA DEL SER HUMANO

- 1. Comunicación y lenguaje
- 2. Origen del lenguaje, su desarrollo y sus relaciones con el pensamiento
- 3. Lenguaje común y lenguaje formal
- 4. El lenguaje lógico

«Si, efectivamente, a través del lenguaje podemos progresar en el conocimiento, es porque la palabra no es mero símbolo o formalización de contenidos, sino que en ella se integran, de alguna manera, la objetividad y la subjetividad. Por eso la esencia del lenguaje consiste en llenar con la materia del mundo fenoménico la forma de los "pensamientos"; el lenguaje siempre tiende a lo formal, y como las palabras ocupan el lugar de las cosas, estas, en cuanto materia, tienen que encontrar una forma a la que estén sometidas.»

LLEDÓ, Emilio: *Filosofía y lenguaje,* Ariel, Barcelona, 1995.

Focaliza

1. Lee con atención los dos fragmentos que siguen:

Texto 1. ¿Cómo explicar que una niña o niño de cuatro años domine el lenguaje?

«La respuesta de Holloway sugiere la necesidad de pensar en una combinación de genética y aprendizaje. "La influencia del entorno afecta realmente a la estructura del cerebro. Esto es: todos los seres humanos aprenderán a hablar si nacen en una cultura en la que existe un lenguaje, y lo aprenderán aproximadamente en el mismo periodo de tiempo, y lo aprenderán más o menos bastante bien. Por lo tanto, parece probable un componente genético". "Estoy convencido de que tiene que haber una base genética", nos decía el doctor Philip Tobias. "Me refiero a que existe una base genética en la capacidad de hablar, no en las lenguas o en lo que se dice, por supuesto. Es el hecho de poder hablar lo que tiene una base genética, el hecho de que la gente adquiera la habilidad para usar dicha capacidad muy poco después del nacimiento"... Resulta difícil separar las capacidades genéticas de la realización de las capacidades genéticas debidas a un entorno concreto. Hay capacidades que no se activan si no existe un entorno concreto que favorece la aparición y ejecución de esas capacidades. Como decía Robert Sapolsky, "los genes determinan ciertas cosas en entornos concretos".»

PUNSET, Eduardo: *El alma está en el cerebro*, Aguilar, Madrid, 2007.

Texto 2. El animal que habla

«Si el hombre es un animal, ¿es el lenguaje un instinto que solo le pertenece a él? En ese caso, ¿es producto de una ruptura catastrófica en el seno del reino animal o, de un modo más "natural", el resultado de la selección natural y de una evolución gradual igual que la bipedación en los homínidos o, en otra rama del árbol filogenético, el vuelo de los pájaros? El instinto es la facultad innata de un animal para adquirir una conducta característica de la especie en condiciones medioambientales apropiadas y, sobre todo, de contacto con padres y congéneres.
Por definición, el lenguaje pone en relación un emisor con un receptor. El niño no hablará si no tiene a nadie a quien hablar y su interlocutor se convertirá, por fuerza de las cosas y la fuerza de las palabras, en su maestro. La misma fuerza que en la infancia le ha revelado los secretos del lenguaje le empuja a enseñárselas posteriormente al bebé. Así pues, es igualmente acertado decir que el lenguaje es el resultado de un aprendizaje que afirmar su naturaleza instintiva y hereditaria.»

FERRY, Luc y Jean DIDIER, Vincent: *¿Qué es el hombre?*, Santillana, Madrid, 2001.

2. ¿Adquirimos el lenguaje porque ya nacemos dotados genéticamente para ello o porque es el resultado de un prolongado proceso de aprendizaje?

3. ¿Creéis que el habla es una particularidad específica del ser humano por la que se distingue del resto de los animales? Razona la respuesta.

4. ¿Estás de acuerdo con la opinión de los profesores Phillip V. Tobías y Ralph L. Holloway? ¿Qué opina al respecto Eduardo Punset?

5. ¿Qué significan las siguientes afirmaciones?

- **a.** «Así pues, es igualmente acertado decir que el lenguaje es el resultado de un aprendizaje que afirmar su naturaleza instintiva y hereditaria.»
- **b.** «El entorno en el que se desarrolla la vida de un individuo puede modificar sus genes.»

Introducción

Comunicación, lenguaje y lógica es la temática de esta unidad. **Comunicación** es cualquier sistema de transmisión de información. Muchas especies animales se comunican entre sí a través de gestos o mediante sonidos que expresan afecto, dolor, amenaza, búsqueda de pareja, celos, etc. El ser humano también utiliza sistemas similares, y además, inventa códigos convencionales para transmitir un número determinado de mensajes como los que se emiten a través de las campanadas de un reloj que marca las horas; y, además, goza de una facultad específica que le permite expresar un sinnúmero de mensajes de diferentes contenidos. Esa facultad es el **lenguaje** que normalmente adopta una forma sonora, aunque también puede realizarse a través de la escritura o de gestos manuales. El lenguaje es el medio natural para expresar el pensamiento, cuyo núcleo central es el raciocinio y la argumentación. La **lógica** es la ciencia que nos descubre las leyes a las que se atiene la mente humana cuando razona.

1. Comunicación y lenguaje

«Comunicación» y «lenguaje» no son términos sinónimos. «Comunicación» es un término más genérico y se puede aplicar a un número mayor de hechos y realizaciones. «Lenguaje» es un término más concreto y específico y en consecuencia su campo de aplicación es más restringido. Un toque de corneta es un acto de comunicación, lo mismo que el juego de colores rojo, amarillo y verde de un semáforo. Sin embargo, la conversación de dos amigos o el discurso del primer ministro en el Parlamento son actos del lenguaje. Todo lenguaje es comunicación, pero no toda comunicación es lenguaje.

La **comunicación,** en general, es cualquier tipo de transmisión de información encaminada a instruir o influir en una o más personas o animales.

«El **lenguaje** es un sistema que nos permite a los humanos comunicar pensamientos mediante una cadena estructurada de sonidos, o mediante gestos manuales en los lenguajes de signos.» Manuel Carreiras.

Fig. 5.1. *El lenguaje se actualiza a través de la palabra.*

Muchas **especies de animales** como los mamíferos, las aves, los reptiles o los insectos, se comunican de diferentes maneras mediante gestos faciales o corporales y a través de sonidos que expresan afecto, dolor, amenaza, celos, búsqueda de la pareja, etc. Sin embargo, estos **sistemas de comunicación** no llegan a constituir lenguajes en sentido propio y preciso, aunque los denominemos así.

El **ser humano** también utiliza sistemas innatos de comunicación como la sonrisa y otros gestos similares a los que emplean algunos animales, pero además, tiene la capacidad de inventar multitud de **códigos convencionales** —como, por ejemplo, las señales de tráfico— para transmitir un número limitado de mensajes. Y goza de una facultad natural **de comunicación** que le permite expresar un número infinito de mensajes distintos. Esta **facultad** es el lenguaje, que normalmente adopta una forma sonora, aunque también puede realizarse a través de gestos manuales o mediante la escritura.

Actividades

1. Pon dos ejemplos de comunicación que no precisen del lenguaje humano y dos que sí.
2. ¿En qué se diferencia el lenguaje oral del lenguaje de sordomudos?

1.1 En torno al proceso de comunicación

Toda **comunicación** implica una relación de carácter informativo entre, al menos dos individuos. Los elementos que se requieren para que haya proceso comunicativo son cinco:

- **Emisor,** alguien que expresa una información.
- **Receptor,** quien o quienes reciben la información.
- **Mensaje,** contenido de la información, aquello de lo que trata.
- **Canal,** soporte material que hace posible el paso del mensaje del emisor al receptor a través del espacio y del tiempo.
- **Código,** conjunto sistemático y reiterativo de signos y normas que se utilizan para transmitir mensajes.

La información que se transmite puede ser «especulativa», «efectiva» o «especulativa y efectiva simultáneamente»:

- **Especulativa.** Se trata de una información donde únicamente se transmiten conocimientos. Ejemplo: «La superficie de la corteza cerebral humana mide aproximadamente 25,2 dm^2».
- **Efectiva.** Se trata de una información con la que se pretende influir en la conducta de otro u otros. Ejemplo: «Te recuerdo que mañana es el cumpleaños de tu madre».
- **Especulativa y efectiva simultáneamente.** Este tipo de información se da cuando se pretende informar e influir en la conducta de otra u otras personas. Ejemplo: «Estamos a punto de salir a la calle en mangas de camisa y alguien grita: ¡cuidado que está lloviendo!».

1.2 Los signos lingüísticos

A la hora de transmitir mensajes empleamos un conjunto sistemático de signos y normas que conforman un código. Los signos son los elementos básicos del código y, según **Morris,** se pueden definir como «algo que está en lugar de algo para alguien». En otras palabras, los signos siempre hacen referencia a otras cosas distintas de sí mismos. Aquello a lo que se refieren se denomina «designado» y la persona o personas a quienes van dirigidos constituyen lo «denotado». En una relación de comunicación fluida deben estar perfectamente armonizados el emisor, el signo, lo designado y lo denotado.

Si se considera la relación entre el signo y lo designado, se distinguen dos clases de signos: «naturales» y «convencionales».

- **Signos naturales.** También se denominan **«indicios».** Son aquellos en los que la relación entre el signo y lo designado obedece a un nexo causal en donde el signo es el efecto y lo designado la causa. Ejemplo: el humo es signo del fuego.
- **Signos convencionales.** Son los que se establecen voluntaria y libremente sin que exista ninguna relación causal entre el signo y lo designado. Se distinguen dos subclases: signos icónicos y no icónicos.
  - **Signos icónicos.** También se denominan «símbolos». Son aquellos en los que entre el signo y lo designado existe una cierta analogía. Los signos icónicos representan, de algún modo, el objeto al que se refieren. Ejemplo: la paloma es un símbolo de la paz.
  - **Signos no icónicos.** También se denominan «señales» o «signos» propiamente dichos. Son aquellos en los que no hay ninguna relación natural ni ninguna analogía entre el signo y su designado. Son los signos que se utilizan en el lenguaje ordinario o común. Ejemplo: las palabras de un idioma.

La **semiótica** es la ciencia que estudia los signos lingüísticos. Se divide en tres partes: «sintaxis», «semántica» y «pragmática».

Más datos

Los monos superiores y el lenguaje humano

A la pregunta de si los monos superiores (chimpancés, bonobos y gorilas) pueden aprender el lenguaje humano se ofrecen cuatro respuestas diferentes:

1. No pueden, porque carecen de la capacidad intelectual suficiente. Sin embargo la experiencia demuestra que algunos chimpancés y bonobos son capaces de vincular conceptos con símbolos externos, lo cual requiere un alto nivel cognitivo.
2. No es posible porque su constitución anatómica y fisiológica condiciona su capacidad de producir y percibir sonidos.
3. No pueden, porque carecen de la habilidad específica para la adquisición del lenguaje.
4. Podrían conseguirlo si se consiguiese demostrar que disponen de estructuras cerebrales específicas precursoras de las que sustentan actualmente el lenguaje de la especie humana.

En los múltiples intentos de enseñar lenguaje a los chimpancés se llega a la conclusión de que sus sistemas de comunicación reflejan un repertorio fijo de conductas, más que un sistema de reglas generativas. La creatividad es una de las características específicas del lenguaje humano. Hasta el momento ningún primate no humano ha sido capaz de demostrar una habilidad lingüística superior a la de un niño de dos años.

En Internet

En **es.wikipedia.org/wiki/Lenguaje** o **/pensamiento** encontrarás información sobre el desarrollo del lenguaje y el pensamiento.

1.3 Lenguaje humano y comunicación animal

Con frecuencia se habla del lenguaje de las abejas o de los delfines, pero lo cierto es que el **lenguaje,** en sentido propio y preciso, es una **facultad específica** y exclusiva del **ser humano.** Solo nos podemos referir al lenguaje animal en un sentido analógico y metafórico, puesto que los animales se pueden comunicar, pero no pueden «hablar». Por tanto, cuando se hace referencia al **lenguaje animal** en realidad nos referimos a la capacidad que tienen esos seres para comunicarse a través de gritos, mímica, gestos y ritos. En contraposición, cuando hablamos de lenguaje humano nos referimos a la capacidad que tienen los seres humanos para comunicarse entre sí a través de signos articulados, intencionales y abstractos adquiridos a través de un proceso social de aprendizaje.

Fig. 5.2. y **fig. 5.3.** *No todo sistema de comunicación es lenguaje.* Las diferencias entre los sistemas de señales que utilizan los seres humanos y los que utilizan los animales en los procesos de comunicación son tan grandes que los convierten en sistemas cualitativamente distintos.

A. Rasgos del lenguaje humano y de la comunicación animal

El lenguaje humano se caracteriza por ser:

- **Articulado.** Los signos se combinan entre sí formando estructuras significativas simples y complejas, es decir, sílabas, palabras y oraciones. La capacidad que más caracteriza al lenguaje humano es la sintaxis recursiva que permite combinar las palabras en frases y oraciones, que a su vez se combinan gramaticalmente con otras frases y oraciones previamente establecidas y hacen posible la creación de infinidad de oraciones.
- **Verbal.** Las palabras son los signos básicos del lenguaje. La forma ordinaria y natural de realización del lenguaje es el habla, que se hace realidad en las distintas lenguas del mundo que hacen posible la comunicación de infinidad de mensajes distintos a través de códigos lingüísticos diferentes formados por un número finito de signos convencionales —palabras—, y un conjunto limitado de reglas sintácticas.
- **Convencional.** Las palabras de cada lengua no surgen espontáneamente del fondo biológico; son fruto de convenciones debidas a usos y costumbres.
- **Aprendido.** A partir de una predisposición o habilidad genética inicial el lenguaje es el resultado de un proceso social de aprendizaje en el seno de una comunidad.
- **Abstracto.** Utiliza símbolos abstractos que le permiten traspasar las fronteras de lo particular y lo concreto.

El sistema de comunicación animal es:

- **No articulado.** Los signos no se combinan entre sí para formar estructuras significativas complejas. Algunos homínidos no humanos, después de largos procesos de aprendizaje, han logrado aprender rudimentos de nuestros sistemas de comunicación, pero como carecen de nuestro sistema fonador son incapaces de proferir los fonemas de nuestras lenguas.
- **Mímico.** Se realiza a través de mimos, gritos, gestos y ritos.
- **Innato.** Las señales que emiten surgen directamente de sus códigos genéticos, están programadas antes del nacimiento.
- **Instintivo.** Surge espontáneamente del fondo biológico del animal para la satisfacción inmediata de sus necesidades biológicas.
- **Concreto.** Se ciñe al momento presente sin perspectiva de futuro. Se limita a informar de situaciones concretas.

Noam Chomsky, 1928 (fig. 5.4)

Lingüista y filósofo estadounidense, defiende que el lenguaje es consecuencia de una facultad innata en el ser humano. Su objetivo lingüístico es establecer una gramática universal que pueda explicar la base común de todas las lenguas. Entre sus obras sobresalen *Estructuras Sintácticas* y *Revisión de Comportamiento Verbal de B. F. Skinner*, que acabaron con el conductismo, y *El miedo a la democracia*.

B. ¿Cómo se adquiere el lenguaje humano?

La adquisición del lenguaje por los niños encierra dos grandes misterios que todavía no están suficientemente explicados por la ciencia: ¿cómo adquieren el significado de las palabras y cómo consiguen superar la complejidad de la sintaxis? En torno a estas preguntas y otras similares, en la década de los años cincuenta del siglo pasado se formularon dos teorías distintas representadas por **B. F. Skinner** —conductismo— y por **Noam Chomsky (fig. 5.4)** —innatismo moderado— que todavía tienen vigencia y controversia en la actualidad.

La primera teoría defiende una «continuidad entre el lenguaje y el resto de los procesos cognitivos». Para la tradición skinneriana, el lenguaje es una capacidad más para resolver problemas cognitivos. El lenguaje es un producto de las capacidades generales del aprendizaje y se adquiere de la misma forma que los niños aprenden a montar en bicicleta. Los niños son recompensados cuando hablan correctamente y reprobados cuando cometen errores.

La segunda defiende la **especificidad** de los procesos del lenguaje. El procesamiento del lenguaje «no está influido por el conocimiento general». La adquisición del lenguaje se debe a una **facultad** u **órgano mental.** En sentido estricto no habría aprendizaje del lenguaje, sino crecimiento de dicha facultad bajo ciertas condiciones ambientales. El órgano mental tiene dos estados: el estado inicial, representa la dote lingüística innata del niño; el segundo estado está representado por el conocimiento que se tiene de una lengua particular.

No hay consenso unánime sobre cuál de las dos teorías explica mejor la adquisición del lenguaje. Ambas tratan de imponerse, pero el peso de las razones se inclina a favor de una tesis innatista moderada. La investigación experimental indica que al nacer venimos dotados de predisposiciones innatas específicas para el lenguaje.

Texto 1. Adquisición del lenguaje

«Chomsky postuló la existencia de un "mecanismo de adquisición del lenguaje" innato para dar cuenta de la **paradoja** de la adquisición. La paradoja consiste en que el niño no imita, sino que crea el lenguaje, un fenómeno complejo, incluso en condiciones estimulares pobres. Este argumento fue, quizá, el desafío más importante que se le planteó al conductismo. Chomsky argumentó que la concepción de Skinner de la conducta verbal no reflejaba las propiedades de lo que se consideran ejemplos típicos de conducta lingüística. Una buena parte de esta no se basa en la generalización de lo que es familiar, ni está bajo el control discernible del estímulo, sino que es creativa e innovadora. Los hablantes están constantemente oyendo y produciendo secuencias nuevas de palabras, lo que resulta difícil de explicar desde el **conductismo***. Además, hay otra serie de hechos que entran en conflicto con la visión que tienen los conductistas de la adquisición del lenguaje. Sí, los niños adquieren el lenguaje en un espacio temporal relativamente pequeño; una gramática abstracta y muy compleja aun cuando solo reciben como ***input**** expresiones concretas; este proceso no se ve influido de forma significativa ni por la posible instrucción paterna ni por la inteligencia de los aprendices, etc. Hechos como estos sugieren, según Chomsky, que los seres humanos venimos al mundo con predisposiciones innatas para adquirir el lenguaje.»

CARREIRAS, M.: *Descubriendo y procesando el lenguaje*, Trotta, Madrid, 1997.

1. ¿Por qué es difícil explicar desde el conductismo la producción de secuencias nuevas de palabras?
2. ¿Existe un «mecanismo de adquisición del lenguaje»? ¿Dónde?
3. ¿Se puede verificar empíricamente la teoría de Noam Chomsky?
4. ¿Cuál de los dos autores defiende que el lenguaje es producto de las capacidades generales de aprendizaje y cuál de ellos defiende que la adquisición del lenguaje es diferente de los otros tipos de aprendizajes?

2. Origen del lenguaje, su desarrollo y sus relaciones con el pensamiento

El **lenguaje humano** se adquiere a partir de una **base genética** mediante un proceso social de aprendizaje, pero ¿cuándo se dio el **paso evolutivo** de la comunicación inarticulada a la comunicación verbal? No se sabe exactamente, aunque se cree que este cambio pudo haberse producido hace varios millones de años. En 1992 se descubrió en Atapuerca (Burgos) el «cráneo número 5» de un preneandertal de hace trescientos mil años. Al parecer, este antecesor del Neandertal ya hablaba, aunque de forma diferente a como lo hacemos ahora, pues el desarrollo evolutivo de su faringe no le permitía emitir sonidos que hoy en día emitimos con normalidad.

Fig. 5.5. *En la actualidad, la tecnología es un elemento más de interacción y comunicación para los niños.*

2.1 Teorías sobre el origen del lenguaje

La **preocupación** por averiguar el origen del lenguaje es una constante en la historia de la filosofía y de la ciencia. Recientes **hallazgos** en Atapuerca y opiniones autorizadas de eminentes **paleontólogos*** parecen situar la aparición del lenguaje en torno a los ochocientos mil años. Más allá de esta fecha, existen diferentes teorías que pretenden explicar cómo apareció el lenguaje:

- **Teorías míticas y religiosas.** Los defensores de estas teorías atribuyen la aparición del lenguaje a una donación divina. Evidentemente este tipo de teorías carecen de toda fundamentación científica.
- **Teorías de la convención.** El lenguaje es producto de una especie de pacto social entre humanos. Los primeros que defendieron esta teoría fueron los sofistas y posteriormente también tuvo muchos adeptos en la época de La Ilustración. Actualmente no tiene vigencia.
- **Teorías del carácter social del lenguaje.** Los defensores de esta teoría sostienen que el lenguaje es necesariamente un producto de la vida en sociedad. Sin embargo, conviene recordar que el lenguaje es fruto de un aprendizaje, que se realiza sobre la base de una herencia genética.
- **Teorías evolucionistas.** Los defensores de estas teorías sostienen que el lenguaje se formó a través de un lento proceso evolutivo que, desde la aparición de una escasa serie de sonidos, culminó en la perfección de las lenguas actuales.

2.2 Desarrollo del lenguaje en el niño

A los cuatro años de edad, aproximadamente, los niños dominan la estructura del lenguaje materno. ¿Cómo lo consiguen? La opinión dominante de los especialistas es que el lenguaje surge gracias a una combinación de **herencia genética** y **aprendizaje** en el núcleo familiar.

Más allá de los factores que intervienen en el desenvolvimiento del lenguaje, se han identificado tres etapas por las que todos pasamos hasta alcanzar un desarrollo suficiente de dicha herramienta de comunicación. Así, de 0 a 3 años el niño/a emplea un «lenguaje emocional»; de 4 a 6 años domina la «sintaxis» y de 6 a 12 desarrolla un «lenguaje de tipo lógico-formal».

- **Primera etapa, de 0 a 3 años. Lenguaje emocional.** La primera manifestación lingüística del niño es el llanto, indiferenciado hasta la tercera semana y diferenciado a partir de la misma. A partir de la octava semana, el bebé responde a sonidos humanos mediante la sonrisa y a veces mediante murmullos. A los seis meses, aproximadamente, los murmullos se convierten en balbuceos que recuerdan sonidos monosilábicos.

Actividades

3. ¿Cuál es la primera forma de comunicación de la niña o el niño con sus semejantes?
4. ¿En qué fase de la vida comienzan los niños a utilizar un lenguaje lógico-mental?

Entre los nueve y los diez meses el niño/a juega con los sonidos imitando, en apariencia, perfiles sonoros del medio ambiente. A los doce meses se produce un incremento en la identificación de sonidos y en la imitación con una serie de réplicas. Así pues, los niños pueden decir «papá», «mamá», «tata», además de obedecer ciertas órdenes sencillas. De los quince a los dieciocho meses el vocabulario oscila de tres a quince palabras, que aumentan a los veinticuatro meses a más de cincuenta: con ellas puede formar frases de dos palabras. A los tres años el niño domina la mayor parte de la sintaxis de la lengua materna.

- **Segunda etapa, de 4 a 6 años. Dominio de la sintaxis.** Es una etapa de gran movilidad y expresividad lingüística. Con la ayuda de los medios audiovisuales, el niño puede llegar, incluso, a dominar alrededor de 2 500 palabras, así como combinarlas para construir un elevado número de oraciones. Además, a los cuatro años comienza a expresarse de acuerdo a un estilo retórico propio.

- **Tercera etapa, de 6 a 12 años. Lenguaje lógico-mental.** El niño es capaz de seguir un pensamiento lógico concreto. Se diferencia y separa el pensamiento del lenguaje, lo que se piensa de lo que se expresa. El lenguaje se socializa y el niño es capaz de seguir una conversación siempre que el contenido esté al alcance de sus capacidades.

2.3 Relaciones del lenguaje con el pensamiento

Las relaciones entre pensamiento y lenguaje han sido, desde siempre, objeto de preocupación filosófica y científica. Las respuestas a esta incógnita son múltiples, pero en este apartado nos vamos a centrar en tres propuestas: el pensamiento depende del lenguaje; el lenguaje depende del pensamiento y, finalmente, pensamiento y lenguaje son distintos pero se condicionan e interrelacionan mutuamente.

- **El lenguaje determina el pensamiento**. Defienden esta posición, entre otros, los lingüistas Y. Sapir y B. Whorf y el sociolingüista B. Berstein. En la hipótesis de **Sapir-Whorf** se afirma que el lenguaje determina los conceptos, es decir, que cuando el niño aprende la lengua materna también aprende una concepción determinada del mundo. Cada cultura tiene su propia visión del mundo condicionada por la lengua que habla. **Berstein** llegó a la conclusión de que las hablas con poca riqueza léxica inciden en el rendimiento escolar, pues condicionan negativamente el desarrollo intelectual de los alumnos. Esta hipótesis no parece probable.

- **El lenguaje depende del pensamiento.** Defienden esta posición, entre otros, el psicólogo J. Piaget y el lingüista N. Chomsky. Según **Piaget,** el lenguaje es una consecuencia del desarrollo de la inteligencia, entendida como capacidad de adaptación al medio. El desarrollo de la inteligencia comienza con el acto del nacimiento, mucho antes de que el niño comience a hablar. El habla aparece posteriormente, cuando el niño ha alcanzado un determinado nivel cognitivo. **N. Chomsky** intenta descubrir las estructuras que tienen en común todas las lenguas humanas. Dichas estructuras reflejan la naturaleza de la mente humana que condiciona la organización del lenguaje.

- **Pensamiento y lenguaje son distintos con mutuas interdependencias y correlaciones.** Psicólogos rusos como **Vygotsky** y **Luria** defienden que las capacidades cognitiva y lingüística surgen y se desarrollan como procesos independientes hasta el momento en que ambas facultades entran en estrecha interdependencia. Hasta los dos años la mente funciona con un pensamiento prelingüístico. Al mismo tiempo, el niño empieza a hablar siguiendo un proceso que va desde los primeros balbuceos, pasando por las palabras frase hasta llegar a los enunciados correctos cuando alcanza los dos o tres años de edad. Existe un lenguaje precognitivo y una cognición prelingüística que evolucionan por separado hasta que, en un momento determinado, confluyen la inteligencia sensomotriz y el lenguaje.

3. Lenguaje común y lenguaje formal

El lenguaje surge de la **necesidad** que tienen los humanos de poseer más información para sobrevivir y comunicarse con sus semejantes. La **comunicación** entre individuos permite aumentar el caudal de conocimientos sobre los que se va cimentando la vida, la ciencia y la cultura humana. El acervo cultural y científico está sometido a una progresión continua y a incesantes cambios que exigen frecuentemente altos niveles de precisión en las comunicaciones. Por ello se inventan **lenguajes artificiales** para evitar posibles deficiencias en la comunicación a través del lenguaje ordinario.

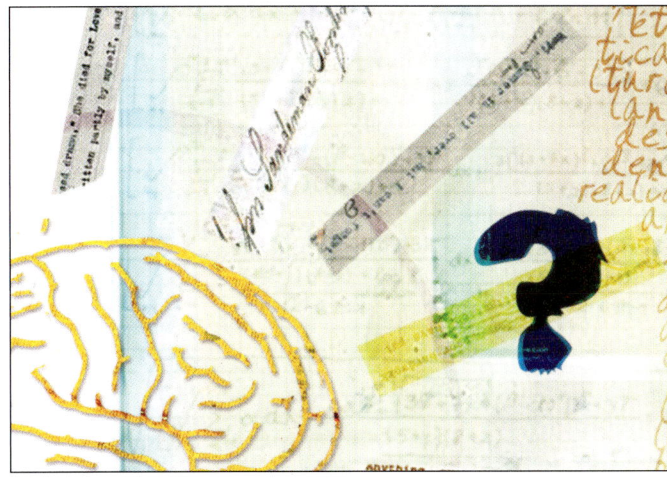

Fig. 5.6. *Lengua y pensamiento.* En la actualidad, los canales han cambiado, con lo que también ha cambiado el lenguaje que utilizamos para comunicarnos.

3.1 Lenguaje ordinario o común

El lenguaje ordinario o común, como ya se ha apuntado anteriormente, está constituido por las distintas lenguas que utilizan los seres humanos para comunicarse entre sí. Es el lenguaje que se emplea para expresar conocimientos, deseos, sentimientos, órdenes, etc. Sin embargo, el uso del lenguaje común en los procesos de comunicación puede generar errores debido al uso de palabras ambiguas y la imprecisión de algunas palabras y frases. Las **palabras ambiguas** son:

- **Términos equívocos** son los que se pueden atribuir a conceptos o cosas totalmente distintos, como por ejemplo la palabra «cabo» que se puede aplicar a un accidente geográfico o a una jerarquía militar.
- **Términos análogos** designan cosas en parte iguales y en parte distintas, como por ejemplo «cabellos de oro».
- La imprecisión de las expresiones puede ser «explícita» o «implícita».
  - Se produce **imprecisión explícita** cuando se utilizan términos ambiguos en los enunciados, pero no se aclara el sentido en que se toman. Un ejemplo de este tipo de expresiones sería «el burro de Valerio carga con el peso», donde «burro» se presta a distintas interpretaciones que cambian totalmente el sentido de la frase.
  - Se produce **imprecisión implícita** cuando una frase da pie a que el lector u oyente saque conclusiones que no se derivan necesariamente de lo dicho o escrito. Si un profesor dice en clase «algunos alumnos son buena gente» y del resto de los alumnos no dice nada, alguien podría interpretar que el profesor quiso decir en realidad que «algunos alumnos son mala gente». La imprecisión también se debe, a veces, a la construcción incorrecta de las expresiones. En «fui a una reunión en la que había cuatro personas y dos niños» alguien podría pensar que los niños no son personas.

Como se deduce hasta ahora, el lenguaje ordinario da lugar a diferentes problemas que se pueden resumir en dos términos: «polisemia» y «anfibología». La **polisemia** es la pluralidad de significados de algunas palabras o frases. La **anfibología** es la pluralidad de significados de una frase por ambigüedad o construcción incorrecta. Para evitar estas imprecisiones y ambigüedades, poco a poco surgió la idea de inventar lenguajes formales.

3.2 Lenguaje formal

El **lenguaje formal** es un conjunto de signos artificiales vacíos de contenido que se relacionan entre sí por una serie de normas y reglas. Cuando los signos carecen de toda referencia a significados concretos forman un cálculo sometido exclusivamente a sus propias reglas y a la coherencia interna del propio lenguaje. Un **cálculo** es, por lo tanto, una operación formal con símbolos sin interpretar.

La expresión «5 + 3 = 8» es un cálculo con signos sin interpretar, es decir los signos «3», «5», «8» no se refieren a nada concreto. Al ser interpretado, un cálculo lógico o matemático se convierte entonces en un **lenguaje formalizado.** Los signos «3», «5», «8» pueden interpretarse como casas, sillas o coches. Del mismo modo, un lenguaje común puede traducirse a un lenguaje formal construido en forma de cálculo. Por ejemplo, la expresión «o llueve o hace frío» puede formalizarse como «p v q» que se lee «p o q» y expresa una proposición disyuntiva inclusiva.

A. Elementos y propiedades del lenguaje formal

Las piezas básicas de un lenguaje formal son un conjunto de «signos elementales» que carecen de significación semántica y equivalen a las palabras en el lenguaje ordinario. También existen una serie de signos auxiliares, como los paréntesis, las llaves y los corchetes, que equivalen a los signos de puntuación en el lenguaje ordinario. Además de los signos, se necesita un conjunto de «reglas de formación» de fórmulas o expresiones y un conjunto de reglas de transformación para obtener nuevas fórmulas.

- **Signos elementales**. En la lógica de enunciados los signos elementales son letras minúsculas que representan oraciones enunciativas simples y otros signos que representan operaciones. Pueden ser:
  - **Variables.** Las variables son los signos que se combinan entre sí para formar las expresiones del cálculo. En la expresión «x + z = y» las variables son las letras «x», «z», «y».
  - **Constantes.** Las constantes indican la forma de relacionarse las variables. En la fórmula anterior las constantes son los signos «+» e «=». En la lógica formal las constantes también se pueden llamar «conectivas», «juntores» u «operadores».
- **Reglas de formación.** Las reglas de formación o construcción determinan qué combinaciones son correctas y cuáles son incorrectas, determinan si una expresión o fórmula tiene o carece de sentido en ese lenguaje.
- **Reglas de transformación.** Las reglas de transformación permiten pasar coherentemente de unas fórmulas o expresiones bien formadas a otras. En todo cálculo hay un conjunto de fórmulas bien formadas que se admiten sin derivarlas de otras. Son los **axiomas*** del cálculo. También hay un conjunto de fórmulas que se derivan directa o indirectamente de los axiomas mediante la aplicación de reglas de transformación. Son los **teoremas*** del cálculo.
- **Definiciones.** Las definiciones son un conjunto de fórmulas que permiten sustituir unas expresiones por otras equivalentes en un momento dado de un proceso deductivo.
- **Axioma.** Es una expresión originaria que se admite sin derivarla de otras expresiones. Para los griegos un *axioma* era un enunciado evidente por sí mismo. Por ejemplo: «el ser es», el «no ser no es». Actualmente se entiende por axioma un enunciado originario siempre verdadero en virtud de su forma.
- **Teorema.** Es un enunciado cuya verdad se demuestra en un cálculo. Se trata de una expresión verdadera que se obtiene por la aplicación de reglas de transformación a unos axiomas o a unas premisas.
- **Premisas.** Son expresiones que se dan como datos antes de iniciar un razonamiento deductivo.

4. El lenguaje lógico

Desde los orígenes de la filosofía, y más concretamente desde Aristóteles, la lógica ha formado parte importante e imprescindible de esta disciplina. Se ha considerado siempre como un **saber instrumental** para construir razonamientos formalmente válidos en cualquier tipo de temas o asuntos. A partir del siglo XX se consolida como ciencia formal autónoma que tiene por objeto el estudio de la validez formal de los razonamientos, al margen de la verdad material de sus premisas y conclusiones.

La **lógica** es la ciencia que estudia la validez formal de los razonamientos. Según A. Deaño, es «la ciencia de los principios de la inferencia formalmente válida».

La **lógica** es una **ciencia formal,** porque no se ocupa de hechos y procesos de la realidad, como las ciencias empíricas, sino de formas o estructuras vacías de contenido que sirven para determinar si los argumentos son correctos o incorrectos. En otras palabras, la lógica no se ocupa de la verdad material de las proposiciones de los argumentos, sino de la **coherencia** del pensamiento consigo mismo y de la **validez formal** de los esquemas de **inferencia*.** Y si un esquema de inferencia es correcto garantiza que si las **premisas*** son verdaderas, la conclusión también lo sea.

El **objeto material** de la lógica son los razonamientos o argumentos y su **objeto formal** es la estructura de los mismos para discernir las formas válidas o correctas de las que no lo son. En el proceso discursivo humano se distinguen dos clases generales de argumentos:

- **Razonamientos deductivos.** Consisten en inferir un juicio denominado «conclusión» a partir de otro u otros, denominados «premisas». La deducción se origina a partir de principios racionales y la conclusión se deriva rigurosa y necesariamente de las premisas. Por ejemplo, «los seres humanos son mortales», «Antonia es un ser humano», luego «Antonia es mortal».

- **Razonamientos inductivos.** Consisten en llegar a una explicación general de un tipo de fenómenos, partiendo del análisis de datos concretos de algunos de los fenómenos que se analizan. La inducción es un procedimiento experimental que consiste en una generalización a partir de la observación de una serie determinada de fenómenos o hechos particulares. Como, por ejemplo, «observamos que en Cáceres el agua de un puchero hierve a 100 grados, lo mismo que ocurre en Sevilla, en Buenos Aires y en Moscú. Luego concluimos que en todas partes el agua hierve a 100 grados». Se trata de argumentos cuya conclusión no se infiere necesariamente de las premisas, sino que se deriva de las premisas con mayor o menor grado de probabilidad.

La lógica que se estudia en este apartado es la lógica que determina la corrección o incorrección formal de los **argumentos deductivos.** De la «lógica clásica» que se extiende desde el siglo V a. C. hasta el siglo XIX nos centraremos en el «silogismo categórico». **El silogismo categórico** consiste en derivar una proposición enunciativa simple llamada «conclusión» a partir de otras dos que se llaman «premisas». **Aristóteles** fue el primero en estudiar sistemáticamente la lógica como teoría de la inferencia. La «lógica formal» se inicia en el siglo XIX y entre los autores más importantes del siglo XX podemos citar a **Bertrand Russell (fig. 5.7), A. N. Whitehead** y **Ludwid Wittgenstein.** De la lógica formal analizaremos la «deducción natural», que consiste en derivar una conclusión a partir de unas premisas mediante la aplicación de leyes y reglas de inferencia.

Bertrand Russell (1872-1970, fig. 5.7)

Nació en el País de Gales en 1872, estudió en el Trinity College de la Universidad de Cambridge. Alcanzó el éxito con la publicación del primer tomo de su primera gran obra *Principia Mathematica* en 1902 que completó posteriormente con la colaboración del también filósofo y matemático británico Alfred North Whitehead. *Principia Mathematica* es una obra maestra de la lógica y la filosofía del siglo XX. Otra obra de Russell, de reconocido prestigio, es la *Historia de la Filosofía Occidental.* Sus obras y actividades le convirtieron en uno de los pensadores más influyentes del siglo XX. Desde muy joven tuvo un alto grado de conciencia social que le llevó a la cárcel en varias ocasiones. Después de la Segunda Guerra Mundial participó activamente en la Campaña por el Desarme Nuclear y se comprometió, arriesgando su libertad, en la defensa de los derechos civiles. En 1950 recibió el Premio Nobel de Literatura. Murió en Inglaterra el 2 de febrero de 1970.

En la **deducción natural** veremos un lenguaje totalmente formal ya que la lógica clásica tan solo formaliza variables proposicionales, pero no constantes. La «lógica informal», como su nombre indica, utiliza como vehículo de comunicación el lenguaje común. Por tanto, la «lógica informal» se puede definir como la rama de la lógica que estudia argumentos que se expresan en el lenguaje ordinario con el fin de persuadir a quienes los leen o escuchan. Finalmente, en la lógica informal, podemos citar el «método de analogía lógica», entre otros. El **método de analogía lógica** consiste en construir un argumento de la misma forma, con premisas verdaderas y conclusión falsa. Si se consigue, se demuestra que la forma de razonar en cuestión es incorrecta.

4.1 El silogismo categórico

El **silogismo* categórico** es un argumento deductivo formado por tres proposiciones enunciativas simples, una de las cuales se denomina «conclusión» y se deriva de las otras dos, llamadas «premisas».

Todo silogismo consta de materia y forma: la **materia** está formada por los **términos** y las **proposiciones.** La **forma** se define por la colocación y distribución de los términos en las **premisas** y **conclusión.**

En cuanto a la materia se refiere, los **términos** son tres: **término mayor (P),** que es el predicado de la conclusión; **término menor (S),** el sujeto de la conclusión y **término medio (M),** es el término que se repite en las premisas y no aparece en la conclusión. Las **proposiciones** también son tres: **premisa mayor,** la que contiene el término mayor y se coloca en primer lugar; **premisa menor,** la que contiene el término menor y se coloca en segundo lugar; **conclusión,** la proposición que se deriva de las premisas.

En el siguiente ejemplo de silogismo categórico podemos observar la colocación de los términos en las premisas y en la conclusión, y el orden en que deben.

Proposiciones	Silogismo	Esquema
Premisa mayor	«Ningún gato es rumiante»	«Ningún P es M»
Premisa menor	«Todos los bovinos son rumiantes»	«Todos los S son M»
Conclusión	«Ningún bovino es gato»	«Ningún S es P»

Tabla 5.1. *Esquema de silogismo categórico.*

A. Reglas del silogismo categórico

Para realizar correctamente un silogismo categórico hay que ajustarse a **ocho reglas básicas,** cuatro se refieren a los términos y las otras cuatro se refieren a las proposiciones. Si no se quebranta ninguna de estas reglas siempre se obtendrán silogismos correctos. Si se quebranta alguna de ellas el silogismo será incorrecto. Son muy sencillas y fáciles de memorizar:

- **Reglas de los términos.** Son cuatro reglas básicas que se refieren al lugar en donde deben ir colocados los términos en las premisas y en la conclusión.
  - Los términos son tres: mayor, menor y medio.
  - Los términos no pueden tener más extensión en la conclusión que en las premisas.
  - El término medio debe aparecer en las premisas en toda su extensión por lo menos una vez.
  - El término medio no puede aparecer en la conclusión.

- **Reglas de las proposiciones.** Las reglas de las proposiciones también son cuatro y se refieren a las relaciones que debe haber entre las premisas y la conclusión.
  - De dos premisas afirmativas no se puede derivar conclusión negativa.
  - De dos premisas negativas no se sigue nada. Una de las premisas tiene que ser necesariamente afirmativa para que sea posible la comparación de los dos términos mayor y menor con el término medio.
  - De dos premisas particulares no se sigue conclusión, porque si son las dos afirmativas no hay ningún término medio universal y no es posible la comparación. Si una es afirmativa y la otra negativa, entonces solo hay un término universal que tendría que ser al mismo tiempo mayor y medio.
  - La conclusión lleva siempre la peor parte: si hay una premisa negativa, la conclusión es negativa; si hay una premisa particular, la conclusión es particular; si hay una premisa particular y negativa, la conclusión también será particular y negativa.

B. La forma del silogismo categórico: figuras y modos

La materia del silogismo categórico la constituyen los términos y las proposiciones, y la forma la constituyen las figuras y los modos. Las **figuras** resultan del uso que se hace del término medio en las premisas, y los **modos** responden a los tipos de proposiciones que resultan de la combinación de la cantidad y la cualidad de las mismas.

- Las figuras se definen por la colocación del término medio en las premisas. El término medio es el término que se repite en las premisas. Como las premisas son dos y el término medio aparece en las dos, las combinaciones posibles serán cuatro. El término medio puede ir como sujeto en la primera y predicado en la segunda, como predicado en las dos, como sujeto en las dos o como predicado en la primera y sujeto en la segunda. Hay, pues, cuatro tipos de figuras que se sintetizan en la tabla 5.2.
- Los **modos** del silogismo están determinados por los distintos tipos de proposiciones —A, E, I, O— que intervienen en la composición de cada uno. Como los tipos de proposiciones son cuatro y en cada silogismo solo intervienen tres, las combinaciones posibles serán $4^3 = 64$. De las sesenta y cuatro combinaciones posibles, tan solo diecinueve son válidas, porque las restantes quebrantan alguna regla del silogismo. Los diecinueve modos válidos se distribuyen entre las cuatro figuras, tal como se representa en la tabla 5.3.

C. Los enunciados o proposiciones del silogismo categórico

Las **proposiciones** de los silogismos categóricos son oraciones enunciativas simples que pueden ser afirmativas o negativas. Por razón de la cualidad, pueden ser **afirmativas** o **negativas.** Por razón de la cantidad pueden ser **universales** cuando el sujeto abarca toda su extensión o **particulares,** cuando el sujeto abarca solamente parte de su extensión.

Combinando la **cantidad y la cualidad** se obtienen cuatro clases de enunciados que se representan con las siguientes letras:

- A: proposición universal afirmativa.
- E: proposición universal negativa.
- I: proposición particular afirmativa.
- O: proposición particular negativa.

1.ª figura
M..........P (Su)
S..........M (Pre)
S..........P
2.ª figura
P..........M (Pre)
S..........M (Pre)
S..........P
3.ª figura
M..........P (Su)
M..........S (Su)
S..........P
4.ª figura
P..........M (Pre)
M..........S (Su)
S..........P

Tabla 5.2. *Figuras del silogismo.*

1.ª figura. 4 modos válidos: AAA, EAE, AII, EIO.

2.ª figura. 4 modos válidos: EAE, AEE, EIO, AOO.

3.ª figura. 6 modos válidos: AAI, EAO, IAI, AII, OAO, EIO.

4.ª figura. 5 modos válidos: AAI, AEE, IAI, EAO, EIO.

Tabla 5.3. *Modos del silogismo.*

Con estas cuatro clases de proposiciones podemos construir el **cuadrado de oposición lógica de enunciados.** Enunciados opuestos son los que tienen el mismo sujeto y el mismo predicado, pero difieren en la cantidad, en la cualidad o en ambas cosas.

A. Universal afirmativa: Todo ser humano es justo — A

E — E. Universal negativa: Ningún ser humano es justo

I. Particular afirmativa: Algún ser humano es justo — I

O — O. Particular negativa: Algún ser humano no es justo

- Contradictorias (A-O, E-I): si una es verdadera la otra es falsa y viceversa.
- Contrarias (A-E): no pueden ser simultáneamente verdaderas, pero pueden ser simultáneamente falsas.
- Subcontrarias (I-O): no pueden ser simultáneamente falsas, pero pueden ser simultáneamente verdaderas.
- Subalternas (A-I, E-O): si la universal es verdadera, la particular también lo es. Si la universal es falsa, la particular puede ser verdadera o falsa. Si la particular es verdadera, la universal puede ser verdadera o falsa. Se la particular es falsa, también lo es la universal.

Texto 2. Naturaleza del silogismo categórico

«Desde el punto de vista de los conceptos que se están comparando, el "silogismo simple se define como un proceso lógico en el que, de un antecedente que relaciona dos términos con un tercero, se deduce necesariamente una conclusión que une o separa los dos primeros términos". Según la unión o exclusión mutua de esos conceptos, la consecuencia es afirmativa o negativa.

Para entender esta definición, basta observar que el raciocinio o silogismo simple consiste en inferir que, si un sujeto S tiene una perfección M, a la que conviene una perfección P, resulta que S tiene la perfección P. Existe, pues, una característica «puente», llamada término medio, que permite hilvanar los otros dos conceptos, que se llaman términos extremos. En el antecedente aparecen los dos extremos y el término medio, pero este último repetido dos veces: en una premisa conviene a uno de los extremos, y en la otra al restante. Esquemáticamente:

La injusticia es M	un acto malo P
La difamación es S	una injusticia M
Por tanto, la difamación es S	un acto malo P

Como se ve, el término medio (M) es el que permite realizar la inferencia. En este caso, la razón al entender la característica injusticia como atribuida a la difamación, entiende que la propiedad de ser un acto malo está incluida en la injusticia, y así concluye atribuyéndosela también a la difamación.»

Sanguineti, J. J.: *Lógica,* Eunsa, Pamplona, 1985.

1.a. Escribe en tu cuaderno el nombre de los términos y las proposiciones del silogismo del texto.
b. Después, escribe el nombre de la figura y el modo del silogismo del texto.
2. Comenta con tu compañero y explica por escrito cuál es la función del término medio en el silogismo.
3.a. Escribe en tu cuaderno un silogismo de la misma figura que el silogismo del texto y di por qué pertenece a esa figura.
b. Escribe en tu cuaderno un silogismo de cada una de las figuras que no aparecen en el ejemplo que se analiza en el texto.
4.a. Partiendo de la relación de inclusión «A está incluido en B y C está incluido en A, entonces C está incluido en B», sustituye las variables A, B, C por los términos del silogismo del ejemplo y di cuál de ellos tiene mayor extensión.
b. Represente la extensión de los términos mediante tres círculos concéntricos.

4.2 Deducción natural en la lógica de enunciados

La **lógica proposicional o de enunciados** estudia la validez formal de los razonamientos cuya validez no depende de la estructura interna de sus proposiciones, sino de la forma de relacionarse unas con otras. El núcleo central de esta lógica es la deducción natural.

Fig. 5.8. *Nueva imagen del universo, según Newton.*

> La **deducción natural** consiste en inferir correctamente una conclusión, a partir de unas premisas dadas previamente, mediante la aplicación de leyes y reglas del cálculo proposicional.

A. Signos de la lógica proposicional

Los signos elementales son las variables proposicionales, las constantes lógicas, o conectivas y los signos auxiliares. Combinando adecuadamente estos signos, se obtienen infinitas fórmulas.

- Las **variables proposicionales** son letras minúsculas como «p», «q», «r», que representan proposiciones afirmativas simples. Cada variable tiene dos valores posibles de verdad que se representan por «V», «F» o «1», «0». Si una proposición tiene una sola variable, será «V» o «F; si tiene dos, los valores posibles serán «$2^2 = 4$»; si tiene tres, «2^3», y así sucesivamente.
- Las **constantes lógicas o conectivas** son signos que sirven para relacionar dos o más proposiciones simples o **atómicas** convirtiéndolas en compuestas o **moleculares**. Las constantes representan conjunciones como «y», «o», «si... entonces», «si y solo si... entonces» o expresiones equivalentes que se utilizan en el lenguaje ordinario para construir oraciones compuestas. Las conectivas principales son: «negación», «conjunción», «disyunción», «condicional» y «bicondicional».
  - **Negación.** Representa la negación de cualquier proposición. Su símbolo es «¬» y se lee «no» o «no es verdad que». Ejemplo: «¬p» (se lee «no p»).
  - **Conjunción.** Representa la unión de dos o más proposiciones mediante la conjunción «y» o una expresión equivalente. Su símbolo es «∧» o «.» que se lee «y». Ejemplo: «p ∧ q» (se lee «p y q»).
  - **Disyunción.** Representa la conjunción disyuntiva «o» o una expresión equivalente. La disyunción puede ser inclusiva o exclusiva. La inclusiva se simboliza por «v» y se lee «o». La exclusiva se representa por «w» y también se lee «o». Ejemplo: «p v q» (se lee «p o q»), «p w q» (también se lee «p o q»). El contexto nos dirá si se trata de una disyuntiva inclusiva o exclusiva.
  - **Condicional.** Representa una proposición condicional. Su símbolo es «→», que se lee «si... entonces...» o «implica». Ejemplo: «p → q» (se lee «si p entonces q» o «p implica q»).
  - **Bicondicional.** Representa proposiciones que se implican mutuamente. Su símbolo es «↔» que se lee «si y solo si... entonces...» o una expresión equivalente. Ejemplo: «p ↔ q» (se lee «si y solo si p, entonces q»). «p ↔ q = [(p → q) ∧ (q → p)]» (se lee si y solo si p entonces q o p implica q y q implica p).
  - **Signos auxiliares.** Cuando una proposición tiene varias conectivas, una de ellas es la dominante. La conectiva **dominante** es, en este caso, la que abarca mayor extensión. Para determinar la dominancia, a veces es necesario hacer uso de signos auxiliares como los **paréntesis, corchetes y llaves.**

B. Reglas para la formación de fórmulas proposicionales

Combinando las variables y las constantes lógicas se puede construir un número infinito de expresiones o fórmulas lógicas. Para que estas fórmulas sean coherentes y tengan sentido es preciso cumplir un pequeño número de reglas de formación que pasamos a enumerar:

- Una variable proposicional cualquiera es una fórmula bien formada. Las variables p, q, r, s, t, etc., consideradas aisladamente, son proposiciones simples bien formadas, pero si las escribimos seguidas «pqr», sin ninguna conectiva que las una o separe, entonces serán un sinsentido.
- Si «A» es una «f.b.f.», «¬A» también lo es. (En la lógica de enunciados las letras mayúsculas son signos metalógicos que representan cualquier tipo de proposición simple o compuesta, afirmativa o negativa.)
- Si «A» y «B» y «C» son fórmulas bien formadas entonces «A ∧ B», «A v B», «A → B» y «A ↔ B» también lo son.
- Cualquier conectiva, excepto la negación, puede colocarse entre dos proposiciones simples o compuestas o entre una simple y una compuesta. En todos los casos, da origen a una nueva proposición compuesta.
- Las fórmulas bien formadas, sean atómicas o moleculares, pueden interpretarse en un lenguaje ordinario o común.
- Toda expresión que no se ajuste a las reglas anteriores no es una fórmula bien formada en la lógica de enunciados.

C. Clasificación de las fórmulas proposicionales por razón de la verdad

Al combinar variables y conectivas, según las reglas proposicionales, se pueden formar infinidad de proposiciones que serán, en unos casos, siempre verdaderas, en otros siempre falsas y en otros unas veces verdaderas y otras falsas.

p q	p → q	∧	q → p
1 1	1	1	1
1 0	0	0	1
0 1	1	0	0
0 0	1	1	1
1.º	2.º	4.º	3.º

Tabla 5.4. *Proposición compuesta o molecular conjuntiva.*

- Las proposiciones **siempre verdaderas,** sean cuales sean los valores de verdad de las proposiciones simples que las constituyen, se denominan **tautologías.** Un ejemplo de tautología sería «p → p».
- Las proposiciones **siempre falsas,** sean cuales sean los valores de verdad de las proposiciones simples que las integran, se denominan **contradictorias.** Un ejemplo de proposición contradictoria sería «¬(p ∧ ¬ p)».
- Las proposiciones que **unas veces son verdaderas y otras falsas,** según sean los valores de verdad de las proposiciones simples que las integran, se denominan **indeterminadas.** También se denominan «indefinidas» o «contingentes»). Un ejemplo de este tipo de proposiciones sería «(p → q) v ¬ p».

D. Tablas de verdad de las fórmulas proposicionales

Para averiguar los valores de verdad de cualquier proposición se puede utilizar el recurso metodológico que se conoce con el nombre de «tablas de verdad». En el siguiente cuadro se hallan las tablas de verdad de las conectivas más usuales:

Negación	**p** 1 0	$\neg p$ 0 1	Cuando una proposición es verdadera, su negación es falsa y cuando es falsa, su negación es verdadera.
Conjunción	**p q** 1 1 1 0 0 1 0 0	$p \wedge q$ 1 0 0 0	La conjunción es verdadera cuando cada una de las proposiciones que la integran es verdadera. En los demás casos es falsa.
Disyunción inclusiva	**p q** 1 1 1 0 0 1 0 0	$p \vee q$ 1 1 1 0	La disyunción inclusiva es falsa cuando los dos miembros de la disyunción son falsos. En los demás casos es verdadera.
Disyunción exclusiva	**p q** 1 1 1 0 0 1 0 0	p w q 0 1 1 0	La disyunción exclusiva es verdadera cuando uno de sus miembros es verdadero y el otro falso. En los demás casos es falsa.
Condicional	**p q** 1 1 1 0 0 1 0 0	$p \rightarrow q$ 1 0 1 1	La condicional es falsa cuando el antecedente es verdadero y el consiguiente falso. En los demás casos es verdadera.
Bicondicional	**p q** 1 1 1 0 0 1 0 0	$p \leftrightarrow q$ 1 0 0 0	La bicondicional es verdadera cuando las dos proposiciones que la integran son verdaderas. En los demás casos es falsa.

Tabla 5.5. *Tablas de verdad de las conectivas monádica y diádicas más usuales.*

E. Deducción natural, leyes lógicas y reglas de inferencia

La **deducción natural** es un procedimiento deductivo que consiste en derivar unos enunciados de otros de una manera puramente formal mediante la aplicación de leyes lógicas y reglas de inferencia que nos sirven para pasar de unas proposiciones a otras de un modo correcto. Las **leyes lógicas** son tautologías que se pueden utilizar como reglas de inferencia en los procesos de deducción natural. Las **reglas de inferencia** son normas para obtener nuevas proposiciones a partir de otras que se dan como premisas.

- **Leyes lógicas.** Son infinitas y algunas reciben nombres especiales por ser de uso muy frecuente. Entre ellas citamos las siguientes:
  - **Ley de identidad.** Toda proposición es idéntica a sí misma. Ejemplo: «$p \rightarrow p$; $p \leftrightarrow p$».
  - **Ley de no contradicción.** Ninguna proposición puede aparecer afirmada y negada al mismo tiempo. Ejemplo: «$\neg (p \wedge \neg p)$».
  - **Ley de la exclusión del tercero.** «$p \vee \neg p$».

Fig. 5.9. *El ajedrez y la lógica.* La lógica es una parte esencial en este juego así como la relación que tienen los detalles durante el proceso de selección de la siguiente jugada.

- **Ley de idempotencia.** De la conjunción de una proposición consigo misma, se sigue la misma proposición. De la disyunción de una proposición consigo misma, se sigue la misma proposición. Ejemplo: «$(p \wedge p) \leftrightarrow p$; $(p \vee p) \leftrightarrow p$».
- ***Modus Ponens.*** «M.P.». Si se da una condicional y la afirmación del antecedente, se sigue la afirmación del consecuente. Ejemplo: «$[(p \rightarrow q) \wedge p] \rightarrow q$».
- ***Modus Tollens.*** «M.T.». Si se da una condicional y la negación del consecuente, se sigue la negación del antecedente. Ejemplo: «$[(p \rightarrow q) \wedge \neg q] \rightarrow \neg p$».
- **Ley de la doble negación.** De la negación de una proposición negativa, se sigue la afirmación de la misma. Ejemplo: «$\neg (\neg p) \rightarrow p$».
- **Ley del Silogismo Hipotético.** «S.H.». De la conjunción de dos condicionales, en las que el consecuente de la primera sea antecedente de la segunda, se sigue la condicional formada por el antecedente de la primera y el consecuente de la segunda. Ejemplo: «$[(p \rightarrow q) \wedge (q \rightarrow r)] \rightarrow (p \rightarrow r)$».
- **Ley del Silogismo Disyuntivo**. «S. D.». De una disyunción y la negación de uno de sus miembros, se sigue la afirmación del otro. Ejemplo: «$[(p \vee q) \wedge \neg q] \rightarrow p$».
- **Leyes de Importación y Exportación.** La ley de **Importación** nos permite pasar de la proposición «$p \rightarrow (q \rightarrow r)$» a la proposición «$p \wedge q \rightarrow r$» y la de **Exportación** nos permite pasar de la proposición «$p \wedge q \rightarrow r$» a la proposición «$p \rightarrow (q \rightarrow r)$».
- La **conjunción** y la **disyunción** admiten las propiedades asociativa, conmutativa y distributiva.
- **Dilema Constructivo.** «D.C.» De la conjunción de dos proposiciones condicionales y la disyunción de sus respectivos antecedentes, se sigue la disyunción de sus consecuentes. Ejemplo: «$[(A \rightarrow B) \wedge (C \rightarrow D)] \wedge (A \vee C)\ \therefore\ B \vee D$».
- **Dilema Destructivo.** «D.D.». De la conjunción de dos condicionales que tienen el mismo consecuente y la negación del mismo, se sigue la disyunción de la negación de cada uno de los antecedentes. Ejemplo: «$[(A \rightarrow B) \wedge (C \rightarrow B)] \wedge \neg B \therefore \neg A \vee \neg C$».
- **Leyes de Morgan.** Las leyes de Morgan son cuatro tautologías, dos conjuntivas y dos disyuntivas, de las que se pueden derivar otras expresiones equivalentes que pueden ser muy útiles en los procesos de deducción natural. Si el punto de partida es una proposición negativa, la conclusión es afirmativa y viceversa. La conjunción se cambia en disyunción y viceversa. Cada miembro de la conjunción o de la disyunción resultante gana o pierde una conectiva negativa.

El proceso de la deducción natural

El punto de partida del procedimiento deductivo es un conjunto de premisas de las que se quiere inferir una conclusión mediante la aplicación de leyes y reglas. Para conseguirlo se procede de la siguiente manera: primero, se halla la forma lógica de las premisas si no están formalizadas y se disponen numerándolas en líneas sucesivas; después, mediante las leyes y reglas, se van consiguiendo nuevas proposiciones que también se pueden utilizar como premisas hasta llegar a la conclusión deseada. Para ilustrar este procedimiento, supongamos que queremos inferir «s» a partir de las premisas establecidas en el ejemplo de deducción natural situado al margen.

+ ***Más datos***

Leyes de Morgan

1. «De $\neg P \wedge \neg Q$ se deriva $\neg (P \vee Q)$»
2. «De $\neg P \vee \neg Q$ se deriva $\neg (P \wedge Q)$»
3. «De $P \wedge Q$ se deriva $\neg (\neg P \vee \neg Q)$»
4. «De $P \vee Q$ se deriva $\neg (\neg P \wedge \neg Q)$»

+ ***Más datos***

Ejemplo de deducción natural

1. «$p \rightarrow q$» Pre.
2. «$q \rightarrow (r \rightarrow s)$» Pre.
3. «$r \wedge p$ Pre.».
4. «$p \rightarrow (r \rightarrow s)$» de 1 y 2 por la regla del Silogismo Hipotético (S. H.).
5. «p» de 3 por simplificación de la conjunción.
6. «r» de 3 por simplificación de la conjunción.
7. «$r \rightarrow s$» de 4 y 5 por la regla del *Modus Ponens* (M. P.).
8. «s» de 7 y 6 por la regla del *Modus Ponens* (M. P.).

Reglas de inferencia: reglas de supuestos provisionales

En este punto tan solo se recogen tres reglas de supuestos provisionales. Las reglas de los supuestos provisionales son normas para derivar conclusiones. En un proceso deductivo se pueden utilizar uno o más supuestos provisionales que deben ser cancelados antes del establecimiento de la conclusión. En la cadena deductiva se señalan con corchetes. Las líneas incluidas en los mismos no pueden ser utilizadas como antecedentes de nuevas inferencias en la misma cadena deductiva. Señalamos como más frecuentes: el «teorema de la deducción», la «prueba por casos» y la «reducción al absurdo».

- **Teorema de la deducción.** Si la conclusión de un argumento es una proposición condicional, se puede tomar como supuesto provisional el antecedente de la conclusión. Si a partir de ese supuesto se logra inferir el consecuente de la conclusión, se cierra el supuesto y se da por válido el razonamiento. Ejemplo: queremos averiguar si la conclusión «$p \land q \to s$» se sigue de las premisas «$p \land q \to r$» y «$r \to s$». Colocamos en líneas las premisas y procedemos a derivar el consecuente de la siguiente forma:

  1. $p \land q \to r$ Pre
  2. $r \to s$Pre.
  ⌈3. $p \land q$ supuesto provisional
  4. r de 1 y 3 M.P.
  ⌊5. s de 2 y 4 M.P.
  6. $p \land q \to s$ de 3 - 5 T.D.

- **Prueba por casos.** La prueba por casos se puede aplicar si en las premisas hay una disyunción. Dada una disyuntiva en las premisas; si de la suposición provisional del primer miembro se sigue la conclusión de un argumento y si de la suposición provisional del segundo miembro también se sigue la misma conclusión, entonces se clausura el supuesto y se da por válida la conclusión. Ejemplo: queremos probar si la conclusión «s» se sigue de las premisas «$q \lor r$», «$q \to r$» y «$r \to s$». Colocamos en líneas sucesivas las premisas y procedemos de la siguiente forma:

  1. $q \lor r$ Pre.
  2. $q \to r$ Pre.
  3. $r \to s$ Pre.
  ⌈4. q supuesto provisional
  5. r de 2 y 4 M.P.
  ⌊6. s de 3 y 5 M.P.
  ⌈7. r supuesto provisional
  ⌊8. s de 3 y 7 M.P.
  9. s prueba de casos 1, 4-6, 7-8

- **Reducción al absurdo.** La prueba por reducción al absurdo consiste en dar por supuesta la falsedad de la conclusión de un argumento. A partir de esa suposición, se intenta llegar a una contradicción. Si se obtiene la contradicción, se cierra el supuesto y se da por válida la conclusión. Ejemplo: queremos probar si «$\neg$ p» se sigue de las premisas: «$p \to q$» y «$\neg$ q». El procedimiento sería el siguiente: colocamos en líneas sucesivas las premisas, damos por supuesta la falsedad de la conclusión y procedemos a derivar una contradicción.

  1. $p \to q$ Pre.
  2. $\neg q \to$ Pre.
  ⌈3. p supuesto provisional
  4. q de 1 y 3 M.P.
  ⌊5. $q \land \neg q$ de 2 y 4 introducción conjunción
  6. $\neg$ p de 3 - 5 por reducción al absurdo.

+ ***Más datos***

Ejemplo de teorema de deducción

Queremos averiguar si la conclusión «$p \land q \to s$» se sigue de las premisas «$p \land q \to r$» y «$r \to s$».
1. $p \land q \to r$ Pre
2. $r \to s$ Pre.
⌈3. $p \land q$ supuesto provisional
4. r de 1 y 3 M. P.
⌊5. s de 2 y 4 M. P.
6. $p \land q \to s$ de 3 - 5 T. D.

Ejemplo de prueba por casos

Queremos probar si la conclusión «s» se sigue de las premisas «$q \lor r$», «$q \to r$» y «$r \to s$».
1. $q \lor r$ Pre.
2. $q \to r$ Pre.
3. $r \to s$ Pre.
⌈4. q supuesto provisional
5. r de 2 y 4 M. P.
⌊6. s de 3 y 5 M. P.
⌈7. r supuesto provisional
⌊8. s de 3 y 7 M. P.
9. s prueba por casos 1, 4-6, 7-8

Ejemplo de reducción al absurdo

Queremos probar si «$\neg$ p» se sigue de las premisas: «$p \to q$» y «$\neg$ q».
1. $p \to q$ Pre.
2. $\neg$ q Pre.
⌈3. p supuesto provisional
4. q de 1 y 3 M.P.
⌊5. $q \land \neg q$ de 2 y 4 introducción conjunción
6. $\neg$ p de 3 - 5 por reducción al absurdo.

4.3 Lógica informal, falacias y paradojas

Fig. 5.10. *El estímulo en la persuasión.* El método por el que una persona mueve a otras a adoptar su punto de vista incide en los impulsos ilógicos del individuo.

La **lógica informal** se ocupa de argumentaciones que se expresan en lenguaje ordinario con el fin de **persuadir*** a quienes las leen o escuchan. No se ocupa de la estructura formal de los razonamientos, sino que analiza el **contenido,** las **intencionalidades explícitas o implícitas** y, por supuesto, las **apariencias** de formalidad.

> La **argumentación** es un procedimiento que consiste en exponer por escrito u oralmente una serie de razones para probar una conclusión y persuadir a uno o varios interlocutores o a un auditorio completo. Según Anthony Weston, argumentar es «ofrecer un conjunto de razones o de pruebas en apoyo de una conclusión».

La lógica informal utiliza expresiones, equivalentes a las proposiciones de la lógica formal. No obstante, sus expresiones son más ricas en detalles porque no solo significan enunciados bivalentes —verdaderos o falsos— sino también acciones y referencias al sujeto que las emite. Además, tienen un componente emotivo que influye en muchas ocasiones, en la dirección de una argumentación. Pocos argumentos en lenguaje ordinario son impersonales, puesto que normalmente están cargados de actitudes, pasiones y sentimientos que condicionan su marcha. Esta carga actitudinal, emotiva y pasional es lo que con frecuencia da origen a **argumentos falaces.**

A. Falacias

El término «falacia» proviene del verbo latino *fallo* que tiene un doble significado: «engañar» o «fallar». A tenor del segundo significado una falacia es un error de razonamiento o un «razonamiento que no vale». Sin embargo, si partimos del primer significado, una falacia es la construcción de un razonamiento con intención de inducir a error a su destinatario.

Los griegos denominaban «paralogismo» al razonamiento incorrecto, fruto del error o ignorancia del que lo emitía y «sofisma» al razonamiento emitido con intención de inducir a error.

- **Falacias formales.** Las falacias formales son argumentos en los que la conclusión no se sigue ni necesaria ni probablemente de las premisas. Sin embargo guardan una cierta similitud con los razonamientos correctos. Citamos algunas:
  - **Falacia de la afirmación del consecuente.** Consiste en la utilización incorrecta del M.P. Responde al siguiente esquema: «$[(p \rightarrow q) \wedge q] \rightarrow p$».
  - **Falacia de la negación del antecedente.** Consiste en la utilización incorrecta del M.T. Responde al siguiente esquema: «$[(p \rightarrow q) \underline{\wedge} \neg p] \rightarrow \neg q$».
  - **Falacia de la generalización.** Consiste en atribuir a un todo un rasgo o propiedad que solo hemos observado en uno o en muy pocos de sus elementos.
- **Falacias informales.** Las falacias informales son argumentos aparentemente convincentes, pero intencionadamente incorrectos por defectos de constitución o de expresión. Citamos dos:
  - **Argumento *ad baculum*.** Con el que se intenta persuadir no por la fuerza de la razón sino por la fuerza del poder o de la autoridad personal.
  - **Argumento *ad hominem*.** Consiste en refutar la opinión de otro mediante su descalificación personal, sin atender a la corrección o incorrección de sus argumentos.

B. Paradojas

José María Sagüillo define la paradoja como «una argumentación cuyas premisas se creen todas verdaderas, su conclusión se cree falsa y su cadena de razonamiento se cree correcta». Por tanto, si «se cree falsa» la conclusión de una paradoja y verdaderas todas las premisas, será necesario revisar todas las premisas y la cadena argumental, porque en algún punto tiene que haber un error.

A lo largo de la historia de la filosofía, la literatura o la economía, entre otras disciplinas, se han planteado innumerables paradojas. Para ilustrar este concepto, se recogen a continuación algunos ejemplos de las más conocidas.

- **Paradoja del barbero.** Esta paradoja de **Bertrand Russell** se puede formular de la siguiente manera: «en un pueblo había un barbero que afeitaba a todos los vecinos que no se afeitaban a sí mismos y nunca afeitó a ningún vecino que se afeitaba a sí mismo. ¿Se afeitaba el barbero a sí mismo o no se afeitaba?».

- **Paradoja de Sancho Panza. Cervantes** introduce en el Quijote la siguiente paradoja: «Digo, que sobre este río estaba una puente, y al cabo de ella una horca y una como casa de audiencia, en la cual de ordinario había cuatro jueces que juzgaban la ley que puso el dueño del río, de la puente y del señorío, que era en esta forma:

  «Si alguno pasare por esta puente de una parte a otra ha de jurar primero a dónde y a qué va; y si jurare verdad, déjenle pasar, y si dijera mentira, muera por ello ahorcado en la horca que allí se muestra, sin remisión alguna. Sabida esta ley y la rigurosa condición de ella, pasaban muchos, y luego en lo que juraban se echaba de ver que decían verdad y los jueces los dejaban pasar libremente». La ley nunca había dejado de cumplirse hasta la llegada y declaración de un extranjero que juró «[...] que iba a morir en aquella horca que allí estaba, y no a otra cosa». ¿Qué le ocurrió al extranjero?

- **Paradoja del montón.** Esta paradoja es anónima, pero ilustra a la perfección el concepto. Si 10 000 granos de trigo son un montón y si se quita un grano, seguirá habiendo un montón —pues si *n* granos son un montón, *n*-1 sigue siendo un montón—, y así sucesivamente. De esta forma, llegará un momento en que un solo grano de trigo será un montón.

En Internet

En **http://www.usoderazon.com** encontrarás el diccionario de Ricardo García Damborenea que recoge todas las falacias en uso y la manera de refutarlas.

Texto 3. Los amores de Tristán e Iseo

«La reina Iseo es acusada *sotto voce* de haber cometido adulterio con Tristán, como así ha sido, y el caballero se ha visto obligado a dejar la corte. No obstante, para disipar de una vez por todas los rumores y las sospechas, Iseo se presta a hacer un juramento solemne según la fórmula veredictiva si *m'aït Dieu* ("sea Dios mi valedor, pongo a Dios por testigo"), una fórmula que la obliga a no incurrir en perjurio so pena de arriesgar su salvación eterna. Iseo prepara el escenario: el juramento tendrá lugar ante todo el pueblo, en un prado que se extiende al otro lado del vado de un río. Hace volver a Tristán y lo disfraza de mendigo leproso. La mañana de la ceremonia, cuando la comitiva real y las gentes del lugar llegan a la orilla del río, Iseo ordena al falso mendigo leproso que la suba sobre los hombros, a horcajadas, para cruzar el vado sin mojarse el vestido. Luego, colocados todos en sus puestos en el prado, Iseo se dispone a jurar flanqueada por el rey Marc, su esposo, y por el rey Arturo, que actúa como garante del acto. Este fue su juramento: "Pongo a Dios por testigo y juro por la salud de mi alma que jamás ningún hombre ha estado entre mis muslos, salvo el rey Marc, mi esposo y ese del que ahora me he servido para cruzar el vado."»

Von Oberg, E.: *Tristán e Isolda*, Siruela, 2001

1. ¿El juramento de la reina Iseo es un sofisma? Razona tu respuesta.
2. Formaliza el razonamiento implícito de la reina para no caer en perjurio.
3. A la vista del relato, distingue entre verdad lógica y verdad material de un argumento.

Para repasar

1. Explica brevemente la siguiente frase: Los signos son «algo que está en lugar de algo para alguien».

2. Ante una señal de prohibido adelantar explica los factores que intervienen en esa comunicación.

3. ¿El lenguaje es el resultado de una ruptura radical en el reino animal o el resultado de una evolución gradual? Razona la respuesta.

4. Sintetiza las fases del desarrollo del lenguaje en el niño.

5. Encuentra razones para demostrar que el lenguaje no determina el pensamiento, pero sí lo puede condicionar.

6. ¿Qué problemas puede presentar el lenguaje común en los procesos de comunicación?

7.a. Escribe dos términos unívocos, dos equívocos y dos análogos.

b. ¿«Sano», «general», «dorado», y «Dulcinea del Toboso», son términos unívocos, equívocos o análogos?

8.a. ¿Cuáles son los signos elementales de un lenguaje formal y qué función desempeñan?

b. ¿Cuáles son los signos auxiliares y qué función tienen?

9. ¿Por qué son incorrectos los siguientes silogismos? Razona tu respuesta.

a. «El ser humano es vertebrado. El gato no es ser humano ∴ El gato no es vertebrado.»

b. «Los lápices son instrumentos para escribir. Las plumas estilográficas son instrumentos para escribir ∴ Los lápices son plumas estilográficas.»

10. ¿Qué conclusión se sigue de las siguientes premisas?

a. «Alejandro es pequeño. Alejandro es general ∴»

b. «Los humanos son racionales. El hidrógeno es un gas ∴»

c. «Los novelista son imaginativos. Algunos filósofos son novelistas ∴»

11. Halla la tabla de verdad de las siguientes proposiciones y di si son tautológicas, contradictorias o indeterminadas.

a. «$\neg (\neg p \rightarrow \neg q)$»

b. «$[p \rightarrow (q \vee \neg p)] \rightarrow \neg q$»

c. «$\neg p \vee \neg q$»

d. «$[(p \rightarrow q) \wedge p] \rightarrow q$»

e. «$p \wedge q \rightarrow r$»

f. «$\neg p \wedge p$»

12. Simboliza y di de qué clase son las siguientes proposiciones.

a. «Si no llueve, hace frío.»

b. «Estoy sentado, o estoy de pie.»

c. «Si María habla, entonces María habla.»

d. «No es verdad que Antonio está despierto y no está despierto.»

13. Demuestra en tu cuaderno, por el sistema de deducción natural, la conclusión $\neg(p \wedge q)$ a partir de las siguientes premisas:

a. «$(p \wedge q) \rightarrow r$ Pre.»

b. «$s \vee \neg r \rightarrow$ Pre.»

c. «$\underline{t \wedge \neg s} \rightarrow$ Pre.»

14. Demuestra en tu cuaderno, por el sistema de reducción al absurdo, la validez formal del siguiente argumento, cuya conclusión es «p»:

a. «$\neg(p \wedge q) \rightarrow r$ Pre.»

b. «$\underline{\neg(r \vee s)} \rightarrow$ Pre.»

15.a. Formaliza el argumento: «si digo siempre la verdad los demás confían en mí. Y si los demás confían en mí, me siento seguro e independiente. Cuando me siento seguro e independiente soy capaz de afrontar cualquier problema. Yo digo siempre la verdad. Luego soy capaz de afrontar cualquier problema».

b. Demuestra por deducción natural la validez formal del razonamiento anterior.

16.a. Formaliza el siguiente argumento: «esta tarde iré al cine o al teatro. Si voy al cine iré con Javier. Si voy al teatro iré con Marta. Luego esta tarde saldré con Javier o con Marta.»

b. ¿En qué te basas para decir si es correcto o incorrecto el anterior razonamiento?

17.a. Construye un argumento *ad hominem*.

b. Construye un argumento *ad baculum*.

18. Explica en qué se diferencia un dilema constructivo de una paradoja y una falacia formal de una falacia informal.

Taller de filosofía

A debate

Debate 1. ¿Hablar o callar?

1. Lee el siguiente razonamiento.

«El alumno X sabe que su amigo Z está acosando y extorsionando, desde hace algún tiempo, a otro compañero de clase, el alumno Y. Este alumno es un chico tímido y apocado que no se atreve a denunciar su situación ni ante sus padres ni ante sus profesores por temor a posibles represalias. El alumno X se debate en la duda de informar de la situación al tutor del grupo o no decir nada. Pero piensa que si no dice nada se hace cómplice de la injusticia de la que está siendo testigo. Y, por otra parte, piensa que si informa al profesor tutor del grupo, traiciona a su amigo Z. Por lo tanto, o se hace cómplice de la injusticia o traiciona a su amigo Z.»

2. En pequeños grupos, formalizad el razonamiento que hace el alumno X. ¿Cómo se llama ese razonamiento? ¿Es un razonamiento correcto?

3. ¿El alumno X debe hablar o debe callar? Discutidlo en pequeños grupos argumentando vuestra respuesta.

Debate 2. La paradoja de Protágoras

1. Lee la siguiente paradoja:

«Acaso una de las más primitivas paradojas conocidas sea la del profesor de leyes griego Protágoras, quien aceptó a un estudiante pobre pero de talento y convino con él en impartirle enseñanza sin cobrarle, a condición de que una vez que el estudiante hubiese completado sus estudios y ganara su primer caso ante los Tribunales, le pagaría a Protágoras una cierta suma. El estudiante se avino a esta condición. Ahora bien, tras completar sus estudios no emprendió ningún caso legal. Transcurrido un cierto tiempo, Protágoras demandó al estudiante en reclamación de esa suma. He aquí los argumentos que ambos alegaron ante el Tribunal.

- Estudiante: Si yo gano el caso, entonces, por definición, no tengo que pagar. Si lo pierdo, entonces no habré ganado mi primer caso, y yo no he contraído la obligación de pagar a Protágoras si no es hasta después de haber ganado mi primer caso. Así pues, sea que yo gane o que pierda el caso, no tengo que pagar.
- Protágoras: Si él pierde el caso, entonces, por definición, tiene que pagarme (después de todo, eso es lo que se ventila en este caso). Si lo gana, entonces habrá ganado su primer caso, y por tanto tiene que pagarme. En uno u otro caso, tiene que pagarme.»

Smullyan, R.: *¿Cómo se llama este libro?*, Cátedra, Madrid, 2004.

2. ¿Quién tiene razón? Razona tu respuesta y arguméntala por escrito para discutirla en el grupo.

Para que leas

Doyle, A.: *El signo de los cuatro*, Alianza, Madrid, 2003.

El *signo de los cuatro* es la segunda novela de Conan Doyle protagonizada por Sherlock Holmes en compañía de su amigo el doctor Watson. Pertenece al género policiaco y sigue fielmente el patrón fijado por Poe con los tres ingredientes básicos: un crimen misterioso aparentemente insoluble, un detective que descifra el enigma por medio de la observación y la deducción lógica, y el amigo del investigador. Tras la misteriosa desaparición del padre de la señorita Morstan, esta empieza a recibir joyas muy valiosas de un personaje desconocido que, andando el tiempo, la cita en la casa de él. Mary Morstan recurre a Sherlock Holmes para que la acompañe juntamente con el doctor Watson a la cita con Thaddeus Solto, que resultó ser hijo de un amigo del padre de la señorita. A partir de ese momento empieza la intriga, el suspense y el misterio que Sherlock Holmes va desenredando por medio de la observación y la lógica deductiva.

1. ¿Cuál es el hilo conductor de la trama de la novela?

2. Descubre algún ejemplo de razonamiento deductivo.

Para que veas

Veredicto final, Sydney Lumet, 1982, 129 minutos.

Sinopsis

Veredicto final es un drama judicial protagonizado por Paul Newman. Frank Galvin es un abogado fracasado que se dedica al juego, la bebida y pequeñas chapuzas. Su antiguo socio y amigo le pone en las manos el caso de un error médico por negligencia cometido, en un famoso hospital, con una paciente que después de una intervención quirúrgica quedó en estado vegetativo.

- Después de ver la película abrid un foro centrado en cuatro puntos: el poder de la iglesia, la ética y el dinero fácil, la corrupción del defensor y persuadir con la verdad.

Taller de filosofía

Lo que se dice

Texto 1. Argumentar en lógica informal

«Una argumentación es, genéricamente y en principio, un discurso mantenido en el curso de una conversación. Entiendo por discurso la acción o el resultado de utilizar las unidades intencionales que facilita la gramática de una lengua en un acto concreto de comunicación: estas unidades intencionales son, en el viejo código, oraciones y, en el nuevo, actos de habla —declarativos, desiderativos, imperativos, interrogativos, etc.—. Según esto, el discurso ya empieza teniendo una espesa trama en la que se entretejen unos hilos lingüísticos o gramaticales y unos hilos inferenciales procedentes de un tejido contextual pragmático. Por ejemplo, un discurso declarativo hace comunicaciones expresas de información en un contexto intencionalmente conformado y orientado inferencialmente. Un antiguo modelo de la comunicación de información preveía un proceso básicamente dual de [a] codificación y emisión de mensajes por parte del emisor, y [b] recepción y descodificación por parte del receptor —aparte del ruido o las facilidades del medio—. Ahora se supone que el discurso declarativo no solo comunica información, sino que envuelve y deja traslucir más o menos a las claras otros dos ingredientes: [c] una intención del agente discursivo, es decir, un mundo de creencias y propósitos en el que se invita a entrar al interlocutor o al destinatario de la comunicación, una visión de la situación que se supone compartida o se procura que el otro tome en consideración; [d] una orientación inferencial en un sentido que sugiere respuestas o interpretaciones congruentes con lo que se da a entender —congruentes a tenor de lo que se desprende o se infiere de la declaración hecha—. Todos estos aspectos concurren y se combinan en una declaración significativa y comprensible. En términos muy simples, cabría distinguir los tres planos del discurso mencionados (el gramatical o lingüístico, el intencional y el inferencial).»

Reñón Vega, L.: *Si de argumentar se trata,* Montesinos, Madrid, 2003.

1. Enumera y explica los elementos que intervienen, según el autor del texto, en un acto concreto de comunicación de información.
2. Comenta brevemente la siguiente frase del autor: «un discurso declarativo hace comunicaciones expresas de información en un contexto intencionalmente conformado y orientado inferencialmente».
3. En la comprensión adecuada de una comunicación declarativa intervienen tres planos, ¿cuáles son esos planos, según el autor del texto? Escríbelos en tu cuaderno.
4. Se oye un murmullo en la clase que impide la atención de la mayoría de los alumnos. El profesor se detiene, eleva la voz y dice: «estoy explicando». Analiza los tres planos de esta comunicación informativa.

Texto 2. Argumentos deductivos

«Todos los argumentos que hemos considerado hasta ahora son inciertos de una u otra manera. Nuevos ejemplos siempre pueden refutar un argumento de ejemplos, e incluso una fuente imparcial y bien informada puede estar equivocada. Los argumentos deductivos correctamente formulados, sin embargo, son aquellos en los cuales la verdad de sus premisas garantiza la verdad de sus conclusiones:

"Si en el ajedrez no hay factores aleatorios, entonces el ajedrez es un juego de pura destreza.

En el ajedrez no hay factores aleatorios. Por lo tanto, el ajedrez es un juego de pura destreza."

Si estas dos premisas son verdaderas, también debe ser verdad que el ajedrez es un juego de pura destreza. Para discrepar con la conclusión también se tiene que discrepar con al menos una de las premisas.

Luego, los argumentos deductivos ofrecen certeza, pero solo si sus premisas son también ciertas. Dado que las premisas de nuestros argumentos son, de hecho, rara vez ciertas, las conclusiones de los argumentos deductivos en la vida real todavía tienen que ser tomadas con unos pocos (¡y en ocasiones muchos!) granos de sal. Sin embargo, cuando es posible encontrar premisas fuertes, los argumentos deductivos son muy útiles. Recuerde la regla 3: trate de partir de premisas fiables.»

Weston, Anthony: *Las claves de la argumentación,* Ariel, Barcelona, 1994.

1. Formaliza el argumento que aparece en el texto, halla su tabla de verdad y di qué clase de argumento es. ¿Es una ley lógica?
2. ¿Es lo mismo observar que reflexionar? Razona la respuesta.
3. Explica esta frase: «razonar aumenta la probabilidad de sobrevivir en el mundo».

La tarea

1. Lee atentamente dos casos de pasatiempos lógicos.

Primer caso. El caso de los gemelos idénticos

«En este caso, que ofrece mayor interés, el robo ocurrió en Londres. La policía atrapó para su interrogatorio a tres famosos delincuentes A, B, C. Ahora bien: sucedía que A y C eran gemelos idénticos y pocas personas podían distinguirlos. Se disponía de ficheros muy completos de los tres sospechosos y se conocía una gran cantidad de datos acerca de sus personalidades y hábitos. En concreto, los gemelos eran bastante tímidos, y nunca se embarcaban en una empresa sin contar con un cómplice. B, por otro lado, era bastante audaz y desdeñaba siempre el utilizar un cómplice. Asimismo, varios testigos manifestaron que en el momento del robo uno de los gemelos fue visto bebiendo en un bar de Dover, aunque no se sabía de cuál de ellos se trataba. Nuevamente, asumiendo que nadie distinto a A, B, C, estaba implicado en el robo, ¿cuáles son inocentes y cuáles culpables? "¿Qué haría usted con estos hechos?", preguntó el inspector Craig al sargento McPherson.

a. Si A es culpable y B inocente, entonces C es culpable.

b. C no trabaja nunca solo.

c. A no trabaja nunca con C.

d. Nadie distinto a A, B, C estaba implicado, y al menos uno de estos es culpable.

El Sargento se rascó la cabeza y dijo: "Me temo que no mucho, señor. ¿Puede usted inferir a partir de estos hechos quiénes son inocentes y cuáles culpables?"

"No —respondió Craig—, pero hay suficiente material aquí para inculpar definitivamente a uno de ellos". ¿Quién de ellos es necesariamente culpable?»

Segundo caso. El caso de la tienda de McGregor

«El Sr. McGregor, un comerciante londinense, telefoneó a Scotland Yard para decir que su tienda había sido robada. Se capturaron tres sospechosos, A, B, C, para su interrogatorio. Se establecieron los siguientes hechos:

a. Cada uno de los tres hombres, A, B, C, había estado en la tienda el día del robo y nadie más había estado en ese día.

b. Si A era culpable, entonces tenía un cómplice, y solo uno.

c. Si B es inocente, también lo es C.

d. Si dos y solo dos son culpables, entonces A es uno de ellos.

e. Si C es inocente, también lo es B. ¿A quién inculpó el Inspector Craig?»

Smyllyan, R.: *¿Cómo se llama este libro?*, Ediciones Cátedra, Madrid, 2004.

2. Resuelve el primer caso contestando a la siguiente pregunta: ¿quién de ellos es necesariamente culpable? Detalla los pasos que te llevan a la conclusión.

3. Resuelve el segundo caso contestando a la siguiente pregunta: ¿a quién inculpó el inspector Craig? Detalla los pasos que te llevan a la conclusión.

4. Escribe en tu cuaderno de clase una interpretación, en lenguaje común, de cada una de las siguientes expresiones de lógica formal.

a. «$(p \land \neg q)$»

b. «$\neg q \land r$»

c. «$(p \land q) \rightarrow r$»

d. «$\neg (p \lor q) \rightarrow r$»

5. Formaliza las siguientes proposiciones.

a. «No es cierto que no te escuche.»

b. «Esta asignatura no es muy difícil, aunque tardo en comprender algunas cuestiones.»

c. «Siempre que salgo de casa no sé a dónde dirigirme.»

6. ¿A qué tipo de falacia corresponde cada uno de los siguientes argumentos?

a. «Cuando el día está lluvioso los alumnos llegan tarde a clase. Pero hoy no es un día lluvioso; por lo tanto, los alumnos no llegan tarde a clase.»

b. «Si no apruebo este curso, mis padres no me dejan seguir estudiando. No creo que ningún profesor razonable quiera impedir que siga estudiando. Por eso usted tiene que aprobarme.»

c. «Todo el mundo habla en la clase del profesor X y protestan. Y para una sola vez que hablo yo y protesto, va y me expulsa de clase. Eso no es justo.»

Ideas clave

- El **lenguaje** representa el grado supremo de comunicación. Es el medio más perfecto del que disponen los seres humanos para expresar sus conocimientos, pulsiones y sentimientos. El lenguaje **distingue** a los seres humanos del resto de todos los animales.
- En la adquisición del lenguaje confluyen dos elementos inseparables: la **herencia genética** y el **aprendizaje social.** Sin la concurrencia de ambos elementos sería difícilmente explicable.
- A la edad de **cuatro años** el niño **domina** básicamente la **estructura sintáctica de su lenguaje materno** arropado por el entorno familiar y el medio social en el que se desenvuelve su vida.
- Los procesos cognitivos y lingüísticos surgen como procesos independientes, pero a la temprana edad de dos años ambos procesos entran en una estrecha relación de interdependencia. El **pensamiento aporta imágenes** y **representaciones,** el **lenguaje modos de interacción** y **comunicación.**
- La **lógica** es una ciencia que estudia la validez formal de los razonamientos deductivos. El objeto de la lógica son los argumentos o razonamientos contemplados desde el punto de vista de su estructura puramente formal.
- El núcleo central de la lógica clásica es el **silogismo categórico,** que consta de tres proposiciones de las que dos son las **premisas,** y la tercera es la **conclusión.** Las proposiciones relacionan conceptos, y los razonamientos silogísticos relacionan proposiciones.
- La **lógica de enunciados** estudia el valor lógico de los razonamientos. Su validez no depende de la estructura interna de sus enunciados, sino de la forma de relacionarse unos con otros.
- La **deducción natural** es un procedimiento deductivo que consiste en derivar unos enunciados de otros de un modo puramente formal.
- La **lógica informal** se ocupa de la argumentación y de los argumentos que se expresan en lenguaje ordinario con el fin de convencer o persuadir a los oyentes o lectores. Las **falacias** son razonamientos inválidos que aparentemente parecen correctos. Las **paradojas** son argumentaciones con premisas supuestamente verdaderas y conclusiones falsas.

Autoevaluación

1. La comunicación animal es:
- **a.** Convencional.
- **b.** Concreta.
- **c.** Articulada.

2. El lenguaje humano:
- **a.** Determina el pensamiento.
- **b.** Depende del pensamiento.
- **c.** Se interrelacionan.

3. Las señales de tráfico son signos:
- **a.** Icónicos.
- **b.** Indicios.
- **c.** Arbitrarios.

4. La lógica se ocupa de analizar:
- **a.** La verdad de las premisas.
- **b.** La verdad de la conclusión.
- **c.** La validez formal del razonamiento.

5. Son palabras ambiguas:
- **a.** Los términos equívocos.
- **b.** Los términos unívocos.
- **c.** Los signos de puntuación.

6. La lógica clásica es:
- **a.** Monovalente.
- **b.** Polivalente.
- **c.** Bivalente.

7. Por la cantidad, las proposiciones categóricas son:
- **a.** Universales o particulares.
- **b.** Afirmativas o negativas.
- **c.** Verdaderas o falsas.

8. El término medio en la segunda figura es:
- **a.** Predicado en la menor.
- **b.** Sujeto en la mayor.
- **c.** Predicado en la conclusión.

9. La disyuntiva inclusiva es falsa si:
- **a.** Es falso el primer miembro.
- **b.** Es falso el segundo miembro.
- **c.** Son falsos los dos miembros.

10. Una conjuntiva de dos miembros es verdadera si:
- **a.** Es verdadero el primer miembro.
- **b.** Es verdadero el segundo miembro.
- **c.** Son verdaderos los dos miembros.

Solución: 1. b.; 2. c.; 3. c.; 4. c.; 5. a.; 6. c.; 7. a.; 8. a.; 9. c.; 10. c.

6

CONCEPCIONES FILOSÓFICAS DEL SER HUMANO

- 1. Antigüedad y vigencia de la pregunta por el ser humano
- 2. El ser humano como ser «intermedio». De Platón a Tomás de Aquino
- 3. El ser humano como «centro». Del Renacimiento a Kant
- 4. El ser humano como «problema». La filosofía contemporánea
- 5. El futuro del «ser humano» desde la reciente biotecnología

«En una sociedad de individuos, todos «deben» ser individuos; en este sentido al menos, los miembros de dicha sociedad son cualquier cosa menos individuales, distintos o únicos. Todo lo contrario: son asombrosamente «parecidos», ya que deben seguir la misma estrategia vital y utilizar señas compartidas (comúnmente reconocibles y legibles). Paradójicamente ser un individuo significa ser como todos los demás del grupo (en realidad, «idéntico» a todos los demás). ¡He aquí un dilema inconcebible donde los haya!»

Bauman, Zygmunt: *Vida líquida*, Paidós, Barcelona, 2006, p. 28.

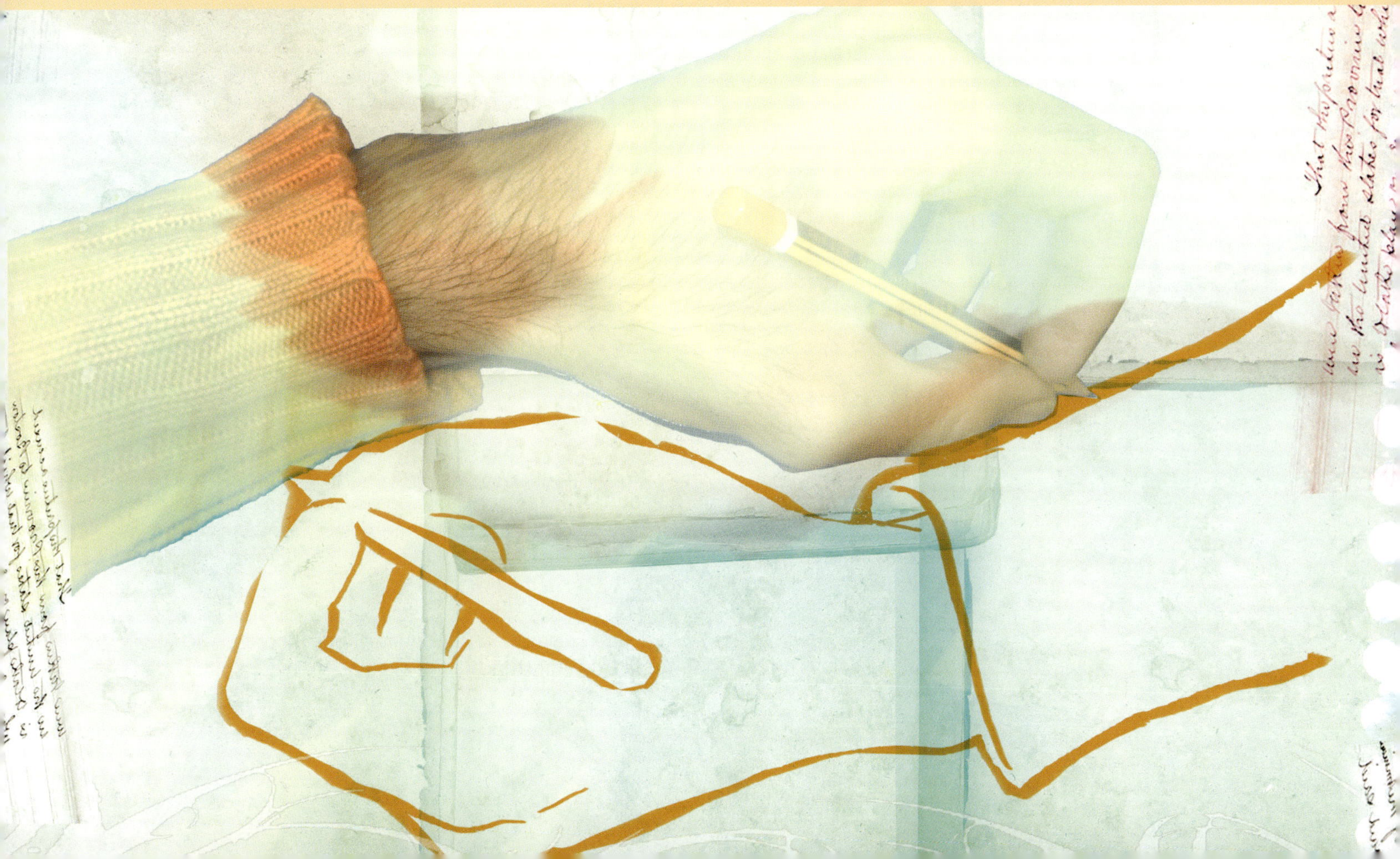

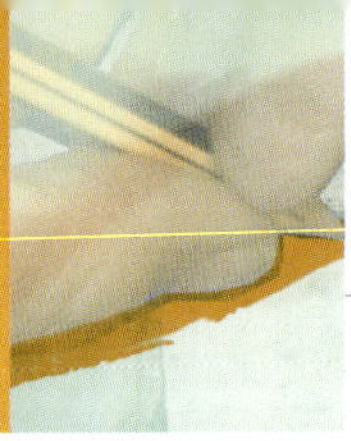

Focaliza

1.a. Lee la siguiente afirmación de Pascal (siglo XVII) sobre la grandeza o miseria del ser humano. «Es peligroso hacerle ver demasiado al hombre cuánto se asemeja a la bestia sin mostrarle al mismo tiempo su grandeza. También es peligroso hacerle ver demasiado su grandeza sin sus bajezas. Más peligroso aun es dejarle que ignore lo uno y lo otro. Pero en cambio es muy beneficioso mostrarle ambas cosas».

b. ¿Qué opinas? Refleja tus ideas por escrito.

2. La grandeza o miseria del ser es un tema que se arrastraba desde, al menos, dos siglos atrás. Lee estas tres citas y señala los términos más importantes.

- «El alma no supera la belleza del cielo solamente mil veces, ni mil veces mil, ni mil veces miles de miles, sino por un número infinito de veces. De manera que si se crearan tantos cielos empíreos como suman las gotas de las aguas y los granos de arena en el mar y las estrellas del cielo, toda la belleza junta de estas cosas no podría igualar la belleza de un alma sola, tan grande es su excelencia.» **San Bernardino**
- «Nuestras, vale decir, humanas, son todas las casas, los castillos, las ciudades, los edificios de la tierra. Nuestras las pinturas, nuestras las esculturas, nuestras las artes, nuestras las ciencias, nuestra la sabiduría. Nuestros, en su número infinito, todos los inventos, nuestros todos los géneros de lenguas y literaturas, nuestros, finalmente, todos los mecanismos admirables y casi increíbles que la energía y el esfuerzo del ingenio humano (o diríase más bien divino) han logrado construir por su singular y extraordinaria industria.» **Giannozzo Manetti**
- «El supremo Artesano le habló de esta manera: «No te dimos ningún puesto fijo, ni una faz propia, ni un oficio peculiar, ¡oh Adán!, para que el puesto, la imagen y los empleos que desees para ti, esos los tengas y poseas por tu propia decisión y elección. Te coloqué en el centro del mundo para que volvieras más cómodamente la vista a tu alrededor y miraras todo lo que hay en ese mundo. Ni celeste, ni terrestre te hicimos, ni mortal, ni inmortal, para que tú mismo, como modelador y escultor de ti mismo, más a tu gusto y honra, te forjes la forma que prefieras para ti. Podrás degenerar a lo inferior, con los brutos; podrás realzarte a la par de las cosas divinas, por tu misma decisión».» **Pico de la Mirandola**

3.a. Como se puede observar, el tema que se discute es la dignidad o miseria del ser humano. Este tópico brota con fuerza en el Renacimiento, dada la confrontación entre dos visiones del mundo y del ser humano. Apunta las razones que se alegan en cada uno de los textos en uno u otro sentido. **b.** ¿Estás de acuerdo con esas razones que se aducen? ¿Presentarías otras? ¿Cuáles? **c.** ¿Serías capaz de indicar qué textos corresponden al Medioevo y cuáles pertenecen al Renacimiento? Explica tus elecciones. **d.** Aunque estamos lejos del momento en el que se inició esa polémica, este tópico, incluso con enfoques distintos, no ha perdido su vigencia. Explica los motivos o causas del actual interés por ese asunto.

4. Dividid la clase en dos grupos e investigad sobre la dignidad o la miseria humana.

- Un grupo buscará refranes, dichos populares, frases hechas, artículos de opinión, vuestras propias argumentaciones, etc. en las que se apunte la idea de la miseria del hombre.
- El otro grupo realizará la misma tarea, pero con el objetivo contrario: defender la dignidad del ser humano.

5. Elaborad un mural en el que se plasmen gráficamente una y otra postura.

Introducción

Tras el estudio de las ideas de «naturaleza» y «cultura» como fuentes básicas para el conocimiento del ser humano; tras las consideraciones acerca de su dimensión lingüística y simbólica como elementos específicos de nuestra especie, realizaremos una incursión a lo largo de la historia para detectar los distintos modos de responder a la «pregunta por el ser humano». Esa cuestión se ha convertido en problemática, especialmente en los dos últimos siglos, y hoy en día —dados los enormes adelantos tecnológicos— resulta de vital importancia abordarla desde un plano tanto teórico como práctico, tanto a nivel biológico y social como a nivel personal.

1. Antigüedad y vigencia de la pregunta por el ser humano

Uno de los problemas fundamentales de la filosofía ha sido y sigue siendo «el problema del hombre». Ese problema consiste básicamente en establecer si la especie humana cuenta o no con alguna **propiedad exclusiva** que la distinga del resto de las especies animales y si cumple alguna **función especial** en el mundo.

Esta problemática no es una inquietud reciente para los seres humanos, sino más bien una preocupación antigua y constante para la filosofía. Sin embargo, a partir de este último periodo de la filosofía contemporánea, las notables diferencias entre autores y épocas, se pueden trazar ciertas líneas de continuidad en ese proceso de búsqueda teórica sobre el ser humano y de introspección personal sobre el yo.

1.1 Origen de la pregunta por el ser humano

Las primeras representaciones antropomórficas del arte rupestre ya indican una cierta conciencia de la condición de la vida humana. En las **pinturas prehistóricas** se refleja a los hombres como seres-cazadores y a las mujeres como seres-reproductores. Además, en los mitos de las distintas culturas se reflejan también diferentes formas de entender al hombre y a la mujer.

Con la **filosofía griega** se inicia un largo proceso de reflexión racional acerca del sentido y significación del ser humano. Ya en el **siglo VI a.C.** podemos encontrar destellos de esa preocupación antropológica, tanto desde un punto de vista teórico como desde un punto de vista práctico. Desde el enfoque teórico, cabe señalar la extraordinaria intuición acerca de la evolución de las especies ofrecida por Anaximandro.

Desde el enfoque práctico, se deben recordar, por ejemplo, los versos áureos de Pitágoras y algunos de los aforismos de Heráclito, quien al final de su vida declaró: «Me he buscado a mí mismo». Sin embargo, habitualmente ese inicio teórico tiene lugar en el **siglo V a.C.**, se denomina «periodo antropológico», y se marca en función de dos consideraciones:

- El intento de **Sócrates** por definir de modo objetivo lo humano, y algunas de sus preocupaciones, como «lo bueno» o «lo justo».
- La posición subjetivista de los **sofistas**, en especial la de Protágoras, para quien «el hombre es la medida de todas las cosas» *(homo mensura omnia)*.

Pese a esas diferencias, tanto Sócrates como los sofistas reconocen la relevancia de definir al ser humano. Cabe apuntar que ese interés teórico por definir la naturaleza humana procede de una motivación profundamente personal: **el deseo de autoconocerse.** Esta «autognosis» es, sin duda, el motor de cualquier especulación o de cualquier intento de explicación antropológica. Esa raíz de interés personal ha permanecido a lo largo de toda la historia de la filosofía: desde el «conócete a ti mismo» del oráculo de Delfos hasta las actuales teorías genéticas y biopsicológicas. En definitiva, la preocupación por definir lo humano siempre ha respondido tanto a una actitud meramente teórica y objetiva como a una inquietud eminentemente práctica y subjetiva.

1.2 Desarrollo de la pregunta por el hombre

La reflexión filosófica sobre «el problema del hombre» se ha construido a lo largo de la historia a partir de cinco tradiciones culturales distintas: la tradición oriental, la griega, la judeo-cristiana, la humanista y la positivista.

Actividades

1. Apunta tres rasgos exclusivos del ser humano. Compara tu lista con la de tus compañeros y justifica tu elección.
2. Escoge alguna obra de arte que, a tu juicio, exprese lo esencial del ser humano. Desarrolla por escrito los motivos o razones de tu elección.
3. ¿Crees que el ser humano cumple una función determinada en el universo? Organizad un debate en pequeños grupos.

En Internet

Para introducirse en el conocimiento del filósofo del que se conserva el fragmento textual más antiguo, podemos acudir a la siguiente página web:

http://es.wikipedia.org/wiki/Anaximandro

Para saber más

Entornos de desarrollo de la humanidad

Javier Echeverría distingue tres tipos de entornos en los que se ha desarrollado la humanidad: el primero, la naturaleza, dominio de las sensaciones nacidas de los sentidos; el segundo, la polis, dominio del libro; el tercero, el entorno telemático, nuevo espacio social gracias a las nuevas tecnologías de la información y de las telecomunicaciones.

- **Tradición oriental.** Según esta concepción, el hombre sería un ser trascendente que se caracteriza por contar con un elemento sobrenatural —el alma inmortal— que lo distingue esencialmente del resto de la naturaleza. Ese dualismo influirá en Pitágoras, en Platón y se instalará en el acervo intelectual de Occidente.

- **Tradición griega.** Los griegos apuntaron la idea de un ser humano que se diferencia del resto de los animales por su condición racional, es decir, por su logos. Al mismo tiempo, destacan su carácter naturalmente social a través del lenguaje. Emerge, además, una perspectiva que intenta estudiar al ser humano desde la investigación científica, analizándolo como un objeto más dentro de la realidad total de la naturaleza. Esta tendencia despuntará en el Renacimiento y aflorará con todo su esplendor a partir de la Ilustración.

- **Tradición judeo-cristiana.** Para esta tradición, el ser humano es una criatura de Dios. Así, el ser humano está subordinado a la divinidad, de la cual es hecho a «imagen y semejanza», pero al mismo tiempo establece una relación personal con la trascendencia. Junto con la tradición oriental, generará el marco de referencia del pensamiento de la Edad Media.

- **Tradición humanista.** Nacida en el Renacimiento, reconoce la natural y universal dignidad del hombre. Se desarrolla especialmente a partir del siglo XIX e intenta ofrecer una respuesta más amplia que la estricta explicación científica para el «misterio» del ser humano.

- **Tradición positivista.** A partir de las críticas a las perspectivas tradicionales y de los avances científicos de los siglos XVIII y XIX, se observa al ser humano como un ser dentro del conjunto de la naturaleza, que se debe explicar desde un punto de vista exclusivamente científico.

Además, debemos tener presente que la filosofía antigua estuvo centrada en torno al concepto de ser; la medieval se preocupó por el concepto de Dios; la filosofía moderna hizo hincapié en el concepto del conocimiento; y la filosofía contemporánea es el reino de la preocupación antropológica.

Texto 1. El «ser humano», entre distintos círculos

«Si se pregunta a un europeo culto lo que piensa al oír la palabra "hombre", seguramente empezarán a rivalizar en su cabeza tres círculos de ideas totalmente inconciliables entre sí. Primero, el círculo de ideas de la tradición judeo-cristiana: Adán y Eva, la creación, el paraíso, la caída. Segundo, el círculo de ideas de la antigüedad clásica: el hombre es hombre porque posee la "razón" o *logos,* donde *logos* significa tanto la palabra como la facultad de pensar lo que son las cosas. El tercer círculo de ideas es el círculo de las ideas forjadas por la ciencia moderna de la naturaleza y de la psicología genética, y que se han hecho tradicionales también hace mucho tiempo; según estas ideas, el hombre sería un producto final y tardío de la evolución del planeta Tierra, un ser que solo se distinguiría de sus predecesores en el reino animal por el grado de complejidad con que se combinarían en él energía y facultades que en sí ya existen en la naturaleza infrahumana. Estos tres círculos carecen entre sí de toda unidad. Poseemos, pues, una antropología científica, otra filosófica y otra teológica, que no se preocupan una de la otra. Pero no poseemos una idea unitaria del hombre.»

SCHELER, M.: *El puesto del hombre en el cosmos,* Losada, Buenos Aires, 1978.

1.a. ¿Cuáles son los círculos o ámbitos de tradición cultural a los que hace referencia el autor?

b. ¿Cuáles serían las definiciones básicas acerca del ser humano desde cada tradición?

c. ¿Qué relación guardan esos tres círculos entre sí? ¿Qué consecuencia se deriva de esa relación?

2. ¿Qué tradiciones culturales de las aparecidas en la unidad no se mencionan en el texto?

2. El ser humano como ser «intermedio». De Platón a Tomás de Aquino

De Platón a Tomás de Aquino, un periodo de la filosofía extensísimo que abarca del siglo IV a.C. al siglo XIII, existen sin duda perspectivas distintas. Este hecho obedece, entre otras cosas, a que bajo este epígrafe se incluye la filosofía griega y la filosofía medieval, que tan dispares se pueden presentar. No obstante, pese a sus diferencias, podemos encontrar elementos comunes básicos respecto a la concepción del ser humano. En primer lugar, ese ser se sitúa **entre lo divino y lo animal.** Bajo este punto de vista, el ser humano es un ser intermedio, pues está, a la vez, escindido y compuesto por dos realidades: el soplo divino del alma y la pesada carga del cuerpo material. En segundo lugar, se considera que el **cuerpo está o debe estar subordinado al alma.** Por último, se reconoce que el alma es **incorpórea** e **inmortal** y que es un principio radicalmente **opuesto al cuerpo,** salvo en Aristóteles y las filosofías helenísticas.

2.1 El dualismo platónico

La filosofía platónica es el punto de arranque filosófico de la **visión dualista** que ha impregnado durante siglos la cosmovisión intelectual y la creencia común sobre la naturaleza humana. El objetivo que Platón persigue es llegar a una definición objetiva y universal, desde el plano de la **physis*,** acerca de la naturaleza humana. Su teoría nace para defender esa perspectiva —que también sostenía Sócrates— frente a la perspectiva del **nomos*,** defendida por los sofistas.

Fig. 6.1. *La academia de Platón.*

Los **sofistas** defendían el carácter subjetivo y variable de la naturaleza humana. Así pues, no existe nada absoluto, es decir, no hay estabilidad ni esencia en la realidad: todo es cambio, variación y convención. Este **enfoque relativista** era la conclusión lógica de las observaciones de Herodoto acerca de las distintas formas de vida de los distintos países y pueblos. Por tanto, el reino del *nomos* que defendían los sofistas era pura arbitrariedad, convención y capricho. Incluso algunos pensadores, como Gorgias, declaraban que el mundo en sí, o sea, la propia *physis,* era incognoscible.

Platón quería superar ese escepticismo ético y físico y ofrecer estabilidad al mundo ético del *nomos.* Para ello, era preciso asegurar una naturaleza humana invariable y eterna en el reino de la *physis.* Para cumplir ese objetivo, Platón ideó un sistema dualista.

Ese sistema dualista se basa en **dos mundos.** Uno lo conocemos a través de los sentidos, y es sensible y variable. El otro lo captamos a través de la razón, y es inteligible e inmutable. Recogiendo elementos de la religión órfica a través de Pitágoras, Platón aplicó ese dualismo para explicar la naturaleza humana y lo ejemplificó a través de tres mitos: el del carro alado, el de la caverna y el mito de Er. En ellos se explica cómo el ser humano, ese «bípedo implume», es un ser compuesto por dos realidades antagónicas: el cuerpo y el alma. El cuerpo es una realidad perecedera, fuente de error y del mal moral, mientras que el alma es una realidad inmortal.

- **Mito del carro alado.** En el Fedro, se relata cómo un auriga guía una pareja de caballos alados: uno blanco, hermoso y bueno; otro negro, feo y malo. Por ese motivo, la conducción resulta difícil. Cuando el auriga es poderoso, el carro vuela por las alturas, pero si los caballos pierden las alas, el carro es arrastrado hacia abajo, hacia la tierra. Cuando el alma cae a tierra, queda encerrada en una «tumba» *(sema),* es decir, en un cuerpo *(soma),* como «la ostra en su concha», según la imagen que usa en su obra Fedro. Solo recuperando la fuerza de las alas se podrá elevar de nuevo hacia el lugar donde habitan los dioses, lugar en el que todo es bello, sabio y bueno. El deseo de alcanzar ese lugar es lo que favorecerá que crezcan las alas.

El mito del carro alado tiene como función básica, entre otras, explicar cómo el alma humana participa, por una parte, de la excelencia de la naturaleza divina —la razón representada por el auriga, que debe guiar la conducta humana— y, por otra, de la naturaleza terrenal, pasional —representada por los caballos—. Intenta, además, **dar explicación de la tensión entre la razón y el deseo y cómo este debe estar subordinado a aquella.** Esa alma o *psyché* es la fuente del conocimiento verdadero, gracias al recuerdo de los modelos o arquetipos de las cosas sensibles que había contemplado en el mundo de las Ideas antes de su caída en la Tierra. Esta teoría, denominada «teoría de la reminiscencia», exige no tanto la inmortalidad del alma sino, sobre todo, su preexistencia.

Fig. 6.2. *Representación del mito de la caverna de Platón.*

- **Mito de la caverna.** Es una alegoría de la situación en que se encuentra el ser humano respecto al conocimiento, que Platón presenta en el libro VII de la *República*. En el relato se narra cómo unos hombres, prisioneros desde su nacimiento en una gruta, encadenados de pies y manos, y de espaldas a la entrada de la cueva, solo pueden ver lo que se refleja en la pared del fondo de la caverna. Por única iluminación tienen el pálido brillo de una hoguera detrás de ellos. Las sombras que observan son las imágenes borrosas de los objetos y personas que transitan fuera de la cueva. Uno de los prisioneros logra liberarse, con esfuerzo, y salir de la cueva. De esta forma, conoce el verdadero mundo real. Con el fin de liberar a sus compañeros, vuelve a la gruta. Les revela la existencia de ese mundo fuera de la cueva, además de ofrecerles ayuda para romper sus cadenas y ver así la verdadera realidad. Sus compañeros se ríen y se mofan de él.

Los prisioneros y su estado inicial simbolizan a los **seres humanos y su errado conocimiento de la realidad.** Lo que suponen como verdadero es aquello que captan por los sentidos. Pero esas imágenes no son más que sombras, apariencias, de la verdadera realidad.

Esta se sitúa fuera de la caverna. La verdadera realidad estaría representada por el mundo de las Ideas, iluminadas por el Sol —imagen de la idea de Bien— y captadas por la razón. El prisionero liberado y con intenciones de **libertador simboliza al filósofo.**

- **Mito de Er.** Este mito se encuentra al final de la *República* y representa la exposición más meditada de la filosofía de Platón. El relato narra cómo diez días después de una batalla, el cuerpo de Er no muestra signos de corrupción y vuelve a la vida para relatar lo acontecido. Su alma había abandonado su cuerpo y en un bello lugar se encontraba dos aberturas en la tierra y dos en el cielo. Tres jueces pronunciaban las sentencias correspondientes a cada alma. Todas las almas se reencontraban y relataban lo vivido. Después, se elegían nuevas vidas: desde la de tiranos poderosos a la de animales o a la de gente común. La cuestión problemática era qué vida elegir. En el relato se simboliza la idea de que **la muerte es un tiempo de justicia:** los que han vivido rectamente son premiados. Se afirma, pues, la idea de que la vida justa es mejor que la injusta. Además, representa una nueva oportunidad para poder elegir una vida virtuosa. Finalmente, se apunta que el destino futuro de las almas depende de su libre elección.

2.2 El finalismo y sociabilidad aristotélicos

Frente a la tradición trascendental que recoge y transmite Platón, Aristóteles inicia la comprensión del ser humano desde sus estudios de física. La teoría aristotélica arranca de una perspectiva naturalista. Además, Aristóteles no comparte el sistema dualista de su maestro, pues alma y cuerpo no son entidades separables, sino elementos indisolubles tanto en los seres humanos como en el resto de los seres vivos. En otras palabras, para Aristóteles, **el alma es la forma del cuerpo,** es decir, es su actualización —«si el ojo fuese un animal, la vista sería su alma»—. Así, en un primer sentido, **el alma es un principio de vida.**

Además de esta concepción, Aristóteles distingue diferentes tipos de alma, según los distintos tipos de vida. Así, existe un alma «vegetativa», «sensitiva o animal» y un alma «racional o humana». A la hora de definir al ser humano, nuestro filósofo sostendrá que hay un tipo de alma específico para él, el alma racional. El **razonamiento** y el **lenguaje** son características propias del alma racional.

Otro punto en el que Aristóteles se opone a su maestro es en la creencia platónica de que la naturaleza humana se realiza y alcanza su plenitud en la vida eterna e incorruptible del mundo de las Ideas.

Para Aristóteles, el cenit de la vida plenamente humana está en el conocimiento contemplativo de la realidad. Este tipo de conocimiento promueve una ética de moderación y equilibrio.

Además, Aristóteles reconoce otro elemento esencial en la constitución humana: su **sociabilidad.** El ser humano es un *zôon politikon,* es decir, un «animal político» y, como tal, su ser se establece en comunidad con los otros.

En contra de la opinión de los sofistas, la comunidad de la polis no es una construcción convencional o arbitraria, sino una realidad tan intrínsecamente natural como cualquier organismo biológico o como cualquier agregado social existente entre los animales. En este contexto, Aristóteles explica también que la natural sociabilidad humana se asienta en su **naturaleza racional, dialógica** y **ética.**

A pesar de las diferencias que hemos señalado entre Platón y Aristóteles, cabe señalar que se observa una idéntica consideración sobre la debida **supremacía de la razón** frente a las pasiones.

Además, aunque en Aristóteles se deduciría el carácter mortal del alma, también se apunta una finalidad y un cierto sentido trascendente en la naturaleza de los seres humanos. A este respecto, Aristóteles afirma en *De Anima* que existe algo «inmortal y eterno» en los hombres.

Actividades

4. Después de leer este texto de Aristóteles, indica cuáles son a su juicio las rasgos que caracterizan y diferencian al ser humano de los animales: «La razón por la que el hombre es un animal político en mayor grado que cualquier abeja o cualquier animal gregario es algo evidente. El hombre es el único entre los animales que posee el don del lenguaje; y que tiene la percepción del bien y del mal, de lo justo y de lo injusto, y de las demás cualidades morales, y es la comunidad y la participación en estas cosas lo que hace una familia y una polis.»

Aristóteles: *Política,* I, 1, 1253 a.C.

2.3 El individualismo en las filosofías helenísticas

Tras Aristóteles, la percepción del ser humano cambia con las filosofías helenísticas, un amplio periodo que abarca del siglo III a.C. al siglo II d.C. En la base de esta nueva concepción están **cuatro hechos históricos fundamentales:** la debacle del modelo político ateniense, el fugaz imperio macedonio, el renovado contacto con las tradiciones culturales de Oriente y la revalorización teórica del **atomismo*** de Demócrito y de Leucipo.

La preocupación teórica sobre qué es el hombre deja paso a la **cuestión ética de cómo debemos vivir.** A este respecto, cabe destacar dos posiciones predominantes: epicureísmo y estoicismo.

- **Epicureísmo.** Para Epicuro y sus seguidores, el ser humano debe buscar su felicidad y su realización en el placer. El placer es, básicamente, la «ausencia de dolor». Además, este filósofo considera que existe una técnica para alcanzar ese estadio de vida feliz. Ese procedimiento consistiría en seguir el siguiente tetrafármacos («cuatro preceptos»): no temer a los dioses, no temer a la muerte, recordar la brevedad del dolor y del placer, y considerar que el bienestar es fácilmente alcanzable a través del poder de autosugestión de la mente.
- **Estoicismo.** Desde el estoicismo se interpreta al ser humano desde el concepto de naturaleza. Igual que en la tradición platónico-aristotélica, la naturaleza humana es la razón y a ella debe obedecer el hombre. Así pues, tenemos que despojarnos de todo lo convencional, de todo lo que nos ata a un lugar y a un tiempo determinados. De esta forma, seremos ciudadanos cosmopolitas. Además, guiaremos nuestros pasos por nuestra naturaleza racional, impasibles ante la felicidad o el sufrimiento, ajenos a la buena o mala fortuna de nuestro destino.

Fig. 6.3. *La búsqueda de la ataraxia.* Las filosofías helenísticas defienden el individualismo del ser humano en su deseo de alcanzar la paz interior.

A pesar de las diferencias que acabamos de señalar, ambas tendencias defienden la corporeidad del alma y, lo que será más interesante, el valor intrínseco del individuo y la búsqueda de la paz interior *(ataraxia)*. Con estas corrientes, por tanto, se abre el camino a una concepción del ser humano como realidad individual con un aspecto de interioridad. Esta condición del ser humano no había sido apuntada hasta entonces y tendrá una honda repercusión en los siglos posteriores. No tan preocupadas por una definición teórica del ser humano o incluso por el autoconocimiento por sí mismo, ambas desarrollan sin embargo una inestimable **metodología concreta para el autodominio del cuerpo y de la mente.**

2.4 El «yo» en el cristianismo

La reflexión filosófica de la época medieval no procede de una evolución interna del pensamiento griego. Existe un elemento absolutamente novedoso, que marca una brusca ruptura con la filosofía anterior. Ese elemento es la introducción de la creencia fundamental en un Dios personal, salvador y resucitado. Se rompe, así, el enfoque básicamente naturalista del pensamiento griego y se erige un **sistema de pensamiento absolutamente teocéntrico*.**

Bajo esta nueva perspectiva, el ser humano es considerado como un ser creado por Dios y subordinado a Él. De algún modo, de ahí nacerá la dignidad humana, pero es una **dignidad subsidiaria.** Junto a esta idea, se introducen conceptos ajenos al ámbito intelectual griego como el de «pecado» y «culpa», «gracia» y «salvación». Además, se insiste en el **carácter eminentemente libre de la conducta humana,** con una única finalidad: destacar la prioridad de la fe religiosa sobre la razón filosófica. Finalmente, se legitima la idea del Juicio Final, esto es, la idea de un juicio donde se sopesen las acciones de cada uno al final de la vida. De esta forma, las acciones pasan a ser responsabilidad de cada uno. No obstante, no todo es novedad en el pensamiento cristiano, pues también se recogen elementos muy relevantes de la filosofía anterior. En especial, se retoman aspectos procedentes del platonismo, que apuntaban a la dualidad humana y a la exigencia ética de que el cuerpo sea dominado por el alma.

A. Agustín de Hipona

Agustín de Hipona representa el punto de inflexión entre la Antigüedad y la Edad Media porque recoge la tradición griega —sobre todo, platónica— y la reformula bajo el enfoque de la revelación cristiana. A partir de ahí, surge la filosofía medieval. Con Agustín de Hipona se abre un panorama filosófico distinto respecto a la filosofía anterior: el ser humano se entiende como **persona*.** Con él cristianiza también la posición básica de las filosofías helenísticas, ya que coloca la dimensión interna del ser humano como realidad íntima en relación directa con Dios.

En esta línea, Agustín de Hipona identifica en el ser humano dos dimensiones: una, el hombre exterior, y otra, el hombre interior. Después de haberse despojado de todas las máscaras, el verdadero y auténtico hombre es el interior. Además, el ser humano es *imago Dei* («imagen de Dios») y, como tal, está subordinado a Él. Sin embargo, al mismo tiempo, recoge parte de la dignidad que le corresponde como reflejo de la divinidad. Por tanto, el hombre se constituye como ser digno de sí mismo, es decir, como yo personal definido por el entendimiento.

B. Tomás de Aquino

Sin duda, el autor más relevante de la filosofía medieval es Tomás de Aquino. En su filosofía confluyen las corrientes anteriores, pero sobre todo la filosofía aristotélica. No obstante, existen significativas diferencias en su concepción del ser humano con respecto a la concepción de Aristóteles:

- Para Tomás de Aquino, la finalidad del ser humano ya no será la vida contemplativa, como en Aristóteles, sino la **visión beatífica de Dios.**

- El anhelo intelectual del Primer Ser que sostenía Aristóteles se convierte, para Tomás de Aquino, en amor a Dios, como creador del cosmos y de uno mismo.

- Según Tomás de Aquino, el destino humano está marcado por su alma incorruptible e inmortal, que será sometida a un Juicio Final. Por ello, el ser humano será objeto de una valoración ética para decidir sobre su destino en la verdadera vida, es decir, la **vida después de la muerte.**

La insistencia del periodo medieval en el **yo personal** será de crucial importancia en la constitución del nuevo paradigma que supone la filosofía moderna. Descartes dará inicio a una nueva época precisamente a partir de la idea del yo. Sin embargo, antes de llegar a Descartes, se produce una verdadera revolución intelectual, que se inicia ya en el siglo XIV, el Renacimiento.

Texto 2. El cuerpo, «cárcel» del alma

«Mientras tengamos el cuerpo, y nuestra alma se halle entremezclada con semejante mal, no poseeremos suficientemente aquello que deseamos, es decir, la verdad. El cuerpo, en efecto, nos acarrea incontables distracciones debido a la necesidad de sustento, y, por si fuera poco, lo atacan enfermedades que nos impiden el conocimiento de lo real. Nos llena de amores, deseos, temores, toda clase de imágenes y tonterías; de tal modo que en lo que de él depende jamás nos sería posible ser sabios. También las guerras, discordias y batallas las acarrean el cuerpo y sus deseos. La purificación consiste —como dice la antigua sentencia— en «separar al máximo el alma del cuerpo» y que aquella se acostumbre a concentrarse sobre sí misma desde todas las partes del cuerpo; y a recogerse y vivir en lo posible —tanto en lo presente como en lo futuro— sola en sí, liberándose del cuerpo, como si se tratara de cadenas. ¿Y no es la muerte una liberación del alma con respecto al cuerpo? Por eso los que filosofan de verdad se preparan para el morir.»

PLATÓN: *Fedón*, 66b-67a, Orbis, Barcelona, 1983.

1. ¿Qué opinas de la idea de que el ser humano es un compuesto de cuerpo y alma? Justifica tu respuesta.

2.a. Según el texto de Platón, ¿qué males acarrea el cuerpo según el texto de Platón? ¿Cómo podemos solucionarlo, según Platón?

b. ¿Por qué los que filosofan de verdad se preparan para morir?

3.a. A la vista de este texto, ¿por qué se puede afirmar que Platón es un pensador dualista?

b. ¿Cuáles son los rasgos que le atribuye al alma?

3. El ser humano como «centro». Del Renacimiento a Kant

El Renacimiento supone un importante giro en muchos de los aspectos del conocimiento y de la vida. Estos cambios se reflejarán en una nueva concepción del ser humano. De forma paulatina, pero inexorablemente, la nueva idea que se va formando del ser humano se irá constituyendo como punto de partida y como centro de la investigación filosófica. Es más, en realidad, esa nueva perspectiva se mantiene vigente, con algunos matices, aún en la actualidad.

El **optimismo antropológico** propio del Renacimiento, que se mantuvo inalterado hasta la Ilustración, se desmorona con la filosofía de Kant. Con este autor, y gracias a Hume, se hace patente el giro de ciento ochenta grados que da la filosofía. Ya no quedan huellas visibles del teocentrismo medieval. Está plenamente instalada una perspectiva antropocéntrica respecto al análisis de la realidad. Sin embargo, a partir de ese momento, el ser humano se convertirá en «problema».

3.1 El Renacimiento

El Renacimiento es la expresión cultural de una serie de profundos cambios económicos, políticos, sociales, científicos, técnicos, intelectuales, etc. Estos cambios se empezaron a gestar a partir del siglo XIII y paulatinamente fueron dando sus frutos entre los siglos XIV y XVI. Sin lugar a dudas, el Renacimiento supone una grandiosa revolución cultural. Algunos de sus aspectos relevantes son los siguientes:

- **Ámbito económico.** El aumento de las necesidades monetarias del clero y de la nobleza implicará un crecimiento en progresión geométrica del tráfico comercial y de la cantidad de dinero acuñado. Aparecen los certificados de depósito, las letras de cambio y la banca. Con ello, se ponen los primeros cimientos del capitalismo. El Liber Abacci (1202) de Leonardo Pisano recoge estas bases.

- **Ámbito científico.** Las ciencias matemáticas ya no representarán la pureza del conocimiento contemplativo y desinteresado, sino que deben servir al mundo práctico del cálculo mercantil. Así, contar, pesar y medir serán las nuevas consignas de la época. Estas consignas llegarán también al mundo del conocimiento científico de la realidad, pues este se convertirá en objeto de cuantificación. Se comenzará a entender la física tal como hoy la entendemos, es decir, como aplicación de la matemática a la realidad. Los experimentos de Galileo culminarán en la formulación de la física de **Newton (fig. 6.4)**.

- **Ámbito social.** Los campesinos podrán desvincularse del feudo y dirigirse a lo que definitivamente serán las ciudades. Este hecho dará lugar a los movimientos migratorios modernos, primero del campo a la ciudad, pero después de Europa a otros puntos del Globo. Es la época de la exploración del Planeta en busca de nuevos recursos y, por tanto, de los viajes y de los descubrimientos, entre ellos el de América.

- **Ámbito técnico.** Para responder a las nuevas necesidades de movilidad geográfica, se crearán o perfeccionarán aparejos y dispositivos de tiro, se construirán nuevas carreteras, se fabricarán embarcaciones con mejoras en el casco y en las velas, se emplearán mapas más precisos e instrumental de posición como la brújula, etc. El invento crucial, que revolucionará el mundo del conocimiento, será la imprenta de Gutenberg.

Isaac Newton (1642-1726, fig. 6.4)

Estudió en Cambridge, donde se graduó de bachiller en Artes. En Cambridge fue catedrático de Matemáticas y permaneció allí dedicado a la investigación y la docencia veintiocho años. En 1672 ingresó en la Royal Society y se dedicó al estudio de la naturaleza. En 1687 publicó la primera edición de *Philosophiae Naturalis Principia Mathematica*, donde expone la ley de la gravitación universal. Posteriormente, publicará *De Natura acidorum* y *Óptica*, obra en la que demostró que la luz blanca se compone de los colores fundamentales del espectro.

- **Ámbito religioso-político.** El monopolio de las creencias religiosas y del poder civil de la Iglesia se ve cuestionado por la aparición de las doctrinas de los reformistas Lutero y Calvino. Algunas monarquías adoptan las tesis de la Reforma para independizarse del poder de la Iglesia y crear así su propio dominio político-religioso.

Estos profundos cambios socioeconómicos, científico-técnicos y político-religiosos provocarán una drástica sacudida en los cimientos de la sociedad medieval. Como consecuencia de todas estas transformaciones, se produce una especie un «ensanchamiento» en todos los aspectos de la vida de los seres humanos. El ser humano contará, a partir de ahora, con horizontes más amplios y, sin duda, emergerá una nueva concepción del ser humano.

- **Visión más amplia del Planeta.** Del miedo a los abismos oceánicos, más allá de la planicie del *finis terrae* («confines del mundo»), se pasa al conocimiento y al interés de nuevas tierras y a la percepción de la amplitud y esfericidad del Planeta.

- **Visión más amplia del Universo.** La pulcritud y el orden estático del mundo supralunar de las estrellas fijas de Aristóteles se desvanece. Giordano Bruno intuye un Universo vasto, ilimitado, infinito y dinámico, y el telescopio de Galileo lo confirma.

- **Visión más amplia de la percepción de la vida desde el arte.** El románico, angosto, claustral y sombrío, deja paso al gótico, elevado, abierto y luminoso. La pintura hierática del románico se dinamiza en el gótico y se humaniza en el Renacimiento.

- **Visión más amplia del ser humano.** Aun reconociéndose como «cuerpo con pasiones» —tal como defenderá Hobbes— o como «pura alma racional» —como declarará Descartes—, ambas actitudes tienen un mismo fondo común: la revalorización del ser humano. Este concepto fue formulado en el Renacimiento por **humanistas*** como Erasmo de Rotterdam o Leonardo da Vinci, entre otros.

Ante estos profundos cambios, que conllevan una visión más amplia del ser humano y del Universo, se derrumba el doble muro que encerraba al hombre entre dioses y bestias. Ahora, **el ser humano se admira de sí mismo, y en ese proceso de autoconciencia de sí, se sitúa como principio y como centro (antropocentrismo*).** Como consecuencia de esta nueva perspectiva, se comienza a pensar en una plena y más **autónoma libertad individual.** La libertad individual se presenta como un principio básico de cada individuo para dirigir legítimamente su propia vida, dejando de lado las obligaciones y ataduras del medioevo.

El individuo comienza a erigirse plenamente como único dueño de sí mismo. Frente a los códigos morales supuestamente establecidos por Dios, nace la conciencia de que son los propios individuos los que deben crear sus propios códigos éticos. El principio de libre y personal interpretación de las Escrituras, defendido por la Reforma de Lutero, es un claro síntoma de esta nueva manera de entenderse el ser humano. Este principio significa una ruptura con la tradición y un ensalzamiento de la soberanía individual sobre los textos sagrados.

En cuanto a la dignidad del ser humano, en la mentalidad medieval no se observaba una posición común respecto a esta cuestión, pues en algunos casos se veía al hombre más cercano a Dios y, en otros, más cercano a las bestias.

Por el contrario, en la mentalidad renacentista se manifiesta una rotunda unanimidad en defensa de la **dignidad propia del ser humano.** Esta dignidad ya no se debe, como en el Medioevo, al hecho de poseer un alma racional, destello de luz divina, sino a su producción intelectual, técnica y artística, como reflejo de lo excelso de lo propiamente humano. El cuerpo humano deja de ser sombra, signo y causa de pecado. En contraposición, se abre una visión optimista, abierta y entusiasta del ser humano, que pasa a ser como un «dios mortal».

Características comunes de los humanistas

- Ser humano como **totalidad** completa y armónica.
- **Historicidad** del ser humano.
- Capacidad de **transformación** del ser humano.
- Valor humano del estudio de las **letras clásicas.**
- Hombre como un **ser natural.**

Tabla 6.1. *Elementos comunes de los pensadores humanistas.* Según Nicolás Abbagno, los humanistas coincidían en una serie de puntos, a pesar de las diferencias entre sí.

3.2 El ser humano en la filosofía moderna

A partir de la radical transformación del panorama intelectual que se produjo durante el Renacimiento, en el siglo XVII surge la filosofía moderna. La lucha entre dos perspectivas tan distintas como la medieval y la renacentista está en la base de la preocupación básica de los siglos venideros, preocupación que se resume en dos cuestiones: ¿Cómo podemos estar seguros de nuestras creencias? ¿Cómo podemos llegar a un conocimiento absolutamente verdadero o cierto?

La preocupación fundamental de esta nueva etapa en la historia de la humanidad es, así pues, el problema del origen, de los límites y de los criterios de validez del conocimiento. En otras palabras, el asunto crucial que se analiza en ese periodo filosófico es el **problema del ser humano en relación con el problema del conocimiento.** A este respecto, se destacan tres momentos cruciales representados por tres filósofos: Descartes, Hume y Kant.

A. Autoconciencia y mecanicismo de Descartes

El proceso renacentista daba mayor importancia al ser humano frente a Dios. Este hecho desembocará en el principio de la filosofía cartesiana. En 1637, Descartes publica el *Discurso del método.* Esta obra es una autobiografía intelectual que tiene como objetivo establecer un método para determinar la validez de nuestras ideas, creencias y opiniones.

Después de llevar hasta el extremo un fuerte proceso de duda, Descartes llega a una verdad acerca de la cual no cabe dudar: «pienso», declara Descartes. De esa intuición, que se le presenta de modo claro y distinto, deduce la propia existencia: *cogito, ergo sum* («pienso, luego existo»). En consecuencia, no se puede dudar de que existe un «yo» humano, pero es igualmente cierto que ese «yo» es *res cogitans* («sustancia pensante»).

El ser humano se define, por tanto, por un proceso de introspección intelectual. La introspección intelectual es un proceso de análisis en primera persona («yo»). Aunque, según Descartes, podamos fingir que no tenemos cuerpo, no podemos fingir que no pensamos. Sin embargo, obviamente también reconocemos en nosotros *res extensa* («extensión» o «materia»), en definitiva, cuerpo. Según Descartes, nuestro cuerpo, al igual que el resto de la materia, se mueve mecánicamente. En este punto surge el conflicto: desde el plano de la introspección, el ser humano se define como «yo», es decir, como *res cogitans* o sustancia pensante. Sin embargo, desde el plano de la observación científica, reconocemos al ser humano como *res extensa,* es decir, como sustancia material.

Entonces, ¿qué relación se establece entre alma y cuerpo, entre pensamiento y materia, entre mente y cerebro? Por la importancia de los estudios en mecánica en el contexto de la época, Descartes explicará el movimiento de los organismos vivos como si fuesen máquinas. Por tanto, **el ser humano sería un híbrido de máquina y autoconciencia.** Ese mecanicismo cartesiano influirá notablemente en la concepción del ser humano entre los ilustrados franceses.

Descartes ideó, además, la hipótesis de que en la **glándula pineal** se realizaba esa conexión entre alma y cuerpo. No obstante esa hipótesis, el problema no quedó resuelto: es un asunto en el que aún hoy en día se ofrecen distintas explicaciones.

B. El ser humano, punto de partida y límite. Hume

En el *Tratado de la naturaleza humana,* publicado un siglo después del *Discurso* de Descartes, se culmina la tendencia sobre los límites y la validez del conocimiento de la filosofía moderna. Además, se asienta una **visión definitivamente antropocéntrica.**

@ *En Internet*

A partir de Descartes, donde se debate la cuestión de la mente es —en primera instancia— en el estudio fisiológico del cerebro. Para ampliar vuestros conocimientos sobre ese maravilloso órgano podéis acudir a:

http://www.ferato.com/wiki/index.php/Cerebro

Pero no debemos tampoco olvidar la sorprendente interacción entre sensaciones, emociones y fisiología. Para ello, puede servir de ayuda el programa «Música, emociones y neurociencia» en *Redes:*

http://www.rtve.es/alacarta/videos/redes/redes-20-musica-emociones-neurociencia/1219053/

En esta línea, Hume usará el método introspectivo, es decir, el análisis en primera persona, pero sobre todo intentará «aplicar el método experimental de razonamiento a los asuntos morales». La importancia de este filósofo se debe a sus posicionamientos de partida y a sus conclusiones básicas:

- Desde el punto de vista de la estricta filosofía y de la observación experimental, se demuestra ilegítimo cualquier intento de explicación de la realidad a partir de presupuestos teológicos. Por tanto, solo desde un enfoque y punto de partida antropocéntrico tendremos posibilidad de explicar legítimamente el conjunto de la realidad. Ese es el nuevo panorama de pensamiento en el que, entiende Hume, se debe situar toda verdadera filosofía.
- No podemos probar la existencia de esa realidad denominada «alma». Tras un examen crítico de los conceptos de sustancia y de identidad personal, se concluye que no hay razones para defender la existencia de ese elemento sustancial, simple, indivisible, eterno e inmortal con el que, desde la tradición platónica, se intentaba definir al ser humano y, supuestamente, explicar la diferencia entre este y el resto de los animales. Sería tan solo una especie de imagen pictórica (o licencia poética) para referirse a la grandeza del ser humano.
- En consecuencia, desde un punto de vista rigurosamente filosófico, el ser humano se explica a partir del estudio de sus operaciones mentales y de sus realizaciones prácticas, sociales y estéticas. Para Hume, no cabe duda de que existe una naturaleza humana. Para darse cuenta de ello, basta observar la uniformidad que se aprecia en las costumbres de los distintos pueblos y en las acciones de los individuos. Y no solo, pues también son similares las acciones humanas y las del resto de los animales, en cuanto están guiadas por la **causalidad***.

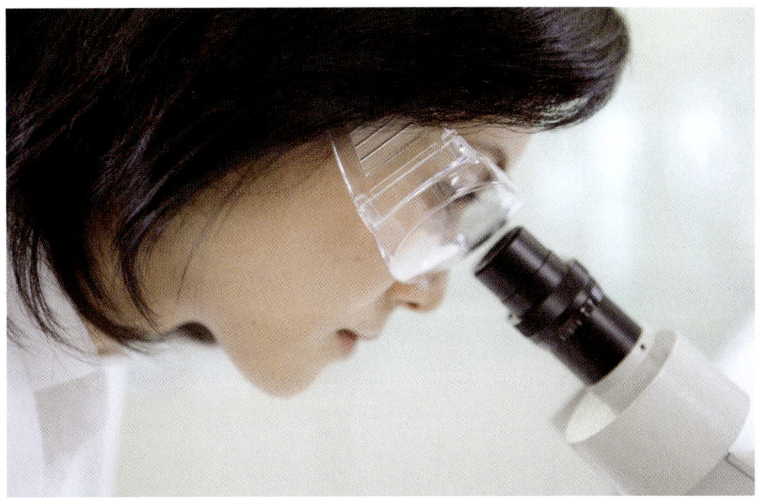

Fig. 6.5. *Científico con microscopio.* La observación de los seres vivos invisibles, gracias al microscopio, introdujo expresiones como «espíritus animales» a partir de la idea de «átomos de la Naturaleza».

Así, Hume sitúa al ser humano como un ser más dentro del conjunto de la naturaleza. Con ello, **rompe definitivamente la visión dualista y propone una visión en la que el ser humano es una realidad natural,** alejada de cualquier atisbo de divinidad.

- En cuanto a la razón, Hume considera que no se puede considerar, como en la tradición platónica y racionalista, dueña o guía de las pasiones. Para él, la función de la razón consiste en descubrir los fines que nos resultan apetecibles y los medios para alcanzarlos.

La razón, por tanto, no es el motor de la acción, sino el motor de la pasión y el deseo. En palabras de Hume, la razón «tan solo es y debe ser esclava de las pasiones». No debemos entender esta afirmación como irracionalista, sino como una indicación de que nuestra tendencia vital está marcada por nuestros deseos y pasiones.

Sin embargo, al mismo tiempo, reconocemos que, para dar satisfacción a esa tendencia, recurrimos a la razón como instrumento que nos permite apreciar el valor de nuestros distintos objetivos y la pertinencia de los medios que debemos poner en práctica para su consecución.

- Las pautas de convivencia y la constitución de las sociedades humanas también se derivan de las pasiones, sean estas apacibles o violentas. Las sociedades humanas no se fundan nunca a partir de presuntos designios divinos, tal como indicaban los autores medievales, o de supuestos contratos originales, según opinión de Locke.

En conclusión, esa exploración en busca de las claves para entender al ser humano desemboca en el establecimiento de su condición no esencialmente racional, **sino sentimental y afectiva.** A ello se suma, sin lugar a dudas, su carácter **básicamente social.**

C. El ser humano en el reino del deber moral. Kant

Frente a la posición de Hume, el análisis kantiano del ser humano recupera su tradicional carácter eminentemente racional. Sin embargo, este carácter racional no se presenta como sombra o expresión de un alma incorruptible, divina o inmortal, sino por su condición intrínsecamente natural.

Además, después de haber reconocido desde la *Crítica de la razón pura* que es imposible demostrar las ideas de Dios, mundo y alma a partir de la razón en su uso puro, Kant sitúa la justificación de esos conceptos en el ámbito de la ética, como postulados de la razón práctica.

Kant considera que **el carácter fundamentalmente racional de la propia condición de los seres humanos** nos obliga a actuar no solo por los impulsos de la naturaleza, sino por los dictados del **deber moral.** Además, este aspecto racional supone, como en el Renacimiento, reconocer la **igual dignidad de todos los seres humanos.**

La grandeza o miseria del género humano es otro asunto del Renacimiento que vuelve a surgir con fuerza en la Ilustración. Sin embargo, el mismo problema se plantea, ahora, en términos de decadencia o progreso de la humanidad. En Kant se sitúa en el plano de las relaciones políticas entre los seres humanos.

Al igual que Hume, Kant es consciente de que cualquier pregunta sobre el conocimiento y la verdad, el bien y la ética, la esperanza y la política, así como la estética o la religión, nos conducen inevitablemente a tratar la pregunta acerca de la definición del ser humano. A partir de este momento, el ser humano se convertirá en problema filosófico, especialmente, por su condición moral. Con esta cuestión se abre el siglo XIX y se inicia, así, la filosofía contemporánea.

Texto 3. La naturaleza humana, ¿es apreciable o despreciable?

«¿Hay en la naturaleza humana disposiciones de las cuales se puede desprender que la especie progresará siempre a mejor, y que el mal del presente y del pasado desaparecerá en el bien del futuro? Porque entonces podemos amar a la especie, aunque sea siquiera en su constante acercamiento al bien; de lo contrario, tendríamos que odiarla o despreciarla.

La naturaleza humana en ninguna parte se muestra menos digna de ser amada que en las relaciones mutuas entre pueblos. No hay un Estado que se encuentre seguro frente a otro, ni por un momento, en lo que respecta a su independencia o a su patrimonio. Contra esto ningún otro remedio es posible —por analogía con el derecho civil o político de los hombres tomados individualmente— salvo el de un Derecho internacional fundado en leyes públicas con el respaldo de un poder, leyes a las cuales todo Estado tendría que someterse, pues una paz universal duradera conseguida mediante el llamado equilibrio de las potencias en Europa es una simple quimera, igual que la casa de Swift, tan perfectamente construida por un arquitecto de acuerdo con todas las leyes del equilibrio que, al posarse sobre ella un gorrión, se vino en seguida abajo. Por mi parte, en cambio, confío en la teoría, pues esta parte del principio jurídico de cómo debe ser la relación entre hombres y entre Estados, y recomienda a los dioses de la Tierra la máxima de proceder siempre, en sus disputas, de modo tal que con él se introduzca ese Estado universal de los pueblos, admitiéndolo como posible *(in praxi)* y como capaz de existir.»

KANT, I.: «De la relación entre teoría y práctica en el Derecho Internacional, considerada con propósitos filantrópicos universales esto es cosmopolitas», en *Teoría y práctica*, Tecnos, Madrid, 1993.

1. Según Kant,

a. ¿Cuál es el motivo por el cual podríamos amar a la especie humana?

b. ¿Cuál es el mayor obstáculo para que sea apreciable?

2.a. ¿Con qué analogía expresa Kant un cierto escepticismo respecto a la viabilidad de la solución que propone?

b. ¿Por qué al final se muestra optimista?

3. Para ti, ¿es factible un gobierno mundial? ¿Qué ventajas e inconvenientes tendría?

4. El ser humano como «problema». La filosofía contemporánea

El «problema del hombre» en la filosofía contemporánea se intuye ya en Kant. Es él quien, por primera vez, formula explícitamente la necesidad de responder a la pregunta por el ser humano como asunto absolutamente principal. Kant muere en 1804. No se imaginaba que durante el siglo XIX se abriesen posibilidades de respuesta tan amplias y divergentes.

El desarrollo biotecnológico de las últimas décadas del siglo XX ha provocado que el problema del ser humano se vuelva cada vez más urgente y de inmediata solución, pero a la vez más complejo y más difícil de resolver. A este respecto, podemos apreciar cuatro perspectivas para enfrentarnos con la cuestión de la naturaleza humana: biológica, social, psicológica y humanista. Revisemos antes las claves generales de nuestras concepciones contemporáneas respecto al ser humano.

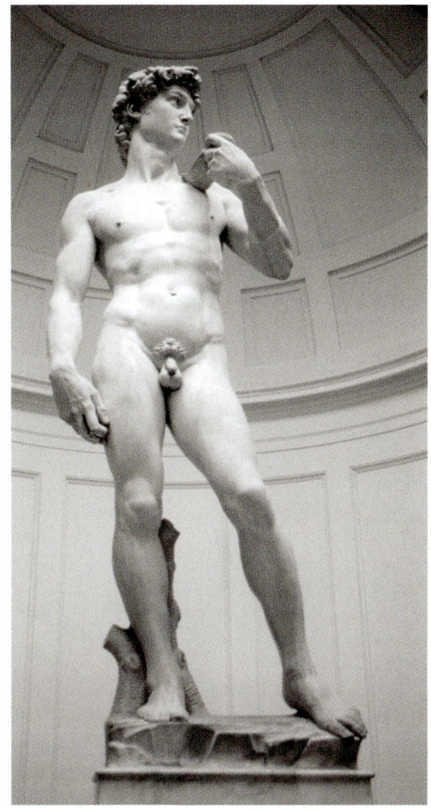

Fig. 6.6. Miguel Ángel, *David*. Modelo clásico de belleza.

4.1 Claves del ser humano a partir del siglo XIX

No podemos dejar de advertir la existencia de dos factores cruciales que inciden en nuestra más reciente y actual imagen respecto al ser humano. Estos dos factores están relacionados, además, con elementos externos al hombre pero que influyen de forma determinante en la percepción interna de este. El primero se refiere a los procesos derivados del progreso científico. El segundo apunta a las consecuencias de las condiciones socioeconómicas y culturales de las últimas décadas.

- **Avance científico-tecnológico, especialmente en biología y genética.** A partir de Darwin, el ser humano deja de ser un ser radicalmente distinto al resto de los animales. Con la teoría darwinista, el hombre queda anclado definitivamente dentro del esquema general de la evolución de las especies. Es fruto, por tanto, del azar y de la necesidad. Sin embargo, cuando se ha reconocido ya la intrínseca e inevitable naturalidad del ser humano, se abren las puertas para que efectivamente pueda convertirse, a través de la ingeniería genética, en un ser artificial.
- **Condiciones económicas, sociales y culturales.** Como consecuencia del flujo constante y creciente de los movimientos migratorios, las razas humanas se difuminan en un progresivo proceso de mestizaje. Además, como se ha indicado, el movimiento generalizado de globalización propicia una clara tendencia hacia la uniformización cultural.

Fig. 6.7. El modelo actual refleja una sociedad multiétnica y multicultural: ya se ha superado el modelo representado por Miguel Ángel.

El ser humano se ve a sí mismo como un ser más integrado dentro de la naturaleza. Esto obedece a que posee un determinado y establecido código genético que lo empareja entre sí y lo distingue del resto de los seres humanos y de los seres vivos. Al mismo tiempo, nunca fue más plástico y más flexible. Sin duda, el hombre-tipo u hombre-ideal del que se habló en la tradición ya no es el «varón adulto y blanco». Desde el punto de vista del «modelo», no solo reconocemos ya como «humanos» al ideal *David* de Miguel Ángel. En la actualidad, nadie cuestiona ni duda de que esa realidad «humana» es más amplia y no distingue por raza, sexo, edad o figura.

Este proceso ha representado un **gran avance intelectual y ético** que ha costado siglos de lucha teórica y social. Pero, además, a partir de los desarrollos de la moderna biología y de la biotecnología, se apunta hacia una tendencia: reconocer «humanidad» a nuestros primos zoológicos, los primates, o a productos artificiales como el androide Robocop y los humanoides virtuales.

> *Para saber más*
>
> **El ser humano y los animales**
>
> Thorpe apunta tres rasgos esenciales de diferenciación entre el ser humano y los animales: la búsqueda de sentido, la conciencia de la muerte y el hecho de filosofar.

En conclusión, el concepto de lo humano se ha delimitado desde el punto de vista natural, pero se ha ampliado desde el punto de vista social. Ante esta situación, el ser humano individual se muestra como un ser confuso y confundido.

4.2 Las distintas respuestas contemporáneas

Darwin, Marx y Nietzsche significan una segunda revolución intelectual respecto a la concepción del ser humano a partir del siglo XIX. Ellos enmarcarán, por tanto, el triple enfoque para analizar al ser humano durante el siglo XX: biológico, sociológico y psicológico, respectivamente. Además, la riqueza del pensamiento nietzscheano dará pie a la perspectiva básica del punto de vista de Freud y, a la vez, abrirá puertas a la «nueva metafísica» antropológica, ya sea vitalista, existencialista o historicista.

A. Desde la perspectiva biológica

En 1858, **Charles Darwin** y **Alfred Russell Wallace** formularán su **teoría de evolución de las especies.** Según esta teoría, todas las especies, animales o vegetales, han evolucionado a partir de otras anteriores siguiendo procesos de selección natural.

Según este proceso, sobrevivirán los individuos de una determinada especie que se adapten mejor a las circunstancias del hábitat en el que estén instalados. Así pues, tendrán más opciones de éxito en esa lucha por la supervivencia, los individuos más fuertes.

Desde este punto de vista, **se rompen dos principios básicos de la explicación trascendentalista o religiosa.** En primer lugar, la especie humana no ha aparecido en la Tierra espontáneamente o por mediación de una divinidad. No es una especie inmutable, sino que es fruto de la evolución de especies animales anteriores. En segundo lugar, no cabe, pues, la creencia en la separación radical entre los seres humanos y el resto de los seres animales.

Algunos defensores de la perspectiva religiosa han intentando cuestionar la solidez científica de la teoría darwinista alegando fallos a la hora de explicar la aparición de los nuevos individuos. Pero, sobre todo, critican al evolucionismo su supuesto carácter contrario a la ética. Desde este punto de vista, alertan de que esa lucha por la vida significaría una lucha feroz de todos contra todos, que supondría la desaparición de cualquier justificación ética racional o, incluso, la posible desaparición de la humanidad en esa supuesta lucha a muerte por la supervivencia.

Cabe advertir, no obstante, que estas objeciones no son válidas. Sin duda, la teoría evolucionista de Darwin fue mejorada principalmente por dos desarrollos posteriores:

- Por la explicación genética de la causa de los cambios aleatorios que se producían en los individuos de una determinada especie, a partir de los cuales se podría constituir una nueva especie.

- Por la indicación de Alfred Russell Wallace, según la cual los cambios culturales ejercen una mayor influencia que los factores físicos en ese proceso de selección natural.

Por otra parte, **esas mejoras del evolucionismo de Darwin no niegan en lo esencial su teoría, sino que la confirman.** Por tanto, parece que no hay justificación para las concepciones dualistas o finalistas. No obstante, no debemos caer tampoco en el reduccionismo biologicista o genetista.

A pesar de que el espectacular desarrollo de la genética en los últimos años está abriendo insospechadas expectativas para explicar al ser humano, en las claves definitorias de este entran en juego otros elementos.

B. Desde la perspectiva sociológica

La concepción de **Marx (fig. 6.8)** acerca del ser humano es consecuencia de su intento de explicar los mecanismos de la sociedad. Marx parte de la indefensión natural del hombre. De ahí surge la necesidad humana de vivir en sociedad, pues al igual que Aristóteles defiende el carácter naturalmente social del hombre. Sin embargo, Marx atribuye esa sociabilidad no a la razón dialógica y ética, sino a la **necesidad común para transformar la naturaleza a través del trabajo y asegurar así la supervivencia.**

Por tanto, dado que el trabajo es social y la sociedad nace por la necesidad humana para transformar la naturaleza a través del trabajo, este se convierte en el factor **constitutivo de la sociedad y de la naturaleza humana.** En consecuencia, la forma de organización de los modos de trabajo y de las relaciones laborales determinan la forma de organización social.

Además, Marx considera que, así como existen leyes en la Naturaleza, también existen leyes que explicarían la evolución histórica de las sociedades. Así pues, la actual sociedad capitalista habría pasado necesariamente por distintos modelos, a saber, «el asiático», «el esclavista» y «el feudal». Según Marx, el modelo europeo del siglo XIX de las sociedades técnicamente desarrolladas vive bajo el modelo de producción «capitalista», que se caracteriza por crear una situación de expansiva y progresiva alienación.

Desde este punto de vista, los seres humanos, al trabajar por imperiosa necesidad dentro de este sistema capitalista, acaban convirtiéndose en meras mercancías de mercado, quedando cosificada su propia naturaleza y sus relaciones con los demás.

La **alienación** es un proceso por el cual un individuo o una colectividad transforman su modo de ser propio y característico por otro que le es ajeno, extraño e incluso contrario al que se podría esperar. Hay tres tipos básicos de alienación: religiosa, política y económica, por las que los seres humanos se convierten en esclavos de determinadas creencias, de las leyes y del trabajo, respectivamente.

Esta situación de expansión y alienación, para Marx, se superará inexorablemente. La propia dinámica del capitalismo provoca una **progresiva desigualdad económica y social.**

La desigualdad económica se deriva de la creciente privatización de los medios de producción, frente a la creciente socialización de las fuerzas productivas. La desigualdad social tiene su expresión en el abismo creciente entre la mayor riqueza de la burguesía y la mayor pobreza del proletariado. Estas contradicciones internas, según Marx, provocarán **cíclicos procesos de crisis.**

Estas crisis, junto a la toma de **conciencia del proletariado** ante esa injusta situación, desencadenarán una revolución para instaurar una sociedad más justa, donde desaparezca la propiedad privada, la desigualdad social y la alienación. Según Marx, se tratará de una sociedad comunista, marcada por la igualdad, la paz social y la libertad individual. En esta sociedad el ser humano estará plenamente realizado.

Más allá de la validez de las propuestas sociales y políticas de Marx, el aspecto antropológico de su teoría con mayor solidez es su modo de explicar la formación de la conciencia individual. Esta, en contra de la perspectiva racionalista de la filosofía tradicional, no es la causa de la acción humana.

Karl Marx (1818-1883, fig. 6.8)

Economista, sociólogo, activista político y filósofo alemán. Creador teórico, junto con Friedrich Engels, del socialismo científico. Su posicionamineto filosófico inicial se sitúa en la «izquierda hegeliana». Su programa político está recogido en el *Manifiesto Comunista* (1848). Su obra más destacada es *El Capital,* donde establece que el sistema capitalista se sustenta en la explotación que sufre el proletariado por parte de la burguesía. Influyó decisivamente en el pensamiento y en la política del siglo XX.

Según Marx, ocurre más bien al revés. Es la acción humana y, básicamente, el contexto de su modo particular de producción, la que genera el modo concreto de realización de la conciencia. **Nuestra identidad personal está determinada, por tanto, por las creencias sociales,** generadas a partir de las condiciones concretas de nuestras relaciones económicas.

En conclusión, nuestra conciencia individual es consecuencia «de las condiciones materiales de la existencia». A partir de esta consideración, a lo largo del siglo XX se han desarrollado una serie de explicaciones que han hecho excesivo hincapié en los factores sociales. De esta forma, se han desatendido los factores derivados de la naturaleza biológica y psicológica de los seres humanos. A raíz de esta situación, se generó una polémica respecto a la prioridad de unos factores u otros a la hora de explicar la naturaleza y la conducta humana.

C. Desde la perspectiva psicológica

En **Nietzsche** se abre el abismo y la zozobra del ser humano del siglo XX. Nietzsche rompe de forma drástica con las posiciones teóricas y las implicaciones prácticas sobre el ser humano de la tradición filosófica anterior y, por añadidura, sobre los otros dos temas cruciales de la filosofía: Dios y el mundo. Su punto de partida supone reconocer, en primer lugar, la **inexistencia de una realidad objetiva:** «no existen hechos, solo interpretaciones».

El mundo se entiende, pues, solo desde una **perspectiva antropocéntrica.** Sin embargo, Nietzsche denuncia que la genuina interpretación antropocéntrica ha sido tergiversada tanto por los antiguos como por sus contemporáneos. Según Nietzsche:

- La filosofía anterior ha estado marcada por el dualismo trascendentalista platónico y cristiano, así como por el **sentimiento de culpa** nacido con el judaísmo. Estos son aspectos que han invertido los verdaderos valores humanos. Por tanto, es preciso volver a trasmutarlos para encontrarnos de nuevo con nosotros mismos como seres humanos plenos.
- Tampoco la solución más defendida en su tiempo le resulta completamente satisfactoria. No comparte la promesa marxista de liberación personal a través de la igualdad social, pues según Nietzsche los ideólogos marxistas han imaginado un sistema irrealizable. Además, la sociedad comunista llevaría a un empeoramiento de la «raza» humana, porque la elevación del hombre se asienta en el reconocimiento de la «diferencia de valor entre un hombre y otro hombre».

La otra gran corriente intelectual del siglo XIX, el **darwinismo,** también está presente en la filosofía nietzscheana. Su crítica a la visión dualista a través de la imagen del hombre pegado a la tierra y su propuesta de superación ética de la humanidad apuntada en la idea de *übermensch* («superhombre») son claros exponentes de esa influencia. Sin embargo, Nietzsche considera que tampoco es esa la solución al problema del hombre.

Desde su perspectiva, solo trayendo de nuevo a la escena filosófica la idea de hombre como «ser intermedio», pero con un sentido absolutamente terrenal, podremos considerarnos verdaderamente humanos. Es desde esta perspectiva desde la cual entendemos su afirmación de que «el hombre es una cuerda tendida entre el animal y el superhombre», «una cuerda sobre el abismo». **El superhombre supera las convenciones sociales y las ataduras del sentimiento de culpa: es el sentido de la vida.**

D. Desde distintas perspectivas antropológicas

A partir del siglo XX —especialmente tras la 2.ª Revolución industrial— comienza a configurarse un nuevo tipo de sociedad, que podemos denominar «postindustrial». Sus rasgos característicos apuntan a una progresiva y creciente especialización, informatización y globalización. Así pues, aparecen diversas corrientes filosóficas que pretenden ahondar sobre las posiciones anteriores y al mismo tiempo explicar las claves de este nuevo mundo.

En primer lugar cabe citar a **Max Weber,** quien se opone a la concepción marxista de que la economía determina la configuración y el cambio social, pues estima que también influyen factores culturales, religiosos, etc. Sin embargo, el aspecto más interesante de su pensamiento se refiere a su análisis de la **progresiva racionalización de la vida social** según los criterios de la utilidad y de la eficacia, dando lugar a una «organización científica del trabajo» y una burocratización de la vida social.

Recogiendo las intuiciones y sugerencias nietzscheanas, **Sigmund Freud (fig. 6.9)** intentó dar un estatus científico al concepto de lo inconsciente. Su concepción de la mente, dividida en capas —inconsciente, preconsciente y consciente— es revolucionaria. Aún lo es más su indicación de que el ámbito de **la consciencia es solo la punta del iceberg de nuestra vida mental.** Por ello, nuestra vida, nuestros actos y nuestras decisiones están marcados por nuestras pulsiones sexuales, por nuestros deseos reprimidos o por nuestras experiencias infantiles, inclinaciones y acontecimientos de los que no somos en absoluto conscientes. Solo a través del análisis de nuestros lapsus, de nuestros sueños o de las técnicas terapéuticas del psicoanálisis podemos llegar a descubrir las claves fundamentales de nuestra conducta y de nuestra personalidad.

Desde el existencialismo, se cuestiona el núcleo central del psicoanálisis y se defiende una antropología ética comprometida con uno mismo y con la sociedad. Así, para **Jean-Paul Sartre,** el **ser humano es conciencia y libertad,** mientras que la mente es conciencia y solo conciencia. El inconsciente sería un subterfugio tras el que nos escudamos para eliminar la conciencia y, con ello, nuestra propia libertad. Esa conciencia es el conocimiento de la existencia: sé que existo, luego pienso. Además, advierte Sartre, «el hombre está condenado a ser libre», porque la libertad duele, cansa, angustia. Pero si se renuncia a la libertad, se renuncia también a ser humano. La angustia es, por tanto, inevitable.

Por su parte, **Ernst Cassirer** ha insistido en el carácter eminentemente simbólico de la naturaleza humana. Su monumental obra, *Filosofía de las Formas Simbólicas,* se ha convertido en paradigma del estudio de la definición del ser humano como una realidad cultural asentada en esa connatural tendencia a construir un mundo más allá de la identificación simple entre objeto y denotación. Según Cassirer, mientras que los animales perciben su mundo a través de los instintos y de la inmediata percepción sensorial, los seres humanos han creado su propio sistema de significados **simbólicos*** (lingüísticos, científicos, artísticos...) que estructura y reorganiza su percepción de la realidad. Es este además el mismo motivo por el que los seres humanos crean «utopías» y por el cual se progresa en una cultura humana compartida.

Las tablillas de Blombos (de hace 77.000 años aproximadamente) significan el invento de la línea en función simbólica de contorno de las figuras. Como recuerda Roman Gubern, «esta conciencia de la línea pudo nacer del recorrido azaroso del dedo en el barro húmedo, o de un juego muy común entre los primates, quienes al golpear piedras producen rayas en su superficie y el posterior control intencional de la línea como significante de la producción icónica la convirtió literalmente en un símbolo (del griego *symbolon:* unir dos cosas distintas, la imagen física y el concepto). Así nació la producción quirográfica humana en la noche de los tiempos».

Sigmund Freud (1856-1939, fig. 6.9)

Interesado por la psiquiatría y la neurología, en 1899 publica *La interpretación de los sueños,* que supondrá el inicio de una verdadera revolución intelectual: el psicoanálisis. A partir de los conceptos de «inconsciente» y «represión» explicará no solo las causas de determinados problemas psiquiátricos, sino que ofrecerá una explicación global de la conducta humana y una práctica terapéutica. A partir de las distintas etapas del desarrollo de la sexualidad explicará los mecanismos de la personalidad. Durante el siglo XX, Freud será un referente ineludible en cualquier explicación científica, reflexión filosófica o realización artística que se refiera a la naturaleza humana.

Valores del mundo laboral	Valores del mundo cultural
• Exaltación de la eficiencia del sistema.	• Exaltación de los intereses del «yo».
• Prevalencia de racionalidad instrumental.	• Prevalencia del ámbito irracional.
• Organización exigente y planificación.	• Búsqueda del humor y de la espontaneidad.
• Exigencia de autodisciplina y control social.	• Tendencia a la liberación del impulso individual.

Tabla 6.2. *Valores del mundo laboral y del cultural.* Según Daniel Bell, las contradicciones de la sociedad capitalista actual derivan de los valores opuestos que se proponen por un lado en el mundo del trabajo y, por otro, en el mundo del ocio.

Figuras geométricas y su significado	
Símbolo	*¿Qué expresa?*
Círculo	Equilibrio
Línea vertical	Poder o autoridad
Ángulo agudo	Agresividad
Cuadrado	Estatismo
Elipse	Feminidad
Espiral	Dinamismo

Tabla 6.3. *Figuras geométricas y su significado.* Carl Jung ha destacado la raíz subconsciente de los símbolos como arquetipos universales. En ocasiones, esa simbolización nace por simple proyección cultural a partir de analogías observadas en la naturaleza o se circunscribe a una época o cultura determinadas.

Fig. 6.10. *Todas las representaciones artísticas están plagadas de significación simbólica.* Por su intención didáctica, son de especial valor los relieves de las columnas, basas, capiteles, tímpanos, gárgolas, etc. en los que apreciamos figuras humanas deformes, expresión del pecado; figuras en lucha, expresión de conflicto moral interior; monstruos o serpientes al pie de un árbol, guardianes del conocimiento, etc. Incluso, el templo en sí representa una imagen cósmica del universo, una imitación de la Montaña Sagrada o un reflejo de una realidad más alta.

Así se constituyó el «símbolo», como plasmación expresiva de un conjunto de creencias que parecen arrancar del universo psíquico y espiritual de los primeros humanos, que no solo muestra emociones profundamente enraizadas, sino que además transmite conocimientos.

En cuanto al origen de su significado, podemos observar que algunos, por su universalidad, parecen indicar una procedencia psicológica profunda, subconsciente; mientras que otros responden a una **proyección cultural a partir de analogías** observadas en la naturaleza: la melena del león, como signo de realeza; la mirada nocturna de la lechuza, la vigilancia y el saber; o a través de velas, flores, mariposas, relojes de arena o cráneos, lo efímero de la vida.

Uno de los pensadores que más lúcidamente ha reflejado la situación de los seres humanos en estas últimas décadas del siglo XX y primeras del XXI es **Zygmunt Bauman.** En su libro *Vida líquida* examina los rasgos que caracterizan nuestras actuales sociedades modernas. Declara que estas **sociedades «modernas líquidas»** se definen como «aquellas en las que las condiciones de actuación son tan rápidamente cambiantes que no permiten que se consoliden en hábitos y rutinas». En este tipo de sociedades los logros individuales no pueden solidificarse en bienes duraderos porque las condiciones de acción y las estrategias diseñadas envejecen rápidamente y se hacen caducas antes de llegar a ser aprendidas: la experiencia ya no es modelo, sino rémora para el éxito. En consecuencia, la vida líquida es una vida precaria y en **situación de perenne incertidumbre** pues existe: un constante temor a no moverse con suficiente rapidez y que carguemos con bienes que ya no resultan deseables; y una constante sucesión de nuevos comienzos y de breves e indoloros finales.

«Modernizarse» significa ser capaz de desprenderse constantemente de objetos, atributos e identidades; y, como recuerda Bauman, «entre las artes del vivir líquido, saber librarse de las cosas prima sobre saber adquirirlas». Estas condiciones tienen observables repercusiones en distintos ámbitos de la realidad y del conocimiento:

- En términos económicos, se plasma en la importancia de **industria de eliminación** rápida de residuos como elemento fundamental para la supervivencia de la sociedad y el bienestar de sus miembros.
- En términos de ciencia sociopolítica, la extrapolación de hechos del pasado para predecir tendencias futuras se revela como obsoleta y engañosa; cada vez es más difícil realizar cálculos fidedignos y los **pronósticos infalibles** son ya inimaginables; ninguna estimación sobre el futuro es verdaderamente fiable pues se desconocen las variables para explicar la vida. En este contexto, se produce un impetuoso crecimiento de los nuevos conocimientos y el no menos rápido envejecimiento de los viejos, con lo cual se produce una gran ignorancia a gran escala.
- En términos psicológicos, se manifiesta en un claro retraimiento con respecto al ámbito de lo público; en una **obsesión compulsiva por rediseñar el propio cuerpo;** una creciente agonía por llevar siempre más allá esa «naturaleza» del *homo eligens,* generando un constante seguidismo de la masa; **unas relaciones humanas mercantilizadas y explicadas meramente por mecanismos biológicos** (por ejemplo, el enamoramiento no es más que una excreción de oxitocina que no suele durar más de dos años).

Cuando la modernidad era «sólida», vivía enfocada en la eternidad (una forma abreviada de referirse a un estado de uniformidad perpetua, monótona e irrevocable); y, en consecuencia, tenía sentido trazarse una meta y un camino para alcanzarla. Por el contrario, la modernidad «líquida» no se fija ningún objetivo ni traza línea de meta alguna y solo asigna una cualidad permanente al **estado de fugacidad.** El tiempo fluye, ya no «sigue su curso inexorable». Sin duda que siempre hay cambios, siempre nuevos, pero no hay ningún destino, ni punto final, ni expectativa de cumplir una misión. Como tan plásticamente explica Bauman, vivimos en la paradoja de que cada momento vivido está preñado de un nuevo comienzo y de su final, «antaño enemigos jurados, hoy gemelos siameses».

@ *En Internet*

En **http://www.konvergencias.net/jonas.htm** hay un artículo sobre el pensamiento de Hans Jonas y de Hannah Arendt respecto a la naturaleza humana y a la utopía.

Texto 4. El ser humano, un ser simbólico

«Esta es la extraña situación en que se encuentra la filosofía moderna. Ninguna edad anterior se halló en una situación tan favorable en lo que respecta a las fuentes de nuestro conocimiento de la naturaleza humana. Se han mejorado inmensamente nuestros instrumentos técnicos para la observación y experimentación, y nuestros análisis se han hecho más agudos y penetrantes. Sin embargo, no parce que hayamos encontrado el método para dominar y organizar ese material.

Los grandes pensadores que definieron al hombre como animal racional no eran empiristas ni trataron nunca de proporcionar una noción empírica de la naturaleza humana. Con esta definición expresaban, más bien un imperativo ético universal. La razón es un término verdaderamente inadecuado para abarcar las formas de vida cultural humana en toda su riqueza y diversidad, pero todas esas formas son simbólicas. Por lo tanto definiremos al hombre como "animal simbólico".

El hombre ya no vive solamente en un puro universo físico sino en un "universo simbólico". El lenguaje, el mito, el arte y la religión constituyen partes de este universo, forman los diversos hilos que tejen la red simbólica, la urdimbre complicada de la experiencia humana.»

Cassirer, E.: *Antropología filosófica,* FCE, 1990, pp. 44 y sigs.

1.a. ¿Cuál es la definición básica del ser humano según Cassirer?

b. ¿Con qué definición tradicional no está de acuerdo?

2. ¿Cuál es la «extraña situación en que se encuentra la filosofía moderna»?

3. Elabora un breve esquema o mapa conceptual de este texto.

5. El futuro «ser humano» desde la reciente biotecnología

Por último, cabe apuntar la paradójica situación que arrastra consigo la naturaleza humana. Esta nos lleva a una constante creación y producción de elementos artificiales.

En realidad, se trata de la historia de la Humanidad, que se manifiesta desde las prehistóricas herramientas hasta los más sofisticados mecanismos de la inminente nanotecnología.

Llegado un cierto punto, el conjunto de nuestro entorno se vuelve casi absolutamente artificial. Lo «natural» es nuestra desnudez biológica y, a la vez, el dominio artificial que nos envuelve y en el que vivimos.

No hay escapatoria: somos **artificiales por naturaleza.** Pero, en ocasiones, como denuncian Heidegger o Levinas, esa artificialidad nos arrastra hasta la artificiosidad, en un mundo tan tecnificado que oculta nuestro más íntimo ser.

Durante las últimas décadas del siglo XX se han ido agudizando las contradicciones que se habían vislumbrado décadas atrás. El reino del optimismo renacentista y la ilustrada **utopía del progreso** se nos antojan lejanos e ilusos. En este siglo XXI la paradoja se tiende a agravar pues, en el horizonte, se advierten nuevas realidades humanas o humanoides, como los ciborgs, androides, clónicos, etc. De nuevo surgen los viejos temores acerca de las máquinas y robots que se adueñan del mundo. Contra las utopías modernas, nacen las distopías post-modernas.

Por tanto, ¿qué significa «naturaleza» humana? Más allá de esa preocupación metafísica por la definición del ser humano, se nos impone una inquietud de igual importancia pero más acuciante. Ante esta nueva y más compleja realidad social, económica, política, tecnológica, etc., cabe preguntarse qué debemos hacer. Uno de los referentes fundamentales para abordar esta cuestión desde una perspectiva actual es **Hans Jonas.** El análisis de Jonas parte de dos consideraciones:

Fig. 6.11. *Secuencia de "Blade Runner".* La representación de un mundo futuro donde humanos y androides convivan —y se enfrenten— es la más extendida forma de la ciencia-ficción durante el siglo XX, especialmente tras las dos Guerras Mundiales, y en la que se plasma un mundo generalmente distópico. Son ya clásicos *Un mundo feliz,* de A. Huxley; *1984,* de G. Orwell; o *Fahrenheit 451,* de Ray Bradbury —entre otros— como ejemplos de distopías.

- **La ciencia y la técnica han invertido las relaciones entre hombre y mundo.** Para los antiguos, la potencia humana era limitada, mientras que el mundo, en cambio, era infinito. Hoy en día, la situación se ha invertido. Jonas lo ejemplifica a través de la contraposición entre la polis griega, enclave civilizado rodeado de un entorno totalmente natural, y el mundo actual, donde la naturaleza se conserva en los parques naturales, rodeados de civilización y tecnología. La naturaleza es vulnerable.

- **El hombre es el único ser conocido que tiene responsabilidad.** Esta emana de la libertad pero es, al mismo tiempo, una carga. Por ello, las generaciones actuales tienen la obligación moral de hacer posible la continuidad de la vida y la supervivencia de las generaciones futuras. Como conclusión, Jonas plantea la responsabilidad de mantener un mundo habitable y un mundo humano. Ese mundo debería ser expresión del «ser tal» de la humanidad: una humanidad creadora de objetos y de valores.

Sin embargo, el «problema del hombre» no está solucionado. Es más, el debate para las próximas décadas está servido pues, al ser posible la modificación y creación de seres humanos a través de procedimientos tecnológicos, ¿es legítimo crearlos?, ¿en qué circunstancias?, ¿hasta qué punto se pueden o deben modificar los códigos genéticos de los individuos?, ¿qué garantías y derechos se le deben reconocer a los posibles seres modificados genéticamente?

Sin duda el siglo XXI será el siglo de la pregunta con una respuesta cada vez más compleja —pero, al mismo tiempo, más urgente e imperiosa— acerca de la «naturaleza humana».

En este contexto aparece un nuevo y polémico frente de discusión entre **Peter Sloterdijk** y **Jürgen Habermas.** Para el primero, el optimista humanismo de la Ilustración no ha logrado mejorar sustancialmente la sociedad humana. Ese fracaso se manifiesta en las continuas y cada vez más devastadoras guerras que acontecieron durante el siglo XX. Desde esta denuncia aboga por un nuevo humanismo que dirija sus pasos hacia la aceptación de la ingeniería genética.

En su réplica, **Habermas** defiende que la aplicación de la biotecnología es incompatible con la dignidad humana y expresa el temor de que a través de estas técnicas se pueda producir un cambio irreversible en la naturaleza humana. A pesar de esta cautelosa actitud, estaría de acuerdo con el uso terapéutico de estas nuevas tecnologías.

Desde una posición feminista y socialista, **Donna Haraway,** en su *Manifiesto Ciborg: El sueño irónico de un lenguaje común para las mujeres,* busca crear o imaginar —desde la realidad del «híbrido de máquina y organismo»— una nueva criatura social y, a la vez, de ficción como base para unas nuevas relaciones sociales y políticas. Desde una perspectiva crítica, advierte que un ciborg no requiere una identidad estable y esencialista y, por ello, serían modelos que las mujeres deberían considerar para crear coaliciones basadas en «afinidad» en vez de identidad.

El «mundo ciborg» simboliza para Haraway la **superación de la occidental sociedad androcéntrica** y genera la posibilidad de una nueva vida en común entre animales y máquinas; y así «el ciborg no reconocería el Jardín del Edén, no está hecho de barro y no puede soñar con volver a convertirse en polvo».

Texto 5. Humanos, humanoides y androides

«Hay una versión biotecnológica tanto del mito de las máquinas pensantes como de la rebelión de los robots: el mito de los "replicantes", tan bien recogido en la película *Blade Runner,* heredero indirecto de *Frankenstein* y director del *Brave New World.* El problema filosófico específico del mito de los replicantes es el de si individuos creados artificialmente, pero dotados de todas las propiedades características de lo humano, son verdaderamente humanos. Los creadores del mito se inclinan a pensar que sí. Y yo creo que tienen razón. Otra cosa es que el objetivo tecnológico de crear individuos humanos con dotación genética completamente controlada sea factible y moralmente razonable.»

QUINTANILLA, M. A.: *Tecnología: un enfoque filosófico y otros ensayos de la filosofía de la tecnología,* FCE, México, 2005.

1.a. ¿Cuáles son los mitos tecnológicos en nuestras sociedades? Confecciona una lista.

b. ¿Crees que las máquinas «piensan»? Escribe una breve reseña de opinión.

2.a. ¿Cuál es la idea básica de este texto? Señala las palabras clave.

b. ¿Cuál es el conflicto que se suscita en el texto? Resúmelo brevemente.

3. ¿Crees adecuado ofrecer cobertura jurídica y legal a los humanoides y androides? Organiza un debate.

Para repasar

1. Une época filosófica y tema principal.

filosofía antigua	Dios
filosofía medieval	ser
filosofía moderna	ser humano
filosofía contemporánea	conocimiento

2. Relaciona tradiciones culturales con perspectivas sobre el hombre.

tradición oriental	naturalmente y universalmente digno
tradición judeocristiana	hombre, subordinado a la divinidad
tradición griega	ser racional y social
tradición humanista	trascendentalismo dualista

3. ¿Por qué son falsas estas proposiciones? Razona tu respuesta.

a. La reflexión racional acerca del ser humano nace en la Prehistoria.
b. Desde la tradición cultural griega solo se puede concluir el carácter dualista del ser humano.
c. No existe relación entre el interés teórico para definir al ser humano y el interés por el autoconocimiento, tal como indican los escépticos.
d. El dualismo platónico deriva de la tradición judeocristiana.
e. Anaximandro afirmó que el ser humano es la medida de todas las cosas.

4. ¿Verdadero o falso?

a. Según Protágoras, en el mito de la caverna se explica la condición humana.
b. Aristóteles nunca apunta la posibilidad de la inmortalidad del alma racional.
c. El estoicismo defiende la autosuficiencia del ser humano.
d. En la filosofía medieval se defiende el carácter absolutamente independiente del ser humano.
e. Tomás de Aquino considera, como Aristóteles, que el fin del ser humano es llegar a una visión beatífica de Dios.
f. La teoría de la evolución no es aplicable al ser humano porque presenta algunas deficiencias o lagunas.
g. Marx afirma que las formas de organización social conforman las conciencias individuales.
h. Marx critica el desarrollo tecnológico.
i. En la obra de Nietzsche se observan influencias de darwinismo.
j. Freud defiende que somos plenamente conscientes de nuestros actos.
k. Para Sartre, la libertad genera angustia.
l. Bauman define al ser humano como ser «simbólico».

5. ¿Cómo explica Aristóteles la sociabilidad humana?

6. ¿Cuáles son los preceptos del tetrafármacos epicúreo?
a. No temer a los dioses, **b.** No temer a la muerte, **c.** Buscar siempre el máximo placer; **d.** Recordar la brevedad del dolor y del placer; **e.** Considerar alcanzable el bienestar a través de la mente; **f.** Ser cosmopolita.

7. ¿Qué elementos novedosos introduce el cristianismo en la concepción acerca del ser humano y qué suponen respecto al pensamiento griego?

8. ¿Qué conceptos son propios de la Edad Media? ¿Y del Renacimiento? Agrúpalos en tu cuaderno.
finis terrae – esfericidad de la Tierra – estrellas fijas – teocentrismo – dignidad humana subsidiaria – antropocentrismo – geocentrismo – universo dinámico – dignidad humana por sí – heliocentrismo

9. Elige la respuesta correcta.

a. Descartes considera que... el alma es conciencia / el alma es movimiento / el alma es pasión.
b. Descartes defiende que la *res extensa*... es eterna / pertenece solo a los animales / se mueve mecánicamente.
c. Hume... defiende la idea de alma / cree que no existe naturaleza humana / critica la concepción platónica de la razón.
d. Kant defiende que... Dios se puede demostrar / todos los seres humanos somos igualmente dignos por naturaleza / debemos actuar siguiendo los dictados de la naturaleza.

10. Asocia a los autores con sus ideas en tu cuaderno.

- El factor de selección natural es más cultural que físico.
- Nuestras modernas sociedades generan un estilo de vida «líquido».
- El inconsciente es un subterfugio.
- Las acciones humanas no están guiadas por la razón.
- El hombre es un estadio de transición hacia el superhombre.
- Nuestra sociedad está regida por la racionalización y por la burocracia.

(Weber; Wallace; Bauman; Sartre; Freud; Nietzsche)

Taller de filosofía

A debate

1. Lee las siguientes parejas de citas y debatidlas.
   - «Conocí por esto que yo era una sustancia con una esencia y naturaleza que es pensar, y que no necesita, para ser, de lugar alguno, ni depende de cosa alguna material; de suerte que este yo, es decir, el alma por la que yo soy lo que soy, es enteramente distinta del cuerpo e incluso más sencillo de conocer que este; y aunque el cuerpo no existiese, el alma no dejaría de ser cuanto es.» **Descartes** / «Algunos filósofos se imaginan que lo que llamamos nuestro "yo" es algo de lo que en todo momento somos íntimamente conscientes, que sentimos su existencia y su continuidad es la existencia y que, más allá de la evidencia de una demostración, sabemos con certeza de su perfecta identidad y simplicidad. Por lo que a mí respecta, siempre que penetro más íntimamente en lo que llamo mí mismo tropiezo en todo momento con una o con otra percepción particular, sea de calor o de frío, de luz o de sombra, de amor o de odio, de dolor o de placer. Nunca puedo atraparme a mí mismo en ningún caso sin una percepción, y nunca puedo observar otra cosa que la percepción.» **Hume**
   - «Obra de tal manera que la máxima de tu conducta pueda erigirse en ley universal.» **Kant** / «Obra de tal manera que las consecuencias de tu acción sean compatibles con la permanencia de una vida auténticamente humana en esta Tierra.» **Jonas**
2. Elaborad una lista de conclusiones. Recogedlas por escrito.

Para disertar

1. «Privado de habla, incapaz de mantenerse erguido, vacilante sobre los objetos de su interés, inepto para el cálculo de beneficios, insensible a la razón común, el niño es lo eminentemente humano porque su desamparo anuncia y promete los posibles» **(Jean-François Lyotard).** Disertad sobre la idea de Rousseau de *le bon sauvage* y a partir de la cita de Kiku Adatto: «el niño representa un emblema de bondad y virtud frente a la corrupción, las injusticias y las vanidades de la sociedad».
2. «Los actos de consumo tienen un final bien definido: solo duran ese periodo y ni un momento más. Sin embargo, no se puede decir lo mismo de las interacciones humanas. Cuando se trata de seres humanos, es difícil evitar los compromisos» (**Zygmunt Bauman**, *Vida líquida*). Disertación sobre: «¿compromiso para toda la vida o relaciones humanas "de consumo"?»
3. Importancia del autoconocimiento para el desarrollo personal.
4. El ser humano: ¿cuerpo y alma?
5. «Lo que perturba y alarma al ser humano no son las cosas sino sus opiniones y figuraciones sobre las cosas» **(Epitecto).**

Escuela de filósofos

El aforismo

Son sentencias breves y espontáneas que manifiestan con rapidez una idea, una impresión acerca del mundo físico moral.

Claves

- No siempre se entienden de modo aislado.
- A veces cumplen la función de conclusión, cuando están en un texto amplio.
- No siempre son fáciles de entender, por lo que requieren la sintonía intelectual del lector o el oyente.
- De algún modo, expresan una captación interna de significación poética y simbólica con la realidad.

Para redactar aforismos

1. Busca aforismos sobre la vida, su sentido, etc.
2. Cópialos en tu cuaderno y después haz una puesta en común en grupos.
3. Da rienda suelta a tu imaginación y déjate invadir por la sensibilidad intelectual, para captar a través de la intuición indicios acerca este asunto: ¿la vida es absurda o tiene sentido?
4. Si este asunto no te inspira, puedes tomar cualquier otro tema y construir aforismos.

Investiga

Ya desde la Prehistoria, roles, trabas, prejuicios, silencios, olvidos, humillaciones, agresiones, violencias... son la pesada carga que se les impuso a las mujeres. Pero, también existe una constante lucha reivindicativa, que florece con vigorosa fuerza a partir de la Ilustración con Olympe de Gouges, continúa por las reivindicaciones y las luchas sufragistas, se explaya con los ensayos de Simone de Beauvoir en *El segundo sexo* o en los estudios sobre mujeres científicas (especialmente *Las damas de laboratorio*, de M.ª José Casado), y sigue vigente con Donna Haraway y muchas otras pensadoras.

Desde alguna de estas referencias o desde el wikiportal «feminismo», **http://es.wikipedia.org/wiki/Portal:Feminismo,** investiga sobre algún aspecto, personalidad u obra que aborde alguna de estas cuestiones.

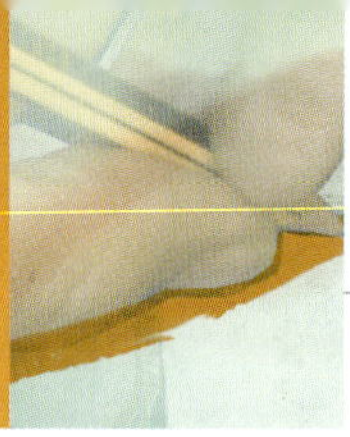

Taller de filosofía

Para que veas

Tiempos modernos, Charles Chaplin, 1936, 89 minutos.

Sinopsis

Un obrero de la industria del acero, extenuado por el frenético y monótono ritmo de la cadena de montaje de su trabajo, acaba perdiendo la razón. Es internado en un hospital psiquiátrico. Una vez que se le da el alta médica, se ve envuelto en una continua sucesión de acontecimientos azarosos que marcan el desarrollo de su vida.

Temas

Efectos de la racionalidad instrumental llevada al extremo. Crítica social al sistema productivo y a la consiguiente alienación de los individuos. Separación entre la vida social y laboral, por un lado, y la vida afectiva, por otro. Presenta la incidencia del azar en la vida frente al control del sistema social.

1. ¿Cuáles son, a vuestro juicio, las tres mejores situaciones cómicas?
2. ¿En qué escenas se observa claramente la situación de alienación colectiva y personal?
3. ¿Cuáles son las instituciones que aparecen en la película? ¿Cuál se supone que es su función? ¿La cumple en el caso del protagonista?
4. Frente a la organización científica del trabajo, el azar cumple una función significativa en el desarrollo de nuestras vidas. ¿En qué momentos se puede apreciar esa presencia del azar en las peripecias del protagonista?
5. Imaginad qué sucede tras el final de la película.

* ***Blade Runner***, Ridley Scott, 1982, 117 min.

A principios del siglo XXI, la Tyrrell Corporation crea unos robots virtualmente idénticos a los humanos, a los que bautizaron con el nombre de «replicantes». Los replicantes Nexus 6 eran más fuertes y ágiles que los humanos, tan inteligentes como ellos, y se usaban como esclavos en misiones de exploración y reconocimiento de otros planetas. Tras un motín durante una colonización, los replicantes fueron declarados ilegales en la Tierra. Para hacer cumplir la orden, se creó una brigada policial especial, las unidades de Blade Runner. Esta película está basada en una novela de Philip K. Dirk y es una de las más populares del cine de ciencia ficción.

Para que leas

SÁDABA, J.: *La vida en nuestras manos. La eterna disyuntiva entre ciencia y ética*, Editorial B, Madrid, 2001.

El objetivo del libro es mostrar que hemos entrado en una nueva era. Esta nueva era supone que, tal como se indica en el título, la vida está en nuestras manos. A partir de los conocimientos teóricos y las prácticas de ingeniería genética de la biotecnología, por primera vez de un modo claro y rotundo en la historia de la humanidad, es posible actuar en los procesos naturales de la vida.

Esta actual y efectiva posibilidad, inimaginable hace unas pocas décadas, se presenta en un futuro no muy lejano como una realidad cotidiana. Esta situación ha reabierto y profundizado el debate entre los desarrollos de la ciencia y las inquietudes de la ética. Sádaba apuesta por una aplicación eficaz y beneficiosa de los avances médicos en aras de mejorar nuestra calidad de vida, pero también con el deseo de acercar a la humanidad a la eternamente anhelada felicidad.

1. En el capítulo introductorio, Sádaba apunta «tres potentes razones» por las que se considera importante la salud. ¿Cuáles son?
2. Elabora un esquema con las «razones y sinrazones» que ofrecen Sloterdijk y Habermas sobre la «antropotecnia».
3. Después de leer el capítulo 3, ¿qué puede significar la frase: «la parapsicología y la metafísica son tal vez el residuo que permanece en nuestros días del animismo primitivo» (p. 97)?
4. ¿Cuál es la relación entre inteligencia y el humor, según Sádaba?
5. Después de resumir el capítulo 6, «La eutanasia... ¿es vida o muerte?», expón tu opinión ofreciendo argumentos.
6. ¿Cuáles son las tres conclusiones que desde la Bioética se pueden aplicar a la información sobre la salud?
7. Ya al final del libro, Sádaba indica unos procedimientos para resolver los problemas morales. ¿Cuáles son?

* POSTMAN, N.: *Tecnópolis. La rendición de la cultura a la tecnología*, Galaxia Gutenberg, Barcelona, 1996.

* ZERZAN, J.: *Futuro primitivo y otros ensayos*, Numa, Valencia, 2001.

* GÓMEZ PIN, V.: *Entre lobos y autómatas*, Espasa-Calpe, Madrid, 2006.

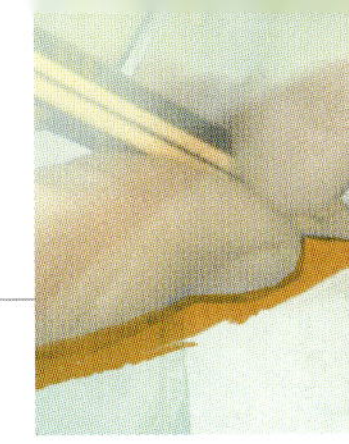

La tarea

1. Lee el siguiente texto con atención y haz un resumen.

   «La patria del hombre son sus ilusiones. La vida es siempre anticipación y porvenir. Somos proyectos. El hombre es, sobre todo, futuro. Ahí se engarzan los pequeños objetivos, las metas y tantos afanes como jalonan su recorrido. Y para que estos salgan adelante, es necesario que sean concretos, bien delimitados, con unos perfiles nítidos, sin intentar abarcar demasiado. Después, manos a la obra. La vida es como un bracear de uno mismo con la realidad.

   Pero hay que ser realista. ¡Cuántos propósitos y afanes no salen simplemente por falta de tiempo o por no haberlos perseguido con el suficiente esfuerzo. En el fracaso brota el desaliento. Abandonar la meta y darse por vencido. Como contrapartida aparece la fidelidad y el tesón, cueste lo cueste. Es volver a las pequeñas contabilidades: al haber y debe seguido de cerca, pero con visión de futuro. Me interesan los perdedores que han asumido su derrota y han sabido levantarse de ella. Es grande ver a un hombre crecerse ante el fracaso y que empieza de nuevo. Llegará el día —si insiste con tenacidad a pesar de todo— en que esa persona se vaya haciendo fuerte, rocosa, recia, compacta, igual que una fortaleza amurallada. Sabiendo que por encima de la tempestad que ensordece o del oleaje vibrante y amenazador, su rumbo está claro, sus ideas siguen siendo conseguir los puntos de mira iniciales.

   Ahí se inician los hombres de vuelo superior. Que no son los que siempre vencen, sino los que saben levantarse, aquellos que tienen capacidad de reacción, sabiendo sacar pequeñas lecciones al filo de los acontecimientos menudos de la vida ordinaria. Dice el refrán castellano que nadie escarmienta en cabeza; pero, a veces, ni en la propia. Se trata de abrir bien los ojos e ir adquiriendo ese saber acumulado que constituye la experiencia de la vida. Conocimiento subterráneo que opera al actuar, porque la vida es la gran maestra, enseña más que muchos libros.

   Un hombre así es como un fuego siempre ardiendo. Es muy difícil apagarlo. Incluso en los peores momentos hay un rescoldo latente debajo de las cenizas. Ahí se inicia el volver a empezar.

   Es la hora del balance personal. Y también de retomar el hilo de los objetivos, con sus dos orillas. Una hecha a base de orden y constancia. El orden nos ayuda a planificar bien las cosas, a sistematizarlas y a trazar una jerarquía de aspiraciones realistas y exigentes a la vez. Constancia es tenacidad, insistencia, no ceder terreno, no darse por vencido, perseverar sin desaliento. La otra orilla es la voluntad, ya que esta no se tiene porque sí, sino que se consigue a través de repetidos esfuerzos y ejercicios en esa dirección: ese proceso tiene siempre un fondo ascético, trenzado de lucha y negación.

   Así, el hombre se reconcilia con su pasado. Lo asume y es capaz de superar. La madurez implica vivir instalado en el presente, teniendo digerido el pasado y estando abierto hacia el porvenir, que es la dimensión más importante de la temporalidad. Binswanger hablaba de la historia vital interna, como una especie de subsuelo biográfico. Esta es una de las tareas primordiales del psiquiatra: bajar a los sótanos de la personalidad y observar lo que hay allí, intentando poner orden y jerarquía en sus profundidades.

   En muchas ocasiones, la labor psicológica consiste en ayudar a hacer una lectura positiva del pasado, valorando mejor las distintas etapas del viaje.

   Si el sufrimiento es la forma suprema de aprendizaje, de él hemos de sacar provecho. La vida tiene distintos sabores, a lo largo de ella el paladar se va acostumbrando a captar sensaciones de todo tipo. Lo importante es no perder el hilo conductor de la existencia, tener claros los objetivos, no derrumbarse ante las contrariedades ni ante tantos imprevistos como, de un modo u otro, habrán de sobrevenir a toda empresa personal.

   No se puede vivir sin ilusiones. Y para que estas salgan es necesario tener un afán de superación permanente. Ahí está la esencia de muchas vidas ejemplares. Siempre fuertes, a pesar de la adversidad. Esa es, para mí, la mejor fórmula para llegar a ser uno mismo.» Rojas, E.: *El hombre light. Una vida sin valores*, Temas de Hoy, Madrid, 1992.

2. En el texto aparecen dos posturas: la individualista y la colectiva. Identifica dónde y en qué se fundamentan.

3. Organizad una mesa redonda sobre la legitimidad de cada una de esas dos posturas: la individualista y la colectiva.

4.a. «Yo soy...». Completad los puntos suspensivos para indicar los distintos modos de entender la propia identidad personal.

   b. A continuación, escribid en un mural: «Mi patria es...» y completad la frase cada uno de vosotros.

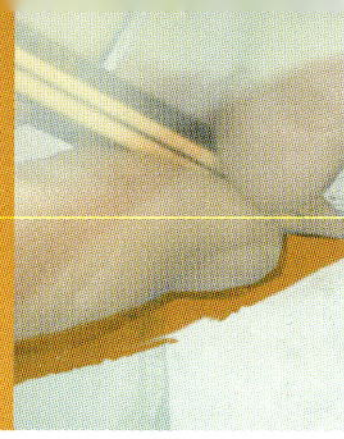

Ideas clave

- El **«problema del hombre»** significa descubrir los rasgos definitorios y explicar el sentido de lo humano en el cosmos. Se plantea en Grecia a partir del siglo V a.C.
- El problema del hombre se ha manifestado a partir de cinco tradiciones culturales: la **oriental,** la **judeo-cristiana,** la **griega,** la **humanística** y la **positivista.**
- Durante el periodo de la filosofía antigua y medieval se entiende al ser humano como un ser escindido e intermedio, entre los dioses y las bestias.
- En el **aristotelismo** y en las **filosofías helenísticas,** aunque se reconoce la corporeidad del alma, se mantiene un cierto dualismo al establecer una distinción importante con respecto al resto de los animales, en función de la natural razón o sociabilidad humanas.
- Desde el **siglo XIV,** se inicia un proceso de **revaloración** de la condición humana que culminará en la filosofía del siglo XVIII.
- Tras la revolución cultural del **Renacimiento,** la filosofía moderna se centra en el estudio del ser humano como agente de conocimiento. Aunque pervive el dualismo en la filosofía de Descartes, se inicia una **perspectiva mecanicista.**
- La crítica a la metafísica y los desarrollos científicos culminarán en la filosofía de **Hume.** El paradigma antropocéntrico se asienta en la idea de ser humano como ser naturalmente pasional y social.
- Para **Kant,** el ser humano se torna problema al reconocer el conflicto entre su condición natural, regida por el ser, y su condición moral, regida por el deber-ser.
- A partir del **siglo XIX,** el análisis del ser humano se presenta como un asunto problemático, con cuatro soluciones básicas: **biológica, sociológica, psicológica** y **antropológico-existencialista.**
- Desde finales del **siglo XX** y principios del XXI este asunto se sitúa en un nuevo paradigma, en el cual el desarrollo tecnológico puede incidir en la constitución anatómica y fisiológica del ser humano.

Autoevaluación

1. Sitúa cronológicamente estas concepciones acerca del ser humano e indica el autor al que corresponden.

imago Dei - naturalmente social - alma preexistente - inconsciente de los motivos de sus actos - medida de todas las cosas - formado por sus condicionamientos económicos y sociales - sustancia pensante.

2. ¿Verdadero o falso?

a. No existe ninguna diferencia en la historia de la filosofía acerca del ser humano.
b. Conocimiento teórico y conocimiento práctico acerca del ser humano van siempre separados.
c. La filosofía platónica defiende el carácter convencional de la naturaleza humana.
d. Con el Renacimiento nace una imagen negativa del cuerpo humano.
e. Hume presenta una visión antropocéntrica de la realidad.
f. No existen trazas de una teoría evolucionista hasta Darwin.

3. Atribuye al autor correspondiente las identificaciones acerca de la razón.

• Hume	• *res cogitans*
• Platón	• alma inmortal
• Kant	• esclava de las pasiones
• Aristóteles	• principio dialógico y ético
• Descartes	• dividida en pura y práctica

4. Completa:

- Para Donna Haraway, el mundo ciborg significa superar el (a).
- (b) teme que la biotecnología pueda producir un cambio irreversible en la naturaleza humana.
- Para Hans Jonas, la ciencia y la técnica han invertido las relaciones entre (c) y (d).
- Para (e) nuestra mente se divide en tres capas: inconsciente, preconsciente y consciente.
- (f) insiste en el carácter eminentemente simbólico del ser humano.
- Weber advierte que la progresiva (g) de la vida social lleva a su creciente (h).

Solución: 1. medida de todas las cosas (Protágoras) - alma preexistente (Platón) - naturalmente social (Aristóteles) - *imago Dei* (Agustín de Hipona) - sustancia pensante (Descartes) - formado por sus condicionamientos económicos y sociales (Marx) - inconsciente de los motivos de sus actos (Freud) 2. a. F; b. F; c. F; d. F; e. V; f. F. 3. • Hume: esclava de las pasiones // • Platón: alma inmortal // • Kant: dividida en pura y práctica // • Aristóteles: principio dialógico y ético // • Descartes: *res cogitans.* 4. (a) androcentrismo; (b) J. Habermas; (c) hombre (ser humano); (d) mundo; (e) S. Freud; (f) E. Cassirer; (g) racionalización; (h) burocratización.

Bloque III. Filosofía moral y política: democracia y ciudadanía

Ciudadanos para la democracia

Victoria Camps

Hay dos conceptos que vinculan necesariamente a la política con la moral. Uno de ellos es el de «democracia»; el otro es el de «derechos humanos». Vivimos en una democracia que es, a su vez, un estado de derecho, es decir, una democracia que se rige por unos principios o valores fundamentales como la justicia y la libertad. Sobre la base de tales valores reconocemos ciertos derechos: el derecho a la libertad de expresión, el derecho a la educación y a la protección de la salud o el derecho a la participación política. Si analizamos lo que significa la democracia y lo que significan los derechos humanos, nos encontramos con la idea de ciudadanía. Las personas que viven en un estado democrático no son súbditos de alguien que ostenta el poder absoluto; son ciudadanos, miembros del *demos* o el pueblo que ostenta la soberanía. Democracia significa, literalmente, «gobierno del pueblo». En las democracias representativas, que son las actuales, quien gobierna es la ley o el ordenamiento jurídico que deriva de la Constitución que es la norma suprema y que ha sido acordada por nuestros representantes en el Parlamento. De esta forma, eligiendo a sus representantes, los ciudadanos participan en el proceso por el que son gobernados.

Ya sabemos que las democracias están lejos de ser perfectas. Teóricamente, sus instituciones articulan una representación popular, pero los ciudadanos no se sienten bien representados por los que han sido elegidos para hacerlo. La Constitución reconoce los derechos fundamentales, tenemos numerosas leyes que garantizan en principio el derecho a la educación, al sistema sanitario, a la vivienda o al trabajo. Pero en la realidad comprobamos que tales garantías son insatisfactorias, especialmente si nos fijamos en derechos como el derecho a tener un trabajo y una vivienda dignos. La democracia debe transformarse y perfeccionarse para conseguir que los ideales que encierra el concepto se vean más reflejados en la realidad. Ahí es donde entra en juego la moral. Conseguir que la política democrática alcance sus objetivos supone darle un impulso ético sostenido por el cual todos sus miembros se sientan concernidos y obligados a poner de su parte lo que puedan para que la democracia funcione mejor.

A ese impulso ético que las democracias necesitan para ser mejores de lo que son le llamamos «civismo». Civismo viene de *cives,* «ciudad», y significa sentirse vinculado a los intereses de la ciudad o, como diríamos hoy, de la sociedad en la que vivimos. Ser ciudadano, desde tal perspectiva, no es únicamente ser reconocido como sujeto de unos derechos que el estado debe garantizarnos, sino comprometerse al mismo tiempo con una serie de deberes para que sean los valores éticos los que finalmente incentiven la acción colectiva. Así pues, el civismo o el ejercicio de la ciudadanía se han convertido en el mínimo común ético que todos los ciudadanos deben compartir.

siguiente →

Victoria Camps (Barcelona, 1941) es catedrática de Filosofía moral y política de la Universidad Autónoma de Barcelona. Entre 1993 a 1996 fue senadora por el PSC-PSOE. Ha sido consejera del Consell l'Audiovisual de Catalunya. Es presidenta de la Fundació Víctor Grífols i Lucas y del Comité de Bioética de España. Entre sus libros destacan *Virtudes públicas* (premio Espasa de Ensayo), *El siglo de las mujeres*, *Una vida de calidad*, *La voluntad de vivir*, *Creer en la educación* y *El declive de la ciudadanía*. En 2008 fue galardonada con el Premio Internacional Menéndez Pelayo.

Cuestiones

1. Explica en qué consiste ser cívico según el texto.
2. ¿Qué es el civismo?
3.a. ¿Es algo malo que cada ciudadano busque su propio interés?
   b. ¿Cómo sería una sociedad en la que todos sus ciudadanos actúan así?
4.a. ¿Por qué en las sociedades con elecciones limpias los ciudadanos se desinteresan por el derecho al voto y por la libertad política?
   b. ¿Qué podría hacerse para que esta situación cambiase? Poned en común las respuestas para poder abrir luego un debate sobre ellas.

Los deberes cívicos lo son para todos, independientemente de las culturas de origen de cada uno. Es el compromiso mínimo que la democracia exige para vivir en ella y beneficiarse de los bienes que nos garantiza. La aceptación de una Constitución política con todo lo que deriva de ella no puede dejar a los ciudadanos indiferentes o atentos solo a sus intereses más particulares. Existe una mínima obligación de colaborar en lo que podemos llamar el interés general o el bien común.

El compromiso cívico se expresa de formas distintas. La primera consiste en reconocer y cumplir la legislación que escenifica esa especie de contrato que tenemos con la sociedad o con el Estado. Un contrato por el que renunciamos a disfrutar de una libertad total y descontrolada para obtener del Estado, a cambio, la protección personal y la garantía de los derechos fundamentales. Pagar impuestos es un deber inherente a un Estado de derecho, pues solo así se puede ir consiguiendo que las desigualdades se mitiguen y que se redistribuya la riqueza más equitativamente, no quedando siempre en manos de unos pocos. Una segunda obligación del ciudadano es la participación política utilizando el derecho al voto. Un derecho que ha sido conquistado con gran esfuerzo y dificultad, pero que, una vez reconocido, tiende a ser menospreciado. Hace solo un siglo que las mujeres estaban todavía excluidas de tal derecho, pese a que la declaración de derechos humanos proclamaba que *todos los hombres* son libres e iguales. Aún hay muchos países, con democracias débiles o incipientes que no garantizan debidamente ese derecho a todos sus ciudadanos. Allí donde las elecciones son limpias, en cambio, la abstención crece porque el ciudadano desconfía y se desilusiona con respecto a la actuación de las instituciones y de sus gobernantes. La participación política flaquea tanto por la incapacidad de los políticos para revitalizarla, como por la apatía de los ciudadanos que prefieren desentenderse de ella. El civismo de unos y otros falla a tal respecto.

Pero el compromiso ciudadano va más allá del pago de impuestos y la participación en las elecciones. Comprometerse con el bien común significa no actuar movido solo por el bien particular, el bien de cada uno. El individualismo de nuestro mundo ha atomizado a las sociedades de forma que los individuos son como átomos que persiguen su propio interés, se rinden al culto del dinero, y son indiferentes a los problemas de los otros y del conjunto de la sociedad. Si el estado de derecho nos proporciona unos servicios básicos, como educación, sistema sanitario, seguridad social, el civismo consiste en la conservación y utilización responsable de tales servicios. Así mismo, es cívico procurar la propia excelencia profesional, sea cual sea el campo en el que uno trabaje. En definitiva, ser cívico es sentirse parte de un mundo común sin ignorar que, para que ese mundo común mejore, todos tenemos que poner algo de nuestra parte. En la república romana se acuñó la máxima *libertas est civitas*, la libertad tiene que ser civilizada. Solo el que asume plenamente esa idea merece ser llamado ciudadano.

← anterior

7

FUNDAMENTOS ANTROPOLÓGICOS DE LA ACCIÓN MORAL

- 1. Delimitación del acto moral
- 2. Origen y desarrollo de la conciencia moral
- 3. La necesaria libertad y la exigible responsabilidad
- 4. La justicia como virtud política
- 5. Las éticas ecológicas, urgente responsabilidad

«Partiendo del estado de gorila, el hombre no llega sino con gran esfuerzo a la conciencia de su humanidad y a la realización de su libertad. Nace animal feroz y esclavo, y no se humaniza y no se emancipa progresivamente más que en el seno de la sociedad, que es necesariamente anterior al nacimiento de su pensamiento, de su palabra y de su voluntad. Sin el poder colectivo de la sociedad, de todos los animales feroces que existen sobre la tierra, permanecería sin duda el más estúpido y el más miserable.»

Bakunin, Mijail: **http://www.quijotelibros.com.ar/anarres/Dios_y_el_estado.pdf**

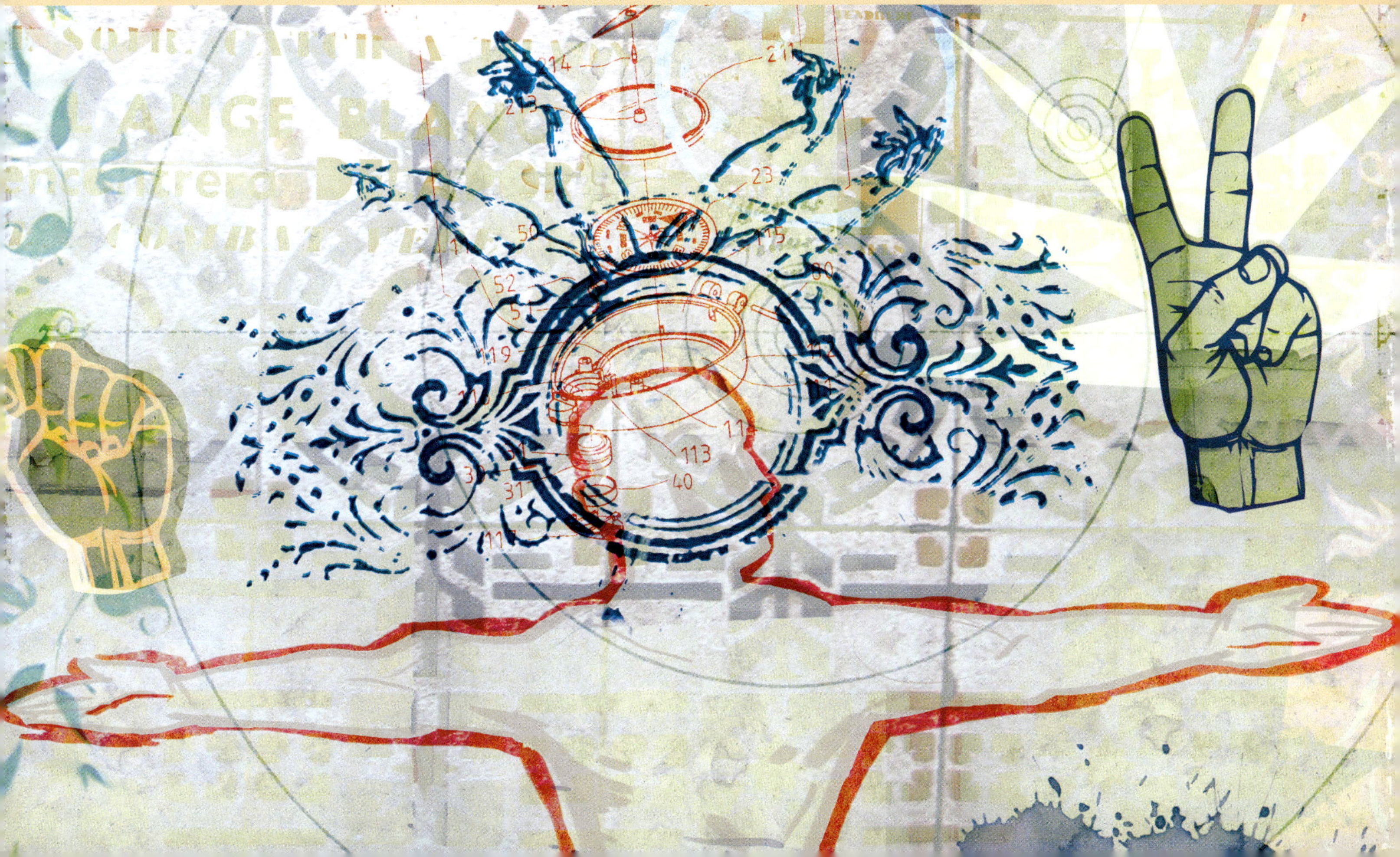

Focaliza

La ética y la educación en valores

Debatid sobre esta conferencia de Savater sobre la función que debe cumplir la ética en la educación de la juventud.

«Creo que la educación es el momento adecuado de la ética. De hecho, el propio Aristóteles, cuando escribe la *Ética a Nicómaco*, la concibe como algo de lo cual hay que hablar a los jóvenes —hasta que tengan la edad suficiente para entrar en el mundo de la política—, como una preparación necesaria para entrar en el mundo de la ciudadanía. Lo único que me parece ético es suscitar la necesidad de que las cosas hay que pensarlas desde unos baremos de humanidad, de racionalidad y de semejanza entre nosotros. Los humanos no estamos condenados a la sociedad sino condenados a vivir entre semejantes. Los semejantes son más importantes que el hecho mismo de la sociedad, y es más importante que nuestros maestros sean semejantes nuestros, que cualquier cosa que nos enseñen; es más importante que el maestro sea un ser humano. Enseña más el maestro al educar su humanidad que al instruir cualquier otra cosa que enseñe; esto es lo que creo que hay que introducir cuando se habla de ética. Son los principios generales los que hay que tratar de introducir, y que a partir de ellos cada quien piense lo que quiera; pero que lo piense y sea capaz de transmitir y comunicar esos conocimientos. Por esto la educación y la educación ética son partes imprescindibles de cualquier formación humana. No se puede formar solamente a las personas desde el punto de vista laboral; formarles para que sepan apretar botones o para que cumplan funciones más o menos gestoras, sin haberles formado la capacidad de convivencia y ciudadanía, que no surge naturalmente de las personas. Los demócratas no surgen de las piedras naturalmente, como las flores silvestres; hay que cultivarlos, regarlos. ¿Qué es lo que queremos formar como valores fundamentales de ciudadanía?»

SAVATER, Fernando: **http://www.analitica.com/bitblioteca/savater/education_etica.asp**

1.a. ¿Para qué sirve la ética? Anota en tu cuaderno la necesidad que la sociedad actual tiene de la ética según tu opinión.

b. ¿Crees que hay que educar a los jóvenes en ética? Organizad un rápido debate en pequeños grupos utilizando vuestras anotaciones anteriores. Después, exponed a la clase las conclusiones de los grupos.

2.a. ¿Qué función o funciones cumple la ética según este texto de Savater?

b. ¿Coinciden con las tuyas o con las que ha expuesto algún compañero o algún grupo?

3. El autor inicia su conferencia señalando que «la educación es el momento adecuado de la ética». ¿Qué quiere decir con esta afirmación? ¿A qué autor y obra se refiere? ¿Fue así a lo largo de la historia?

4.a. ¿Cuáles son algunos de los conceptos clave que aparecen en el texto?

b. Elabora un breve esquema con esos conceptos y explícaselo a tus compañeros.

5. En el texto, Savater emplea diversos ejemplos y metáforas. ¿Cuáles son?

Introducción

Después de haber desarrollado en el tema anterior las distintas concepciones del ser humano desde un punto de vista teórico, nos preguntamos ahora por los fundamentos antropológicos de la acción moral, a saber: ¿está en nuestra raíz biopsicológica el hecho de que los seres humanos seamos «morales», o es un mero añadido sociocultural? Es una vieja cuestión que ya debatían Sócrates y los sofistas y que enzarza la discusión ética desde hace siglos. En este tema, acotaremos qué tipo de actos son los propiamente «morales». Continuaremos con el análisis de los tres factores antropológicos que posibilitan la «moralidad» humana: conciencia, libertad y responsabilidad. A partir de la idea de responsabilidad, nos ocuparemos del concepto de justicia, como elemento básico para constituir una sociedad verdaderamente humana. Concluiremos con la presentación de un conjunto de perspectivas éticas en las que el ser humano se integra y se responsabiliza no solo de sí mismo, como individuo, clan, nación o especie, sino que se compromete con el resto de la Naturaleza. Es esta una obligación que dimana del nuevo puesto del ser humano en el Cosmos; y especialmente tras nuestra nueva ubicación en el árbol genealógico de los seres vivos, introducida por Charles Darwin.

1. Delimitación del acto moral

A lo largo del día cualquiera de nosotros realiza diversas acciones que son valoradas como buenas o como malas por otras personas y por nosotros mismos. Es frecuente oír o emplear expresiones del tipo «eso que haces no es moral»; «su conducta es intachable desde el punto de vista moral»; «siempre ha dirigido su vida por rectos principios morales»;... Calificamos nuestros actos y los de los demás; sumamos o restamos mérito a las personas por sus acciones. Incluso la opinión que tenemos de una persona se debe en gran medida a nuestra valoración sobre su conducta moral.

El hecho de ser moral está marcado en nuestra naturaleza de seres humanos. La moralidad parece uno de los rasgos definitorios de los seres humanos. Pero, ¿qué son los actos morales?; ¿en qué se diferencian de otros comportamientos?; ¿cuáles son sus características? En primer lugar, cabe dejar señalado que los elementos que intervienen en la definición de los actos morales son dos. El acto moral es: a) una **acción voluntaria,** y b) **sometida a valoración ética.**

> @ ***En Internet***
>
> En **http://es.wikipedia.org/wiki/Aprendizaje** encontrarás diversos mecanismos de aprendizaje y una interesante referencia a la inteligencia y aprendizaje en los animales.

Fig. 7.1. *El acto moral.* El ser humano es un ser moral por naturaleza.

1.1 Movimientos y acciones

Dentro del amplísimo abanico de movimientos que observamos en los seres vivos, solo algunos, muy pocos, de los que desarrollamos los seres humanos se pueden calificar como acciones. Podemos establecer la siguiente ordenación de movimientos de menor a mayor complejidad:

- **Tropismos.** Se trata de movimientos de respuesta de organismos vegetales o animales enraizados. Un ejemplo sería el movimiento de los girasoles hacia el sol.
- **Taxias.** Son movimientos de orientación de organismos con plena movilidad motora. Las zoosporas y los espermatozoides, por ejemplo, realizan este tipo de movimiento.
- **Reflejos.** Se trata de una respuesta involuntaria de un organismo animal ante un estímulo. Un ejemplo sería el bostezo.

En Internet

Algunos ejemplos, conocidos y no tan conocidos, de comportamientos de clara diversidad cultural y su satisfactoria explicación aparecen en un breve y buen libro de Marvin Harris: *Vacas, cerdos, guerras y brujas: los enigmas de la cultura.* Para saber más sobre este antropólogo, **http://es.wikipedia.org/wiki/Marvin_Harris**

- **Comportamientos innatos.** Es el conjunto de conductas relativamente complejas y no aprendidas para responder a diversas situaciones de la naturaleza. Son patrones característicos de alimentación, apareamiento, relaciones y expresión de agresividad. La «danza» de las abejas sería uno de los múltiples ejemplos que podemos apreciar en la naturaleza.
- **Hábitos.** Es un esquema de conducta fijado en el individuo a través del desarrollo de distintos mecanismos de aprendizaje. En los seres humanos, los hábitos pueden nacer a partir de una acción voluntaria; pero su repetición puede llevar a causar un hábito, esto es, un acto realizado de forma involuntaria bien porque ya no siempre se es plenamente consciente bien porque ya no se es plenamente libre en su ejecución. Pueden llegar a ser hábitos, por ejemplo, fumar, hacer deporte, estudiar...
- **Acción voluntaria.** Son las conductas que se realizan de modo consciente y libre. En los seres humanos sin duda observamos ese tipo de movimientos.

En sentido estricto, una acción se refiere a este último tipo de movimientos. Así pues, las acciones serían los movimientos voluntarios; aquellos movimientos en los que el individuo es completamente «ejecutor», es decir, es consciente y libre en su intención de alcanzar un fin.

1.2 Acciones, normas y valores morales

Para que un acto sea definido como moral se precisa que sea, en primer lugar, un **acto voluntario.** Pero además debe contar con una segunda característica: ser **objeto de valoración y juicio social** bajo los calificativos de «bueno» o «malo». Estos juicios están marcados bajo principios o valores morales y se constituyen en **normas morales,** establecidas en algunas ocasiones en códigos de conducta escritos.

Es evidente que existe una gran diversidad de pautas de comportamiento, de valores y de códigos morales porque son aspectos particulares del conjunto de hábitos y creencias culturales y, como tales, son adquiridos a través de determinados procesos de socialización. Estos derivan de la influencia educativa de la familia, de los amigos, de la escuela, del lenguaje, de los juegos, de los prototipos o modelos presentados en los cuentos infantiles, de los «mitos sociales», de los medios de comunicación... De igual modo que existen diferencias culturales, existe una manifiesta diversidad en el ámbito de la moral.

Además esos procesos de socialización pretenden autojustificarse. Todas las sociedades siempre han buscado justificar teórica y explícitamente las pautas de conducta moral a través de distintos modos de legitimación. Los modos básicos de legitimación de las normas y valores morales han sido tres:

- **Religioso,** según el cual las pautas morales emanan de los dictados divinos.
- **Naturalista,** por el cual el orden moral existe como continuación o correspondencia del orden natural.
- **Convencionalista,** para el cual el edificio moral se sustentaría gracias al acuerdo y asentimiento de los seres humanos, libres y racionales, que conforman la sociedad.

A primera vista, no es fácil detectar rasgos comunes bajo las aparentes diferencias de comportamiento y valoración moral. Como consecuencia de esa diversidad, pueden surgir actitudes **etnocéntricas*** y **relativistas*,** tanto en su vertiente cultural como moral.

Ahora bien, cabe preguntarse si pueden existir valores y normas universales y absolutas o si dichas normas y valores dependen exclusivamente de una sociedad y una época determinadas. En definitiva, ¿han existido o pueden existir normas y valores, universales y absolutos en todo tiempo y lugar, o son y serán siempre particulares y relativos a un tiempo histórico y a una sociedad determinados?

Sin duda, la relatividad histórica y cultural de los usos y costumbres de las distintas sociedades, puesta de manifiesto por los antropólogos modernos, ha contribuido a favorecer actitudes de tolerancia y respeto ante esa diversidad cultural. Pero, también es cierto que sus formas más extremas, expresadas en un radical relativismo ético, presentan dos defectos:

- Pone en peligro ese mismo ideal de tolerancia; pues estarían justificadas, por ejemplo, las invasiones imperialistas, como supuestamente natural y legítima expresión de la tendencia expansionista de las culturas invasoras.
- Legitimaría prácticas concretas, las cuales, aunque sean costumbres sociales establecidas, no parece que puedan ser defendidas legítimamente en la actualidad; por ejemplo, actitudes de sangrante discriminación sexual, racial, religiosa, etc.; o prácticas tales como la ablación del clítoris o de abuso sexual; o, incluso, determinadas normas legales, como la ley del Talión o la pena de muerte.

Llegados a este punto, parece que precisaríamos reclamar un acuerdo en unos mínimos éticos universales (los formulados en la *Declaración de los Derechos Humanos*). Pero, más allá de la necesidad de esa exigencia de unas pautas morales y éticas mínimamente comunes a todos los seres y sociedades humanas que sean expresión de su natural dignidad, existen ya elementos que muestran un previo y común acuerdo en valores fundamentales. Ralph Linton y Clyde Kluckhohn, entre otros, han apuntado que a pesar de las distintas formas culturales y morales, existen numerosos universales éticos transculturales. Así, algunos valores como la **lealtad** o el **amor filial** son principios que, pese a las incluso antagónicas formas de presentarse, se manifiestan en todas las culturas humanas.

Existen sin duda distintas **pautas culturales,** pero todas ellas nacen de una constitución biológica común. Observamos profundas diferencias morales, pero todas ellas tienen su asiento en un idéntico modo de ser «humanos». En ese empeño por encontrar las claves originarias y comunes de la acción moral nos damos de bruces con tres elementos constitutivos de nuestra estructura antropológica: la conciencia, la libertad y la responsabilidad.

+ *Para saber más*

Incluso en algunos casos se ha exacerbado tanto ese relativismo cultural que ha derivado en un **relativismo gnoseológico,** según el cual, cada cultura tendría su propio modo de conocer la realidad y, en último término, su propio e idiosincrático conocimiento científico, igual y legítimamente válido. Esta posición se puede emparentar con el **anarquismo epistemológico de Paul Feyerabend,** según el cual existen claros indicios de irracionalidad en las aplicaciones metodológicas de la ciencia; y como resultado se podría defender con idéntica legitimidad la ciencia o, por ejemplo, la magia.

Texto 1. Ser «moral», ¿en los genes o en la cultura?

«¿Hay efectivamente genes para la moral? La respuesta es que sí los hay y que no los hay. Sí los hay si tenemos en cuenta que la ética o moral es una actividad cultural. Y lo cultural no es algo aislado de lo biológico. La cultura es realmente comunicación. Y la comunicación tiene lugar de cerebro a cerebro; una comunicación cerebral mínima en algunos animales y que alcanza su cenit en el ser humano. Y las neuronas y procesos neuronales del cerebro están condicionados por los genes, es decir, por el fundamental sistema de información que poseemos. Sí hay, por lo tanto y en un preciso sentido, genes para la ética.

Ahora bien, por otro lado es cierto que ni este ni aquel conjunto de genes determinan la ética o moral. Si Mauricio, con el poder de su libertad (un poder de plasticidad que a lo largo de la evolución hace que algunos organismos nos podamos responsabilizar de nuestras propias acciones, siendo, así, libres) opta por la teoría moral X en vez de por la Y, tal elección no se debe a ningún gen. Es Mauricio quien ha decidido y no gen alguno. De la misma manera, si Mauricio, consciente de que debe ayudar a Braulio, no lo hace, la omisión voluntaria hay que adscribírsela a Mauricio y no a ninguna cadena de genes. Así, en este punto se puede recordar la célebre frase de Darwin, según la cual la moral en buena parte consiste en la rebelión contra los genes.»

Sádaba, Javier: *La vida en nuestras manos. La eterna disyuntiva entre ciencia y ética*, Ediciones B, Madrid, 2001.

1. ¿Crees que somos buenos o malos por naturaleza, por la educación que recibimos, o por nuestra propia voluntad? Aduce ejemplos y presenta argumentos para defender tu opinión al respecto. Estableced un debate y llegad a acuerdos de mínimos.
2. ¿Cuál es la opinión de Sádaba al respecto?
3. ¿Cuáles son los argumentos y ejemplos que expone el autor?
4. A la luz del contexto en el que está inserta la frase de Darwin, ¿cuál puede ser su significado?

2. Origen y desarrollo de la conciencia moral

En Internet

Para «tomar conciencia»:
a) Una web internacional de enlaces para mantener vivo el legado de reivindicaciones en favor de la paz, la igualdad y la justicia, **http://www.sitesofconscience.org;**
b) Otra, como programa de divulgación científica «conCiencia» de la Universidad de Santiago de Compostela, en el que premian e invitan a galardonados con el Nobel, **http://www.usc.es/es/cursos/conciencia/index.html.**

La primera raíz antropológica que encontramos en nuestro análisis de las acciones morales es, sin duda, la conciencia. Esta es la condición inicial y básica para cualquier juicio y valoración, pues no podríamos valorar un hecho determinado si no hubiese previo reconocimiento del mismo. Pero además la conciencia se presenta como una «voz interior», que sirve de guía para nuestro proceder ético.

2.1 Delimitación del concepto «conciencia»

Los términos conciencia y consciencia proceden del latín *conscientia,* palabra derivada de *cum scientia*; es decir, **«con conocimiento».** Su etimología nos da la primera clave para acercarnos a su significación: conocimiento que el ser humano tiene de sí mismo y de su entorno. A pesar de su raíz común y de su significación básica coincidente, existen diferentes usos de esos dos términos.

El término consciencia se reserva para nombrar:

- Los estados mentales opuestos al estado de «inconsciencia», entendido este como «pérdida total de sentido» acerca de la realidad.
- Lo opuesto, desde la perspectiva psicoanalítica, a lo inconsciente o subconsciente.
- Las funciones mentales relativas al raciocinio y al entendimiento.

Se reserva el término conciencia para:

- Un uso más extensivo y global que el referido en la anterior significación, en cuanto captación y reconocimiento del sentido, significación o relevancia de algún aspecto de la realidad, de esta en su conjunto, o de uno mismo, desde un punto de vista no siempre meramente intelectual (conciencia en sentido intelectual). Desde este punto de vista, también se pueden distinguir dos aspectos fundamentales: a) **psicológico:** como percepción (también llamada, en este contexto, apercepción) de un objeto, de una situación o de uno mismo en el momento en el que el sujeto se percata de esa percepción, confundiéndose así ese acto de conciencia con el de la autoconciencia; b) **gnoseológico-metafísico:** como el propio sujeto del conocimiento o como el mismo Yo.
- Una significación básicamente de reconocimiento de lo que está bien y de lo que está mal (conciencia en sentido moral). Desde este punto de vista, también se pueden entender la «toma de conciencia social o política» o la reciente «concienciación ecológica».

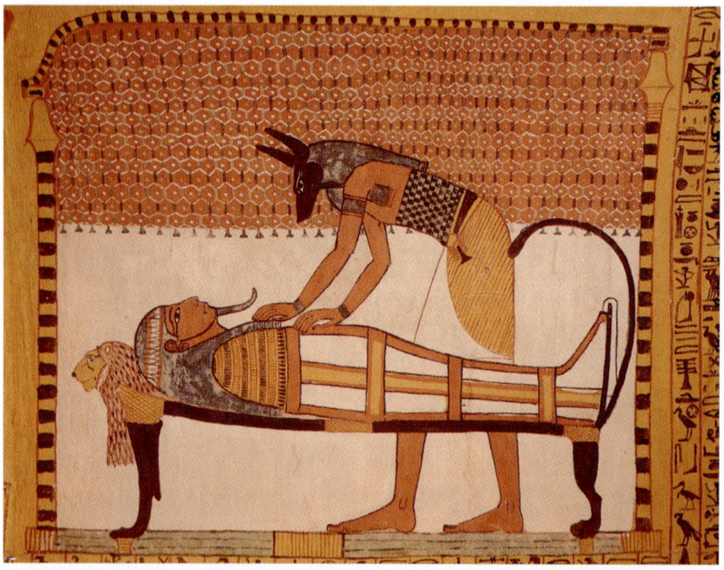

Fig. 7.2. *Representación de Anubis.* Anubis es el dios egipcio encargado de guiar las almas de los muertos al «otro mundo».

2.2 Origen de la conciencia moral

La conciencia moral se puede definir en términos generales como la facultad que nos ayuda a valorar concienzudamente la validez de las distintas posibilidades de acción moral. Pero, la conciencia moral no solo informa sobre el distinto valor ético de nuestras acciones, de nuestros pensamientos, incluso de nuestras omisiones, sino que además juzga sobre las mismas.

Es decir, nos indica cuál es nuestro deber de actuación moral y, al mismo tiempo, premia con el agradable sentimiento del deber cumplido o castiga con el incómodo sentimiento del remordimiento. No es, pues, un mero «órgano consultivo» de nuestra acción moral; sino también y sobre todo un «tribunal de justicia». En consecuencia, la conciencia moral es una instancia psicológica que cumple esa función de juicio y dirección de nuestras acciones morales.

Con respecto a su origen, podemos encontrar dos pares de respuestas: origen divino o humano, por un lado; o innato o aprendido, por otro.

- **Origen divino o trascendental.** Se atribuye a alguna entidad divina el hecho de la existencia de esa conciencia moral, suponiéndose que Dios deposita o insufla en el ser humano la *scintilla conscientiae* o «chispa de conciencia». Los autores de la filosofía medieval defendieron esta posición. Desde esta postura se estaría defendiendo además el carácter innato de la conciencia moral.

Fig. 7.3. *El mito del auriga.* Según Platón, el alma racional, situada en la cabeza, debe guiar al alma irascible, ubicada en el pecho, y al alma concupiscible, localizada en el vientre.

- **Origen humano o inmanente.** En este caso no intervendría ningún agente exterior al propio ser humano. Este sería el único origen de la conciencia moral. Pero aquí se puede concebir como una realidad natural o como un desarrollo social o histórico. I. Kant es claro representante de la primera opción; E. Durkheim o K. Marx, de la segunda.
- **Origen innato.** Se considera que por el mero hecho de existir todos los seres humanos poseerían esa capacidad desde su nacimiento y para siempre. Salvo los sofistas, podríamos decir que todos los pensadores hasta el siglo XIX defenderían este posicionamiento. Hay que matizar, sin embargo, que dentro de esta perspectiva, estarían algunos autores que aparte de ese carácter innato de la conciencia moral, harían hincapié además en su carácter educable a través de la formación de la voluntad (Aristóteles o los estoicos) o de la sensibilidad (Hume). Se indicaría así el doble posible fondo de la aparición de la conciencia moral: de raíz racional o de raíz irracional, respectivamente.
- **Origen adquirido.** La conciencia moral se adquiriría gracias a la evolución natural o histórica, o al desarrollo de las relaciones sociales. Desde este punto de vista, a) puede no surgir la conciencia moral en algún ser humano; b) puede pensarse la posibilidad de conciencia moral en seres no humanos (entre los primates); c) la conciencia moral es y no puede dejar de ser más que su contenido. Las teorías naturalistas, historicistas, sociológicas o el psicoanálisis entran dentro de este grupo.

Actividades

1. Busca en Internet el texto donde aparece el mito del auriga de Platón o del carro alado. Después, léelo y haz un resumen con las principales ideas. Finalmente, decidid a qué se está refiriendo en realidad Platón.
2. Platón defiende que la razón debe guiar nuestras pasiones, mientras que Hume piensa que es su esclava. ¿Con quién estás más de acuerdo? Justifica tu elección y después organizad una votación.

2.3 Desarrollo de la conciencia moral: de la heteronomía a la autonomía

Como consecuencia de las críticas al origen innato o trascendental de la conciencia, supuestamente asentada en principios exclusivamente racionales, se considera actualmente que nuestra conciencia moral se construye a partir de nuestra propia realidad familiar y social. Tanto el psicoanálisis como el conductismo han insistido en indicar que la conciencia moral se origina y se forma a través de **procesos de aprendizaje** e introyección de los patrones de conducta vividos en la infancia.

Por tanto, desde esta perspectiva, nuestros valores, principios y normas morales son aquellos que hemos asimilado en los primeros años de nuestra vida como los únicos posibles y legítimos. Diríamos, pues, que nuestro proceder moral sería predominante, si no exclusivamente, **heterónomo*.**

Sin embargo, a partir de los análisis de psicología evolutiva de **Jean Piaget** se demuestra que las estructuras morales de los niños sufren unos determinados procesos de evolución. En la primera infancia, las conductas se derivan y justifican por la presión externa ejercida por los adultos. Pero así como el niño desarrolla sus facultades intelectuales, en estadios superiores erigirá su estructura de actuación moral en principios tales como la **simpatía** o la **afectividad.**

Piaget defiende que existe una efectiva evolución hacia una progresiva **autonomía*** moral; pero que dependerá de la combinación de dos factores: la integración social y afectiva derivada de la interacción con los adultos y, sobre todo, con los iguales; y el desarrollo de sus estructuras cognitivas.

Siguiendo esta línea de pensamiento, el filósofo **Lawrence Kohlberg** ha sabido integrar los resultados de la investigación empírica procedentes de la psicología evolutiva y los desarrollos de la tradición filosófica de J. J. Rousseau, I. Kant, J. Dewey y J. Rawls.

Para Kohlberg, existe una evolución de la conciencia moral de todos los seres humanos, desde la primera infancia a estados más adultos, indicándose así que la plena autonomía moral es un logro que se alcanza tras superar estadios anteriores de heteronomía. Kohlberg distingue tres niveles y dentro de cada uno de ellos, dos estadios.

- **Nivel I o pre-convencional.** La conducta moral está centrada en los intereses particulares y concretos del individuo. Está regida por criterios exclusivamente pragmáticos. No existe atisbo de conciencia de colectividad.
  - **Estadio 1.** Moral totalmente heterónoma, caracterizada por: egocentrismo, concepción «naturalista» de la ley; necesidad de reconocimiento de una autoridad que determine premios y sanciones para guiar la propia conducta moral; criterio de obediencia interesada por temor al castigo.
  - **Estadio 2.** Moral instrumental e individualista, orientada por una simetría rígida de intercambio de intereses, pero siempre bajo el punto de vista de la propia conveniencia; en definitiva, una reciprocidad interesada.
- **Nivel II o convencional.** Se toma como criterio para la acción moral la pertenencia y vinculación a un determinado grupo, cada vez más extenso (desde la familia y los amigos al Estado). Se asume el grupo como una realidad natural y sus normas como indiscutibles.
  - **Estadio 3.** Moral de conformidad con el rol social, guiada por la orientación hacia la aprobación del grupo primario, definido por las relaciones afectivas próximas.
  - **Estadio 4.** Moral de conformidad con un sistema dado, dirigida por la suposición de la necesidad de un sistema social (ya sea real o ya sea ideal) con un código fijo, que se asume rígidamente, priorizando la ley y el orden.

+ *Para saber más*

Existen además otras formulaciones de la conciencia:

- **Metódica:** la conciencia es regida por un método o constituye ella misma el método (Descartes).
- **Intencional:** conjunto de actos encaminados hacia aquello de lo que la conciencia es consciente (Brentano).
- **Histórica:** vinculada al desarrollo histórico, ya como mero conjunto de circunstancias, ya como siguiendo el desarrollo inexorable de alguna ley (autores del siglo XIX).
- **Absoluta:** si, siendo conciencia histórica, abarca el conjunto de la historia (Hegel).
- **Alienada:** al reconocerse dividida, fuera de sí (Hegel, Feuerbach, Marx, Freud).
- **Hermenéutica:** aquella ligada a la historia pero que se mueve dentro de la tradición (Gadamer).
- **Crítica:** aquella que puede ampliar el nivel y el alcance de la comunicación cuestionando las ideologías, y en este sentido se opone a la hermenéutica (Marx, Habermas).
- **Utópica:** aspecto de la anterior, enfocándose hacia su plena realización en el futuro (Ernst Bloch).
- **Revolucionaria:** es conciencia no tanto de reflejo de la realidad, sino más bien de transformación (Marx).
- **Ecológica:** conciencia de pertenecer a una naturaleza que se degrada por el desarrollo tecnológico-industrial (defensores de la hipótesis Gaia).

- **Nivel III o post-convencional.** La conducta moral se rige por criterios racionales, derivados de una reflexión consciente acerca del reconocimiento del valor del individuo dentro de una sociedad convencionalmente establecida. Su base está en el respeto a la conciencia autónoma del individuo.
  - **Estadio 5.** Moral del contrato social y de los derechos humanos. Se tiene la perspectiva de una sociedad justa, asentada en unos valores universales básicos (Derechos Humanos) y en actitudes consensuadas, democráticas y tolerantes.
  - **Estadio 6.** Moral de los principios éticos universales. Se establece como único criterio válido el de la aceptabilidad para todas y cada un de las personas, siendo estas siempre un fin y nunca un medio; y por tanto, la desobediencia estaría legitimada en caso de que se atentase contra el sumo principio de la dignidad humana.

Algunos autores han cuestionado la escala de Kohlberg. A partir de la perspectiva de Durkheim, se podría afirmar que una sociedad de individuos plenamente autónomos no significaría que tuviésemos ni una mejor sociedad ni mejores o más saludables individuos. Tendríamos una sociedad en la cual prevalecería un peligroso estado de **anomia***.

Desde otro punto de vista, **Carol Gilligan** observó, a través de estudios experimentales, que los valores superiores en la escala de Kohlberg eran la independencia y la justicia, predominantes en los varones, situadas en el nivel post-convencional. Mientras que entre las mujeres parecían predominar valores de pertenencia al grupo y solidaridad, situados en el nivel convencional. Por lo cual, la escala de Kohlberg pecaría de **androcentrismo***.

Otros psicólogos además han cuestionado que nuestras elecciones y conductas morales se asienten en razonamientos, tal como presupone la escala kohlberiana. Algunos autores, como Heidt, critican esa posición racionalista; pues según él, en realidad, sucede al revés: son primero nuestras acciones —derivadas de nuestros deseos, sentimientos y emociones— y después aparecen los razonamientos para justificarlas.

Siguiendo las pautas filosóficas de Hume y del psicoanálisis de Freud, Heidt defiende que nuestras acciones no se rigen por la razón plenamente consciente de sí misma y de sus actos, sino por emociones y sentimientos, de los que somos en gran medida insconscientes. Los razonamientos morales serían más bien racionalizaciones de nuestras conductas.

@ ***En Internet***

En **http://www.xtec.es/~lvallmaj/passeig/kohlber2.htm** encontrarás una explicación de los distintos niveles de evolución moral según Kohlberg y algunos ejercicios prácticos.

En **http://www.nodo50.org/doneselx/** hallarás la diferencia entre la Ética de la justicia de Kohlberg y la Ética del cuidado de Gilligan.

Texto 2. El hábito de la conciencia solidaria

«El paso de las actitudes insolidarias a actitudes más solidarias no es fácil. A conseguirlo va dirigida la llamada cada vez más frecuente, a favor de un mayor civismo: más respeto por las cosas, por las plantas, por los animales y, en especial, más respeto a las personas. Hay que decir que es ese último objeto del respeto el más costoso. Nada ayuda a esa actitud civilizada con las personas, cierto. Como ocurre con las demás virtudes, la solidaridad sólo depende de la creación de hábitos: hábitos cívicos, rutinas que muestren la deferencia y el respeto que nos merece el otro, porque le cedemos el asiento, no lo atropellamos, procuramos no molestarle con nuestros gritos, le echamos una mano si se ve desvalido, le sonreímos, le saludamos. Hábitos, por otra parte, que si no son inculcados desde la infancia ya no aparecen nunca. De otro, los hábitos alimentan el afecto. La solidaridad es una expresión del sentimiento: no funciona como un deber frío e impuesto desde la autoridad. Como decían los estoicos, los primeros defensores del "ciudadano del mundo", hay que acostumbrarse a querer "lo propio": tanto lo que es propio de cada individuo como lo que es propio de la humanidad como tal. Querer lo propio es querer, al mismo tiempo, lo individual y lo universal. No otra es la razón de la solidaridad y de la justicia.»

CAMPS, Victoria: *Los valores de la educación*, Anaya, Madrid, 1994.

1. ¿Crees que con la conciencia nacemos o que la conciencia se forma? ¿Qué es para ti «tomar conciencia»? Aporta tus razones, intercambiad opiniones y llegad a acuerdos.
2. Subraya de tres a cinco palabras clave del texto. Escribe con tus propias palabras las cuatro ideas fundamentales del texto.
3. A la vista de las distintas teorías que explican el origen de la conciencia moral, ¿cuál será la opinión de la autora?

3. La necesaria libertad y la exigible responsabilidad

Para saber más

Si no existe libertad en las acciones humanas, ¿por qué existe esa tan extendida y férrea creencia? Ya lo había apuntado Spinoza: creemos que somos libres porque no conocemos las causas que determinan nuestra voluntad. **Hume** ofrece tres motivos: **1.** Se confunde necesidad con coacción: al no encontrar en la deliberación y ejecución de nuestra voluntad nada que la coaccione, deducimos ilegítimamente la no-necesidad en nuestras acciones. **2.** Se mantiene tras la acción el recuerdo de la libertad interior: aun después de la ejecución de la acción, se recuerda el mundo de posibilidades que se le presentaban al sujeto antes de actuar y fija así, ilegítimamente, la creencia de que podría haber actuado de forma distinta; cuando en realidad, un análisis imparcial, objetivo o en tercera persona, determinaría que el sujeto actuó tal y como previsible o necesariamente tendría que haber actuado. **3.** El rechazo de la idea de necesidad por parte de la religión: aunque tácitamente reconocen el hecho de la necesidad pues aplican valoraciones morales a agentes y no solo a actos; defienden, incongruentemente, la idea de la libertad como supuesto reflejo de la divinidad en el alma humana.

El lema de la Revolución francesa (1789) fue «libertad, igualdad y fraternidad». Desde entonces, el término que ha sobrevivido con más fuerza e intensidad ha sido el de la **libertad.** Precisamente una de las aspiraciones básicas de los individuos y sociedades actuales es la consecución de la libertad. El ideal de libertad es, sin duda, uno de los valores más universalmente reconocidos y un principio natural al que todos tenemos derecho. A partir de esa libertad, se manifiesta expresamente nuestra propia individualidad, nuestro más íntimo y más personal modo de ser.

A esta búsqueda de libertad también se le ha asociado desde siempre la idea de responsabilidad. Esta disposición específicamente humana reclama nuestra atención para responder a los retos de nuestra vida como seres comprometidos con nosotros mismos, con nuestros semejantes y con toda la Naturaleza. Somos seres sociales y seres biológicos. A ambas realidades debemos nuestra atención y nuestros cuidados.

La plena autorrealización humana será el fruto de la interrelación entre conciencia, libertad y compromiso de responsabilidad con nuestras acciones. Es esta la expresión de la reivindicación de nuestra propia identidad.

3.1 Delimitación del concepto «libertad»

El término libertad procede etimológicamente del latín *libertatem*. Su significado básico es el de emancipación. Pero además de reconocer esa perspectiva de separación, de «libertad de», también se ha entendido como autocontrol, como «libertad para». Desde un punto de vista político, se entiende como la garantía de derechos civiles.

- **«Libertad de».** Desde este punto de vista, tiene un sentido negativo, como libertad de, como posibilidad de separarse de algo o de sacudirse un peso o un yugo. Se identifica con la posibilidad de eliminar cualquier atadura o traba que impida el pleno desarrollo de una persona, grupo o sociedad.

  Se relaciona, pues, con esa posición que señalábamos anteriormente, según la cual la libertad define al ser humano como ser básicamente individual, que se opone, se diferencia y se debe diferenciar de los demás, de los usos y costumbres sociales, de las pautas artísticas, del ejercicio del poder, incluso de uno mismo como ser constituido sobre la base de una historia familiar, social y personal.

  He aquí el drama del individuo que procura su ansiada y preciada libertad: se pretende que exprese plenamente su propia personalidad, pero también se insinúa que debe liberarse de sí mismo como ser concreto, con una historia y con unos condicionantes concretos, para dejar paso a un ser total y simplemente yo, a un supuesto auténtico yo, que sin duda no existe o, al menos, es realmente difícil de encontrar.

- **«Libertad para».** Desde esta perspectiva se entiende la libertad como posibilidad de autodeterminación, de autodominio, para realizar un objetivo, alcanzar una meta, cumplir un fin.

- En un sentido más práctico y como confluencia de esos dos tipos de significaciones, entendemos «libertad» como el conjunto de las llamadas **libertades civiles.** Serían las libertades que, derivadas del desarrollo del liberalismo político y de las luchas reivindicativas sociales y políticas, se supone deben disfrutar hoy en día los ciudadanos en un estado democrático. Serían en definitiva las que se recogen como derechos humanos: libertad de expresión, de reunión, de manifestación, de movimientos, de no discriminación por razón de sexo, raza, religión...

3.2 Repaso histórico del concepto «libertad»

En **Grecia,** la libertad era un concepto de entidad básicamente jurídico-política: era libre quien no era esclavo, por lo cual tenía una serie de derechos y deberes. Desde el punto de vista de la historia personal, igual que en casi todas las sociedades del momento, en Grecia se creía en el **destino*,** ya fuese derivado del capricho de los dioses (tal como se presenta, por ejemplo, en las vicisitudes que padece Ulises en su accidentado regreso a Ítaca), ya fuese cósmico (como en el caso de Edipo). Los seres humanos más que agentes y protagonistas de sus acciones son víctimas de la diosa Fortuna.

Con **Sócrates**, al amortiguar la diferencia entre libre y esclavo, se apunta a la idea de libertad como una realidad interior universal. Sócrates, sin embargo, al igual que Platón, tiene una consideración negativa de la libertad individual absoluta pues destruye los cimientos de la sociedad al arrastrarla a la anarquía. El buen ciudadano debe plegarse a los dictados de la comunidad aunque estos fuesen flagrantemente injustos, tal como se aprecia en el *Critón o el deber del ciudadano*.

En los primeros tiempos del **cristianismo** se agudizó esa tendencia de entender la libertad como conciencia interior y emergió la idea de la voluntad del ser humano como causa única de sus propias acciones. Se agudizaba esa conciencia de libertad interior y de libertad de creencia para defender la autonomía interior frente a las persecuciones romanas y frente a la racionalidad griega. En definitiva, la idea de libertad servía como base y justificación de las creencias y modos de vida irracionales, frente a los criterios racionales griegos. Era el modo de asentar las vidas en la reivindicación de la irracionalidad de la fe como expresión de la autonomía de la libre voluntad.

Durante la **Edad Media** acabó confundiéndose la definición de libertad con la de libre albedrío, asentado ahora en la voluntad guiada por la razón, iluminada por Dios. Sería la expresión efectiva del reflejo de Dios en el alma humana, y que diferenciaría radicalmente, ontológicamente, a los seres humanos respecto a los demás seres de la naturaleza. Esa libre voluntad estaría además absolutamente marcada por su carácter eminentemente moral. La antigua concepción griega, social y política de la libertad, había desaparecido.

Pero a partir del **Renacimiento** y durante la **Edad Moderna** surgen una serie de circunstancias que significarán la reformulación de la idea de libertad e incluso el cuestionamiento de su propia existencia:

- Exaltación de la libertad intelectual de interpretación de la Biblia, que dará lugar a las primeras reivindicaciones de libertad política frente a la iglesia de Roma.
- La crítica al esencialismo metafísico significará el cuestionamiento del edificio teocéntrico y del dualismo antropológico.
- La nueva forma de entender el ser humano, como parte de la naturaleza, ya con **Giordano Bruno,** pero sobre todo con Hobbes y con Hume, promueve una conciencia de recolocación de las relaciones entre humanos y animales; y el giro copernicano entre ser humano y origen de los actos morales, situándolo en las pasiones o en el sentimiento de simpatía.
- La nueva ciencia crea un nuevo marco conceptual desde el cual se pueden entender las relaciones entre lo humano y el resto de la naturaleza.
- Kant reconoce el carácter regulativo, moral, de la idea de libertad; pero no su carácter fáctico.
- En el desarrollo filosófico de la época, hay que decir que el mecanicismo de Descartes culminó en *El hombre máquina* de Holbach; que con Hume, parece quedar el ámbito de la libertad de nuevo centrado en el análisis de la capacidad de acción como no-coacción.

Fig. 7.4. IGNES: *Edipo y la esfinge.* Al nacer Edipo, hijo de los reyes de Tebas, el oráculo de Delfos le augura que, al crecer, dará muerte a su padre y se desposará con su madre. Edipo es abandonado y, encontrado por un pastor, es criado por los reyes de Corinto. Al llegar a la adolescencia, conocedor de la profecía, abandona Corinto creyendo así escapar de su destino. En su viaje, Edipo encuentra a Layo, su verdadero padre, a quien mata sin conocer su identidad. Tras resolver el acertijo de la esfinge, que aterroriza a la ciudad, es nombrado salvador y rey de Tebas. Se casa con Yocasta, viuda de Layo, y su verdadera madre. Se cumple así la profecía del oráculo.

Actividades

3. ¿Cuál es la moraleja de esta tragedia de Sófocles?
4. ¿Crees que cada uno tenemos nuestro destino marcado? ¿Crees que podemos «escapar» de sus designios?
5. Existe una famosa obra de teatro del romanticismo español que incide en este mismo punto. Investiga sobre ello y resume su argumento.

Como resultado de la definición humeana de la libertad como posibilidad de elegir se deriva la perspectiva política de *Sobre la libertad* de **John Stuart Mill,** del análisis de la conciencia alienada en Georg Hegel y de las posturas marxistas se retoma la antigua concepción griega de libertad en sentido político. Pero en este caso no solo se presenta como el mero hecho de estar «liberado de dueño». Se realiza un complejo análisis de las condiciones a partir de las cuales el ser humano puede liberarse de la alienación que sufre por el desarrollo capitalista a partir del **siglo XIX.**

En el último **siglo XX,** se ha reconducido el debate respecto a la necesidad o libertad de los humanos. A partir de los desarrollos de la mecánica cuántica, del **«principio de indeterminación»** de **Werner Heisenberg*** y de la introducción del análisis de probabilidades, introduciendo márgenes de error en la predicción científica se han venido abajo los ideales de causalidad absolutamente necesaria y de previsión infalible. Se rompe así el modelo de explicación cientificista de la naturaleza y, en consecuencia, de la realidad humana. Sin duda, conocemos más acerca de la conducta humana y por tanto podemos reconocer mejor así su predictibilidad; pero también estamos seguros de que siempre existirá un margen de apertura, de posibilidad, de azar, en el sentido de desconocimiento de las causas que provocan y desencadenan el «efecto mariposa».

Tras las dos grandes guerras, el mundo dejó de ser un lugar tranquilo. Así pues, el proyecto ilustrado de una humanidad que conquistaría la justicia y el bienestar social con la sola fuerza de su razón se esfumaba. Ni siquiera la ciencia o la técnica se mostraban útiles para mejorar el mundo, pues el hombre convertía todos sus conocimientos en instrumentos de dominio y devastación. Estas circunstancias provocaron una sensación de desánimo y desasosiego. A partir de este contexto, se presenta en el panorama intelectual europeo una clara tendencia hacia la **filosofía existencialista,** de la cual **Jean-Paul Sartre (fig. 7.5)** será uno de sus máximos exponentes.

Siguiendo el análisis **fenomenológico*** de **Edmund Husserl,** Sartre distingue dos niveles de ser: el ser-en-sí y, en contraposición, el ser-para-sí.

El **Ser-en-sí** es el ser de las cosas, de la realidad no humana, es lo que se aparece a la conciencia y, por tanto, no es más que un fenómeno, una manifestación que debe ser desvelada. Es un ser increado, pues la creación no lo puede explicar; opaco, es decir, «lleno de sí mismo»; macizo, ya que está aislado en sí mismo y no mantiene ninguna relación con lo que no sea él; y es lo que es, pues «el ser no puede ser derivado de lo posible ni reducido a lo necesario».

El **Ser-para-sí** está referido a la persona en lo que tiene de ser humano y no de realidad «cosificada». Sin embargo, en el ser humano no solo encontramos ese aspecto único y diferenciador con respecto a los otros objetos. En los seres humanos podemos distinguir dos niveles de «ser» distintos: el propiamente humano y libre; y la parte común con los seres no humanos, la dimensión de «cosa» u objeto, que tiene cuatro aspectos principales. El ser humano es «cosa» por su cuerpo, por su pasado, por su situación y por su muerte.

Sartre concluye que la dimensión fundamental del «para sí» es la libertad. Dado que el para-sí «no es», tiene que hacerse. Por su libertad, el ser humano es su propio fundamento. De aquí deriva el principio característico del existencialismo: «la existencia precede a la esencia». Inventándose a sí mismo a cada instante y creando sus propios valores, el hombre existe y tiene conciencia de su existir: sabe que es pura contingencia, indeterminación absoluta, proyecto siempre inconcluso y constantemente con posibilidades de decidir. Rehusar esta condición y evadir el ejercicio de nuestra libertad es propio de «la mala fe», es decir, se trata de una farsa con la que pretendemos justificar nuestra claudicación frente a la libertad, mediante la cual rechazamos el hacernos cargo del proyecto que somos. La mala fe imposibilita y elimina la autenticidad.

Jean-Paul Sartre (1905-1980, fig. 7.5)

Alistado en 1939, hecho prisionero por los nazis en 1940, liberado al año siguiente, será miembro de la Resistencia. En 1945, junto con Simone de Beauvoir y Maurice Merleau Ponty, creará y dirigirá *Les Temps Modernes*, la más prestigiosa revista del panorama intelectual francés, que se publica aún hoy en día. Influenciado por Husserl y por Heidegger, será el máximo exponente del existencialismo, que tratará de conciliar años más tarde con el marxismo. Novelista, dramaturgo, activista político, símbolo del filósofo comprometido en el Mayo del 68, sus obras filosóficas más destacadas son *El ser y la nada* y *Crítica de la razón dialéctica*.

3.3 La exigible responsabilidad

La idea de responsabilidad como consecuencia ética de la libertad, como imputabilidad por las acciones humanas, es muy antigua. Imputar significa atribuir una acción a un agente como causa. Esta idea aparece ya en **Platón** cuando declara en la *República*: «Cada uno es la causa de su propia elección, de ello no debe imputarse a la divinidad». Se desarrolló ampliamente con el cristianismo a partir de la idea del libre albedrío y del Juicio Final de nuestros actos.

Más allá de esa asociación con la imputabilidad, el concepto de responsabilidad significa, en rigor, el conocimiento previo de las consecuencias de una acción.

Esta condición humana permite e impone la posibilidad de dirigir nuestra conducta basándose en sus previsibles consecuencias. Podemos pues encaminar nuestras acciones a partir de los objetivos que marquemos y ser así dueños de nosotros mismos. Esto es, de ser **autónomos.**

La exigible responsabilidad como seres humanos nos obliga, pues, a romper con la vieja idea de que nuestra vida «está escrita», condicionada por factores solamente externos al individuo, o bien por el destino, como pensaban los griegos; o bien por la predestinación divina, como defendían los calvinistas; o, tal como se piensa en nuestros tiempos de globalización, por las leyes del mercado, o la planificación social o por la ingeniería genética.

Esta situación nos obliga a considerar la responsabilidad como una «nueva ética», nacida a partir de la distinción de Weber entre **ética de convicción** y **ética de responsabilidad.** Según la primera, los principios morales son absolutos e incondicionados, independientes de los contextos en los que se desarrollan las acciones y de las posibles consecuencias. Sería una ética kantiana en estado puro. Para la segunda, los principios morales deben tener en cuenta los contextos y las consecuencias de su aplicación. Estaría representada por la ética de Hume en su aspecto utilitarista. A pesar de no ser una ética incondicionada, recogería de Kant una idea fundamental: ser expresión concreta de la **dignidad*** humana.

Desde esta perspectiva, la responsabilidad consigo mismo supone asumir el compromiso de desarrollar conductas saludables y respetuosas con nuestro cuerpo, con nuestro espíritu (intelecto y sensibilidad), con nuestro entorno familiar y social más próximo. Pero desde la perspectiva estoica de «lo propio» llegamos al compromiso con el conjunto de la Humanidad y con el de la Naturaleza.

+ *Para saber más*

La ONU ha marcado ocho objetivos de «desarrollo del Milenio» para el año 2015:

1. Erradicar la pobreza extrema y el hambre.
2. Lograr la enseñanza primaria y universal.
3. Promover la igualdad entre los géneros y la autonomía de la mujer.
4. Reducir la mortalidad infantil.
5. Mejorar la salud materna.
6. Combatir el VIH/SIDA, el paludismo y otras enfermedades.
7. Garantizar la sostenibilidad del medio ambiente.
8. Fomentar una asociación mundial para el desarrollo.

@ *En Internet*

Para mantener nuestra conciencia despierta, no está de más que nos acerquemos a otros mundos, que están en el nuestro: **http://www.unicef.es**; y **http://www.ilo.org/global/lang--es/index.htm** (webs oficiales de UNICEF y de la OIT, respectivamente).

Texto 3. El hombre, condenado a ser libre

«La consecuencia esencial de nuestras observaciones anteriores es que el hombre, al estar condenado a ser libre, lleva sobre sus hombros el peso íntegro del mundo: es responsable del mundo y de sí mismo en tanto su manera de ser. En tal sentido la responsabilidad del para-sí es agobiadora, pues es aquel por quien se hace que haya un mundo; y puesto que es también aquel que se hace ser, el para-sí, cualquiera que fuere la situación en que se encuentre debe, pues, asumirla enteramente con su coeficiente de adversidad propio, así sea insostenible; debe asumirla con la orgullosa conciencia [de] ser autor de ella, pues los mayores inconvenientes o las peores amenazas que pueden tocar a mi persona solo tienen sentido en virtud de mi proyecto y aparecen sobre el fondo del comprometimiento que soy. Es pues insensato pensar en quejarse, pues nada extraño ha decidido lo que sentimos, vivimos o somos. Esa responsabilidad absoluta no es por lo demás aceptación; es simple reivindicación lógica de las consecuencias de nuestra libertad».

Sartre, J. P.: *El ser y la nada*, Losada, Buenos Aires, 1966.

1. Apunta en una lista las razones a favor y en contra acerca de la libertad humana. Discute el tema con tus compañeros.

2.a. ¿Qué significa la expresión «el hombre está condenado a ser libre»? **b.** ¿Qué relación guardan el ser libre y el ser responsable, según el autor? **c.** ¿Qué relación guarda la libertad y el ser-para-sí?

Fig. 7.6. *Imagen simbólica de la Justicia*. La imagen simbólica de la Justicia como una mujer con los ojos vendados sosteniendo una balanza en una mano y una espada en la otra quiere representar las ideas de trato igualitario, equilibrio y fuerza. Esta imagen procede de Iustitia, deidad romana; a su vez, expresión de las divinidades griegas Astrea, Dike y Temis. Todas estas deidades son femeninas, pero también han existido representaciones mitológicas de la justicia bajo forma masculina. En la mitología nórdica, el dios Forseti; y en la griega, el propio Zeus es presentado como «majestad de la justicia» en la obra de Hesíodo Los trabajos y los días. Investiga sobre esas distintas simbolizaciones mitológicas de la justicia.

4. La justicia como virtud política

Tradicionalmente se ha definido la justicia como una virtud que consiste en la voluntad de dar a cada uno lo que le corresponde. Tal como declaraba el jurista romano Ulpiano: «la justicia es la constante y perpetua voluntad de dar a cada uno según derecho». De esta definición se deriva que la justicia persigue el respeto de los derechos de cada uno para establecer, en las relaciones humanas, la armonía que promueve la equidad respecto a las personas y al bien común. Se trata en definitiva de dar cumplimiento a aquella segunda reivindicación de la Revolución francesa: **la igualdad.** Como consecuencia, la justicia presenta un doble carácter:

- Como **virtud ética,** según la cual los seres humanos ajustan su conducta a una norma ética poniendo en armonía las demás virtudes.
- Como **virtud política,** según la cual una determinada norma o ley se ajusta a su principal función: ser capaz de adecuar las distintas relaciones sociales a las variables y a veces opuestas necesidades del conjunto de la sociedad, de los grupos y de los individuos que la componen. Dentro de esta perspectiva, en la cultura romana se insistió en su valor jurídico, como principio del que emana el **Derecho*.**

Dado que analizaremos en la Unidad 8 el concepto de la justicia como virtud ética, abordaremos en esta unidad el aspecto político de la justicia.

4.1 Definición de justicia como virtud política

En la aristotélica y clásica distinción de la justicia como conmutativa, distributiva y legal (o «general»), a esta última le corresponde indicar a gobernantes y gobernados cómo obrar en vistas al bien común. De ahí que se le llame **«general»,** porque incluye a todos los individuos, grupos e instituciones de una comunidad política, así como a sus actos; y **«legal»** porque la ley es el medio ordinario para organizar el correcto funcionamiento de la sociedad a la hora de determinar los medios más aptos para ese bien común. Este tipo de justicia se traduce en:

- Organizar la sociedad bajo el único y exclusivo «imperio de la ley», por lo que es necesaria una ley constitucional para evitar arbitrariedades o desigualdades en lo referente a las garantías y derechos de los ciudadanos así como para evitar formas de gobierno autoritarias o dictatoriales.
- Legislar teniendo como horizonte el bien común, eliminando la posibilidad del impropio aprovechamiento privado a partir de las necesidades públicas.
- Orientar la política hacia el bienestar de los ciudadanos, no hacia la mera consecución del poder.

A partir del siglo XIX, las situaciones de explotación económica y social de las clases trabajadoras, derivadas de la Revolución industrial, y las exigencias de reformas políticas en favor de una organización estatal democrática provocaron la necesidad de reclamar un nuevo tipo de justicia: la justicia social.

En este sentido, la **justicia social** rige las relaciones del individuo con respecto a la sociedad. Comprende el conjunto de decisiones, normas y principios relacionados con el tipo de organización de la sociedad o de un colectivo social determinado con el objetivo de equilibrar las desigualdades sociales para así lograr una mayor armonía y cohesión social. Se relacionan con este tipo de justicia la igualdad social y la igualdad de oportunidades, el estado del bienestar, la erradicación de la pobreza, la distribución de la renta, los derechos laborales, etc.

+ *Para saber más*

Precisamente el más antiguo texto filosófico que se conserva, del milesio **Anaximandro,** expresa la idea de cosmos como un conjunto ordenado según los principios de la justicia (*Diké*): «a partir de donde hay generación para las cosas, hacia allí se produce también la destrucción, según la necesidad; en efecto, pagan la culpa unas a otras y la reparación de la injusticia, según el ordenamiento del tiempo».

4.2 La legitimación del Estado en su origen como principio igualitario y justo

A lo largo de la historia del pensamiento político se han sostenido distintas teorías acerca de la sociedad y el Estado; pero en todas subyace la idea original de justicia, como fuente de la sociedad. Como ya apuntaba Platón: «Los hombres creyeron que era un interés común impedir que se hiciese y que se recibiese daño alguno. De aquí nacieron las leyes. Se llamó justo y legítimo lo que fue ordenado por la ley y se ha llegado a amar la justicia no porque sea un bien en sí misma, sino en razón de la imposibilidad en que nos coloca de dañar a los demás».

A. En la filosofía antigua

Aunque ya los sofistas habían discutido acerca del origen y legitimación del poder, los primeros teóricos del Estado fueron Platón y Aristóteles.

En su obra *República*, **Platón** indica que el hombre firma el contrato de ciudadanía en el que el ser humano elige pertenecer a un estado y suscribe con él un pacto tácito por el cual se obliga a cumplir las leyes, incluso cuando estas sean injustas. En Platón, tanto la concepción ética como la política giran en torno a la virtud de la justicia. La justicia es el fundamento de la polis y la ley justa es la esencia de toda igualdad o derecho. La política se deduce de la idea de Justicia y no a través de la descripción objetiva de los fenómenos políticos. Por tanto, la política es el estudio de las normas y de los principios teóricos del gobierno de los ciudadanos.

Ser hombre y ser ciudadano es lo mismo; pero solo los que alcanzan el conocimiento de las ideas de Justicia, Verdad, Belleza y Bien (los filósofos) son los destinados para el gobierno de la polis.

Si para Platón la sociedad deriva de un pacto, para **Aristóteles** es algo natural, consecuencia del hecho de que el ser humano es esencialmente sociable. La naturaleza arrastra instintivamente a todos los hombres a la asociación política: el hombre es un «animal político». Lo que caracteriza al ser humano no es solo vivir en sociedad, sino también ocuparse de las cosas de la polis o del bien común, que es la actividad noble por excelencia del ser humano.

El Estado es, pues, una organización política que resulta de la asociación de individuos, familias y pueblos; y también tiene un origen natural. Su finalidad consiste en resolver las necesidades básicas de los individuos que lo integran.

Los **pensadores romanos** establecieron sus reflexiones en torno a las personas jurídicas. La idea jurídica del bien común se plasma, por ejemplo, en la noción de «bienes del pueblo romano». La defensa de los bienes colectivos predomina sobre la de los individuales. La virtud de la justicia representa una ordenada convivencia entre los seres humanos a través de la *res publica* o sociedad que se une en busca de la utilidad común.

B. En la filosofía medieval

Durante la Edad Media, la teoría que se impuso en relación con el origen de la sociedad fue la teoría del bien común, según la cual los individuos se unieron en función de un interés que redundaba en la colectividad: procurar recursos justos y adecuados para que las necesidades de todas las personas pudieran ser satisfechas y sus derechos respetados.

El pensador medieval que más profundizará en la idea del bien común será **Tomás de Aquino;** para quien el bien común es el bien de todos los miembros de la comunidad y se regula mediante leyes.

+ *Para saber más*

Según Platón, los gobiernos se clasifican en: **aristocrático, democrático** y **oligárquico.** A su vez, estos gobiernos tienen sus respectivas desviaciones: **timocracia, demagogia** y **tiranía.** Platón es considerado un crítico de la demagogia y, en cierta manera, de la democracia, pues considera que esta es anárquica y una especie de feria de constituciones. En contraposición, defiende un gobierno aristocrático basado en el saber y la prudencia.

+ *Para saber más*

Tras estudiar las diversas constituciones de las ciudades-estado de su época, Aristóteles propone una **teoría de las formas de gobierno,** que toma como criterio la realización del **interés común** y no la búsqueda del propio interés del gobernante. La **monarquía,** la **aristocracia** y la **democracia** son buenas formas de gobierno, mientras que la tiranía, la oligarquía y la demagogia son una degeneración. Para Aristóteles, la mejor forma de gobierno es la **democracia moderada,** que consiste en una sociedad de dimensiones reducidas en extensión y en población y con autosuficiencia económica y militar, para así facilitar una adecuada atención de todas las necesidades de los ciudadanos, tanto básicas como de ocio y educativas.

Fig. 7.7. VELÁZQUEZ, Diego: *Las Meninas.* En este cuadro se retrata a la familia de Felipe IV. En aquella época y durante muchos siglos, las diferentes casas reales detentaron el poder en sistemas de carácter absolutista.

La ley representa un orden racional, que emana de la divinidad. La ley divina, eterna e inmutable, es el fundamento de la justicia de las leyes humanas. Estas tienen su asiento no en la propia naturaleza racional del ser humano, sino en la trascendencia de Dios. La justicia siempre se dirige hacia el bien del otro, es decir, hacia el bien común de todos esos asuntos que conciernen a los individuos particulares.

C. En la filosofía moderna

A partir del siglo XVI, comienzan a surgir un nuevo tipo de explicaciones acerca del origen del Estado. Serán las denominadas teorías «del contrato social». Estas, como nos recuerda el profesor Fernando Vallespín, «surgen en el horizonte de la ruptura de la concepción teocrática del mundo: ya no importa el entronque de la razón con la ley eterna, en el que derecho natural y derecho divino se dan la mano, sino reemplazar la revelación y el fundamento religioso por la razón natural».

Según el contractualismo, la organización social depende de un acuerdo que permite establecer los principios básicos de la misma: el contrato social. El contrato, en la línea de Rousseau y Kant, no es más que un recurso teórico para afirmar la igualdad moral de las personas y así construir unos principios de justicia que nos permitan juzgar las instituciones fundamentales de la sociedad. Además representa una teorización sobre la legitimidad de la soberanía política. Las teorías clásicas del contractualismo son tres: la **absolutista** de Thomas Hobbes, la **liberal** de John Locke y la **soberanista** de Jean-Jacques Rousseau.

Teoría absolutista

Thomas Hobbes concibe el Estado como resultado de un pacto, el contrato de **comunidad*.** En virtud de este acuerdo, el ser humano cede parte de su libertad a una entidad superior capaz de evitar que la confrontación entre los diferentes intereses individuales degenere en un conflicto social. De esta forma se evita la «guerra de todos contra todos». Para Hobbes, el ser humano, por naturaleza, es antisocial («el hombre es un lobo para el hombre») y egoísta pues tiende a satisfacer sus propios intereses aun en perjuicio de su semejantes.

En conclusión, el Estado aparece como un poder total y absoluto que dicta las leyes y la moral, que se impone a la voluntad de los miembros de la sociedad que le cedió sus derechos; pero, al mismo tiempo, se convierte en un instrumento necesario que garantiza la paz y la concordia entre los individuos poniendo punto final al estado de terror previo a su creación.

Teoría liberal

John Locke recoge la tradición anterior y se anticipa a los teóricos del Estado liberal. Para Locke, la sociedad en su origen se encontraba en el estado de naturaleza, en el que los seres humanos gozaban de ciertos derechos naturales, como la vida, la libertad y la propiedad. Sin embargo, los individuos violaron esta «ley natural» al no observar estrictamente los mandatos de la equidad y la justicia. Por ello, los bienes de cada persona no estaban a salvo y su disfrute era incierto.

Para garantizar una vida digna y pacífica, los individuos ceden sus derechos a un grupo de soberanos, pero teniendo en cuenta que tal cesión no es perpetua ni irrevocable. Locke reconoce así el derecho a la rebelión si el soberano no cumple con los límites de lo pactado. Es este el pacto social. El Estado, que deberá proteger los derechos de sus representados, surgiría en virtud de este **contrato social*.**

El modelo de democracia liberal es el resultado al que llegará Locke. La democracia liberal consiste en un sistema donde los individuos eligen a sus gobernantes periódicamente y estos tienen como misión garantizar el orden social y el respeto de los derechos individuales.

En este tipo de modelo, el Estado está estructurado en tres poderes: legislativo (promulga las leyes), ejecutivo (tiene el derecho de emplear la fuerza del Estado para hacer ejecutar las leyes) y federativo (permite declarar la guerra o firmar la paz).

Teoría soberanista

La principal aportación a la teoría del Estado de **Jean-Jacques Rousseau** es su concepto de soberanía. El derecho a gobernar no es algo apriorístico y de origen divino, sino que depende de la **voluntad general*** de los gobernados. La soberanía deja así de residir en una persona y se traslada al conjunto de la comunidad política, que será la encargada de legitimar la acción de gobernar. Para Rousseau, el estado de naturaleza se caracteriza por la libertad, la igualdad y la bondad.

Los seres humanos viven en una suerte de inocencia originaria, hasta que la aparición de la sociedad y de la noción de propiedad den lugar al egoísmo y la maldad. La sociedad corrompe a los humanos al lanzarlos en competencia mutua, si bien garantiza ciertas necesidades básicas. Por tanto, en un estado social debe haber un acuerdo entre ciudadanos para poder llegar a mitigar las desastrosas consecuencias de una sociedad corruptora.

Nace así la necesidad de un contrato social, que consiste en un **pacto** por el que se eliminan los egoísmos individualistas mediante la sumisión de cada ciudadano a la voluntad general unánime y asamblearia. El modelo político propuesto por Rousseau sería la democracia directa.

El Estado es un medio de desarrollo moral de la humanidad; por tanto, debe tender a conseguir el bien común. El pensamiento de Rousseau contribuyó a superar el modelo absolutista y se constituyó como uno de los pilares básicos del liberalismo.

Más datos

Los **contractualistas clásicos** partían de una situación hipotética de conflicto entre ciudadanos. Luego, intentaban garantizar un orden basado en una aceptación racionalmente pactada. Finalmente, querían ofrecer un modelo a partir del cual pudieran confeccionarse las constituciones o las leyes. Sin embargo, el objetivo final era diferente para cada uno de sus máximos representantes. Hobbes buscaba la seguridad, mientras que Locke apelaba a la libertad y la propiedad privada. Rousseau intentaba fundamentar los principios de igualdad y justicia social, siempre en un contexto de libertad y ética.

	Hobbes	*Locke*	*Rousseau*
Estado natural	Los seres humanos están dominados por las pasiones, el egoísmo, la precariedad y la violencia.	Los seres humanos gozan de ciertos derechos naturales: vida, libertad y propiedad.	Los seres humanos viven en un estado de inocencia y gozan de libertad, igualdad y bondad.
Pacto social	Se cede, de manera irrevocable, todo el poder del individuo a un soberano, que habrá de mantener el orden y la paz.	Se ceden los derechos individuales a un soberano de manera temporal.	Se eliminan los egoísmos individualistas mediante la sumisión de cada ciudadano a la voluntad general unánime y asamblearia.
Estado	Poder ilimitado.	Poder limitado.	Poder democrático.

Tabla 7.1. *Esquema de las teorías contractualistas clásicas.*

D. En la filosofía contemporánea

Las teorías contractualistas clásicas presentaban algunas limitaciones. Nacen así, teniéndolas no obstante como referente, las tres corrientes más representativas del neocontractualismo: la teoría de la justicia, de **John Rawls (fig. 7.8)**; el Estado mínimo, de Robert Nozick, y la teoría de la elección pública, de James Buchanan.

La teoría de la justicia

La teoría de **John Rawls** se puede resumir en una pregunta que el liberalismo político ya se había planteado: «¿Cómo es que durante largo tiempo ha podido existir una sociedad justa y estable de ciudadanos libres e iguales, cuando en la realidad están profundamente divididos por doctrinas religiosas, filosóficas y morales razonables?» Rawls parte de una posición muy similar a la de Hobbes, Locke, Rousseau o Kant.

En Internet

Más sobre las teorías clásicas de contractualismo político en **http://www.nodulo.org/ec/2002/n009p05.htm**

John Rawls (1921-2002, fig. 7.8)

Filósofo estadounidense y uno de los más destacados teóricos del liberalismo. Rechaza el utilitarismo y otras fundamentaciones contemporáneas de la ética y busca una teoría de la justicia. Defensor del pluralismo, su obra se circunscribe dentro del marco de las democracias liberales modernas. Autor de *Teoría de la justicia* y *El liberalismo político*, entre otros títulos.

Para Rawls, los seres humanos se caracterizan por ser iguales y capaces de actuar tanto racional como razonablemente y acentúa la idea de autonomía individual. Así, el centro del pensamiento de este filósofo gira alrededor del denominado el «juego de regateo». Este «juego» se basa en una negociación entre sujetos que pretenden llegar a un acuerdo unánime sobre los principios que servirán como criterios para valorar sus instituciones y sus costumbres. Durante esa negociación, los participantes pueden comportarse de forma egoísta o más habilidosa. Sin embargo, una vez que se han pactado los principios de justicia, los participantes deben someterse a ellos. Esta nueva situación se denomina «velo de ignorancia» o «posición original».

Esta situación hace que los **representantes políticos** no estén informados acerca de las características moralmente irrelevantes de los ciudadanos por ellos representados. Si es así, los partidos representativos estarán privados de la información acerca de los talentos y habilidades, etnicidad y sexo, religión o sistema de creencias de sus representados.

Además, Rawls señala que los partidos en la posición original se ocupan solamente de la participación de los ciudadanos en lo que él denomina **«bienes primarios»,** es decir, derechos básicos y ventajas económicas y sociales. Por tanto, los representantes políticos deben adoptar la *regla maximin* en la posición original. La *regla maximin* es el principio que permite evaluar a los representantes políticos las opciones a elegir, es decir, tomar la decisión que produce el mayor beneficio frente al peor resultado posible. En la posición original, los partidos representativos escogen los dos principios de justicia que habrán de gobernar la estructura básica de la sociedad:

- **Principio de igualdad de libertades.** Cada persona ha de tener las libertades básicas compatibles con las libertades para todos.
- **Principio de ordenación de las desigualdades.** Las desigualdades económicas y sociales han de ser estructuradas de manera que todos disfruten de la misma igualdad de oportunidades.

Estos principios serían los más adecuados para garantizar el correcto funcionamiento de las instituciones bajo los valores de libertad y de igualdad de los ciudadanos, como en las democracias liberales modernas. De esta manera será posible la consecución de la cooperación social.

El Estado mínimo

Robert Nozick hizo una de las primeras críticas a la teoría de la justicia de Rawls en su obra *Anarquía, estado y utopía*. Nozick nos ofrece una teoría de los derechos, presidida por el principio de justicia en las pertenencias. Este principio, a su vez, está compuesto por tres principios:

- **Principio de justicia en la adquisición.** Según este principio, una distribución de bienes debe realizarse en términos de justicia e igualdad.
- **Principio de justicia en las transferencias.** Este principio señala que se debe adquirir el derecho a la propiedad sobre bienes distribuidos.
- **Principio de rectificación.** Según este principio, deben de resolverse las injusticias en las pertenencias producidas por actuaciones ilegítimas realizadas en el pasado.

Otra cuestión que trata de responder Nozick es la siguiente: ¿Es necesario el Estado o es posible la convivencia en anarquía? Para justificar la existencia del Estado y dar respuesta a esta pregunta, recurre a la Teoría del estado de naturaleza, que se inspira en la teoría de Locke.

En Internet

En **http://www.liberalismo.org/articulos/26/** encontrarás un estudio más amplio de la teoría de la justicia de Nozick.

En la **Teoría del estado de naturaleza,** este pensador considera que los individuos disfrutan de una plena autonomía de su voluntad, con los únicos límites impuestos por el derecho natural, que exigen que nadie pueda dañar al otro en su vida, salud, libertad y propiedad. Sin embargo, cuando se sobrepasan los límites que el derecho natural marca, los individuos pueden infligir un castigo proporcional a la trasgresión, es decir, lo justo para reparar y reprimir. No obstante, esto puede llevar al predominio de los más fuertes. Ante esa situación amenazante los individuos tenderían a agruparse en **«asociaciones de protección mutua»,** según Nozick.

Estas asociaciones les permitirían mejorar sus circunstancias al evitar, por ejemplo, reclamos injustos. Sin embargo, debido a la ley del mercado, llegarán a existir agencias monopolizadoras que no serán aún Estado. Como mucho, estas agencias se constituirán como un Estado intermedio que el autor denomina «Estado ultramínimo». El Estado ultramínimo es, por tanto, el que tiene el monopolio de la fuerza física, pero no está en condiciones de castigar a otras agencias de protección. En cualquier caso, en este tipo de Estado no hay una justicia distributiva.

Nozick menciona otro tipo de Estado, el **«Estado mínimo».** El paso del Estado ultramínimo al mínimo se produce cuando los clientes de la agencia de protección dominante tienen la obligación de aplicar el principio de compensación. El principio de compensación consiste en indemnizar a los independientes no asociados a la agencia para compensarle por las desventajas que supone la prohibición de sus procedimientos de justicia. Esta prohibición se establece con el fin de dar seguridad a los demás.

Por consiguiente, son los operadores y miembros de la agencia de protección dominante los que tienen la obligación moral de convertir al Estado ultramínimo en Estado mínimo. El Estado mínimo se limita a las funciones imprescindibles de protección contra la fuerza, el robo, el fraude, el incumplimiento de los contratos, etc. Este estado liberal defiende el derecho de propiedad como algo absoluto. Excluye, por tanto, cualquier intervención e interferencia en los derechos individuales.

En resumen, el Estado solo tiene una función coercitiva que se limita a hacer respetar esos derechos. Por tanto, para Nozick, la igualdad descansa en el intercambio libre y voluntario entre personas. Frente al igualitarismo de Rawls, en la teoría libertaria de justicia de Nozick parece dominar una clara justificación del individualismo.

La teoría de la elección pública

James M. Buchanan elabora una teoría acerca de cómo se toman las decisiones públicas, es decir, las decisiones que afectan colectivamente a los miembros de una sociedad y que son impuestas por los gobiernos por medio del poder coactivo del Estado. Los gobiernos han nacido, según este filósofo, para cumplir la función originaria de asegurar un orden social. Este orden consiste en un **conjunto de normas de convivencia** que eviten la «guerra de todos contra todos», tal como sostenía Hobbes. Además, Buchanan añade otras funciones, como educar, atender la salud, asegurar los ingresos en la vejez, promover el desarrollo económico, crear empleos para todos, cuidar el medio ambiente, etc. Sin embargo, algunas de estas funciones no siempre son cumplidas por nuestros gobiernos.

Así pues, Buchanan se propuso construir una teoría explicativa del comportamiento gubernamental que fuera científica e imparcial. En esta teoría destaca tres ideas básicas:

- Las **decisiones públicas** no son tomadas por ningún ente supraindividual, con vida y voluntad propias, como gobiernos o Estados. Las personas que conforman la sociedad y que tienen el poder de decisión son quienes toman las decisiones públicas.

Fig. 7.9. *Cartel reivindicativo en la Puerta del Sol, en Madrid, producto del movimiento social 15M.*

- La observación indica que los individuos que gobiernan no son esencialmente distintos de aquellos que son gobernados. Por tanto, los políticos no son mejores ni peores en ningún sentido moral básico.
- La política puede concebirse como una forma de intercambio entre las personas que integran la comunidad. Se trata de una **interacción** que tiene muchos puntos de contacto con la interacción económica.

Buchanan defiende, pues, una democracia representativa y una competencia electoral. Por una parte, cuando las decisiones públicas se toman por personas distintas a las que tales medidas afectan, es necesario considerar la posible **divergencia entre los intereses** o las preferencias del gobernante elegido o el funcionario designado y los intereses o preferencias de los integrantes del grupo. Además, es preciso también señalar que la competencia electoral desempeña una función destinada a impedir esa posible divergencia entre los representantes y los representados.

Para cambiar los abusos y desajustes de la política, Buchanan no cree en los buenos resultados de las **revoluciones,** ya sean de izquierdas o de derechas. En cambio, propone mejoras que partan de las personas tal como son, de algo que se resume en la expresión «la naturaleza humana». Por ello, es posible mejorar la vida social por medio de cambios en las normas y las instituciones que rigen las relaciones entre las personas y el uso del poder político. La tarea del economista y del político es, precisamente, contribuir a la mejora institucional. En definitiva, Buchanan defiende un Estado productor, con una economía fuerte, frente a un Estado protector excesivamente benefactor.

El autor también analiza lo que denomina ***«homo economicus».*** Entiende que los individuos persiguen sus propios intereses personales, estrechamente definidos en términos de posesiones netas de riqueza que se pueden medir y, por tanto, predecir y esperar.

A través del análisis de cómo se comportan las personas que participan de diferentes formas en los distintos mercados, Buchanan investiga el funcionamiento de las propias instituciones de mercado. Este análisis se contextualiza en su *Teoría de la elección pública*.

4.3 El ideal político de la justicia como Estado: la utopía

Como ya apuntaba Cassirer, en la natureza simbólica del ser humano radica su tendencia a imaginar mundos mejores. Ciertamente, desde la Antigüedad, los seres humanos no se conformaron con ver la realidad como algo que se impone al ser humano y lo rodea de fatalidad. Por tanto, muy pronto en su desarrollo evolutivo ideó nuevas formas de vida social y política. El modelo del estado ideal que describe **Platón** en la *República* estaría dentro de este marco. En su teoría de la sociedad, esbozó la imagen de un estado aristocrático ideal, en el que los filósofos gobernarían el Estado y en el que no existiría familia ni propiedad privada para ellos, para evitar así la posibilidad de aprovecharse de su cargo público para beneficio personal o familiar.

Durante la Edad Media, **Agustín de Hipona,** en su obra *La ciudad de Dios*, compara la ciudad terrena con la celestial, donde se viviría en un estado ideal, no faltaría ningún bien ni habría mal alguno, el día se dedicaría a alabar la grandeza del Creador para así conseguir la armonía entre cuerpo y espíritu. Este modelo se basaba en el amor a Dios, en el desprecio de uno mismo y en la comunión ideal de los virtuosos.

Durante el Renacimiento, en esas obras utópicas se analizaban de forma crítica los cambios de la época y se describieron las aspiraciones y necesidades, sobre todo de las clases más débiles. Destacan las utopías de tres autores:

- **Tomás Moro.** En 1516, Moro escribe una obra de acusado contenido social: *Utopía*. Se divide en dos partes: en la primera, se describe la situación de miseria material y moral en la que se encuentra la Inglaterra de su tiempo; en la segunda, se describe la isla de «Utopía» desde un punto de vista geográfico, social, económico y político. A partir de esta contraposición, Tomás Moro nos presenta una sociedad ideal, basada en estos principios: supresión de la propiedad privada, igualdad, desarrollo integral de la persona a través de la educación y democracia representativa.
- **Francis Bacon.** Es el autor de la primera utopía científica o tecnológica (*Nueva Atlántida*) como un canto a las transformaciones tecnológicas con el fin de descubrir a través de la ciencia los secretos de la naturaleza, reorganizar el saber y mostrar el autoritarismo tecnicista. En ella se describe una isla que está situada más allá de América: Bensalem. Esta isla está gobernada por intelectuales y científicos, que viven en la casa de Absalón. Al vivir obsesionados por la ciencia, los habitantes de esta casa no se preocupan apenas por el pueblo.
- **Tomás Campanella.** En *La ciudad del sol*, este filósofo describe su utopía política. La obra nos muestra una sociedad gobernada por sacerdotes donde reina la concordia, en la que los bienes económicos pertenecen a la colectividad. Las propuestas de Campanella se pueden resumir en: eliminación de la propiedad privada, elección del gobernante más sabio, como en Platón; sistema totalizador de saberes, teocracia jerárquica y desarrollo del ocio, pues solo se trabaja cuatro horas.

Fig. 7.10. *Las utopías.* Las utopías nos muestran un ideal inalcanzable, pero necesario para orientar nuestras aspiraciones.

Durante la Modernidad, se muestra la confianza en el poder de la razón, de la ciencia y de la técnica como medios para aportar soluciones a los problemas que se le presentan al ser humano; y, en consecuencia, se mantiene una actitud optimista.

A partir del siglo XIX, ante la explotación de la clase trabajadora, surgen las ideas socialistas, que mantienen su confianza no en la mera razón, sino en un ser humano capaz de transformar la sociedad. En esta línea, destacan los pensadores denominados **«socialistas utópicos»**: Saint Simón, Charles Fourier y Robert Owen. Todos ellos coinciden en que es preciso cambiar radicalmente la sociedad y proponen para ello una nueva sociedad donde no exista ni la explotación ni el dominio de unos seres humanos sobre otros.

En el siglo XX también se puede destacar la utopía de **B. F. Skinner,** que este denomina *Walden Dos*. Se trata de una utopía psicológica sobre el control del comportamiento para ser feliz y que tendría repercusiones en el trabajo, el ocio y el tiempo libre, la educación o la libertad. Posteriormente, en su obra *Walden Tres*, se refiere a la infancia, la familia, el trabajo, la reforma del calendario, la educación, la sexualidad, los ancianos, el ejército, el lugar de la ciencia, la religión, la ecología y la política internacional. Las similitudes y diferencias se indican en el marco de referencia del análisis y la síntesis experimental del comportamiento.

@ *En Internet*

Consulta **http://www.cepchile.cl/** para saber más sobre las utopías del Renacimiento.

Texto 4. La justicia como dimensión de la vida en común

«Para nosotros, el objeto primario de la justicia es la estructura básica de la sociedad o, más exactamente, el modo en que las instituciones sociales más importantes distribuyen los derechos y deberes fundamentales y determinan la división de las ventajas provenientes de la cooperación social. Por instituciones más importantes entiendo la constitución política y las principales disposiciones económicas y sociales. Tomadas en su conjunto, como un esquema, las instituciones más importantes definen los derechos y deberes del hombre e influyen sobre sus perspectivas de vida, sobre lo que pueden esperar hacer y sobre lo que hagan. La estructura básica es el objeto primario de la justicia porque sus efectos son muy profundos y están presentes desde el principio.»

Rawls, J.: *Teoría de la justicia*, FCE, Madrid, 1978.

1. ¿Cuál es el principal objetivo de la justicia para Rawls? Identifícalo en el texto y explícalo con tus palabras.
2. ¿Qué papel asigna a las instituciones? ¿Estás de acuerdo con su perspectiva?
3. Para ti, ¿qué es la justicia? Escribe una definición personal y exponla en pequeños grupos.

Hans Jonas (1903-1993, fig. 7.11)

Discípulo de Heidegger, se alejó de su tutelaje a partir del ascenso del nazismo en Alemania. Mantuvo no obstante una eterna amistad con Hannah Arendt en su lucha en defensa del pueblo judío. Su filosofía se centra en los problemas éticos y sociales derivados del desarrollo tecnológico. Su Principio de la responsabilidad insiste en la necesidad de cuidar el planeta para garantizar la supervivencia de la especie humana. Pionero de la bioética, reclama aunar biología y filosofía para abordar la cuestión del ser humano en su totalidad y resolver adecuadamente los nuevos dilemas éticos derivados del avance biotecnológico.

Actividades

6. ¿Qué situaciones adversas se derivan hoy en día de la aplicación de la tecnología? Pon ejemplos de tu entorno.

7. ¿Qué utilidad crees que tiene la bioética? ¿Qué soluciones puede aportar a los problemas que has mencionado?

5. Las éticas ecológicas, urgente responsabilidad

Ante los complejos y diversos problemas y retos a los que nos enfrentamos en nuestras sociedades actuales, caben también diferentes respuestas éticas. En este último apartado del tema presentamos un enfoque ético que se centra en uno de los conflictos más acuciantes de nuestro tiempo: el conflicto entre desarrollo económico y preservación de la naturaleza; entre seres humanos y resto de la naturaleza. Es este el reto más reciente al que nos estamos enfrentando los seres humanos, no ya como individuos o colectivos, sino en su conjunto como especie.

Estas reflexiones éticas son a la vez compromisos para paliar los efectos negativos de un abusivo crecimiento, para apostar por la **protección medioambiental** y para favorecer una **gestión sostenible** como forma de atender una necesidad humana: mantener su propia salud en equilibrio con los ecosistemas naturales, pues la propia humanidad forma parte de la naturaleza y no puede ser considerada como algo ajeno a ella.

Esta actual concienciación ecológica deriva de los resultados de una nueva rama del saber, denominada **fisiodulia,** y que se ocupa del respeto a la naturaleza. Su primer principio y el más importante de todos es el respeto al medio o ecodulia. Después, vendría el respeto a nuestra especie o genodulia y, por último, el respeto por la vida individual humana o biodulia.

Uno de los pioneros en esta línea ha sido **Hans Jonas (fig. 7.11),** quien introduce un nuevo precepto ético, el imperativo de la responsabilidad, que formula así: «Actúa de tal manera que los efectos de tu acción sean compatibles con la permanencia de una vida humana auténtica sobre la Tierra», o de esta otra forma, «actúa de tal manera que los efectos de tu acción no sean destructivos para la futura posibilidad de una vida humana auténtica».

5.1 Antropocentrismo

Esta perspectiva entiende al ser humano como medida de todas las cosas. Así pues, si otros seres tienen valor, es porque le sirve al hombre para algo. Desde el punto de vista de la ética ecológica, esto significa que los problemas ambientales son importantes en función del bienestar del ser humano, y han de evitarse. La destrucción del medio nos afecta por varios motivos: nos hace infelices vivir en un medio contaminado y empobrecido, nuestra salud se puede ver deteriorada por ello, nos conmueve y entristece la muerte y el sufrimiento de los animales, etc. Sin embargo, para el antropocentrismo lo importante no es el estado de los bosques o la desaparición de los animales, sino cómo ese estado nos afecta a nosotros.

5.2 Los animales como centro

Desde esta perspectiva ética, todos los seres con capacidad de sufrir y disfrutar merecen ser considerados moralmente, lo que incluye a todos los animales que poseen la capacidad de tener experiencias positivas y negativas, sean humanos o no. Más allá de esta consideración, los animales merecen diferente significación moral de acuerdo a sus distintas capacidades. Este punto de vista, aunque cada vez resulta más extendido, se ha introducido muy tarde en Occidente: nuestra mentalidad, heredera del antropocentrismo, solo daba a los animales un **valor instrumental.** Peter Singer fue pionero al realizar un análisis crítico de esta cuestión desde el ámbito de la filosofía.

5.3 Biocentrismo

La posición ética del biocentrismo defiende que todo ser, por el hecho de estar vivo, merece respeto moral. Así pues, en esta perspectiva se amplía el campo de consideración moral al incluir a los seres con **conciencia** (humanos), **sensibilidad** (animales) y **vivos** en general. Esto es así porque todo ser vivo valora la vida y lucha en cualquier condición por seguir viviendo, aunque no sea consciente de ello. Por lo tanto, deberíamos respetarlo, aunque no todo ser vivo tenga la misma significación moral. Esta puede depender de su evolución y complejidad o de la importancia que tiene para un nicho ecológico una especie determinada que forma parte de él. Esto significa que, cuando interactuamos con la naturaleza, debemos atender a cuáles son los resultados de nuestra acción para los seres vivos moralmente más significativos.

En Internet

Sobre la necesidad de aplicación del Protocolo de Kyoto, las medidas legislativas y la lucha contra el cambio climático en Europa, podéis acudir a esta web **http://europa.eu/legislation_summaries/environment/tackling_climate_change/l28060_es.htm**

5.4 Ecocentrismo

También conocido como «holismo ecológico», el ecocentrismo es una teoría ética que mantiene que lo moralmente relevante es la **biosfera** y los grandes sistemas que la forman, no los individuos, ya sean animales racionales o no, vegetales o minerales. Así pues, el valor que se debe respetar siempre es el conjunto y no los individuos que lo componen. En esta línea, **Aldo Leopold** fue uno de los primeros en defender que «algo es correcto cuando tiende a preservar la integridad, estabilidad y belleza de la comunidad biótica. Es incorrecto cuando tiende a otra cosa».

Para superar el alcance limitado del biocentrismo, ha de entenderse que el marco de la vida, la Tierra, es lo primero que debemos respetar. No pueden excluirse de la ética los mares, el cielo y las playas, solo porque no están vivos, cuando además son el único modo posible de mantener la vida. Diferenciar de modo radical entre orgánico e inorgánico pone en peligro la biosfera y su potencial. La Tierra, en la cultura industrial, no se entiende como el único hogar de todos, y esta actitud fomenta su destrucción. La ecosfera es el único lugar posible para toda actividad humana: incluso desde un punto de vista egoísta, el ser humano debería entender que el respeto global por el ecosistema une a todas las culturas y supera todos los conflictos humanos, pues nos une un interés común.

Texto 5. Respeto al medio ambiente

«Este valor es de muy reciente descubrimiento. Hasta la moderna tecnología industrial no habíamos alterado el equilibrio ecológico. Solo conocíamos violaciones leves de este valor. Pero es el primero de todos según la fuerza. Si destrozamos el medio ambiente, con su vida vegetal y animal, el hombre desaparece de la Tierra. El medio ambiente es condición necesaria (si no..., no) para la vida humana.

Luego no respetamos la vida humana si antes no respetamos el medio ambiente. Un asesinato nos parece el peor de los crímenes. Pero destrozar el medio ambiente, de modo que no sólo mueran los humanos actualmente vivientes, sino que no puedan siquiera vivir en el futuro, es aún peor. No tenemos más que atisbos de lo que sería la mayor violación imaginable de la Ecodulia. Pero si lo pensamos, nos damos cuenta que es más grave que un asesinato o máxima violación contra la Biodulia. No sirve comparar la violación parcial o leve de un valor más bajo con la violación máxima del valor más alto. Hay que comparar las violaciones máximas de dos valores para darnos cuenta de qué violación es más grave y qué valor es el más bajo y fuerte.»

http://www.educarex.es/recursos/cnice/etica/unidad3_02.htm

1. ¿Qué harías si debes decidir entre construir un embalse que abastecerá de agua a una población que carece de ella, o no construirlo, ya que dañaría irreparablemente la vida del río? Justifica tu respuesta.
2. ¿Cuál es la violación más grave del respeto a la naturaleza? ¿Por qué?
3. ¿Podríamos decir que es más grave deforestar una selva que acabar con la vida de un animal o una persona que vive en ella? Estableced un debate en el que las dos posturas intervengan por turnos.

Para repasar

1. Enumera los tipos de movimientos y pon algún ejemplo.

2. Estos enunciados son falsos. Explica por qué.
- **a.** Todo movimiento es acción.
- **b.** Los hábitos son conductas innatas.
- **c.** El etnocentrismo defiende que todas las culturas son iguales.
- **d.** No existe ninguna pauta de conducta universal.
- **e.** En la acción moral todo es aprendido socialmente.

3. Define: etnocentrismo, relativismo cultural, relativismo ético, universalismo ético.

4. Apunta las ventajas e inconvenientes del relativismo cultural.

5.a. ¿De dónde proviene el carácter supuestamente unificador de la conciencia?
- **b.** ¿Qué consecuencias derivan de ese carácter?
- **c.** ¿Con qué otros conceptos se identifica?

6. ¿Verdadero o falso?
- **a.** Los filósofos medievales entendían la conciencia como *scintilla conscientiae.*
- **b.** Kant defendía el carácter divino de la conciencia moral.
- **c.** Para Freud se identifica la conciencia moral con su contenido.
- **d.** Hume consideraba que la conciencia moral era educable a través del cultivo de la sensibilidad.

7. Relaciona las siguientes frases hechas y perspectivas con los seis estadios morales de Kohlberg:

Frases hechas: **a.** «lo tengo que hacer porque si no, me castigan (o me premian)»; **b.** «lo hago si tú me das algo a cambio»; **c.** «debo obrar de modo que mis actos puedan ser tomados como norma universal»; **d.** «mis amigos (o mis padres o profesores) esperan eso de mí»; **e.** «para que la sociedad funcione hay que respetar la ley»; **f.** «obro así porque debo respetar los derechos de las demás».

Perspectivas: **1.** perspectiva de principios éticos universales; **2.** perspectiva de la sociedad justa; **3.** perspectiva egocéntrica; **4.** perspectiva individualista; **5.** perspectiva de la colectividad; **6.** perspectiva del grupo primario.

8. ¿Verdadero o falso?
- **a.** El concepto de destino nace con el cristianismo.
- **b.** La idea de libertad como realidad interior nace con Sócrates.
- **c.** Para el cristianismo es importante la idea de libre-albedrío.
- **d.** La idea de libre-albedrío tiene una fuerte conexión con la moral.
- **e.** Kant reconoce la libertad en las relaciones que se dan en la naturaleza.
- **f.** Marx cree que el capitalismo propicia la libertad humana.
- **g.** La concepción científica actual avala la existencia de un absoluto determinismo en la conducta humana.

9. Explica los cuatro aspectos que «cosifican» al ser humano, según Sartre.

10. ¿Cuál es la característica que mejor define a la justicia?

11. Distingue a qué autor se refieren los siguientes ejemplos:

velo de la ignorancia - justicia no pautada - principio de la libertad - principio de rectificación - principio de la diferencia

12.a. Asocia: Responsabilidad, Imputabilidad, Conocimiento de consecuencias, Necesidad de control, Atribución de causas, Libre albedrío. **b.** Asocia: Ética de convicción, Ética de responsabilidad, Hume, Kant, Regida por consecuencias, Regida por principios absolutos.

13. ¿En qué se diferencia el origen de la sociedad política de Platón del de Aristóteles? Razona tu respuesta.

14. ¿Qué es el «bien común» para Tomás de Aquino?

15.a. Relaciona la teoría con su máximo representante.

Teoría soberanista	John Locke
Teoría absolutista	Jean-Jacques Rousseau
Teoría liberal	Thomas Hobbes

- **b.** ¿En qué orden histórico surgen estas teorías?

16. ¿Qué tienen en común las teorías de Locke y Rawls? Razona tu respuesta.

17. ¿Cuántas teorías modernas acerca de la sociedad política existen? Describe brevemente cada una de ellas.

18. ¿En qué se diferencian estas teorías modernas?

19. ¿Qué factores son clave para lograr una sociedad sustentable?

20. ¿Cuál de las cuatro perspectivas éticas ecológicas te parece la más acertada? Explica la opción que defenderías, teniendo en cuenta que puede diferir o no de la teoría que consideres más afín a tu punto de vista.

Taller de filosofía

Lo que se dice

Los dilemas morales

Analiza estos dilemas a partir de las consideraciones críticas de Gilligan a Kohlberg.

1.er caso: Los dilemas de Kohlberg consisten en presentar situaciones de la vida cotidiana, en los que hay conflicto moral entre los dos principios; por ejemplo, «salvar a la madre o salvar al hijo». El entrevistado debe responder a una batería de preguntas y según las respuestas dadas se establece «el perfil» moral del encuestado.

Primer paso: Presentación del conflicto. El dilema más conocido de Kohlberg es el siguiente:

«En Europa hay una mujer que padece un tipo especial de cáncer y va a morir pronto. Hay un medicamento que los médicos piensan que la puede salvar. Es una fórmula de radio que un farmacéutico de la misma ciudad acaba de descubrir. La droga es cara, pero el farmacéutico está cobrando diez veces lo que le ha costado a él hacerla. Él pagó $200 por radio y está cobrando $2 000 por una pequeña dosis del medicamento. El esposo de la mujer enferma, Heinz, acude a todo el mundo que conoce para pedir prestado el dinero, pero solo puede reunir unos $1 000, que es la mitad de lo que cuesta. Le dice al farmacéutico que su esposa se está muriendo y le pide que le venda el medicamento más barato o le deje pagar más tarde. El farmacéutico dice: "No, yo lo descubrí y voy a sacar dinero por él". Heinz está desesperado y piensa en atracar el establecimiento para robar la medicina para su mujer».

Segundo paso: Formulación de preguntas.

1. ¿Debe Heinz robar la medicina? ¿Por qué o por qué no?
2. Si Heinz no quiere a su esposa, ¿debe robar la droga para ella? ¿Por qué o por qué no?
3. Suponiendo que la persona que se muere no es su mujer, sino un extraño, ¿debe Heinz robar la medicina para un extraño? ¿Por qué o por qué no?
4. (Si estás a favor de robar el medicamento para un extraño.) Supongamos que se trata de un animal que él quiere, ¿debe robar para salvar al animal? ¿Por qué o por qué no?
5. ¿Por qué debe la gente hacer cualquier cosa por salvar la vida de otro, de todas formas?
6. Va contra la ley el que Heinz robe. ¿Lo hace esto moralmente malo? ¿Por qué o por qué no?
7. De todos modos, ¿por qué debe la gente generalmente hacer todo lo que pueda por evitar ir contra la ley?
8. ¿Cómo se relaciona esto con el caso de Heinz?

Tercer paso: Establecimiento de conclusiones en forma de asunción de roles, o a partir de clarificación de valores o propuestas de modelos.

Cuarto paso: Lectura de resultados.

El análisis de las respuestas mostrará la madurez del razonamiento moral. Tomaríamos como referencia las descripciones de los niveles y estadios de Kohlberg.

2.º caso: Tomaremos en esta ocasión un célebre dilema moral que presentó Sartre en su obra *El existencialismo es un humanismo*. Seguid las mismas pautas que en el caso anterior.

«Para dar un ejemplo que permita entender mejor lo que es el desamparo, citaré el caso de uno de mis alumnos que me vino a ver en las siguientes circunstancias: su padre se había peleado con su madre y tendía al colaboracionismo; su hermano mayor había muerto en la ofensiva alemana de 1940; y este joven, con sentimientos un poco primitivos pero generosos, quería vengarlo. Su madre vivía sola con él, muy afligida por la semitraición del padre y por la muerte del hijo mayor; y su único consuelo era él. Este joven tenía en ese momento la elección de partir para Inglaterra y entrar en las Fuerzas Francesas Libres —es decir, abandonar a su madre— o bien permanecer al lado de su madre y ayudarla a vivir. Se daba cuenta perfectamente de que esta mujer solo vivía para él y que su desaparición —y tal vez su muerte— la hundirían en la desesperación. También se daba cuenta de que en el fondo, concretamente, cada acto que llevaba a cabo con respecto a su madre tenía otro correspondiente en el sentido de que la ayudaba a vivir, mientras que cada acto que llevaba a cabo para partir y combatir era un acto ambiguo que podía perderse en la arena, sin servir para nada: por ejemplo, al partir para Inglaterra, pasando por España, podía permanecer indefinidamente en un campo español; podía llegar a Inglaterra o a Argelia y ser puesto en un escritorio para redactar documentos. En consecuencia, se encontraba frente a dos tipos de acción muy diferentes: una concreta, inmediata, pero que se dirigía a un solo individuo; y otra que se dirigía a un conjunto infinitamente más vasto, a una colectividad nacional, pero que por eso mismo era ambigua, y que podía ser interrumpida en el camino. Al mismo tiempo, dudaba entre dos tipos de moral. Por una parte, una moral de simpatía, de devoción personal; y por otra, una moral más amplia, pero de eficacia más discutible.»

- Había que elegir. ¿Quién podía ayudarlo a escoger?

Taller de filosofía

A debate

¿Sería mejor vivir al margen de la comunidad?

1. Vamos a trabajar sobre citas. La clase se dividirá en dos grupos que analizarán diferentes citas.

Grupo A

«Buscando el bien de nuestros semejantes, encontramos el nuestro.» **Platón**
«Los hombres nacen iguales, pero también nacen diferentes.» **Erich Fromm**

- ¿Crees que estas citas son opuestas? ¿Por qué? ¿Con cuál te identificas más?
- ¿Encontramos nuestro bien si buscamos lo mejor para la comunidad, como dice Platón? ¿Sería más fácil tener una buena vida buscando la felicidad ajena o la nuestra propia?
- Si es cierto lo que dice Fromm, ¿el bien será lo mismo para los miembros de una comunidad política? ¿Es posible, entonces, lo que defiende Platón?

Grupo B

«Dios ha creado al hombre como un animal sociable, con la inclinación y bajo la necesidad de convivir con los seres de su propia especie, y le ha dotado, además, de lenguaje, para que sea el gran instrumento y lazo común de la sociedad.» **John Locke**
«El hombre ha nacido libre y por doquier se encuentra cargado con cadenas.» **J. J. Rousseau**

- Ambas citas dan una visión diferente de la vida en sociedad. ¿Con cuál de ambas te identificas más? ¿Por qué?
- ¿Sería más fácil o más difícil vivir sin normas, al margen de la sociedad?

2. Una vez que hayáis debatido las citas en grupos, elegid a un moderador que explique al resto de la clase las conclusiones a las que habéis llegado.
3. A continuación, abrid un debate. El resto de la clase, ¿está de acuerdo con las conclusiones obtenidas?

Disertación

Partimos de la conciencia estoica, según la cual el Yo se autoproclama integrado en los otros: «Debes vivir para otro si quieres vivir para ti» **Séneca.** Elige alguno de estos enrevesados títulos para exponer por escrito, siguiendo las pautas de la disertación, tus reflexiones personales sobre el Yo como conciencia de sí y de lo, los y las demás:

a. Si yo fuese también tú, también él, ella, nosotros, vosotros, ellos, ellas,...
b. Si yo no fuese Yo, sino gota de lluvia (ácida) en la naturaleza...
c. Si yo no fuese Yo, sino grano de arena en la playa cósmica...
d. Si yo fuese sobre todo, quiéralo o no, Yo...

Para que leas

Waal, Frans de: *Bien natural: los orígenes del bien y del mal en los humanos y otros animales,* Herder, 1997.

Es obvio que los animales no son humanos, pero ¿podrían ser humanitarios? No se trata de una pregunta retórica sino de un problema del evolucionismo, según el cual en algún nivel tiene que haber una continuidad entre la conducta de los seres humanos y la de los primates. De hecho, intentar explicar el origen de la moralidad conlleva problemas tales como que el poder moral representa el poder de la comunidad sobre el individuo. Si los rasgos evolucionan porque sus poseedores están mejor con ellos que sin ellos, ¿por qué se valoran tanto los intereses colectivos y el autosacrificio en nuestros sistemas morales? Por otra parte, si los animales reflejan una conducta paralela a la generosidad y a las normas de la conducta moral humana, ¿qué es lo que les incita a actuar de este modo?

Para que veas

Mi vida sin mí, Isabel Coixet, 2003, 100 min.

Sinopsis

A una chica le diagnostican un cáncer y le dan una esperanza de vida de dos meses. Ese tiempo trata de vivirlo tal como le hubiera gustado hacerlo.

Actividades

1. La vida de Anne, después de conocer lo que le está pasando, se modifica. Explica los cambios que observas y haz una valoración de esos cambios.

2.a. ¿Crees que tu vida cambiaría si supieses que no va a durar demasiado? ¿Por qué? ¿Qué te gustaría hacer en esas circunstancias?
b. Piensa en las respuestas que acabas de dar. ¿Tu vida habitual se parece a la que tendrías en esas circunstancias? ¿Por qué crees que en muchos casos no es así?

3. Explica cuál es la relación de la vida con: comida basura, drogas, anorexia, medicina, familia, felicidad, publicidad y consumo (p. 307).

Taller de filosofía

Texto

Los derechos animales

«En la ética occidental, los animales no humanos fueron hasta tiempos bastante recientes objeto de un estatuto moral muy bajo. En el primer capítulo del *Génesis,* Dios da a los seres humanos el dominio sobre los animales. En la Biblia hebrea, este dominio fue moderado por algunos mandatos relativos a la benevolencia; por ejemplo, dejar descansar en sábado a los bueyes de uno. Las escrituras cristianas, en cambio, carecen de tales sugerencias, y San Pablo reinterpreta incluso el mandato sobre el descanso de los propios bueyes insistiendo en que el mandamiento está dictado únicamente para beneficiar a los humanos. Siguiendo esta interpretación, San Agustín añade que Jesús hizo que se despeñara la piara de cerdos para demostrar que los hombres no tenemos deberes para con los animales.

Santo Tomás de Aquino negó que tengamos ningún deber de caridad con ellos, añadiendo que nuestra única razón para no ser crueles con los animales es el riesgo de que los hábitos de crueldad pudieran revertir sobre el tratamiento que diésemos a nuestros semejantes. La postura de Descartes es incluso más hostil para con los animales que las de sus predecesores cristianos. Los animales eran para él máquinas como los relojes, que se mueven y emiten sonidos, pero no tienen sentimientos. Esta concepción fue rechazada por la mayoría de los filósofos, pero Kant retornó a una concepción similar a la de Santo Tomás cuando sostuvo que los animales, al no ser racionales o autónomos, no eran fines en sí mismos, y así la única razón para ser amables con ellos era la de adiestrar nuestras disposiciones para la amabilidad con los humanos.

Hubo que esperar hasta Bentham para que una figura importante en la ética occidental abogara por la directa inclusión de los intereses de los animales en nuestras preocupaciones éticas. El debate sobre el estatuto moral de los animales continuó siendo periférico al pensamiento filosófico hasta los años 1970, cuando un aluvión de libros y artículos condujo a una vigorosa y continuada polémica. Peter Singer comparó las distinciones tajantes en especies con el racismo y el sexismo, e insistió en que no hay razón alguna para negarse a extender el principio básico de igualdad —el principio de igual consideración de intereses— a los animales no humanos. Singer atacó en concreto la explotación industrial de los animales y la experimentación con ellos [...]. En cuanto a la experimentación con animales, Singer recomendaba que cuando considerásemos si un experimento dado era o no justificable, nos preguntáramos a nosotros mismos si estaríamos dispuestos a realizar ese experimento en un orfanato con niños de un nivel mental similar al de los animales propuestos para el ensayo. Solo cuando la respuesta fuera afirmativa podríamos proclamar que nuestra disposición a usar el animal no estaba basada en un prejuicio de especie que impidiese dar a los intereses de los animales no humanos el mismo peso que a los intereses de los miembros de nuestra propia especie. Otros filósofos contemporáneos han llegado a similares, o incluso más radicales, conclusiones apoyándose en bases filosóficas diferentes. Tom Regan, por ejemplo, ha defendido que todos los animales —o al menos los mamíferos por encima de una cierta edad— son «portadores de una vida» y, por tanto, tienen derechos básicos. Comer animales y someterlos a experimentos dolorosos son, para Regan, violaciones de esos derechos.

Además de haber provocado un encendido debate filosófico, esos escritos son únicos en la moderna filosofía académica, en el sentido de que han provocado y continúan alentando un vigoroso movimiento popular. La mayoría de las organizaciones para la liberación de los animales y la defensa de sus derechos surgidas en numerosos países toman su inspiración en los escritos de filósofos académicos como Singer y Regan, y con ello contribuyen a que mucha gente sea más consciente de las cuestiones éticas que lleva consigo nuestra relación con los animales.»

HONDERICH, T.: *Enciclopedia Oxford de Filosofía,* Tecnos, Madrid, 2001.

1. Elabora un cuadro histórico y busca en la prensa o Internet noticias o problemas relacionados con el tratamiento que reciben los animales. Después, elegid entre todos las perspectivas éticas que mejor solucionarían esos problemas.
2. ¿Qué perspectivas éticas os parecen preferibles? ¿Cuáles son las menos acertadas? Organizad una votación para decidir cuál es la mejor opción. A continuación, buscad las razones sobre las que justificar vuestra elección.
3. Completa tu cuadro escribiendo al lado de cada referencia y su descripción con sus puntos fuertes y débiles.

Ideas clave

- El ser humano es básica e intrínsecamente un **ser moral.** A pesar de existir una gran variedad de pautas morales, se pueden detectar **elementos comunes y universales.**
- En la base de toda acción moral, existe una estructura antropológica, cuyos elementos esenciales son: la **conciencia,** la **libertad** y la **responsabilidad.**
- La conciencia moral nace de la consciencia acerca de la **realidad** y de la **intuición** de una posible **realidad ideal.**
- La función básica de la conciencia es su carácter **unificador** de la experiencia humana. Este principio básico procede de su origen religioso-filosófico, como *psyché,* alma inmortal y racional. Este supuesto origen ha sido puesto en cuestión.
- Desde **Kant** se propugna dar el paso desde morales heterónomas a una moral autónoma. Esta es la perspectiva de la **escala de Kohlberg,** que ha sido cuestionada por Gilligan.
- La idea actual de libertad nace básicamente de la Revolución francesa. Se ha entendido desde distintos puntos de vista: como **emancipación,** como **autocontrol,** como *causa sui,* como **posibilidad de elección** o como **fuente principal de los derechos civiles.** Igualmente en cada periodo histórico se ha entendido la libertad de distinto modo.
- Aunque asimilables, el concepto de responsabilidad no es idéntico al de **imputabilidad.** El primero se refiere a la capacidad de prever las consecuencias de una acción; el segundo, a la atribución de un agente causante de una acción.
- Las circunstancias en las que vivimos actualmente exigen de nosotros que asumamos una ética de la responsabilidad con nosotros mismos y con nuestro entorno social y natural.
- La **justicia** es una virtud que expresa las ideas de **armonía, equilibrio, reparto equitativo y trato igualitario.** Tiene un triple carácter: ético, político y jurídico. Su significación ha variado desde los primeros textos filosóficos hasta los más recientes posicionamientos de las «éticas de la justicia».
- Autores contemporáneos, como **Rawls,** defienden una teoría de la justicia a partir de la libertad individual. Otros, como **Nozick,** insisten en un «Estado mínimo».
- La **ética ecológica** se preocupa por el trato que debemos dispensar al medio ambiente y las razones por las que deberíamos actuar así y no de otra manera. Existen cuatro enfoques éticos respecto a esta cuestión: antropocentrismo, ética centrada en los animales, biocentrismo y ecocentrismo.

Autoevaluación

1. ¿Verdadero o falso?

- **a.** El etnocentrismo demuestra que nuestra cultura es la mejor.
- **b.** En la moralidad todo es cultural.
- **c.** Kohlberg niega que exista desarrollo moral.
- **d.** El determinismo causalista defiende que todo está escrito.
- **e.** La idea de libre albedrío se defendió con fuerza en la Edad Media.
- **f.** Kant defiende que la conciencia moral es inherente a la razón humana.
- **g.** Sócrates considera que debe prevalecer la libertad individual incluso frente a las leyes.
- **h.** Imputabilidad no es lo mismo que responsabilidad.
- **i.** Los neocontractualistas son continuadores teóricos de Marx.

2. Relaciona a los autores con las ideas que defienden.

Gilligan – Jonas – Hume – Liston – Sartre – Hobbes – Holbach – Nozick – Rawls – Buchanan

el hombre libre es lo contrario a la cosa en sí - universales éticos transculturales - ética, educable por la estética - crítica a Kohlberg - ética de la responsabilidad ecológica - «hombre, lobo para el hombre» - *homo economicus* - El hombre máquina - «velo de ignorancia» - «asociaciones de protección mutua»

3. Completa en tu cuaderno estas afirmaciones.

- **a.** El antropocentrismo considera que lo moralmente relevante son los ….
- **b.** Si consideramos que lo importante no son los individuos, sino los grandes sistemas biológicos, seremos …
- **c.** El … sostiene que todo ser vivo merece respeto por el hecho de estar vivo.

Solución: 1. a. F; b. F; c. F; d. V; e. F; f. V; g. F; h. V; i. F. **2.** Gilligan - crítica a Kohlberg; Jonas - ética de la responsabilidad ecológica; Hume - ética, educable por la estética; Liston - universales éticos transculturales; Sartre - el hombre libre es lo contrario a la cosa en sí; Hobbes - «hombre, lobo para el hombre»; Holbach - *El hombre máquina*; Nozick - «asociaciones de protección mutua»; Rawls - «velo de ignorancia»; Buchanan - *homo economicus*. **3.** a. seres humanos; b. ecocéntricos; c. biocentrismo.

8

LAS TEORÍAS ÉTICAS ANTE LOS RETOS DE LA SOCIEDAD ACTUAL

- 1. La ética ante los retos de la sociedad actual
- 2. Una visión histórica de las virtudes
- 3. Una ética de virtudes cívicas para la ciudadanía
- 4. Los valores morales

«Tiene pleno sentido que una sociedad democrática y pluralista no desee inculcar a sus jóvenes una imagen de hombre admitida como ideal solo por alguno de los grupos que la componen, pero tampoco renuncie a transmitirles actitudes sin las que es imposible la convivencia democrática. Sin embargo, la solución no consiste en cambiar el rótulo de "moral" por el de "ética" en la asignatura correspondiente, sino en explicitar los mínimos morales que una sociedad democrática debe transmitir.»

CORTINA, A.: *Ética mínima*, Tecnos, Madrid, 2000.

Focaliza

Las virtudes cívicas

1. ¿Para qué sirven las virtudes cívicas? Anota en tu cuaderno la utilidad que tienen para ti las virtudes cívicas en nuestra sociedad. Después, haz una puesta en común con tus compañeros.
2. Lee el siguiente artículo sobre la función que deben cumplir las virtudes cívicas en nuestra educación como ciudadanos democráticos.

¿Deben existir unas virtudes cívicas?

En una sociedad democrática las instituciones políticas son el lugar de la libertad comunitaria, racional, de una libertad que tiene que ser pensada conjuntamente con la preocupación por el bien común, con el desarrollo de las virtudes cívicas, con la discusión pública y el control político de la economía. Actualmente vemos cómo se invierten los valores: es la economía la que domina y subyuga la política.

«La rudeza, la ostentación de la violencia, los malos modos agresivos, el desplante chulesco, el insulto proferido a voces, el habla ordinaria y jactanciosamente inculta, la falta de delicadeza, los gritos soeces, beodos y afónicos, la conducta retadora y ruidosa. Siglos de humanidad y de cultivo de las bellas artes, milenios de educación y de formación, nos han mejorado y han permitido que puliéramos las partes más antipáticas de nuestro comportamiento. La instrucción pública ha hecho mucho por nosotros, desde luego, porque además del saber los maestros nos han transmitido buenos modales, respeto y mansedumbre, cortesía y deferencia, escucha y atención, silencio y lentitud, virtudes que también aprendimos de nuestros padres. Esos hábitos eran un modo de adaptarse a lo que la vida misma nos enseñaba, esto es, a la frustración de los sueños urgentes y quimeras con que fantaseábamos. Si te han educado en la mansedumbre y en la demora necesaria —si te han instruido en el esfuerzo y en la lentitud—, el ruido, el vértigo y la velocidad son agresión, exceso y temeridad. La vida acelerada de hoy, sin embargo, parece dar un rotundo mentís a esas virtudes: como nos servimos de todo tipo de prótesis amplificadoras, como nos hemos adentrado en un espacio sin límites ni distancias, como la publicidad nos hace creer en un mundo simultáneo e inmediato, en un mundo en el que la urgencia es su cualidad, para muchos no parece haber ya horma que los frene, y el silencio, la demora y la reflexión se ven como atributos de viejos, taras de ancianos.

Los ordenadores nos hacen navegar a toda pastilla por la Red, a velocidad de vértigo y toleramos mal los plazos de espera. Los teléfonos móviles nos hacen sortear obstáculos y distancias, y ya no parece haber espacio remoto ni mundo aparte. Los vehículos, esos cacharros de grandes cilindradas que pilotamos con vértigo placentero, nos trasladan sin freno y sin límite, y hasta el espacio más recóndito o abrupto puede ser escalado por poderosos todoterrenos. La velocidad, la tiranía del tiempo real, insiste Paul Virilio, es el signo de nuestra época y es el rasgo que se marca indeleble en nuestra piel, en el mundo de ahí fuera y en los confines del ciberespacio.»

Serna, Justo: *Virtudes cívicas, El País,* 19/06/2001.

Introducción

Uno de los problemas de la democracia es el de la **corrupción.** La ética es una propuesta ambiciosa para combatir y terminar con la corrupción, pero además ella es importante no solo para combatir la corrupción, sino para generar en los individuos democráticos lo que llamaremos virtudes cívicas. En esta unidad queremos reflexionar sobre las aportaciones de la ética y las virtudes cívicas. En unidades anteriores y en la materia de *Educación para la ciudadanía* ya tuvimos la ocasión de reflexionar sobre las éticas de la felicidad, las deontológicas y las axiológicas. Ahora profundizaremos en determinados valores que deben estar presentes en una ciudadanía activa y participativa. También comenzaremos por las relaciones entre **ética** y **moral,** presentaremos algunos problemas de la sociedad actual a la luz de la ética. Además reflexionaremos sobre el concepto de **virtud** a lo largo del pensamiento filosófico. Finalmente presentaremos las **virtudes cívicas** y realizaremos una breve reflexión sobre ellas.

1. La ética ante los retos de la sociedad actual

En nuestras sociedades, cada vez se habla más de la necesidad de un comportamiento ético no solo en el plano individual, sino también en el colectivo. La ética responde a esta necesidad al elaborar y verificar afirmaciones o juicios. Cuando empleamos sentencias éticas valoramos moralmente a personas, situaciones, cosas o acciones. Empleamos juicios morales cuando, por ejemplo, afirmamos «ese profesor es justo» o «esa compañera es solidaria». En estas declaraciones aparecen los términos «justo» y «solidaria» que implican valoraciones de tipo moral.

La **ética** establece juicios morales referidos a una acción o decisión. En este tipo de juicios están presentes términos tales como «bueno», «malo», «correcto», «incorrecto», etc.

Además, a lo largo de nuestra existencia los seres humanos realizamos actos. La repetición de los actos genera **hábitos*** que determinan nuestras **actitudes***. De este modo, la persona va haciéndose a sí misma, a lo largo de su vida, pues se va formando su **personalidad*** y su carácter como individuo con su peculiar tarea moral. Por su parte, la moral ayuda a construir nuestra forma de ser a través de la **conducta,** que es la capacidad de ir concretando las posibilidades de autorrealizarnos como personas.

Actividades

1. ¿Qué comportamiento reconoces en la figura 8.1? ¿Sabes lo que intenta explicar? Haz una puesta en común con tus compañeros.
2. ¿Conoces otros tipos de comportamientos diferentes de estos? Elabora una lista y compárala con la de tu compañero.

Fig. 8.1. *El ámbito de la ética.* Nuestro comportamiento moral también es juzgado por los demás. La ética nos permite juzgar lo bueno/malo o lo correcto/incorrecto de nuestros actos.

1.1 El concepto de ética y de moral

La **ética** es una disciplina filosófica que tiene por objeto los **juicios de valor,** siempre y cuando dichos juicios de valor se apliquen a la distinción entre el bien y el mal. Desde un punto de vista etimológico, la palabra «ética» procede del griego *éthos*. En su contexto original, este término posee un doble significado.

- Por un lado, se refiere a «residencia, morada o lugar donde se habita». La **moral** forma parte de la vida concreta. Trata de la práctica real de las personas que se expresan por costumbres, hábitos y valores aceptados.
- Por otro, hace referencia a «país o patria». En la época de **Aristóteles,** este significado se empieza a aplicar al lugar que ocupa uno mismo y al mundo interior de la persona. Así pues, el *éthos* sería el fundamento de la praxis, la **raíz** de la que brotan todos los **actos humanos.**

Después, la palabra «ética» pasa a significar «modo de ser o carácter», es decir, designa el **conjunto de cualidades** o **circunstancias** propias de una persona o de una colectividad. Esas mismas cualidades son las que distinguen a una determinada persona de las demás por su modo de ser u obrar.

Los romanos emplearán precisamente la palabra latina *mos* («costumbre») para recoger esta idea de la ética como **hábito** y manera permanente de actuar o comportarse. A su vez, de esta palabra derivará el concepto de moral. Solo a partir del siglo XVIII la «ética» hace referencia a la **investigación crítica** de los fenómenos morales o bien de las **normas morales** de la **conducta** como, por ejemplo, los conceptos de «bueno» o «malo».

La **moral** hace referencia a un conjunto de costumbres, creencias, valores y normas de una persona o grupo social determinado que inciden en nuestros comportamientos, es decir, que nos orientan acerca del bien o del mal y de lo correcto o incorrecto de una acción.

1.2 Diferencias entre ética y moral

Tanto en el lenguaje común como en el filosófico, no hay un criterio unánimemente aceptado para distinguir los conceptos de **ética** y **moral.** Es más, en muchos casos ambos términos se usan de forma intercambiable, aunque es conveniente distinguirlos. Quizás la dificultad a la hora de diferenciar ética de moral radica en que las dos **disciplinas** se refieren a **normas** que deben **guiar nuestros comportamientos** de forma obligatoria.

- No obstante, la **moral** se refiere a un **código de prohibiciones** y **prescripciones** aceptado por un grupo social o un moralista.
- Sin embargo, la **ética** analiza los **principios filosóficos** que son la base de ese código de conducta que constituye la moral.

Así, mientras que la **moral** es **concreta,** pues dice lo que debe hacerse, la **ética** es una reflexión **abstracta** que permite calificar la conducta humana en términos de bondad o maldad. En este sentido, el filósofo español **José Luis Aranguren** hace una distinción muy adecuada. Por un lado, se refiere a la moral como **«moral vivida»,** es decir, algo que las personas y la sociedad disfrutan en su vida cotidiana. Por otro, existe la **«moral pensada»** o ética, que se corresponde con la reflexión que los distintos pensadores hacen sobre la moral.

Fig. 8.2. *La ética y la moral tienen como referente la virtud de la justicia.*

Desde los comienzos de la humanidad está presente en la sociedad el **interés por regular,** mediante normas o códigos, las **acciones** y **comportamientos concretos** de los seres humanos. Así, en todas las comunidades, los pueblos y culturas podemos encontrar reglas y prohibiciones que definen su moral. Las normas, como hacer el bien y evitar el mal, son normas que desde el punto de vista moral deben **orientar** nuestras vidas a diario.

En el siglo VI a.C., con el nacimiento de la filosofía, surgió el interés y la capacidad humana de reflexionar sobre las normas o códigos ya existentes, comparándolos o buscando su fundamento. Esto se aproxima a lo que en la actualidad entendemos por **ética.** Esta utiliza nuestras **capacidades de razonar** para **preguntarse,** por ejemplo, por qué son válidos unos comportamientos y no otros.

1.3 La ética y los retos de la sociedad actual

La **ética** impregna toda la vida social. Está relacionada con nuestros derechos y deberes como ciudadanos, con nuestra democracia y con la confianza en uno mismo y en los demás. En otras palabras, la ética no es ajena a ninguna **actividad humana,** de forma que podemos hablar de una «ética médica», una «ética profesional» y una «ética política», entre otras. Esto es así porque la ética exige la **coherencia personal** y gracias a ella se puede impedir la instrumentalización de otras personas y conseguir que se respeten los derechos humanos.

Uno de los postulados de la ética, según Kant, es el de la **libertad,** concepto que se ha tratado en profundidad en la Unidad 7. Dado que no hay ética sin libertad, es imprescindible introducir este concepto también en esta unidad. Obrar moralmente significa comportarse de forma intencional, tomar decisiones personales ante diferentes posibilidades, justificar esas decisiones y aceptar la responsabilidad de las posibles consecuencias.

Más allá de la libertad, en la sociedad actual existen muchos otros **retos.** Hoy en día, vivimos rodeados de problemas que antes ni siquiera existían. Sin lugar a dudas, es preciso actuar para intentar dar solución a estas nuevas **situaciones conflictivas.** Para ello, es importante disponer de unos **criterios éticos** adecuados, de manera que nuestras posibles decisiones puedan tomarse en un ambiente de libertad y responsabilidad.

Sin embargo, antes debemos tener presente cuáles son los problemas fundamentales de la sociedad contemporánea y, para ello, a continuación los presentaremos siguiendo el esquema que propone **José María Egido Fondón** en *Problemas morales de nuestro tiempo*.

A. Problemas bioéticos

Las ciencias antes estudiaban la vida, mientras que ahora la manipulan al intervenir directamente en ella, de ahí que surgiera una nueva disciplina: la bioética. Aunque se trata de una rama del saber muy reciente, como su nombre indica, se fundamenta en otra muy antigua: la ética.

> La **bioética** es una rama de la ética que se aplica a problemas que surgen a la hora de aplicar la ciencia y la técnica fundamentalmente en los ámbitos de la salud, la procreación, la alimentación y el medio ambiente.

Así pues, en esta nueva rama del saber, tanto biólogos como especialistas en ética reflexionan sobre distintos problemas relacionados con la medicina y la biología. El **objetivo** que todos ellos persiguen consiste en **prever** y **resolver situaciones conflictivas** como la que se ha creado a raíz del descubrimiento del genoma humano, la manipulación genética y la clonación, la eutanasia y la donación de órganos.

En Internet

En las siguientes páginas encontrarás más información acerca de los derechos animales y la bioética:

http://www.animanaturalis.org/modulesphp?goto=Sind134

http://www.utilitarian.net/es/singer/

Actividades

3. ¿Qué situaciones adversas se derivan hoy en día de la aplicación de la tecnología? Pon ejemplos de tu entorno.

4. ¿Qué utilidad crees que tiene la bioética? ¿Qué soluciones puede aportar a los problemas que has mencionado?

Fig. 8.3. *La bioética, una nueva rama del saber.* El avance tecnológico y científico ha dado lugar a una serie de situaciones nuevas. La bioética es la disciplina que se ocupa de pautar dichas situaciones.

- **Genoma humano.** Se trata de la secuencia completa de **ADN*** de un ser humano. Recientemente, se han podido identificar los 20 000 a 25 000 genes presentes en él. Todas estas investigaciones van a tener **enormes repercusiones** en el ámbito de la ciencia médica y de la vida de las personas. Permitirá, entre otros aspectos, resolver enfermedades hasta ahora incurables e incluso prevenir su aparición, además de alargar la vida humana e incrementar su calidad.

El primer reto que se nos presenta es cómo se va a usar la **información** que aporta el genoma humano, ya que las empresas que emplearon dinero en las investigaciones podrían reservarse en su beneficio conocimientos que afectan al derecho a la salud y a la calidad de vida de las personas. Sin embargo, esos descubrimientos deberían ser patrimonio de la humanidad, pues no hay que permitir que esa posibilidad provoque una nueva brecha entre poseedores y desposeídos. Esto supone un **compromiso ético** con las generaciones futuras, así como con sus derechos a una vida digna, saludable y de calidad, que nuestros legisladores deben cumplir.

- **Manipulación genética y clonación.** La historia de la manipulación genética ha comenzado primero por las plantas y los animales **transgénicos***, luego fueron famosas las ovejas clonadas y, en la actualidad, se han dado otros casos, como por ejemplo la **clonación*** de embriones humanos con fines terapéuticos o reproductivos.

Desde la perspectiva de las **teorías éticas,** la manipulación genética somática en individuos adultos bajo su consentimiento no genera problemas morales. Desde el punto de vista legal, existen comunidades autónomas que, con algunas restricciones, están accediendo a este tipo de manipulación. En cuanto a la clonación, debemos tener en cuenta que no es una forma de reproducción humana, de ahí que esté prohibida. Por su parte, la **ética** se opone a la clonación, puesto que la integridad física de la persona es un derecho. Como consecuencia, cualquier persona puede exigir que no se realicen copias de ella sin su consentimiento.

- **Eutanasia.** Este término significa literalmente **«buena muerte»,** pues deriva del griego *eu* —«bien»— y *thánatos* —«muerte»—. Se trata de una práctica encaminada a terminar sin dolor con la vida de un enfermo incurable para que este no siga sufriendo al prolongar artificialmente su vida. En este contexto, también aparecen los términos de **«muerte digna»** o **«ayuda a bien morir»,** pero se trata de conceptos diferentes al de la eutanasia, pues se refieren a medidas médicas encaminadas a disminuir el dolor y el sufrimiento. Se suelen distinguir dos clases de eutanasia: activa y pasiva.
  - **Eutanasia activa.** Consiste en las acciones que el médico y el enfermo negocian para poner fin a la vida del enfermo.
  - **Eutanasia pasiva.** También llamada «eutanasia por omisión». Consiste en interrumpir la atención y los cuidados que mantienen al paciente con vida de forma artificial.

  Desde las teorías éticas la eutanasia puede ser moral y jurídicamente admisible, siempre que resulte compatible con la dignidad del individuo, respete los derechos humanos y forme parte del marco normativo de un estado democrático y de derecho.

- **Donación de órganos.** Es un gesto totalmente **altruista** e incondicional de otorgar nuestros órganos internos y tejidos o los de nuestros familiares directos (padres, hermanos, cónyuges o hijos) cuando ya no los necesitemos. La donación de órganos permite no solo **salvar seres humanos** o **mejorar** su calidad de vida, sino también continuar el **ciclo vital.**

@ *En Internet*

Si quieres saber más sobre la **eutanasia**, puedes ir a la siguiente dirección de Internet: **http://es.wikipedia.org/wiki/Eutanasia**

B. Problemas ecológicos y sociales

La **ecología** es una rama de la biología que estudia la relación entre los seres vivos y su medio ambiente, además de las que mantienen los seres vivos entre sí, puesto que el medio ambiente se basa en una interdependencia total.

- **Crisis ecológica.** Varios son los problemas que ponen de manifiesto una verdadera crisis medioambiental de nuestro planeta. La **contaminación,** la **lluvia ácida,** la **deforestación,** la **desertización,** el **efecto invernadero** y la **superpoblación,** entre otros, dan cuenta de una situación realmente insostenible.

  Para paliar los efectos negativos de un crecimiento sin límites, existen diferentes **propuestas ecológicas** que defienden la protección, la gestión sostenible y la restauración del medio ambiente como una forma de atender una necesidad humana. Además, se trata de un compromiso para mantener la salud del ser humano en equilibrio con los ecosistemas naturales, pues la humanidad forma parte de la naturaleza y no puede ser considerada como algo ajeno a ella.

  En esta línea, **Hans Jonas** introduce un nuevo precepto ético, el **imperativo de la responsabilidad,** que formula así: «Actúa de tal manera que los efectos de tu acción sean compatibles con la permanencia de una vida humana auténtica sobre la Tierra». Este imperativo también aparece expresado en su obra de forma negativa: «Actúa de tal manera que los efectos de tu acción no sean destructivos para la futura posibilidad de una vida humana auténtica».

- **Minorías.** La Asamblea general de la ONU, en su resolución 47/135 de 18 de diciembre de 1992, defiende desde un punto de vista legal y moral el **derecho** de las minorías a no ser discriminadas. A este respecto, en el preámbulo de esta resolución se indica explícitamente: «La promoción y protección de los derechos de las personas pertenecientes a minorías nacionales o étnicas, religiosas y lingüísticas contribuyen a la estabilidad política y social de los Estados en que viven». Para cumplir con este derecho se han tomado fundamentalmente dos tipos de medidas: discriminación positiva y cuotas.

  - **Discriminación positiva.** A diferencia de la discriminación negativa —o simplemente discriminación—, la **discriminación positiva** pretende establecer medidas políticas que dan un **trato preferencial** a las diferentes minorías para que puedan acceder más fácilmente a ciertos servicios o recursos y a determinados bienes.

  - **Cuotas.** Dado que en la sociedad actual no existe de hecho la igualdad de derechos entre todos sus miembros, se ha reservado un porcentaje de, por ejemplo, las listas electorales o las empresas públicas para el colectivo de las mujeres o los discapacitados. La *Ley de igualdad* que aprobó el Parlamento español va en esta línea, aunque este tipo de acciones son propuestas temporales que tenderán a desaparecer cuando se alcance realmente la igualdad.

- **Homofobia.** La **homosexualidad** es una orientación sexual que se concreta en una interacción sexual y/o atracción hacia personas del mismo sexo. El término *gay* suele emplearse para referirse a los hombres homosexuales, mientras que el término «lesbiana» se aplica a mujeres. La comunidad científica internacional considera que la homosexualidad no es una enfermedad.

  El término **«homofobia»** se refiere a la aversión, odio, miedo, prejuicio o discriminación contra hombres o mujeres homosexuales, aunque también se incluye a las demás personas que integran a la diversidad sexual, como es el caso de los bisexuales o transexuales y otras minorías. Desde las **teorías éticas,** la unión de parejas homosexuales representa el reconocimiento de los derechos de personas que, por tener una orientación sexual diferente a la mayoritaria, padecen discriminación. En nuestro país esos derechos están reconocidos en la *Ley de matrimonio homosexual.*

Fig. 8.4. *Caravana de automóviles.* Los gases nocivos que expulsan los tubos de escape de los coches contribuyen sustancialmente a la contaminación del medio ambiente. Si se utilizara el transporte colectivo, disminuiría la contaminación.

En Internet

Si quieres saber más sobre la **discriminación positiva,** puedes leer el interesante artículo de M.ª Ángeles Barrère Unzueta en la siguiente dirección: **http://www.uv.es/CEFD/9/barrere1.pdf**

Peter Singer (1946, fig. 8.5)

Filósofo utilitarista australiano especializado en temas de ética aplicada. Su trabajo se ha centrado en la bioética y los derechos animales. Es autor del libro más influyente sobre el tema, *Liberación animal* (1976). En esta obra denuncia que el trato habitual que reciben los animales es moralmente inadmisible y que se basa en el especismo, al mantener que cualquier ser de otra especie merece menos respeto que nosotros solo porque no es humano. Desde 1993 dirige la plataforma animalista *Proyecto Gran Simio.*

- **Violación de los derechos de los animales.** En 1997 varias instituciones y organismos internacionales como la **ONU** y la **UNESCO** elaboraron la *Declaración universal de los Derechos del animal.* En este documento se indica que todos los animales tienen derecho a **atención, cuidados** y **protección,** al igual que los seres humanos. Así pues, ningún animal deberá ser sometido a malos tratos ni a actos crueles. Frente a esta situación **Peter Singer (fig. 8.5)** fue pionero al realizar un análisis crítico de esta cuestión en el ámbito de la filosofía.

C. Problemas derivados de la globalización

La «globalización» es un proceso fundamentalmente económico y comercial. La creciente comunicación e interdependencia entre los distintos países del mundo unifica mercados, sociedades y culturas. Este fenómeno da lugar a una serie de transformaciones sociales, económicas y políticas de dimensión mundial que se resumen bajo el término de **«globalización»** o **«mundialización».**

- **Enormes diferencias entre países ricos y países pobres.** La globalización incrementa las diferencias económicas entre los países ricos y los países pobres. Dada la magnitud de este fenómeno, el **abismo** entre el **primer mundo** y el **tercer mundo** es cada vez mayor. El Banco Mundial ha calculado que en nuestro planeta hay un total de mil millones de personas viviendo en pobreza absoluta, una realidad que requiere **medidas urgentes.** A causa de una injusta distribución de los recursos económicos, este sector social se ve privado de sus derechos más fundamentales y, por tanto, de un mínimo de felicidad y justicia. Desde el ámbito de la **ética,** se requiere una **solidaridad** crítica para paliar una división tan desigual.
- **La guerra internacional contra el terrorismo.** Bajo esta denominación, Estados Unidos está llevando a cabo una campaña, apoyada por varios miembros de la OTAN, con el fin declarado de acabar con el terrorismo internacional. Sin embargo, esta operación se basa en el concepto de fuerza y la historia nos demuestra que la guerra no es una alternativa para solucionar problemas, sino el fin de las alternativas.

  Desde la **ética,** la guerra no se contempla como una opción. Por ello, se defiende un horizonte donde la **paz** y la **libertad** se construyan a la par que la **justicia.** Así pues, la lucha contra el terrorismo consiste en desmantelar sus fuentes de financiación y reducir su base social. Para lograr este doble objetivo se deben emprender políticas encaminadas a la **alianza** de civilizaciones y medidas para **erradicar** la **pobreza** y la desigualdad.

D. Problemas relacionados con el ámbito profesional

En estos dos últimos siglos el mundo del trabajo ha sufrido una serie de transformaciones tan vertiginosas que, junto con los avances de la ciencia, han provocado situaciones conflictivas. Por este motivo, desde el ámbito del derecho, se ha intentado poner remedio a estas situaciones mediante códigos deontológicos.

> Los **códigos deontológicos** son documentos que recogen un conjunto de normas éticas que regulan la conducta de los miembros de un determinado colectivo que lleva a cabo una actividad profesional.

Estos códigos son cada vez más frecuentes en diferentes colectivos como, por ejemplo, los médicos y enfermeros, los partidos políticos, las asociaciones, etc. A diferencia del derecho, la ética ni sanciona, ni se institucionaliza; como mucho llega a una reprobación testimonial y de índole individual.

Dado que estos códigos parten de la ética, se rigen por el **deber,** la **libertad** y la **responsabilidad,** además de orientar a los profesionales en su servicio a las personas, de acuerdo con sus intereses y necesidades.

Jeremy Benthan (1834) define por primera vez la deontología en general, como la «ciencia de los deberes o teoría de las normas morales». La ética, como vimos, es la parte de la filosofía que estudia la conducta buena. La **deontología profesional,** por su lado, es la sección de la ética que se ocupa de estudiar las reglas y normas que rigen la conducta buena en el ejercicio de las profesiones. Dentro de este contexto se puede analizar también la deontología del **educador,** encargada de conocer cómo el maestro realiza su tarea de preparar a las nuevas generaciones de nuestra sociedad. La educación implica una gran responsabilidad, pues consiste nada menos que en formar integralmente a los hombres y mujeres del futuro, labor que es controlada, por la sociedad entera, de modo que, si se cumple bien, premia al educador; pero, si se cumple mal, entonces debe censurarla.

En algún **código deontológico,** como por ejemplo, el de Castilla-La Mancha, el profesional de la educación tiene que ser consciente del valor y la dignidad de todo ser humano y tener como objetivos permanentes de su labor profesional los siguientes:

- La permanente búsqueda de lo verdadero y válido para los seres humanos.
- La continua promoción de los principios democráticos, a partir de una buena convivencia y como base para ella.
- La permanente preocupación por su perfeccionamiento profesional.

Para conseguir estos objetivos es fundamental garantizar: la libertad de aprender y de enseñar, y la igualdad de oportunidades para todas las personas.

Fig. 8.6. *Actitudes laborales que enmascaran la personalidad del trabajador.*

Texto 1. La presencia de las ideas morales en el ser humano

«Hay en todos los hombres ideas morales. Bueno, malo, virtud, vicio, ilícito, derecho, deber, obligación, culpa, responsabilidad, demérito, son palabras que emplea tanto el ignorante como el sabio, en todos los tiempos y países: este es un lenguaje perfectamente entendible por todo el linaje humano, sean cuales fueran las diferencias en cuanto a la ampliación del significado a casos especiales. [...] Las ideas morales no se nos han dado como objetos de pura contemplación, sino como reglas de conducta; no son especulativas, son eminentemente prácticas: por esto no necesitan del análisis científico para que puedan regir al individuo y a la sociedad. [...] Por este motivo, los elementos constitutivos de las ideas morales es necesario buscarlos en la razón, en la conciencia, en el sentido común. Siendo reguladores de la conciencia del hombre, no pueden estar en contradicción con los medios preceptivos del humano linaje: y debiendo dominar en la conciencia, han de encontrarse en la conciencia misma.»

Balmes, J.: *Ética*, **elaleph.com**, 2000.

1. ¿Qué significa la frase inicial «hay en todos los hombres ideas morales»?
2. ¿Qué conceptos morales aparecen en el texto? Haz una lista y anótalos en tu cuaderno.
3. ¿Qué significa la afirmación del autor de que las reglas morales se nos han dado como «normas de conducta»?

2. Una visión histórica de las virtudes

Fig. 8.7. *Goes, Hugo van der: El pecado original.* El mito del árbol de la ciencia, o del bien y del mal, advierte a los hombres de que todas las decisiones que se toman tienen consecuencias.

Plotino (205-270), un filósofo griego neoplatónico, decía en el Tratado segundo de la *Enéada* I, su obra más significativa, que la única manera de pretender asemejarnos a la divinidad era propender sistemáticamente al desarrollo paulatino de las **virtudes cívicas.** Esta afirmación de Plotino es solo un ejemplo de la enorme importancia que le daban los antiguos al tema de las virtudes cívicas en el desarrollo del buen ciudadano y del buen gobierno.

2.1 El concepto de virtud

La palabra latina *virtus* proviene de *vir* («varón») y alude, en su sentido general, a la virilidad y a las cualidades masculinas, como la fortaleza y la valentía. Posteriormente, perdida la connotación sexista, el *areté* griego y el *virtus* latino designan sencillamente la excelencia del ser humano como tal, la perfección moral.

> Una **virtud** es una cualidad humana que permite al sujeto que la posee ejecutar las decisiones correctas en las situaciones más adversas para cambiarlas a su favor. El virtuoso es el que está en camino de ser sabio, porque sabe cómo llegar a sus metas sin dañar las de las otras personas, porque pone a los demás de su lado y los lleva a alcanzar un objetivo común.

En la definición aristotélica de virtud se distinguen unas disposiciones estables y uniformes, también llamadas excelencias o perfecciones *(habitus),* que inciden en las facultades operativas *(operativus),* con la finalidad de producir acciones excelentes, perfectas, de suerte que el individuo pueda alcanzar la vida buena. Pero no todo hábito es una virtud, sino solo aquel que capacita o perfecciona una facultad racional para inclinarla hacia **el bien**: el bien para la facultad, para la voluntad y para todo el hombre en la totalidad de su ser.

La virtud, consiguientemente, es un **hábito,** una disposición estable, una inclinación adquirida, como una segunda naturaleza que hace posible a nuestras facultades operativas la realización excelente de nuestros propios actos.

Existe una clásica distinción —aceptada por la mayoría de moralistas— entre **virtudes morales** e **intelectuales.** Asentadas en las diversas potencias del alma, las virtudes morales perfeccionan la voluntad y los apetitos, mientras que las **virtudes intelectuales** perfeccionan los sentidos internos y las potencias intelectuales. Sin embargo, la virtud concierne más propiamente a los hábitos buenos de las potencias operativas, y secundariamente puede predicarse de las disposiciones de la mente para el conocimiento.

2.2 La virtud en los pensadores griegos

En la llamada época heroica, la de **Homero** y **Hesíodo,** la virtud *(areté)* era una cualidad que permitía a la persona desempeñar un papel social.

Sócrates nos dice que la virtud nos permitirá tomar las mejores acciones y con ella podremos distinguir entre el vicio, el mal y el bien. También dice que la virtud se puede alcanzar por medio de la educación fundamentada en nuestra moral y en nuestra vida cotidiana. Cree en el **intelectualismo moral,** el cual se fundamenta en la idea de que la sabiduría se basa en la ética. Si alguien es buena persona automáticamente será sabio. Saber para actuar bien. Actuar bien para ser feliz.

Platón plantea que el ser humano dispone de tres poderosas herramientas: el entendimiento, la voluntad y la emoción. Para cada una de estas existe una virtud: la «sabiduría», el «valor» y el «autocontrol»:

- La **sabiduría** permite identificar las acciones correctas, saber cuándo realizarlas y cómo realizarlas.
- El **valor** hace que se tomen estas acciones a pesar de las amenazas, y defender los ideales propios.
- El **autocontrol** permite interactuar con las demás personas y ante las situaciones más adversas cuando se está realizando lo que se debe hacer para lograr los fines propios.

A estas tres virtudes se añade una cuarta, la «**justicia**», que permite respetar las ideas de los demás, sin abandonar las nuestras, para compartir los frutos de nuestras acciones y ayudar a los otros a realizar las suyas.

Aristóteles muestra a Nicómaco en su obra *Ética,* que la virtud humana no puede ser ni una facultad ni una pasión, sino un **«hábito».** Que sea un hábito quiere decir que aparece no por naturaleza, sino como consecuencia del aprendizaje, y más exactamente de la práctica o de la repetición. La práctica o repetición de una acción genera en nosotros una disposición permanente o hábito, de ahí que la tradición aristotélica hable de una segunda naturaleza para referirse a los hábitos, que nos permite de forma casi natural la realización de una tarea. Los hábitos pueden ser buenos o malos; son hábitos malos aquellos que nos alejan del cumplimiento de nuestra naturaleza y reciben el nombre de **vicios,** y son hábitos buenos aquellos por los que un sujeto cumple bien su función propia y reciben el nombre de virtudes.

En general llamamos **virtud** a toda perfección de algo, pudiendo distinguir «virtudes del cuerpo y virtudes del alma»; pero en la ética aristotélica las virtudes estudiadas y que nos interesa describir son las virtudes del alma.

Existen dos tipos de virtudes del alma en Aristóteles:

- Las **virtudes intelectuales** o **dianoéticas,** que perfeccionan nuestro entendimiento. Aquí la virtud se concreta en la perfección del entendimiento o razón en relación al conocimiento de la verdad; es un hábito que faculta para la realización del apetito (deseo) natural del hombre hacia el saber. Entre estas virtudes están: la **ciencia,** la **inteligencia,** la **sabiduría,** el **arte** y la **prudencia.**
- Las **virtudes éticas** o **morales**, que perfeccionan nuestra voluntad. Aquí la virtud es un hábito selectivo que consiste en un término medio (entre el exceso y el defecto) relativo a nosotros, determinado por la razón y por aquello que decidiría el hombre prudente. Entre estas virtudes están: el **valor** (vicios por defecto, temeridad, y por exceso, cobardía), la **templanza** (vicios por defecto intemperancia o libertinaje, y por exceso insensibilidad), y la **liberalidad** (vicios por defecto prodigalidad y por exceso avaricia).

Finalmente, para Aristóteles, la virtud moral más importante es la de la **justicia**: dar a cada uno lo debido. Distingue tres clases de justicia:

- **General** o **legal.** Es la conformidad con las leyes de la ciudad.
- **Justicia distributiva.** Es el reparto de bienes, derechos y obligaciones, a cada uno según su mérito o demérito; en cierto sentido, excluye la igualdad.
- **Justicia conmutativa.** Es la reciprocidad, cada uno debe recibir lo que ha dado o el equivalente; lo igual por lo igual.

Para saber más

La justicia conmutativa —también llamada «justicia inorgánica»— se aplica en las relaciones comerciales entre individuos, en contratos y compraventas. En este sentido, lo justo es dar y recibir lo igual por lo igual, sin atender a las capacidades o condiciones subjetivas de las personas. La justicia conmutativa es exacta, como el precio de un bien en el mercado, ni más ni menos; por ello, Aristóteles también la denomina «justicia aritmética».
En cambio, la justicia distributiva —o «justicia orgánica»— consiste en el reparto de las cargas, empleos y beneficios, en razón de las capacidades y méritos de los ciudadanos. Así, las cargas fiscales deben recaer en mayor medida sobre quienes objetivamente tienen mayor capacidad de aportar, no por igual; por ello, Aristóteles también la denomina «justicia geométrica» o «proporcional».

Lucio Anneo Séneca (4 a.C.-65, fig. 8.8)

Es el máximo representante de los estoicos romanos. Se educó en Hispania para después trasladarse a Egipto. Séneca destacó tanto como pensador e intelectual, así como político. Consumado orador, fue una figura predominante de la política romana durante la era imperial, como uno de los senadores más admirados, influyentes y respetados. Entre sus principales obras filosóficas se conservan parcial o íntegramente *De ira*, *De providentia*, *De constantia sapientis*, *De consolatione*, *De otio*, *De Tranquilitate animi* y *De brevitate vitae*.

Otra visión de este periodo, posterior a Aristóteles, es la de los estoicos como Séneca (fig. 8.8). Estos sostenían que la virtud consistía en actuar siempre de acuerdo con la **naturaleza,** que para el caso del ser humano, concebido como ser racional, se identifica con actuar siempre de acuerdo con la **razón,** evitando en todo momento dejarse llevar por los afectos o pasiones, esto es, todo lo irracional que hay en nosotros, que no puede controlarse y por tanto debe evitarse. Los estoicos consideraban que la virtud, como facultad activa, era el bien supremo.

2.3 La virtud en la Edad Media

El primer pensador destacado dentro del cristianismo es **San Agustín.** Es el último hombre antiguo. Su primera visión de la filosofía viene de Cicerón. A partir de él comienza la gran etapa medieval de Europa. San Agustín considera que la **virtud** es el buen uso del libre albedrío, de la libertad, es el orden del amor. Según este autor, el hábito de la virtud consiste en gozar de lo que se ha de gozar y en usar lo que se ha de usar.

La escolástica es teología más que filosofía, pero en el fondo subyace un pensamiento filosófico. La escolástica trata problemas filosóficos que surgen con ocasión de cuestiones religiosas y teológicas. Son filósofos medievales, como vimos en la Unidad 1: Escoto Eriúgena, San Anselmo de Canterbury (1033-1109), que es el fundador de la escolástica, y Alberto Magno y **Tomás de Aquino** (1225-1274), con los cuales comienza el proceso de asimilación del pensamiento aristotélico. Santo Tomás realiza la adaptación de la filosofía griega de Aristóteles al pensamiento cristiano de la escolástica.

A. La virtud en Tomás de Aquino

Para **Tomás de Aquino** la virtud es, por tanto, un **hábito** o disposición estable de las facultades del alma gracias al cual esta puede alcanzar más fácilmente los fines que le son propios. Es una disposición estable para **obrar bien.**

Su concepción de la virtud es fiel al pensamiento aristotélico, de quien se separa únicamente en la cuestión de las virtudes teologales, virtudes desconocidas por Aristóteles. El alma realiza los actos que le son propios mediante las facultades. Cuando estos actos se repiten, las facultades adquieren unas cualidades gracias a las cuales el sujeto puede realizar con más facilidad estas actividades. Estas cualidades son los hábitos. Los **hábitos** pueden ser buenos **(virtudes)** o malos **(vicios).** Son virtudes si le facultan al sujeto para la realización de actos conforme a la norma de la moralidad, y son vicios si son contrarios a dicha regla.

A diferencia del intelectualismo moral, y siguiendo a Aristóteles, Santo Tomás consideró que para la conducta buena no es suficiente que la razón nos enseñe correctamente el deber, además es preciso que la facultad apetitiva (en la que están nuestros deseos) esté bien dispuesta mediante el hábito de la virtud moral. Dado que en el alma humana encontramos el entendimiento y las facultades apetitivas (la voluntad y el apetito inferior), y que las virtudes son perfecciones de dichas facultades, podremos encontrar dos tipos generales de virtudes, las intelectuales y las morales:

- Las **virtudes intelectuales.** Son hábitos o buenas disposiciones del entendimiento, consecuencia del ejercicio y la instrucción y gracias a las cuales el entendimiento puede realizar el fin que le es propio: el conocimiento. Este conocimiento puede ser a su vez de dos tipos: el especulativo o teórico y el práctico.
  - **Conocimiento especulativo** o **teórico.** Su objetivo es la contemplación de la verdad.
  - **Conocimiento práctico.** Tiene como objetivo la dirección de la conducta para que con ella podamos producir todo tipo de objetos útiles o bellos y alcancemos la vida buena y feliz.

En este sentido se puede hablar de dos tipos de entendimiento y de dos tipos generales de virtudes intelectuales: el «entendimiento especulativo» y el «entendimiento práctico».

- **Entendimiento especulativo.** Es el que contempla la inteligencia o hábito para la contemplación de los primeros principios, la ciencia o hábito para la posesión de las conclusiones a partir del razonamiento, y la sabiduría o hábito para la posesión de los principios más universales y de las primeras causas.

- **Entendimiento práctico.** Este contempla el arte como virtud intelectual dirigida a la producción de objetos, bien sean externos o corporales como es el caso de las artes mecánicas o serviles (la caza, la pesca, la agricultura, la arquitectura, la medicina), o internos o mentales como en las «artes liberales» (las incluidas en el *trivium:* gramática, retórica y dialéctica o lógica y en el *quadrivium:* aritmética, geometría, astronomía y música) y la prudencia o saber lo que debemos hacer en cada caso; se refiere precisamente a los asuntos morales, a lo que cada uno debe hacer en cada situación concreta para realizar el bien.

Fig. 8.9. *En Grecia los pensadores pusieron las bases de la reflexión sobre las virtudes morales.*

- Las **virtudes morales.** Son hábitos del alma que se adquieren con el ejercicio y la repetición y que la habilitan para la realización de la vida buena. Perfeccionan las facultades o potencias apetitivas, tanto las inferiores o apetitos sensibles como la voluntad. Entre estas virtudes están: la **justicia,** virtud que perfecciona el apetito superior o **voluntad.** Esta reside en la voluntad y consiste en el hábito de dar a cada uno lo que le corresponde. Cuando la justicia se refiere al **bien de toda la comunidad** se llama **justicia general** o **legal.**

  Si la justicia se refiere al bien de cada individuo, puede ser distributiva y conmutativa.

  - **Justicia distributiva.** Según esta, la sociedad da a cada uno de los miembros lo que le corresponde en función de sus méritos y circunstancias.

  - **Justicia conmutativa.** Tiene lugar cuando esta rige los intercambios entre los individuos y consiste en dar lo igual por lo igual.

  Si estas virtudes morales perfeccionan el apetito inferior (irascible y concupiscible) y, por tanto, están relacionadas con las **pasiones,** tenemos la fortaleza y la templanza.

  - La **fortaleza.** Es la virtud que regula la pasión hacia los bienes difíciles de conseguir o audacia y la pasión hacia los males difíciles de evitar o temor; la fortaleza domina precisamente estas pasiones y nos ayuda a hacer el bien aunque alguna otra cosa nos dañe o amenace dañarnos y nos dificulte la acción buena.

  - La **templanza.** Cuando el apetito sensitivo concupiscible nos lleva a buscar los bienes sensibles y a huir de los males sensibles y nos puede arrastrar hacia bienes sensibles contrarios al bien de la razón, la templanza modera este apetito y nos ayuda a seguir queriendo el bien propuesto por la razón a pesar de la atracción que podamos tener hacia un bien sensible contrario; nos permite por tanto hacer el bien tanto si una cosa nos gusta como lo contrario.

Es común denominar **«virtudes cardinales»** a las cuatro virtudes fundamentales de la vida moral: prudencia, justicia, fortaleza y templanza. A estas virtudes «naturales» añade Santo Tomás otras «sobrenaturales» o teologales porque perfeccionan la disposición humana dirigida al orden sobrenatural. Estas otras virtudes son la **fe** (creer en Dios y en su palabra revelada), la **esperanza** (confiar en la gracia de Dios para la realización de nuestra felicidad en la vida eterna) y la **caridad** (amar a Dios sobre todas las cosas y a los demás como a nosotros mismos por amor de Dios). Son infundidas en nosotros por Dios.

2.4 La virtud en la Edad Moderna y contemporánea

Durante estas etapas de la historia existieron pensadores como René Descartes, Baruch Spinoza, Inmanuel Kant o Friedrich Nietzsche que también aportaron sus ideas y reflexiones sobre el concepto de virtud.

- **Descartes.** Este filósofo hereda en algunos aspectos el pensamiento clásico. Para él la felicidad se encuentra unida a la virtud y también unida de manera especial «al recto uso de la **razón**» que se convierte así en «reguladora de la virtud». Por otra parte, el autor parece iniciar la idea de las virtudes cívicas. Así, en sus escritos con temática moral, invoca la **mesura** y la discreción para evitar exponerse a un gran mal por satisfacer solo los pequeños intereses personales. También manifiesta de forma clara que la consecuencia de perseverar en los pequeños intereses personales es perder la posibilidad de alcanzar la amistad verdadera, la felicidad y la virtud, que el ser humano solo consigue haciéndose parte de la sociedad, del bien público y complaciéndose en hacer el bien a todo el mundo, incluso no temiendo exponer su vida por el servicio del prójimo cuando la ocasión se presenta, llegando hasta perder el alma si fuese posible para salvar a los demás. Por tanto aparece una de las virtudes cívicas importantes, la **solidaridad** o el **altruismo***.

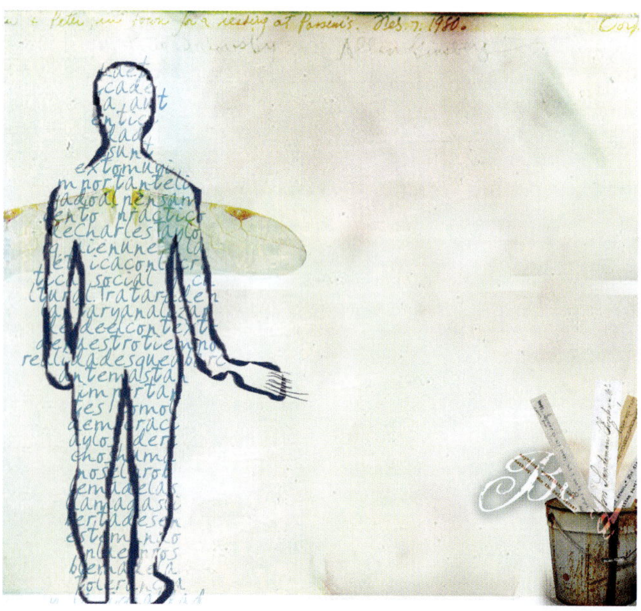

Fig. 8.10. *El problema ético.* Kant critica los sistemas éticos anteriores para proponer la ética formal.

- **Spinoza.** Según este pensador, no obramos de una determinada manera para obtener un fin concreto, sino que lo hacemos porque nos apetece algo. Sucede de forma similar, como se verá, respecto de las relaciones **virtud-felicidad** y **bien-deseo,** es decir que no obramos virtuosamente para obtener la felicidad, sino que una sola y la misma cosa son la felicidad y la virtud. Del mismo modo, no deseamos algo porque lo consideramos bueno, sino que lo llamamos bueno porque lo deseamos. El término virtud será reservado para el bien entendido como **acción,** para aquel bien del que somos causa adecuada. Virtud es, pues, la actualización de nuestro grado de potencia en el momento en que predominan en nosotros afectos que son acciones.

  De los tres afectos primarios, solo el «deseo» y la «alegría» podrán llegar a ser afectos activos. Lo que deriva de la «tristeza» es siempre malo, y todo lo que surge de la tristeza nunca será virtuoso.

- **Kant.** Este filósofo nos dice que en este mundo la vida buena no coincide necesariamente con la vida feliz. La ética formal establece que la conducta buena no puede descansar en la preocupación por alcanzar la felicidad; sin embargo, Kant no olvida la importancia de esta en la vida humana por lo que la introduce en el **Sumo Bien,** donde se reúnen las dos aspiraciones humanas fundamentales, la de la **virtud** y la de la **felicidad.** Kant creerá que esta síntesis tiene que realizarse de alguna manera para que tenga sentido la propia experiencia moral.

  La **razón** es, para la moral kantiana, la única fuente de moralidad, excluyente de cualquier especificación proveniente de las inclinaciones naturales, de la afectividad o de la voluntad. A esta no le corresponde otro papel que adherirse plenamente a lo que la razón manda como deber moral.

  La **virtud** existe subordinada al cumplimiento del **deber,** en cuanto arma para combatir los impulsos desordenados de la sensibilidad. La virtud no significa ningún fin moral, ni tiene contenido normativo. Solo es un refuerzo volitivo al servicio del cumplimiento del deber. Kant desconoce, por consiguiente, que las inclinaciones sensibles debidamente ordenadas constituyen una auténtica orientación hacia el bien. En nombre de la autonomía de la voluntad, considera las pasiones como objeto de repulsa, renunciando a la tarea de espiritualizarlas y de integrarlas en el bien de la persona.

- **Nietzsche.** Este nos enseña que la **honestidad** es la **virtud** poseída por el hombre de conocimiento: honestidad que enseña que el alma no tiene un origen más elevado y más noble que el cuerpo. Espíritu y sentido están relacionados entre sí por el hecho de compartir un mismo origen, y como todas y cada una de las cosas que existen, también ellos son «testimonios de una única voluntad, de una única salud, de un único reino terrenal, de un único sol», afirma, «un único reino» (el de la tierra). El rasgo diferencial de la **virtud** estriba en su consideración como **ejercicio activo,** como acción.

  Esta diferencia implica, sin embargo, una continuidad entre ambos elementos: la virtud ejerce su actividad sobre el material suministrado previamente por los afectos. Hay pues, una continuidad entre la pasión y la virtud, y tal continuidad significa que todo esfuerzo olvidado de la potencia efectiva del individuo esté de antemano condenado al fracaso y sea un esfuerzo inútil.

En el **utilitarismo clásico,** la **virtud** está sometida a su regla de oro de buscar el mayor **bienestar** para el mayor número de personas involucradas en la acción. Al no ser una cuestión importante, los autores de estas corrientes tratan de ella casi por compromiso, y siempre viene incluida dentro de la lógica del cálculo de bienes. Se la entiende como una «tendencia a incrementar la cantidad acumulada de felicidad en todas sus formas consideradas conjuntamente».

Edad moderna	*Edad contemporánea*
Descartes: la razón reguladora de la virtud.	**Nietzsche:** virtud como actividad humana.
Spinoza: identifica felicidad y virtud.	**Utilitarismo:** virtud como bienestar y felicidad.
Kant: virtud como deber y aspiración humana de felicidad.	

Tabla 8.1. *La virtud en la Edad Moderna y Contemporánea.*

Texto 2. La virtud como ejercicio para un buen gobierno

«En cambio, adquirimos las virtudes como resultado de habernos ejercitado primero en ellas, igual que como pasa también en las artes y oficios, donde todo lo que hemos de hacer después de haberlo aprendido, lo aprendemos haciéndolo: por ejemplo, llegamos a ser arquitectos construyendo, y citaristas tocando la cítara. Así, nos volvemos justos mediante actos de justicia, y moderados mediante actos de templanza, y valientes realizando actos de valor, como queda atestiguado con lo que pasa en las ciudades, donde los legisladores vuelven buenos a los ciudadanos haciéndolos adquirir ciertos hábitos. Y en esto consiste la intención de todo legislador, y los que no hacen bien esto se equivocan, pues en ello radica la diferencia entre un buen gobierno y uno malo. Además de esto, toda virtud y también todo arte nace y se destruye por las mismas causas y los mismos medios. Tanto los buenos como los malos citaristas son producto del acto de tañer la cítara, y de manera análoga los arquitectos y todos los demás artesanos serán buenos arquitectos construyendo bien, y construyendo mal, serán malos. De más estarían los maestros si esto no fuese así, ya que todos serían buenos o malos artífices de nacimiento.»

Aristóteles: *Ética Nicomaquea 2, I,* Gredos, Madrid, 1987.

1. Para ti, ¿qué es la virtud y cómo la adquirimos?
2. Según cita Aristóteles, ¿qué aspectos debe tener en cuenta el legislador?
3. El autor habla de algunas clases de virtudes. ¿Qué nombres les atribuye?
4. ¿Qué sabes de Aristóteles? Busca información en el libro y en Internet y elabora una breve biografía.

3. Una ética de virtudes cívicas para la ciudadanía

Xabier Etxeberria Mauleon (fig. 8.11)

Es profesor emérito de Ética en la Universidad de Deusto (Bilbao) y miembro del Centro de Ética Aplicada, de la misma universidad. Colaborador habitual de Bakead. Centra su investigación filosófica en los campos de la ética fundamental, la ética profesional y la ética social y política (especialmente en torno a las identidades colectivas y a las víctimas de la violencia), así como en la vertiente ética de los derechos humanos. En torno a ellos ha publicado numerosos artículos, cuadernos y libros. Entre estos últimos cabe citar los siguientes: *Imaginario y derechos humanos desde Paul Ricoeur*, *Ética de la diferencia*, *Temas básicos de ética*, *La educación para la paz ante la violencia de ETA*, *Ética de la ayuda humanitaria*, *Sociedades multiculturales* (Mensajero), y *Por una ética de los sentimientos en el ámbito público*.

Al igual que se da la virtud en la vida personal, la hay también en la vida social o política. En este caso, la **virtud cívica** concierne al *vigor* o *salud de la vida en común*. Se trata, sobre todo, del respeto hacia el otro, hacia los demás, hacia las creencias divergentes, del respeto a las reglas del juego democrático.

La filósofa Victoria Camps nos habla de virtudes públicas, lo que equivale a recordar que debe haber una **moral mínima** compartida por todos, a pesar del pluralismo de ideologías y de la relatividad de las creencias. Los derechos humanos han sido proclamados como derechos universales, y la obligación de respetarlos y defenderlos nos concierne a todos. Hablar de **virtudes públicas** equivale a hablar de compromiso cívico o de civismo.

Las **virtudes cívicas** comprenden un conjunto de conductas, sin la entidad de los grandes principios o valores morales de la persona, necesarias para una buena convivencia, manifestadas en las relaciones personales de la vida cotidiana, cuyo cumplimiento convierte al individuo en buen ciudadano. Por ejemplo, el «respeto» es una virtud cívica importante.

Como señala Xabier Etxeberria (fig. 8.11) respecto a las virtudes que pueden considerarse privadas, se presupone que se orientan más hacia la autorrealización personal, que desde nuestra libertad podemos diseñar de modos diferentes. Se puede postular a partir de ahí que el cultivo de las mismas está condicionado a ese proyecto de realización. Con todo, la frontera entre virtudes privadas o cívicas no es nítida. Virtudes que podrían parecernos privadas muestran un lado público, en la medida en que son muy importantes para lograr objetivos cívicos como es el de la **paz.**

En efecto, si algunas de esas virtudes nos hacen internamente personas pacíficas, potenciarán el que trabajemos más eficaz y coherentemente por la paz social. Pensemos en virtudes como la serenidad, la paciencia, la constancia, la fortaleza-valentía, la mansedumbre, la compasión-empatía, etc. Estas, si se viven adecuadamente, en conexión con las virtudes públicas y evitando encerrarse en sí mismo, mejoran decididamente el compromiso a favor de esa paz social. Por eso, precisamente, deben ser también tenidas en cuenta en la educación para la paz.

3.1 La virtud cívica del respeto

Un buen ciudadano debe respetar las cosas, las plantas, los animales y las personas.

- **Respeto por las cosas.** Se fabrican por las personas, nos ayudan a vivir y son patrimonio de todos los seres humanos.
- **Respeto por las plantas.** Estos seres vivos nos alimentan, pueblan la naturaleza y son necesarias para el mantenimiento de un medio ambiente de calidad.
- **Respeto por los animales.** La naturaleza física y la humana necesita de ellos y además tienen sus derechos.
- **Respeto por las personas.** Estas son sujetos de derechos y reclaman nuestra colaboración y comprensión.

Muy relacionada con esta virtud está la **tolerancia.** Es uno de los más importantes preceptos de carácter ético y político, cuya observancia garantiza la convivencia en un régimen democrático. Este, según señala el autor Norberto Bobbio, encarna un método o un conjunto de reglas de procedimiento para la constitución del gobierno y para la formación de las decisiones políticas de carácter vinculante, pero también, y por desgracia, esto se olvida frecuentemente, el «valor positivo de la democracia» radica en que dicho sistema de reglas implica una serie de valores y principios entre los que destacan, además de la tolerancia, el «espíritu laico» y la «razón crítica». Debemos ser tolerantes con lo diferente, pero la tolerancia tiene unos límites. Hay situaciones contrarias a los derechos humanos que no podemos tolerar. En este sentido se habla de **tolerancia crítica.**

Fig. 8.12. *El lince ibérico, en peligro de extinción.* En la actualidad, muchos movimientos, organizaciones y asociaciones demandan que se tengan en cuenta los derechos de los animales.

3.2 La virtud cívica de la libertad

La **libertad** puede entenderse como la capacidad de elegir entre el bien y el mal, entre lo correcto y lo incorrecto, entre lo pertinente y lo inadecuado, responsablemente. Esta responsabilidad implica conocer lo bueno o malo de nuestras decisiones y proceder de acuerdo con nuestra conciencia.

El **ciudadano** ejerce de ciudadano cumpliendo las leyes en **libertad democrática**, es decir, obrando con responsabilidad en los ámbitos familiar, profesional y social. La sociedad democrática ofrece posibilidades para que eso pueda ser realidad a través de la formación familiar, escolar y profesional.

En el **ámbito democrático** debemos ejercer nuestra libertad a través de la **participación ciudadana.** Elegir es un ejercicio de libertad democrática ante las posibles opciones del pluralismo democrático. Para votar con responsabilidad se necesita tener claros criterios de valoración, es decir, estar formado, informado y actuar con libertad.

La virtud de la **libertad** nos hace movernos en el ámbito de la **democracia.** La ausencia de libertad, la coacción y el poder ejercido sin participación ciudadana nos llevaría a un régimen político denostado y contrario a los derechos humanos: la **dictadura.** Por tanto la democracia se debe perfeccionar; sin embargo, la dictadura no admite perfección, pues la crítica no tiene cabida en ella.

Como señala Victoria Camps, «los valores básicos, los derechos humanos, los principios fundamentales, son flexibles e interpretables de formas diversas, según las situaciones. Enseñar ética ha de consistir tanto en transmitir ese *corpus* de valores abstractos, como en hacer ver el papel que la **libertad** y la **autonomía de la persona** deben tener en la opción por unas prácticas concretas. Sin ética, ya lo dijo Hobbes, el hombre es un lobo para el hombre, y la sociedad una guerra permanente. Es necesario el acuerdo sobre unos principios, no difíciles de consensuar porque ya nos resultan obvios: no hay ética si no hay igualdad, libertad, paz, tolerancia, respeto mutuo.» (Camps, V.: *Revista Vela Mayor N.º 2,* 1994.)

3.3 La virtud cívica de la justicia

La **justicia** es una de las cuatro **virtudes cardinales,** que inclina a dar a cada uno lo que le corresponde o le pertenece. Según Platón, en cuanto al individuo se refiere, la justicia expresa el adecuado equilibrio y armonía entre las facultades del alma quedando subordinadas a la razón la voluntad y la sensibilidad. En cuanto al ser social, la justicia procura integrar en un orden estable, armónico e igualitario las relaciones interhumanas con el fin de obtener el bien común.

Como personas individuales, estimar lo que es justo y realizar acciones justas se debe considerar al menos bajo la perspectiva de tres aspectos: el bien de las otras personas, es decir sus posibilidades, sus necesidades, su grado de felicidad y la **reflexión,** que implica nuestro compromiso de prepararnos para conocer libre y responsablemente y comprender mejor el ejercicio de los valores morales y las circunstancias (en qué condiciones y con qué recursos se da la situación o comportamiento).

Fig. 8.13. *En un tribunal.* La legalidad se rige por normas jurídicas que pautan las relaciones externas entre los hombres.

Desarrollamos el **valor de la justicia** como **virtud cívica** cuando damos apoyo personal o posibilitamos el acceso a recursos que necesitan nuestros semejantes para desarrollarse plenamente, cuando el logro de nuestras metas está condicionado a:

- No dañar las potencialidades individuales.
- Facilitar la expresión individual y apoyar a la democracia.
- Valorar y respetar la justicia de la autoridad social, aun en contra de nuestros intereses personales.
- Participar e influir para que la justicia esté presente en las decisiones que afectan a las demás personas.
- Evitar la discriminación, favoreciendo la integración de todos los miembros de la sociedad.
- Ejercitar siempre la equidad, distinguiendo y procurando decisiones justas para todos, según sus condiciones y circunstancias.

El profesor norteamericano Michael Sandel defiende una política basada en la **justicia,** el reparto de bienes, que debe estar ligado a la **virtud cívica** y el bien común frente al utilitarismo, el bien para el mayor número de personas posible, o el liberalismo, la defensa de los derechos. Según explica Sandel, en las políticas modernas falta **participación activa** del ciudadano. Su teoría anima a «responsabilizarse individualmente» para «modelar el destino colectivo». Para este autor, el ciudadano debe recuperar el protagonismo y decidir, tras décadas de una fe desmesurada en los mercados, cómo ser capaces de repartir justicia. La **virtud cívica de la justicia** debe orientar a nuestros políticos en su acción y la ciudadanía no dejarse envolver por la dinámica de los mercados.

3.4 La virtud cívica de la solidaridad

La **solidaridad** como **virtud** es la determinación firme y perseverante de comprometerse por el bien común. Estamos ante un hábito o cualidad, ante una decisión estable de colaborar con las demás personas, con todas ya que realmente hay vinculación con ellas, aunque uno se sienta unido más a unas que a otras.

Es una **virtud social** que nos mueve a estrechar las relaciones sociales en el plano de la **reciprocidad**. Es el **altruismo compartido** que nace del sentimiento de pertenecer a grupos con igualdad de origen, destino, aspiraciones comunes y demás aspectos que fundamentan su identidad, o simplemente por el hecho de pertenecer a la especie humana.

La **solidaridad** implica interdependencia y ayuda mutua entre los miembros de un mismo grupo, o entre grupos heterogéneos, por razones históricas, sociales, políticas o culturales. También debe procurar una vida social más justa e igualitaria, que evite el conflicto entre las clases, la desproporcionada repartición de la riqueza, el hambre, la ignorancia y demás tareas que le son propias. Sería muy larga la enumeración de acciones solidarias del **Estado,** pero no debemos olvidar que la solidaridad es esencialmente recíproca y, por tanto, en todos estos asuntos queda implícita a su vez la respuesta y la participación que moralmente estamos obligados a dar.

Las **ONG** (Organizaciones No Gubernamentales) son entidades con una amplia estructura a nivel nacional y/o internacional y con objetivos que pueden cumplirse mediante la influencia sobre los gobiernos y medios de comunicación, pero que no están constituidas como partidos políticos, ni órganos gremiales, ni religiosos, etc. Están compuestas por grupos organizados de personas solidarias, las cuales, en la mayoría de los casos, no pregonan la **solidaridad** cerrada a sus miembros, sino que aspiran a la universalidad de su ejercicio.

3.5 La virtud cívica de la empatía

La **empatía** es una virtud cívica importante relacionada con la **solidaridad** y el **altruismo.** Consiste en una destreza básica de la comunicación interpersonal, que nos permite un entendimiento sólido entre dos personas. Por tanto, la empatía es fundamental para comprender en profundidad el mensaje de la otra persona y así establecer un **diálogo.** Esta habilidad de inferir los pensamientos y sentimientos de otros genera sentimientos de simpatía, comprensión y ternura. La **empatía** no es otra cosa que la habilidad para estar conscientes de reconocer, comprender y apreciar los sentimientos de los demás.

Mahatma Gandhi afirmaba que las tres cuartas partes de las miserias y malos entendidos en el mundo terminarían si las personas se pusieran en los «zapatos de sus adversarios» y entendieran su punto de vista. Él puso en práctica este principio con sus técnicas no violentas en su actuar para la liberación colonial de su país, India.

La **solidaridad** es una virtud **altruista.** Así en oposición al egoísmo, es la virtud que nos lleva a sentir una honda complacencia al proporcionar el bien a los demás, aun a costa de sacrificar el bienestar propio. El término fue creado por el pensador Auguste Comte, con el fin de integrarlo como valor supremo de su moral positivista, que sintetizó en la fórmula: «vivir para el prójimo».

El altruismo es el producto del amor al prójimo, unido simultáneamente a la abnegación del yo individual. Es el amor desinteresado que puede desprenderse del egoísmo, de la envidia, del placer por la desgracia ajena. El altruismo no debe, sin embargo, subestimar el valor propio de nuestra individualidad, al extremo de olvidar su importancia y abstraerla de su dimensión real de la sociedad.

Fig. 8.14. *La ayuda, un valor ético.* La ayuda a los demás representa un valor ético de gran importancia en nuestra sociedad. A través de nuestro apoyo se pueden paliar situaciones injustas.

Somos individuos, y como tales debemos afirmarnos en el ámbito de las relaciones interpersonales, siempre desde la perspectiva de un mutuo respeto que propicie la eficaz ayuda que las personas podamos proporcionarnos.

Texto 3. Las virtudes cívicas

«Un elenco de virtudes cívicas esenciales para el buen funcionamiento de la democracia debería incluir la prudencia, la tolerancia, el respeto a las leyes, la justicia, la solidaridad y la profesionalidad. Cada una de estas virtudes revela una dimensión social y cívica del ser humano sin la cual no existe una sociedad regida por la ética. Una sociedad democrática en la que no se eduque en estas virtudes a los niños y a los jóvenes no puede alcanzar una calidad de vida ética aceptable ni será una democracia guiada por la ética.

Las sociedades democráticas occidentales carecen en gran medida de estas virtudes y por eso los ciudadanos se suelen regir en su comportamiento individual y colectivo por motivaciones de índole jurídica y política, y no por motivos éticos. De todas las demás ya citadas, merece la pena destacar la virtud de la justicia porque es el quicio de toda la organización moral de una sociedad y la base de un civismo responsable. Sin justicia no puede haber soluciones estables ni universales en ninguna sociedad, ya que las injusticias son sin duda las que generan la mayoría de los problemas sociales y morales de nuestro tiempo.»

CIFUENTES, L. M.: *Las virtudes cívicas,* en **http://www.escuelasinterculturales.eu/**

1. El autor nos habla de «una democracia guiada por la ética». ¿Cómo podemos lograr ese objetivo?
2. ¿Qué virtudes cívicas nombra el autor? ¿Está de acuerdo con él? ¿Añadirías alguna otra?
3. ¿Qué importancia le atribuyes a la justicia, inspirándote en el texto? ¿Qué relación guarda con los problemas sociales de nuestro tiempo?

4. Los valores morales

La axiología estudia, no solo los valores estéticos, sino también los valores morales. Estos representan un **conjunto de pautas** que la sociedad establece para las personas en las relaciones sociales.

El término «valor» procede de la economía. Fue incorporado a la reflexión política y ética a partir de las obras de **Karl Marx,** quien hacía referencia a «valores económicos», y Nietzsche, que mencionaba los «valores morales». A principios del siglo XX, **Max Scheler** y otros filósofos intentaron construir lo que denominaron una «ética de los valores». Desde entonces, el término «valor» ha sido incorporado a la ética. En la actualidad, afirmamos que algo tiene valor cuando es deseable por sí mismo o se juzga superior a otras cosas. Así pues, un objeto es valioso para mí porque yo lo deseo, porque me resulta útil, porque me gusta, porque puedo especular económicamente con él, etc.

Pero en el ámbito de la ética, **valor** se refiere a las **cualidades** que poseen ciertos objetos o determinadas acciones. Gracias a estas cualidades se considera que dichos objetos o acciones son preferibles o más acordes con nuestras normas morales.

Para ilustrar este concepto, vamos a servirnos de un ejemplo. Así, la acción de ayudar a una persona necesitada (solidaridad) cuando tenemos capacidad para ello es considerada preferible a la de no ayudarla. Por tanto, si la cualidad de esa acción (ayudar) es deseable en sí misma, la traducimos en la norma moral «hay que ser solidarios con los demás». En este sentido, los valores orientan nuestra vida y nuestras elecciones diarias.

Además, los valores no se captan a través de la razón o de los sentidos, sino de la **intuición emocional,** es decir, de la facultad estimativa que está ligada a nuestra vida sentimental. El **bien moral** consiste en preferir realizar un valor superior en vez de uno inferior, y el **mal moral,** en lo contrario.

4.1 Características de los valores morales

Max Scheler (fig. 8.15) es un pensador que estudia los valores morales desde distintos ámbitos. Así, reflexiona sobre su jerarquía, objetividad, subjetividad, permanencia, cambio, importancia, etc. Este pensador, además, caracterizó los valores morales con los siguientes rasgos:

- **Los valores no «son», sino que «valen».** Un valor no existe ni como ser real ni tampoco como ser ideal. La justicia, por ejemplo, es un valor que nadie ha visto ni ha tocado. Solo percibimos actos justos o injustos porque los valoramos en función de que sean deseables desde un punto de vista moral. En conclusión, la única realidad de la justicia consiste precisamente en «ser valiosa».
- **Los valores se adhieren a los objetos y acciones que se consideran valiosos.** Los valores no son subjetivos, es decir, no dependen exclusivamente de consideraciones personales o preferencias. Las cosas y acciones son portadoras de cualidades objetivas o valores.

La fenomenología es un método filosófico que procede a partir del análisis intuitivo de los objetos tal como son dados a la conciencia del sujeto que conoce. A partir de ahí, esta corriente pretende inferir los rasgos esenciales de la experiencia y lo experimentado. Scheler aplica este método al análisis de los valores.

Max Scheler (1874-1928, fig. 8.15)

Fue un filósofo alemán, de gran importancia en el desarrollo de la fenomenología, la ética y la antropología filosófica, además de ser un clásico dentro de la filosofía de la religión. Considerado como el pensador teórico de los valores. Adscrito a la corriente fenomenológica que se inicia con Kant. Entre sus obras destacan: *Esencia y formas de la simpatía*, *El resentimiento en la moral* y *La esencia de la filosofía y la condición moral del conocer filosófico.*

- **Los valores están polarizados.** Todo valor tiene necesariamente un contravalor. A la igualdad se contrapone la desigualdad, a la libertad la opresión, etc.
- **Los valores están jerarquizados.** No todos los valores están al mismo nivel; por tanto, los valores deben ordenarse según su grado de importancia moral. Por ejemplo, parece mejor la justicia de una acción que el hecho de que sea útil.
- **Los valores se perciben a través de una intuición directa.** Los valores se captan a través de la facultad estimativa, es decir, la capacidad que tenemos para juzgar el aprecio que sentimos o no por ciertos actos y objetos. Así, «vemos» y «comprendemos» de manera intuitiva que una acción es buena o mala.

Los valores representan las propiedades y cualidades propias de los hechos, manifestaciones y concepciones que los seres humanos plantean en su actividad práctica en el ámbito de la sociedad. Añadimos a las anteriores, pues, otras características:

- **Incondicionales.** Los valores son importantes por sí mismos, no porque nos reporten beneficios personales o sean útiles para otro fin. Por ejemplo, si ayudamos a un compañero o compañera para que pueda ir de excursión porque no tiene recursos económicos, lo hacemos por solidaridad, no porque nos aporte beneficios materiales.
- **Necesarios.** Los valores no se derivan de uno mismo, sino que son independientes de la percepción particular de cada individuo. En otras palabras, la solidaridad es un valor necesario para la humanidad desde el punto de vista moral, independientemente de si yo soy o no soy solidario.
- **Universales.** Los valores tienen vigencia para todos los seres humanos y para todas las culturas. De esta forma, los valores que se recogen en la Declaración de los Derechos humanos tienen el objetivo de ser válidos para todas las personas.

Los valores están	*Los valores son*
• **Polarizados** • **Jerarquizados** • **Estimados (por intuición)**	• **Incondicionales** • **Necesarios** • **Universales**

Tabla 8.2. *Resumen de la teoría de los valores de Max Scheler.*

Texto 4. La enseñanza de los valores

«No basta con enseñar a un hombre una especialidad. Aunque esto pueda convertirle en una especie de máquina útil, no tendrá una personalidad armoniosamente desarrollada. Es esencial que el estudiante adquiera una comprensión de los valores y una profunda afinidad hacia ellos. Debe adquirir un vigoroso sentimiento de lo bello y lo moralmente bueno. De otro modo, con la especialización de sus conocimientos más parecerá un perro bien adiestrado que una persona armoniosamente desarrollada.»

EINSTEIN, A.: *The New York Times*, 1952.

1. ¿A qué ámbito de valores pertenece «lo moralmente bueno»?
2. ¿Qué diferencia existe entre enseñar valores y comprenderlos?
3. ¿Qué significado tiene para ti la frase final «una persona armoniosamente desarrollada»?

Para repasar

1.a. ¿Qué características tienen la moral y la ética? Enuméralas.

b. En función de las características anteriores, ¿en qué se diferencian la moral y la ética?

2.a. Resume brevemente el origen etimológico de las palabras «ética» y «moral».

b. Busca en el diccionario estos términos. ¿Cómo los usamos en la actualidad? Apóyate en ejemplos para explicarlo.

3.a. ¿Cuáles son los problemas más importantes en la actualidad? Confecciona un esquema y explica en qué consiste cada problema.

b. ¿Cómo se podrían resolver? Para cada problema, enumera al menos un par de posibles soluciones.

4. ¿Qué es la virtud? Selecciona su definición.

a. La virtud consiste en lograr una acción útil.

b. La virtud quiere decir vivir una vida de placer.

c. La virtud consiste en una cualidad que permitía a la persona desempeñar un papel social.

5. ¿En qué se diferencian las virtudes morales y las intelectuales en Aristóteles?

6.a. Haz una lista de las distintas virtudes que diferencia Epicuro.

b. Decidid en grupos cuáles son más importantes para la juventud actual.

7. ¿A qué autor corresponden las siguientes proposiciones?

a. La virtud es el buen uso del libre albedrío, de la libertad.

b. La virtud es una disposición estable para obrar bien.

c. La virtud existe subordinada al cumplimiento del deber.

d. La honestidad es la virtud poseída por el hombre de conocimiento.

8. Relaciona cada autor con el campo en que se desarrolló su teoría.

Autor	Campo de aplicación
Descartes Tomás de Aquino Aristóteles Nietzsche	Justicia legal Virtud como hábito Virtud como felicidad Solidaridad Virtud como ejercicio activo

9.a. ¿Cuántos tipos de virtudes sociales acabamos de estudiar? Pon un ejemplo de cada uno de ellos.

b. Distingue a qué tipo de maneras de respetar se refieren los siguientes ejemplos.

a) Debo cuidar los animales.

b) Debo respetar las mesas y sillas de mis clases.

c) Debo comprender a las compañeras y compañeros que tienen distinta cultura a la mía.

d) Debo cuidar y regar las plantas.

10. ¿Por qué es importante la libertad de cada persona?

11. Para estimar lo que es justo y realizar acciones justas, ¿qué tres aspectos debemos tener en cuenta?

12. ¿Qué son las ONG? Cita el nombre de alguna que conozcas. ¿Por qué las relacionamos con la solidaridad?

13. ¿En qué consiste la empatía? Pon algún ejemplo que hayas conocido personalmente.

14. Relaciona el valor con su campo de aplicación.

Valores	Campo de aplicación
estéticos vitales intelectuales religiosos políticos éticos	ritual salud bueno democracia belleza inteligencia

15.a. Enumera las tres características de los valores, según Max Scheler, que consideres más importantes. Razona tu respuesta.

b. Explica por escrito por qué los valores son incondicionales, necesarios y universales.

16. ¿En qué se diferencian o se relacionan los valores económicos y religiosos?

17.a. Haz una lista de valores que consideres que se definen en el campo de la moral. Después compara tu lista con la de tus compañeros.

b. Debate en clase los valores que predominan en la juventud de hoy en día y estableced acuerdos. Elabora argumentos de forma individual antes de exponerlos en clase.

18. La convivencia en un centro escolar es un valor importante. ¿Por qué?

Taller de filosofía

A debate

¿Qué relación guarda la eutanasia con la ética?

1.a. ¿Qué situaciones conoces en las que se hayan violado los derechos humanos en relación a la eutanasia? Haz una puesta en común con tus compañeros.

b. Lee el siguiente texto procedente de Internet.

«Es muy frecuente que consideremos algunos imperativos legales (leyes) como injustos (o, por lo menos, como discutibles) y que pensemos que no deben ser de acatamiento obligatorio para todos. Por ejemplo, existen muchas personas a favor de la eutanasia, aunque las leyes la prohíban. Argumentan que aprobar una ley que autorizase la eutanasia permitiría que aquellos que deseen morir, en caso de enfermedad dolorosa e incurable, tendrían el derecho a hacerlo, mientras que la aprobación de esa ley no obligaría a los que estén en contra de la eutanasia a que se les practicase la misma. Sin embargo, cuando está prohibida, todos los ciudadanos están obligados a aceptar esa prohibición y en caso de no hacerlo se arriesgan a sufrir pena de prisión.

Si tú estuvieses a favor de un derecho que considerases justo y que estuviese prohibido por ley, ¿te enfrentarías a los poderes públicos aún a costa de sufrir sanciones o, en cambio, te conformarías con la situación, argumentando que tu deber como ciudadano consiste precisamente en cumplir la ley para no tener problemas?»

2. Formas parte de un comité de deontología médica y deberás dar tu voto a alguna de las siguientes alternativas:

a. Ayudar a «bien morir» a los enfermos que lo deseen, siempre que se trate de una enfermedad incurable, a pesar de que no esté reconocido legalmente.

b. No permitir ningún caso de eutanasia.

c. Luchar por su reconocimiento legal y mientras tanto favorecer la eutanasia pasiva por considerarlo justo.

d. Otras (especificar en qué consistiría la alternativa).

3. ¿Qué pasaría si un médico, amparado en su conciencia moral, no atiende los deseos del enfermo de favorecer la eutanasia, en un país como Holanda, en el que en determinados supuestos está reconocida legalmente?

Para que leas

Savater, F., *Ética para Amador,* Ariel, Barcelona, 1991.

El autor consigue mostrar al adolescente la forma de encontrar lo que verdaderamente quiere y el modo de lograrlo, sin intentar agradar a otros y sin buscar el placer fácil, sino llegando directamente y al fondo de lo que quiere alcanzar en la vida. Otros temas presentes en esta obra son: esfuerzo por aprender, buen gusto por la moral, felicidad, etc.

Para que veas

Algunos hombres buenos, Rob Reiner, 1992, 131 min.

Sinopsis

Película basada en la obra teatral del mismo título de Aaron Sorkin. Dos abogados militares deben defender en juicio a dos soldados pertenecientes al cuerpo de los Marines. Según la acusación, han matado a un compañero. Ellos mantienen, sin embargo, que cumplieron órdenes del comandante para castigar al compañero que había infringido el código de honor del Cuerpo y defienden, además, que la muerte de este fue un accidente.

La defensa se encuentra con grandes dificultades para averiguar la verdad por las trabas que pone el comandante.

Temas

La voluntad firme de que los derechos sean respetados. La apelación cuando son vulnerados esos derechos. La obediencia debida.

Actividades

1. La película pone el énfasis en el respeto a los derechos humanos. Realizad en grupo un listado de los aspectos de la película que más llaman la atención.

2. Enumera los derechos humanos que se vulneran en la película.

3. Elige el personaje con el que más te identificas por los valores éticos que defiende. Indica qué valores pone de relieve.

Taller de filosofía

Lo que se dice

Texto 1. Ética y moral

«De la misma manera que, estando estrechamente vinculados, no se identifican los problemas teóricos morales con los problemas prácticos, tampoco pueden confundirse la ética y la moral. La ética no crea la moral. Aunque es cierto que toda moral efectiva supone ciertos principios, normas o reglas de conducta, no es la ética la que, en una comunidad dada, establece esos principios y normas. La ética se encuentra con una experiencia histórico-social en el terreno de la moral, o sea, con una serie de morales efectivas ya dadas, y partiendo de ellas trata de establecer la esencia de la moral, su origen, las condiciones objetivas y subjetivas del acto moral, las fuentes de la valoración moral, la naturaleza y función de los juicios morales, los criterios de justificación de dichos juicios, y el principio que rige el cambio y sucesión de diferentes sistemas morales. La ética es la teoría o ciencia del comportamiento moral de los hombres en sociedad. O sea, es ciencia de una forma específica de conducta humana.»

Sánchez Vázquez, A.: *Ética,* Crítica, Barcelona, 1979.

1. La afirmación del autor «De la misma manera que, estando estrechamente vinculados, no se identifican los problemas teóricos morales con los problemas prácticos, tampoco pueden confundirse la ética y la moral», ¿qué significado tiene para ti?

2.a. Según el texto, ¿qué es la ética? ¿Se corresponde con tu definición?

b. Piensa en la sociedad que te rodea y elabora, en pequeños grupos, una lista de problemas éticos actuales.

Ejemplo: La contaminación acústica.

3.a. Según el texto, ¿qué es la moral?

b. Para ti, ¿es lo mismo? Discute en grupo qué es la moral y después anota algunos ejemplos de comportamiento moral.

4. ¿En qué sentido crees que se puede hablar de la ética como ciencia?

5. ¿Crees que en tu Centro hay comportamientos éticos adecuados y también inadecuados? Cita algunos de las dos clases.

Texto 2. Pluralismo moral y ética cívica transnacional

«Por mi parte, y desde mi libro *Ética mínima*, entendí que el pluralismo moral consiste en la convivencia de distintas "éticas de máximos", distintas propuestas de vida feliz, que pueden hacer convivir precisamente porque comparten unos valores y principios de justicia, unos mínimos de justicia (una "ética mínima"), por debajo de los cuales no se puede descender sin caer bajo mínimos de humanidad. La "fórmula mágica del pluralismo moral" consistiría entonces en "compartir unos mínimos de justicia y respetar activamente unos máximos de felicidad y de sentido". Las sociedades moralmente pluralistas, entonces, se sitúan más allá del monismo moral y del politeísmo moral. El monismo moral consiste en creer que existe un único código moral, una única propuesta de felicidad, que debe imponerse a todos los ciudadanos porque es la verdadera. El politeísmo moral consiste, en el extremo opuesto, en considerar que los distintos códigos morales son hasta tal punto diferentes que es imposible que entablen entre ellos un diálogo y encuentren valores y principios compartidos.»

Cortina, A.: *Democracia, participación y ciudadanía,* Alianza editorial, Madrid, 1997.

1. Indica el significado de pluralismo moral para la autora.

2. ¿Qué diferencia existe entre «monismo» y «politeísmo moral»? Señálalo en el texto.

3. Después de leer el texto, establece la diferencia entre ética de máximos y ética de mínimos.

Texto 3. Clases de valores

«Así, estamos hablando de valores estéticos cuando afirmemos que esta pieza musical es hermosa, de valores intelectuales cuando el profesor afirma que este alumno es muy brillante; de valores vitales cuando afirmamos que nuestro amigo tiene muy buena salud; de valores éticos cuando pedimos más igualdad a la hora de organizar nuestra convivencia.»

http://www.xtec.es/~lvallmaj/passeig/explor22.htm

1. Indica los tipos de valores que aparecen en el texto.

2. ¿Con que dimensión relacionan los autores los valores éticos?

La tarea

1. Explica el significado que tienen para ti las siguientes frases, cuyos contenidos están relacionados con la ética.
   - «Donde hay justicia, no hay pobreza.» **Confucio**
   - «La virtud es una especie de salud, de belleza y de buenas costumbres del alma.» **Platón**
   - «Junto a la virtud está la felicidad.» **San Agustín**
   - «Hay un límite en donde la tolerancia deja de ser virtud.» **Burke**
   - «La verdadera alegría nace de la buena conciencia.» **Erasmo de Rótterdam**
   - «La mayor perfección del hombre es cumplir el deber por el deber.» **Kant**
   - «Útil es todo lo que nos da felicidad.» **Rodin**
2. En las frases anteriores se tocan diferentes temas. En pequeños grupos, expresa tu opinión.
   - ¿Crees que a través de la ética se puede ser más tolerante y feliz?
   - ¿Es posible vivir sin principios éticos?
   - ¿El comportamiento moral se puede aprender?
   - ¿Es necesario tener una conciencia solidaria?
   - ¿Es importante la reflexión en la ética? ¿El hombre puede vivir sin conciencia ética?
3. Ahora vas a elaborar tu propia definición de ética. Para ello, da los siguientes pasos:

   a. Piensa en las palabras clave de esta disciplina y anótalas en tu cuaderno.

   b. Escribe una primera definición donde aparezcan algunas de estas palabras clave. Puedes comenzar con: «La ética es...», «Un moralista es una persona...», «Con la ética se puede alcanzar...», etc.

   c. Vuelve a leer tu definición y retoca los elementos que no queden claros. Ya tienes tu definición personal de ética.
4. Lee tu definición al resto de la clase y escucha la de tus compañeros. ¿Qué definición es la más completa? Haced una votación para elegir la mejor.
5. «El fin no siempre justifica los medios», ¿es un principio ético?

Escuela de filósofos

El dilema ético

Un dilema moral es una narración breve, a modo de historia, en la que se plantea una situación posible en el ámbito de la realidad pero, moralmente conflictiva, y se solicita de los oyentes o bien una solución razonada del conflicto o un análisis de la solución elegida por el sujeto protagonista de la historia. Por regla general, dicha situación se presenta como una elección disyuntiva: el sujeto protagonista se encuentra frente a una situación decisiva ante la cual solo existen dos, y nada más que dos, opciones (A) o (B), ambas igualmente factibles y defendibles. El individuo se encuentra, pues, ante una verdadera e inevitable situación conflictiva que debe resolver.

Claves

- Supone un esfuerzo de reflexión que exige tomar una postura ante una situación real o hipotética.
- Se trata de una técnica filosófica aplicable sobre todo a la ética.
- Permite activar tanto habilidades escritas como orales.
- Favorece el método socioafectivo, es decir, ponerse en el lugar de otra persona.
- Ejercita la capacidad de juzgar un problema ético y buscar criterios para ese juicio.
- Se entabla una relación entre dos personas, o entre dos grupos, que pueden tener criterios diferentes, pero ambos defendibles.
- Permite ejercitar el arte de la argumentación y la capacidad de convencer al interlocutor o interlocutores.
- Pone a prueba el espíritu crítico de los participantes en la discusión.
- En definitiva, provoca el activar la capacidad humana de reflexión clara, rigurosa y coherente.

Investiga

Busca información de los siguientes temas, para elaborar dilemas morales:

1. El deber.
2. El derecho a la vida.
3. El derecho a la huelga de hambre.
4. La atención a los inmigrantes.

Para ello puedes ayudarte de la siguiente URL:
http://sapiens.ya.com/laureben/dilemas_morales.htm

Ideas clave

- La **ética** es una disciplina filosófica que establece juicios de valor en torno a lo que es bueno o malo, justo o injusto y correcto o incorrecto. La moral se basa en lo concreto, en el comportamiento individual.
- Los **valores éticos,** como la libertad, la tolerancia, la solidaridad, la igualdad y la justicia, son valores también políticos.
- Las **normas morales** son subjetivas, interiores, incoercibles, autónomas y unilaterales.
- A lo largo de la historia existen diversas **teorías éticas** que profundizan en contenidos como las virtudes, el término medio, el deber, la utilidad, los valores y la justicia.
- En nuestra sociedad existen diversos **retos** como la manipulación genética y la clonación, la donación de órganos, la eutanasia, la discriminación, la homofobia, el maltrato de personas y animales, el terrorismo, el desempleo y la pobreza entre otros, que se pueden valorar a luz de las teorías éticas.
- La **ecología** estudia la relación de interdependencia que hay entre los seres vivos y su medio ambiente desde criterios éticos y con responsabilidad.
- Los **códigos deontológicos** regulan la conducta de un determinado colectivo profesional a través de un conjunto de normas éticas.
- La **justicia** es una virtud moral, denominada clásicamente como cardinal, que está presente en todas las teorías éticas, desde los primeros pensadores hasta los contemporáneos. Es una virtud que no solo tiene presencia necesaria en el ámbito de la ética, sino que también está relacionada con la política, con la democracia y, a partir de los romanos, con el derecho. El símbolo de la balanza, de la armonía y la igualdad preside todos los actos judiciales.
- Desde la antigüedad se viene hablando de **virtudes cívicas** para señalar la existencia de unos ideales y habilidades propios para ejercer una ciudadanía más activa y democrática. Se trata de impregnar a la democracia más de ética que de economía.

Autoevaluación

1. La ética se diferencia de la moral en que:

a. Es subjetiva.

b. Es práctica.

c. Es objetiva.

2. El valor de la libertad es:

a. Ético.

b. Ético y político.

c. Estético.

3. Las normas morales, a diferencia de las jurídicas o legales, son:

a. Internas.

b. Externas.

c. Coercitivas.

4. La ética kantiana, a diferencia de la aristotélica, relaciona la virtud con:

a. La felicidad.

b. El placer.

c. El deber.

5. El «justo medio» es un ideal que se sitúa:

a. Entre la felicidad y el placer.

b. Entre el exceso y el defecto.

c. Entre la prudencia y el valor.

6. La empatía está relacionada con:

a. La libertad y la diferencia.

b. La justicia y el respeto.

c. La solidaridad y el altruismo.

7. La justicia es una virtud:

a. Hedonista, basada en el placer.

b. Ética.

c. Ética y política.

Solución: 1. b.; 2. a.; 3. a.; 4. b.; 5.a.; 6. a.; 7. c.

9

LA CONSTRUCCIÓN FILOSÓFICA DE LA CIUDADANÍA: ESTADO DEMOCRÁTICO Y CIUDADANÍA GLOBAL

«Considero que el ciudadano de una democracia no es un producto natural, no nace como las orquídeas o como los cardos de manera espontánea, sino que tiene que ser cultivado. Creo que el ciudadano, la persona capaz de aprovechar al máximo las instituciones democráticas, es una obra de arte social o debe ser una obra de arte social y exige una preparación especial. Esto es así desde el origen de la democracia. Los griegos tenían clara la vinculación entre democracia y *paideia,* entre la democracia y la educación, la preparación y la formación de ciudadanos.»

SAVATER, F.: *Educación y ciudadanía en la era global,* Centro cultural del BID, n.º 48, octubre de 2003.

Focaliza

Educacion y ciudadanía

1. Hoy en día, ¿para qué sirve la educación para la ciudadanía?

   a. ¿Qué características destacarías de una buena educación ciudadana? ¿Qué consideras más importante en un ciudadano o ciudadana: su adecuado comportamiento ético o su participación en todos los ámbitos de la democracia?

   b. Anota en tu cuaderno la necesidad que, según tu opinión, tiene la sociedad actual de la educación ciudadana.

   c. ¿Crees que hay que educar a los jóvenes en valores cívicos? Organiza un pequeño debate en grupos y utiliza tus notas.

2. Lee la siguiente composición basada en un artículo de Juan Benito Martínez sobre educación y ciudadanía.

   «De ahí que resulte interesante recoger unos apuntes, tanto sobre las dimensiones de la ciudadanía, como sobre los escenarios de la acción ciudadana. En cuanto a las primeras, es posible pensar que la problemática en torno a la ciudadanía abarca tres dimensiones:

   En primer término, se identifica con la posesión de derechos —civiles, políticos y sociales— cuya dinámica cambiante da lugar a una ampliación o a una restricción de sentido. De allí que resulte interesante relacionar el fenómeno de pérdida de ciudadanía con la restricción de los derechos sociales y la pérdida de influencia en las políticas públicas de los sectores que padecen procesos de exclusión. Hablar de derechos supone no solo aludir a aquellos que los ciudadanos poseen formalmente, sino también las condiciones bajo las cuales los derechos ciudadanos se realizan efectivamente.

   En segundo término, la ciudadanía se define como pertenencia a una comunidad política. En las sociedades modernas la pertenencia a un Estado es la garantía de inclusión en los sistemas de distribución de bienes y de reconocimiento de derechos. Se está frente a un fenómeno singular, el de la exclusión de aquellos que nominalmente son ciudadanos, pero que en los hechos "no pertenecen".

   En tercer término, la participación en la vida pública y en los mecanismos de deliberación en cuanto a la toma de decisiones de acción política. Los derechos significan no solo una formalidad, sino un ejercicio efectivo y la pertenencia implica participar en la construcción de una identidad y de un orden político democrático.»

   MARTÍNEZ, J. B.: «Educación y ciudadanía», *Eikasia*, revista de Filosofía, II 6 (septiembre de 2006). En **http://www.revistadefilosofia.org**

   a. La finalidad que debe cumplir la educación ciudadana según el artículo, ¿coincide con la tuya o las de tus compañeros?

   b. El autor señala que la educación tiene relación con diversos derechos. ¿Qué quiere decir con esta afirmación?

   c. Según el texto, ¿por qué la ciudadanía se define como pertenencia a una comunidad política?

   d. Para el autor, ¿la ciudadanía está relacionada con la participación? ¿Puede haber personas «excluidas de la participación»?

Introducción

En esta unidad trataremos de reflexionar sobre las conexiones entre la filosofía y la ciudadanía. Como en unidades anteriores ya se trataron aspectos individuales de la persona, ahora nos centraremos en sus aspectos sociales o colectivos: el ejercicio de su ciudadanía crítica y activa en una comunidad política democrática y la relación con el poder político.

Nuestro sistema político democrático debe tener en cuenta y proteger los derechos humanos. La ciudadanía implica verse a uno mismo como persona autónoma y competente, con un conjunto de metas personales por realizar y, al mismo tiempo, como miembro de una comunidad política legitimado para discutir e involucrarse en los asuntos que competen a dicha comunidad.

1. La génesis histórica de la ciudadanía

El saber filosófico, sobre todo en sus dimensiones **éticas** y **políticas,** va fundamentando a lo largo de la historia el concepto de **ciudadanía*.** En efecto, este ya aparecerá desde los primeros tiempos, bajo el término griego ***«polis»**** que recoge la dimensión de la ciudadanía ejercida como participación en la política y en el ejercicio del poder, el concepto latino ***«civitas»,*** entendido como lugar de civismo o de participación en los asuntos públicos y también el latino ***«urbs»,*** como **concentración** física de personas y edificios.

> La **ciudadanía,** en su acepción clásica, se corresponde con un estatus jurídico y político mediante el cual el ciudadano adquiere, respecto a una colectividad política, unos derechos como individuo —civiles, políticos, sociales— y unos deberes —impuestos—. En su acepción moderna, se corresponde con el derecho y el deber de participación en la vida colectiva y democrática de un Estado.

A través de estas definiciones se puede apreciar cómo el concepto de ciudadanía se ha mostrado a lo largo de la historia del pensamiento como un **concepto evolutivo.** Además, este concepto se ha representado de forma **dialéctica,** pues se ha debatido entre derechos y deberes, entre **estatus*** e instituciones, entre políticas públicas e intereses corporativos o particulares.

Fig. 9.1. *La ciudadanía.* La ciudadanía representa un estatus y un derecho que debemos ejercer.

Más allá de esa dialéctica, en todas las sociedades del mundo se enseña a sus miembros a diferenciar entre «nosotros» y los «otros», desarrollando así lo que se llama «identidad cultural». La aceptación del «nosotros» supone el reconocimiento de nuestra identidad. La **identidad cultural** es la dimensión humana gracias a la cual ha sobrevivido la cultura de muchas sociedades aun en situaciones extremas de presión social, política, económica o ambiental. La ciudadanía también tiene su fundamento en esta dimensión humana y colectiva.

1.1 La ciudadanía en Grecia y Roma

En **Grecia,** principalmente en las teorías de **Platón** y **Aristóteles,** se hace referencia, como señala Adela Cortina, a una vida digna de ser vivida, que es aquella en la que el **ciudadano activo*** participa en la construcción de una **sociedad justa,** en la que puede desarrollar, en relación con otras personas, sus cualidades y adquirir virtudes. Por ello quien se recluye en sus asuntos privados acaba perdiendo, no solo su ciudadanía real, sino también su humanidad.

Una herramienta esencial para llegar a ser un buen ciudadano es la **educación,** porque a ser ciudadano se aprende. El **ideal de participación** sería el de la democracia griega, directa, pero tal modelo tiene cuatro **limitaciones**: que es excluyente (solo para varones; estaban excluidas las mujeres, los niños, los metecos o extranjeros y los esclavos); que libres e iguales eran solo los atenienses, no los seres humanos; en tercer lugar, que la libertad era solo la de participar, pero no estaban protegidos en la vida privada, en la cual podían darse fácilmente las injerencias de la Asamblea y, por último, que la participación directa no es posible más que en comunidades reducidas.

Actividades

1. ¿Qué dimensión de la ciudadanía reconoces en la figura 9.1? ¿Sabes lo que intenta explicar? Haz una puesta en común con tus compañeros.
2. ¿Conoces otros tipos de comportamientos ciudadanos diferentes de estos? Elabora una lista y compárala con la de tu compañero.

Pericles
(495-429 a.C., fig. 9.2)

Importante e influyente político y orador ateniense en los momentos de la edad de oro de la ciudad (en concreto, entre las guerras Médicas y las del Peloponeso). Tuvo tanta influencia en la sociedad ateniense que Tucídides, un historiador coetáneo, lo denominó como «el primer ciudadano de Atenas».

También en nuestras **sociedades democráticas** existen sectores sociales, como los inmigrantes, que no tienen determinados derechos, como el de participar mediante el voto en la vida política.

Esta visión del **ciudadano que participa** en la construcción de la polis, que está interesado en las cosas públicas, que entiende que lo público es aquello que también le es propio, nace en la Grecia de los siglos V-IV a.C.

Este aspecto lo demuestra la oración fúnebre que **Pericles (fig. 9.2)** celebra en honor de los muertos en la batalla de Atenas contra Esparta, en la guerra del Peloponeso, que afirma: «En nuestra ciudad nos preocupamos a la vez de los asuntos privados y de los públicos, y gente de diferentes oficios conocen suficientemente la cosa pública; pues somos los únicos que consideramos, no hombre pacífico, sino inútil, al que nada participa en ella, y además o nos formamos un juicio propio o al menos estudiamos con exactitud los negocios públicos, no considerando la discusión como un estorbo para la acción, sino como paso previo indispensable a cualquier acción sensata».

En **Roma** la ciudadanía se entiende en el contexto de una **democracia representativa**. La gran expansión del Imperio romano provocó una manera distinta de entender la ciudadanía. El **ciudadano** ya no es el que participa, sino el que tiene garantizado unos **derechos,** que actúa de acuerdo con la ley y que espera que esta le proteja. No es un miembro de la polis, sino un **ciudadano del Imperio**.

Este cambio se denomina como el paso de la *«polis»* griega a la *«civis»* romana. La ciudadanía, por tanto, supone un **estatus jurídico** y no un vínculo que exige responsabilidades de participación.

Habría que distinguir, por consiguiente, el concepto de ciudadanía en Atenas y en Roma.

- En Atenas, la ciudadanía viene definida por la **participación en la comunidad.**
- En el Imperio romano, la ciudadanía es menos excluyente, representa sobre todo una institución jurídica que supone el reconocimiento y garantía jurídica de unos **derechos.** La misma sociedad política es definida por Cicerón como «asociación de hombres unidos por un ordenamiento jurídico»; el vínculo es una idea abstracta y no una comunidad de vida, como en la polis griega. Del **ciudadano-gobernante** del mundo griego clásico, se pasa al **ciudadano-súbdito** del Imperio romano, que será el elemento en el que se apoye la filosofía política en el nacimiento del Estado moderno para sentar las bases políticas de la nacionalidad.

Texto 1. Acerca de lo público y lo privado

«Arraigada está en ellos la preocupación de los asuntos privados y también de los públicos; y estas gentes, dedicadas a otras actividades, entienden no menos de los asuntos públicos. Somos los únicos, en efecto, que consideramos al que no participa de estas cosas, no ya un tranquilo, sino un inútil, y nosotros mismos, o bien emitimos nuestro propio juicio, o bien deliberamos rectamente sobre los asuntos públicos, sin considerar las palabras un perjuicio para la acción, sino el no aprender de antemano mediante la palabra antes de pasar de hecho a ejecutar lo que es preciso. Pues también poseemos ventajosamente esto: el ser atrevidos y deliberar especialmente sobre lo que vamos a emprender; en cambio, en los otros la ignorancia les da temeridad y la reflexión les implica demora.»

TUCÍDIDES: «Oración Fúnebre de Pericles», en *Historia de la Guerra del Peloponeso,* II, p. 40.

1. Según el texto, ¿en qué medida el ciudadano se debe preocupar de los asuntos públicos?
2. ¿Qué valor le atribuye a la palabra?

1.2 Eclipse medieval de la idea de ciudadanía

Con la caída del Imperio romano de Occidente se inaugura una nueva etapa, la Edad Media. En ella se pierde progresivamente la idea de ciudadanía entendida como la pertenencia a una comunidad, la del ciudadano-súbdito. Así, el **sistema feudal** medieval basa la idea de ciudadanía en una vinculación personal más que territorial, de linaje y de sangre. Se tiende a una comunidad política imperial, dejando atrás el concepto de ciudadanía de la etapa anterior. Además, en la sociedad medieval el individuo dispone de múltiples posesiones, privilegios, derechos, etc.

De todos modos, la idea de ciudadanía en sus inicios también era excluyente, pues solo los patricios romanos gozaban de plenos derechos aunque después esos derechos se ampliaran a otros colectivos de personas como los latinos, los libres, etc.

También es cierto que la ciudadanía pudo pervivir gracias a las ciudades, particularmente las del **norte de Italia.** Es más, en este periodo se utilizó el término de **«democracias urbanas»**, aunque bajo esta fórmula que se empeaba además de en Italia, en Flandes, para designar las ciudades comerciales, se escondía en realidad un régimen aristocrático.

Por ello, la ciudadanía medieval fue limitada y local, pero no del mismo modo en todas partes. Allí no solo pervive la tradición teórica de la ciudadanía, sino que se mantuvieron y desarrollaron ciertas instituciones características y una práctica de la **participación ciudadana.**

Fig. 9.3. *Los siervos pagan la tasa anual a su señor.* La sociedad estamental del sistema feudal se regía por una relación de vasallaje, en la que el más poderoso daba protección al débil a cambio de una serie de servicios.

En la Edad Media, el concepto de ciudadanía reside en la subordinación política a un señor feudal o a un monarca y no en la idea de participación política. Al inicio de la Edad Media se pierde progresivamente el concepto romano de «ciudadanía», entendida como «conquista de derechos», salvo en algunos lugares como el norte de Italia. Y con ello, se sientan las bases políticas de lo que será el concepto moderno de Estado-nación.

Así pues, con este **largo eclipse de la ciudadanía,** el **cristianismo** introduce una «ciudadanía alternativa», separada de la política, tal como la entiende san Agustín en su obra *La ciudad de Dios*.

@ En Internet

Si quieres saber más sobre la **idea de participación en el pensamiento de Aristóteles,** consulta la siguiente dirección de Internet: **http://www.laeditorialvirtual.com.ar/**

En este libro, el autor nos explica que a lo largo de la historia ha habido dos ciudades enfrentadas: la *ciudad de Dios*, constituida por aquellos que se mueven por el verdadero amor, entendido como caridad, y la *ciudad del Mundo,* integrada por los hombres dominados por el egoísmo y el deseo. Al final de los tiempos triunfa la *ciudad de Dios*.

A. La importancia del Estado para el escolástico Tomás de Aquino

En esta época medieval también hay que tener en cuenta la teoría de **Tomás de Aquino** quien, al igual que Aristóteles, destaca la importancia del **Estado** como institución natural fundamental para el ciudadano, ya que este ha nacido para ser un ser social. El Estado se encuentra prefigurado en la naturaleza humana, y como la propia naturaleza es creada por Dios, es deseado por Dios. Si Aristóteles pensaba que el bien, la felicidad se podían conseguir dentro de la polis, Tomás de Aquino se separa de esta concepción desde el momento en que acepta como presupuesto básico que la felicidad depende del encuentro con Dios. De esta forma introduce en la ética aristotélica **elementos teológicos.**

Para Tomás de Aquino las **leyes naturales*** y **las positivas*** se fundamentan en **la participación** que el ciudadano tiene de la ley eterna (ordenación divina del universo). El conocimiento de estas leyes naturales es accesible a todos los hombres, ya que su contenido se puede deducir de las tendencias de la propia naturaleza.

A modo de conclusión se puede afirmar que la sustitución de las recompensas políticas y económicas, de índole material, por las recompensas espirituales que propugna el cristianismo priva a la ciudadanía de los dos elementos que la habían caracterizado en el **periodo grecolatino:** su carácter de privilegio político participativo excluyente durante la civilización griega, y su carácter de estatus legal pasivo incluyente al final de la civilización romana.

Texto 2. La idea de la ciudadanía participativa

«El principio del gobierno democrático es la libertad. Al oír repetir este axioma, podría creerse que solo en ella puede encontrarse la libertad; porque esta, según se dice, es el fin constante de toda democracia. El primer carácter de la libertad es la alternativa en el mando y en la obediencia. En la democracia el derecho político es la igualdad, no con relación al mérito, sino según el número. Una vez sentada esta base de derecho, se sigue como consecuencia que la multitud debe ser necesariamente soberana, y que las decisiones de la mayoría deben ser la ley definitiva, la justicia absoluta; porque se parte del principio de que todos los ciudadanos deben ser iguales. Y así, en la democracia, los pobres son soberanos, con exclusión de los ricos, porque son los más, y el dictamen de la mayoría es ley. Este es uno de los caracteres distintivos de la libertad, la cual es para los partidarios de la democracia una condición indispensable del Estado. Su segundo carácter es la facultad que tiene cada uno de vivir como le agrade, porque, como suele decirse, esto es lo propio de la libertad, como lo es de la esclavitud el no tener libre albedrío. Tal es el segundo carácter de la libertad democrática. Resulta de esto, que en la democracia el ciudadano no está obligado a obedecer a cualquiera; o si obedece, es a condición de mandar él a su vez; y he aquí cómo en este sistema se concilia la libertad con la igualdad».

ARISTÓTELES: *La Política,* Libro VII, 1, Espasa Calpe, Madrid, 1977.

1. ¿Qué significa la frase inicial «el principio del gobierno democrático es la libertad»?
2. ¿Qué valores ciudadanos aparecen en el texto? Haz una lista y anótalos en tu cuaderno.
3. ¿Qué significa la afirmación del autor de que «Nadie debe ejercer dos veces el mismo cargo»?

2. La ciudadanía moderna

A pesar de que el **Renacimiento** trata de rescatar, por lo menos parcialmente, la visión y el patrimonio filosófico-cultural grecolatino para aplicarlos sobre todo en las ciudades-estado italianas, lo cierto es que este periodo de tránsito sirve mucho más a la concentración del poder en manos del monarca y la superación de la atomización medieval mediante el nacimiento del Estado nacional, que a la recuperación de la ciudadanía como categoría político-participativa.

2.1 La ciudadanía en el contexto del Estado absoluto

En los siglos posteriores al Renacimiento, la ciudadanía casi desapareció, aplastada por las teorías y burocracias del Estado centralizado. El modelo político dominante en Europa occidental será la **monarquía absoluta.** Y en la medida en que la noción de ciudadanía estaba asociada a la de **autogobierno,** no hay ya lugar para el concepto clásico de ciudadanía.

La modificación del sentido de la ciudadanía tiene que ver sobre todo con la consolidación del Estado territorial moderno, caracterizado no solo por su amplia extensión, lo que dificulta la participación de una ciudadanía activa, sino por la concentración de poder en manos del príncipe y el desarrollo consiguiente de la **teoría de la soberanía.** El ciudadano viene a equipararse con el **súbdito. Bodino (fig. 9.4)** tiene la siguiente concepción de ciudadano: «la nota característica de la ciudadanía es la obediencia y reconocimiento del súbdito libre hacia su príncipe soberano, y la tutela, justicia y defensa del príncipe hacia su súbdito». La ciudadanía no concede estatus de igualdad ni de participación política, sino derechos de protección. Esto favorece la aparición de una **sociedad civil*** separada del ámbito político.

Bodino (Jean Bodin, 1529-1596, fig. 9.4)

Este autor fue un destacado intelectual francés que desarrolló sus ideas en los campos de la filosofía, el derecho, la ciencia política y la economía. Son importantes sus reflexiones sobre la teoría del Estado, en particular mediante el concepto de soberanía.

2.2 Una nueva ciudadanía incluyente

Las bases de una nueva función político-incluyente de la **ciudadanía** se sientan con la aparición de las nociones filosófico-políticas de estado de naturaleza y de contrato social a partir de las cuales se construye la idea de **Estado** y se le dota de la finalidad de garantizar los derechos y libertades que de forma natural disfrutaban los individuos.

La ciudadanía va a desempeñar, sobre todo en el pensamiento revolucionario anglosajón y francés, una función de **virtud cívica** que permite unir a los individuos a través del reconocimiento de unos derechos civiles y de participación política más allá del mero vínculo legal de sujeción que había generado la nacionalidad para el Estado absoluto. El **ciudadano** comienza a ser identificado con el individuo integrante de la nación o del pueblo, y para ello tiene que ser igual a los demás por lo menos en su titularidad y ejercicio de derechos.

Destacan varios autores que enlazan la idea de ciudadanía con la noción de **contrato.** Este nuevo concepto de ciudadanía del XVII se explica a partir de Thomas Hobbes, John Locke y Jean-Jacques Rousseau. Estos pensadores pertenecen a la corriente de la filosofía política llamada **contractualismo,** que estudiamos en la Unidad 7.

- **Hobbes.** Considera al **ciudadano** como un **súbdito** del poder político. El **estado natural** es un estado salvaje en el que el hombre estaba en guerra contra el hombre. Mediante el pacto, el **contrato de comunidad,** el ciudadano desempeña su función: someterse y adherirse, de forma pasiva, a la voluntad del soberano, quien toma sus decisiones teniendo en cuenta el bien general del Estado. La concepción de Hobbes es parecida a la del filósofo humanista Nicolás Maquiavelo, anterior a este y autor de la famosa obra *El príncipe* (1531).

Fig. 9.5. *El parlamento de Reino Unido.* A menudo llamado la «madre de todos los parlamentos», el edificio situado en Londres desarrolla la actividad parlamentaria en sus dos cámaras: la de los Lores y la de los Comunes.

- **Locke**. Su teoría contractualista da origen al **liberalismo democrático.** El giro decisivo en la concepción del ciudadano lo aporta este pensador en su *Segundo Tratado sobre el gobierno civil*, donde presenta el **«estado natural».** El ciudadano está regido por la ley natural, y esta obliga a todos. Esta ley, equivalente a la razón, instruye a los seres humanos que quieren consultarla y muestra que, siendo iguales e independientes, nadie debe dañar a otro semejante en su vida, salud, libertad o propiedades.

  El individuo es titular de derechos naturales, previos a la entrada en la sociedad política mediante acuerdo. La sociedad política deberá respetarlos. Esta es la base de los derechos del ciudadano del siglo XVIII y también están presentes los conceptos de **representación** y **participación ciudadana.** El gobierno está sujeto a control y juicio de los ciudadanos. Sus decisiones y proyectos deben ser sometidos al consenso y aprobación de aquellos. Este enfoque coincidirá con el de la teoría política liberal.

- **Rousseau. Con su teoría de la participación cívica,** representa un tercer modelo contractualista. Además, comprende los elementos de **educación, organización** y **desarrollo político** de la población, especialmente de los pobres y marginados. El ciudadano en el estado «natural», antes de surgir la vida en sociedad, era bueno, feliz y libre. El «buen salvaje» vivía independiente, guiado por el sano amor a sí mismo. Después de vivir en sociedad, los seres humanos deben establecer un nuevo contrato social que los acerque a su estado natural. El nuevo **contrato social** es un pacto de la comunidad con el individuo y del individuo con la comunidad, desde el que se genera una «voluntad general» que es distinta a la suma de las voluntades individuales y que se constituye en fundamento de todo poder político.

  En su obra *El contrato social,* Rousseau afirma en torno al concepto ciudadano: «el verdadero sentido de esta palabra prácticamente se ha borrado en los modernos; la mayoría toman una urbe por una ciudad y un burgués por un ciudadano. No saben que las casas hacen la urbe pero que los ciudadanos hacen la ciudad». En una ciudad constituida sobre la base del contrato social, cada ciudadano, al compartir la **voluntad general,** es partícipe en la promulgación de la ley. Pero al adherirse al **pacto de asociación,** se compromete igualmente a supeditar su voluntad particular a la voluntad general. Dicho de otro modo, el contrato sustituye, en las relaciones de persona a persona que crean una dependencia inevitable, la relación del ciudadano con la ley, que constituye la **libertad civil.**

Hobbes	Ciudadano súbdito	Estado absoluto
Locke	Ciudadano representativo	Estado liberal
Rousseau	Ciudadano participativo	Estado democrático

Tabla 9.1. *Justificación contractualista de la ciudadanía.* Los pensadores contractualistas justifican distintos tipos de ciudadanía.

2.3 La ciudadanía en la época de las revoluciones burguesas

Los estudiosos de la ciudadanía coinciden en afirmar que es en la época de las dos grandes revoluciones burguesas, y sobre todo con la francesa, cuando se asiste al renacer del concepto de una **ciudadanía abierta,** entendida bajo una triple dimensión: legal, política y nacional-estatal.

- **Ciudadanía legal.** Recoge la igualdad abstracta ante la ley, frente a la ciudadanía donde se diferenciaba a sus miembros en función de los privilegios locales, corporativos y estamentales. Es la ciudadanía como estatus, que goza de igualdad en derechos ante el Estado. Esta remite a la idea de **ciudadano** como **individuo.**
- **Ciudadanía política.** Es la del ciudadano como sujeto político que participa en el gobierno de los asuntos públicos. Al depositar en el pueblo, no ya solo el origen de la soberanía, como hicieran las soberanías contractuales, sino el ejercicio de las mismas, las revoluciones francesa y americana recuperaron la ciudadanía como principio igualitario de pertenencia a una **comunidad política** y convirtieron al ciudadano en protagonista de la vida pública. Aquí la ciudadanía recupera su antiguo sentido de participación en el gobierno de la «*res publica*».
- **Ciudadanía nacional-estatal.** Según esta concepción, el ciudadano se presenta como miembro del Estado organizado como nación, y no a través de cuerpos intermedios. Se trata de la **ciudadanía nacional.** La nación sustituye al mosaico de relaciones personales entre los individuos y el soberano, y por tanto es un elemento decisivo para la traslación de la soberanía. La idea de nación hizo tomar conciencia a los habitantes de un determinado territorio estatal de una nueva forma de pertenencia compartida. Pero en cuanto nacional, la ciudadanía ha de ser excluyente.

Tras ambas revoluciones, el calificativo de ciudadano tiende a ser atribuido a todos los individuos adultos masculinos. Pero esta universalización tiene sus **limitaciones.** Las mujeres no iban a poder actuar en el espacio público en la nueva sociedad liberal. Solo los varones podrán ser valorados positivamente como «hombres públicos», y el concepto de ciudadano no se podía ya entender como «persona perteneciente al cuerpo social», sino que su uso quedaba restringido a una acepción concreta, la referida a los «llamados a ejercer los derechos políticos», de tal manera que diversos colectivos sociales, como las mujeres, eran equiparadas a los menores de edad por su condición de «dependientes» y, por tanto, no podrían ser consideradas como ciudadanas.

La clave para el acceso a la categoría de ciudadano —o para la exclusión— es la de **autonomía,** esto está relacionado con la propuesta de Inmanuel Kant en su *Metafísica de las costumbres*. La independencia intelectual, económica y social es el requisito que justifica a la vez la admisión y la exclusión: solo los que son ***«sui iuris»**** pueden tener la **ciudadanía política.**

2.4 La ciudadanía cosmopolita en Kant

Fig. 9.6. *Hoy las ciudades son cada vez más multiculturales y por ello hay una ciudadanía cosmopolita.*

Inmanuel Kant reflexiona sobre la ciudadanía en la doble vertiente nacional e internacional. Intenta diseñar un **orden cosmopolita** capaz de establecer la paz perpetua. El autor trata ya entonces el tema de la paz y considera que los ciudadanos deben lealtad política a las leyes del propio Estado y en el plano internacional debe regir el pacto y la no-intervención en la constitución interna de los otros Estados.

Kant hace depender la sociedad de un tipo de legislación denominada **«constitución»** y es una de las bases conceptuales fundamentales sobre las que opera el autor. Parte de la hipótesis de que un conjunto de personas o ciudadanos se unen para formar una sociedad. A esto lo llama **pacto social.** Entre ellos se establece un **contrato** que conduce a la constitución civil. Este es el **pacto de unión civil.** Kant ha puesto tres fundamentos ideales para este tipo de constitución: hombres libres, dependencia de súbditos e igualdad de ciudadanos.

En su obra *Pedagogía,* Kant representa una forma de **educación política** para la **ciudadanía.** La educación pública es la más apropiada forma de educación en lo que refiere al carácter del ciudadano. El autor considera que vive en un tiempo de disciplina, cultura y civilidad; pero que todavía no ha llegado el de la moralización. Esta educación deberá también tener un **sentido cosmopolita** y en su base encontramos la aspiración constituyente de una universalización de los principios sobre los que se funda la educación pública. La educación por la **prudencia** hace que el individuo se convierta en ciudadano, porque adquiere un valor público.

2.5 El concepto de ciudadanía en la Revolución francesa (1789)

La Revolución francesa fue protagonizada por la burguesía. Los revolucionarios franceses inventaron en Europa la figura del **ciudadano moderno** y plantearon el horizonte de los derechos que se debían alcanzar para la obtención de una plena ciudadanía: los derechos civiles, los derechos políticos y los derechos sociales.

- **Derechos civiles.** Incluyen la consideración de que todos los ciudadanos son iguales ante la ley.
- **Derechos políticos.** Comprenden el derecho de voto y el de la participación de los individuos en la política. Se resalta el modelo participativo.
- **Derechos sociales.** Implicaban una perspectiva de igualación en las condiciones materiales de la vida de todos los ciudadanos.

Frente al absolutismo, la Revolución de 1789 trajo consigo la construcción de la ciudadanía, en la medida en que el Estado concedió a los individuos que lo integraban el derecho al disfrute de las **libertades fundamentales,** reflejadas en un conjunto de reglas jurídicas y políticas que las garantizaban. La nueva ciudadanía respondía a **un modelo** global e **igualitario** que se operó a través de la apropiación colectiva de la soberanía real.

Además, la democracia se inscribe desde los comienzos de la Revolución como condición esencial de la realización de una sociedad en **libertad.** La ciudadanía consiste en ejercer la libertad en sociedad.

La *Declaración de los Derechos del Hombre y del Ciudadano* de 1789 representa un **nuevo concepto** de ciudadanía y de Estado. Los valores de la revolución —**libertad, igualdad** y **fraternidad**— justifican la existencia de un Estado-nación repensado sobre las bases de la fraternidad. Los derechos están pensados en y para los hombres y por ello aún no son universales.

La evolución de los derechos humanos concluirá con la **Declaración Universal de los Derechos Humanos de 1948,** en la época contemporánea, que será un punto de referencia obligado para una adecuada educación ciudadana y un referente ético, como analizaremos en un apartado posterior. La *Declaración Universal de los Derechos Humanos* es un documento declarativo adoptado por la Asamblea General de las Naciones Unidas (resolución 217 A, de 10 de diciembre de 1948, en París), que recoge los derechos humanos considerados básicos.

La unión de esta declaración y los Pactos Internacionales de Derechos Humanos y sus protocolos comprende lo que se ha denominado la Carta Internacional de Derechos Humanos. Mientras que la Declaración constituye, generalmente, un documento orientativo, los Pactos son tratados internacionales que obligan a los Estados firmantes a cumplirlos.

Presentamos aquí una tabla en la que figuran los principales derechos civiles, políticos, económicos, sociales y culturales de las distintas Declaraciones y Convenciones:

Derechos civiles y políticos	*Derechos económicos, sociales y culturales*
• Derecho a la vida. • Derecho a la integridad personal. • Derecho a la igualdad. • Derecho a la libertad. • Derecho al honor, a la vida privada y la información. • *Derechos políticos:* Asilo, nacionalidad y extranjería.	• Derechos en relación al *empleo* (Derecho a un trabajo digno). • Derechos frente a las Administraciones (participación) en sufragios. • Derechos en relación a la Administración de *justicia* (derecho a la imparcialidad). • Derechos de los pueblos (derecho a la paz y a la libre determinación e igualdad).

Tabla 9.2. *Principales derechos humanos.*

@ ***En Internet***

Si quieres saber más sobre la ***Declaración de los Derechos del Hombre y del Ciudadano*** de 1789, puedes ir a la siguiente dirección de Internet: **http://www.amnistiacatalunya.org/edu/docs/e-hist-paris-1789.html.**

Texto 3. Ciudadanía y buen gobierno

«Pero aunque los hombres al entrar en sociedad abandonen en manos de ella la igualdad, libertad y poder ejecutivo que tuvieron en estado de naturaleza, para que de los tales disponga el poder legislativo, según el bien de la sociedad exigiere, con todo, por acaecer todo ello con la única intención en cada uno de las mejoras de su preservación particular y de su libertad y bienes (porque de ninguna criatura racional cabrá suponer que cambie de condición con el intento de empeorarla), el poder social o legislativo por ellos constituido jamás podrá ser imaginado como espaciándose más allá del bien común, antes se hallará obligado específicamente a asegurar la propiedad de cada cual, proveyendo contra los tres defectos arriba mencionados, que hacen tan inestable e inseguro el estado de naturaleza. Y así, sea quien sea aquel a quien correspondiere el poder supremo o legislativo de cualquier nación, estará obligado a gobernar por fijas leyes establecidas, promulgadas y conocidas de las gentes, y no mediante decretos extemporáneos; con jueces rectos e imparciales que en las contiendas decidan por tales leyes; y usando la fuerza de la comunidad, dentro de sus hitos, solo en la ejecución de aquellas leyes, o en el exterior para evitar o enderezar los agravios del extraño y amparar a la comunidad contra las incursiones y la invasión. Todo ello, además, sin otra mira que la paz, seguridad y bien público de los habitantes.»

Locke, J.: *Segundo tratado sobre el gobierno civil*, cap. IX, Alianza Editorial, Madrid, 2003.

1. Para ti, ¿qué es el estado de naturaleza?
2. Locke, ¿qué valores ciudadanos menciona? ¿Cómo los denomina?
3. Existe una finalidad que debe procurar el buen gobierno según el autor. ¿Qué nombres le atribuye?
4. ¿Qué sabes de Locke? Busca información en el libro y en Internet y confecciona una pequeña biografía.

3. La ciudadanía contemporánea

Para algunos autores las notas más destacadas del concepto contemporáneo de ciudadanía son la **participación**, los **derechos** y la **pertenencia.** Por ello un ciudadano es una persona que pertenece plenamente a la comunidad —no es un residente temporal— que tiene en virtud de ello ciertos derechos —y los deberes que les corresponden—, y que de alguna manera toma parte en la vida pública.

La ciudadanía representa una conquista que se va consiguiendo a lo largo de la historia. En este sentido, la ciudadanía constituye un **ideal de vida política.** Un buen ciudadano es aquel que, además de sujeto de derechos, es sujeto que participa en la construcción de la ciudad. Este ideal de ciudadanía representa a una persona propietaria de un cada vez más amplio repertorio de derechos que la comunidad política debe garantizarle.

3.1 La ciudadanía como ideal político

La tesis del sociólogo inglés **Thomas H. Marshall** sobre la ciudadanía es una respuesta a la sostenida por el pensador y economista liberal **Alfred Marshall (fig. 9.7)**, quien defendía que la igualdad que aportaba la ciudadanía, la pertenencia plena a una comunidad, era suficiente para legitimar esta, justificando así otro tipo de desigualdades, como las derivadas de la clase social.

T. H. Marshall elabora una idea de ciudadanía que tendrá gran incidencia en el pensamiento contemporáneo. La ciudadanía, en sentido amplio, es una condición de quienes pertenecen a una comunidad. Esta condición implica igualdad de derechos y deberes para los ciudadanos y también la participación. Los procesos participativos enriquecen la condición de ciudadanía. Distingue en la ciudadanía tres elementos, que constituyen su contenido: el elemento civil, el político y el social.

- **Elemento civil.** Compuesto por los derechos necesarios para la libertad individual: libertad de la persona, de expresión, de pensamiento y religión, derecho a la propiedad y a establecer contratos válidos y derecho a la justicia. Estos derechos corresponden al siglo XVIII.
- **Elemento político.** Su contenido es el derecho a participar en el ejercicio del poder político como miembro de una comunidad investida de autoridad política o como elector de sus miembros. Estos derechos pertenecen al siglo XIX.
- **Elemento social.** Abarca un amplio espectro de derechos, desde el derecho a la seguridad y a un mínimo de bienestar económico hasta el de compartir plenamente la herencia social y vivir la vida de un ser civilizado conforme a estándares predominantes en la sociedad. Estos derechos se desarrollan en el siglo XX.

La pertenencia a la comunidad no garantiza la ciudadanía plena, que queda como ideal a conquistar. Define la **ciudadanía** como un estatus que se concede a los miembros de pleno derecho de una comunidad. Esto no excluye la desigualdad de estatus, la presencia de miembros sin plenos derechos. La ciudadanía, pues, desarrolla un tipo de **igualdad** compatible con otros tipos de desigualdad, por ejemplo la económica.

La **legitimación de la ciudadanía,** aunque pueda parecer contradictorio, reside en su función integradora de lo desigual, pues tiende un lazo solidario y de identidad por encima de la desigualdad que tolera y supone. Frente al sentimiento, el parentesco, la ficción de una descendencia común, en definitiva, los **vínculos etnoculturales** que constituyen el lazo de unión de la comunidad, que el sociólogo francés **Émile Durkheim** llamaba «solidaridad mecánica», la ciudadanía pasa a ser un elemento de la «solidaridad orgánica», propio de sociedades mercantiles y, en especial, capitalistas. Aquí existe una lealtad de personas libres, dotadas de derechos y protegidas por un derecho común.

Alfred Marshall (1842-1924, fig. 9.7)

Es un economista británico que desarrolla su labor docente en la universidad de Cambridge. Uno de sus discípulos será el también famoso economista **Keynes.** Su labor docente se basaba en las teorías de Ricardo y Stuart Mill conciliadas con la teoría marginalista.

Durkheim reconoce que a lo largo del siglo XX se ha conseguido una **distribución igualitaria de la ciudadanía** en el interior de los estados capitalistas, al margen de las diferencias reales de clase o de género. Sin embargo, la ampliación de derechos a distintos colectivos sociales no ha logrado igualar las profundas diferencias reales; pues la extensión de la ciudadanía ha afectado negativamente a la idea de una **ciudadanía mundial,** es decir, a una distribución mundializada de los derechos y los bienes.

3.2 La ciudadanía y la teoría de la justicia

Existe un grupo de pensadores para los que la situación ha cambiado en el mundo actual y por ello entienden que la ciudadanía es hoy el principal problema de la **justicia,** pues establece el límite de quienes son acreedores de ella frente a quienes la sienten como una realidad ajena. Pensemos en los colectivos de inmigrantes que sufren las deficiencias en cuanto a la realización del ideal del ciudadano, de manera dramática en nuestras democracias. Por tanto, debemos repensar la ciudadanía desde la idea de justicia. No podemos pensar como obvio el derecho a constituir un **nosotros** desde el que expulsar a los **otros.**

Debemos pensar la ciudadanía, no como una fuente de derechos, sino como uno, el más fundamental, de los derechos. Por tanto, una cuestión en la que no se debe poner en primer plano el bien —su bienestar, su felicidad, su identidad, su cultura, sus derechos— de los individuos o los Estados, sino las **relaciones de justicia entre ellos.** El filósofo estadounidense **John Rawls** defiende en su teoría ética la prioridad de la justicia sobre el bien, como estudiamos en la Unidad 7.

Fig. 9.8. *Una familia proveniente de India presta juramento en la ceremonia que los nombrará nuevos ciudadanos estadounidenses.* Los ciudadanos inmigrantes aún se ven privados del derecho a voto en muchos lugares del mundo.

Rawls defiende la obligación de los ciudadanos con la **idea de justicia** a través del vínculo de *deber natural.*

La expresión **deber natural** tiene en este autor un significado bastante preciso e implica la relación del individuo ciudadano con elementos de la institucionalidad del sistema social.

Rawls considera que desde la teoría de la justicia, el deber natural más importante es el de apoyar y fomentar las instituciones justas. Un deber que contiene dos obligaciones.

- Obedecer y cumplir nuestro cometido en las **instituciones justas** cuando estas existan y se nos apliquen.
- Facilitar el establecimiento de **acuerdos justos** cuando estos no existan, al menos cuando pueda hacerse con poco sacrificio de nuestra parte.

En la obra *Teoría de la Justicia,* Rawls nos informa de que el ciudadano debe formular tres tipos de juicios. Primero tiene que **juzgar la justicia de la legislación** y de las políticas sociales. En segundo lugar, un ciudadano tiene que decidir **qué disposiciones de las constitucionales son válidas** para reconciliar las opiniones contrapuestas respecto de la justicia. En tercer lugar, tendrá que ser capaz de determinar las bases y los **límites del deber y la obligación** políticos.

Michael Walzer (1935, fig. 9.9)

Filósofo político norteamericano. Trata temas de sociedad, política y ética. Actualmente, es profesor en el instituto para el estudio avanzado en Princeton, New Jersey. Sus escritos versan sobre guerras justas e injustas, nacionalismo, pertenencia étnica, la justicia económica, la crítica social, el radicalismo, la tolerancia y la obligación política. Es miembro de la Sociedad americana de Filosofía.

Otros autores como **Michael Walzer (fig. 9.9)** señalan que el mundo es, y debe ser hoy, el horizonte distributivo, el referente de reflexión de una justicia distributiva. Entiende que la ciudadanía es un bien y que, como tal, debe distribuirse de acuerdo con criterios de justicia. Además, considera que la ciudadanía es un bien básico, lo cual exige su distribución igualitaria.

Ambos presupuestos, en un escenario de la justicia mundializado y una idea de la ciudadanía como bien, deberían conducir a la defensa de una **ciudadanía universal,** es decir, de un reparto igualitario del bien de la ciudadanía, como cualquier otro bien del mundo.

La ciudadanía queda como un bien a distribuir mundialmente entre los individuos, pero por la mediación de la comunidad política, que gestiona su contenido, usos y límites. Para este autor el escenario apropiado para tratar la justicia es la idea de un mundo dividido en **comunidades políticas;** mantiene una perspectiva mundial, pero reconoce a las comunidades políticas un peso determinante en la definición de lo justo y lo injusto; y, en el tema que nos preocupa, otorga a las comunidades la legitimación de los criterios de distribución «justa» de la ciudadanía.

3.3 La ciudadanía en tiempos de la globalización

Tanto en la «paz perpetua» como la idea de una historia universal en sentido cosmopolita, Kant aboga con marcada insistencia por la creación de una liga de pueblos que abarque todo el género humano y todas las regiones del planeta. **Jürgen Habermas** recogerá esta idea kantiana, próxima al fenómeno económico y cultural de la globalización actual.

Jürgen Habermas reflexiona principalmente sobre tres temas que hacen referencia a la **ciudadanía.** El primero guarda relación con la vinculación entre la ciudadanía y la identidad nacional. El segundo vincula la mutación de los Estados nacionales y la soberanía en el contexto de una transformación económica a escala mundial. Finalmente, el tercero vincula la situación de los ordenamientos legales y los sistemas de derecho con los ciudadanos y la formación de la voluntad pública.

A. Ciudadanía e identidad nacional

Para Habermas, el **Estado-nacional,** en cuanto momento en la evolución histórica de las formas estatales de gobierno, establece una forma específica de relacionarse con los ciudadanos. Funda una **identidad colectiva** que resultó funcional para el papel de ciudadano surgido de la Revolución francesa. En este contexto existe un triple reconocimiento de los individuos: en su integridad como **personas,** en su calidad de miembros de un **grupo étnico** o **cultural,** y, en su condición de **ciudadanos,** esto es, de miembros de la comunidad política.

B. Ciudadanía y globalización

Para **Habermas,** la situación del Estado-nación no es sostenible en la actualidad, pues la globalización del tráfico económico y de las comunicaciones, de la producción económica y de su financiación, de las transferencias en tecnología y armamento y, sobre todo, de los riesgos tanto ecológicos como militares, nos confronta con problemas que ya no pueden solucionarse, si no es en el marco cosmopolita de los **acuerdos** entre Estados soberanos.

La **globalización** es un fenómeno actual, fundamentalmente de carácter financiero, que ha tenido lugar en el mundo al calor de dos fenómenos: los avances tecnológicos y la apertura de los mercados de capitales. Consolida las desigualdades entre las personas, y por ello, existen movimientos de ciudadanos contrarios a ella.

Ese avance derivado de la globalización económica produce consecuencias en Europa, en América del Norte y en Asia, donde se están construyendo **formas de organización supraestatales** de «regímenes» continentales. El lugar de los ciudadanos cambia y con ello la **soberanía** popular, que pasa a ser anónima. El autor señala que existe la posibilidad de que una «red de asociaciones» pueda ocupar ese lugar vacío dejado en la soberanía por el pueblo, grupos de descontentos que reaccionen ante la injusticia y las desigualdades.

3.4 La ciudadanía como sistema de derechos y formación de la voluntad pública

Habermas realiza una **revisión** de los proyectos modernos que alimentaron las fuentes de legitimidad y validez políticas en las sociedades occidentales. Uno de estos proyectos es la institución de los **Estados de bienestar.** Considera que la actualidad se encuentra marcada por la conciencia de la crisis de esta forma estatal, que se generó a instancias de reformas sociales impulsadas en Europa durante la segunda mitad del siglo XX.

Fig. 9.10. *La ciudadanía en tiempos de globalización.* La globalización es un fenómeno relativamente nuevo a escala mundial.

Los derechos que aseguran a los ciudadanos el ejercicio de su autonomía implican la paradoja de un surgimiento de la **legitimidad** a partir de la **legalidad.** Un ordenamiento jurídico es legítimo si asegura de modo equitativo la autonomía de todos los ciudadanos.

Desde un punto de vista normativo, no hay Estado de derecho sin democracia. La **ciudadanía democrática** desplegará una fuerza integradora, es decir, creará solidaridad entre extraños, si se hace valer como un mecanismo con el que se realicen de hecho los presupuestos para la existencia de las formas de vida deseadas.

Habermas considera que la ciudadanía se basa en una instancia democrática, se orienta a proyectar y desarrollar materialmente una solidaridad abstracta y legalmente mediada entre extraños. El **ciudadano** es el núcleo generador de un poder de comunicación y socialización política no abstracto que se encarna en las necesidades materiales de la actividad política mediada por un sistema de derechos.

La **ley,** en sus escritos de moralidad y eticidad, está entendida como producto racional y procedimental que facilita procesos de entendimiento comunicativos e impulsa la realización material de **un ideal de ciudadanía.** Este ideal conlleva el núcleo de generación y constitución de procesos democráticos.

Habermas defiende la formación, desde la experiencia política acumulada en los últimos años, de una **esfera pública propiamente europea,** que puede lograr la expansión de un modo de vida y unos valores propiamente europeos aún realizables a escala mundial. En este contexto el autor entiende la necesidad de una Constitución Europea. El **Estado cosmopolita** es posible. El ser ciudadano de un Estado y el ser ciudadano del mundo constituyen un continuo que aparece cada vez más cercano.

Fig. 9.11. *El estado de bienestar.* Gracias a este modelo el Estado provee de servicios y garantías sociales a sus ciudadanos.

Algunos autores como **Will Kymlicka** y **Wayne Norman,** en su obra de 1997 titulada *El retorno del ciudadano,* construyen una nueva forma de entender a la ciudadanía en un contexto de sociedades complejas, y las engloba dentro del principio de **ciudadanías diferenciadas.** Así nos hablan de tres clases de derechos:

- **Derechos especiales** de representación, por grupo de preferencia sexual, por nacionalidad, por edad, etcétera.
- **Derechos multiculturales,** que no tienen la finalidad de buscar gobiernos autónomos o paralelos a los establecidos, sino más bien integrar estas referencias culturales al contexto social específico del que se trate.
- **Derechos de autogobierno,** reconociendo formas étnicas u organizacionales a partir de las características de los grupos sociales de referencia más pequeños.

La lógica de este razonamiento estaría construida a partir del reconocimiento de las **diferencias.** En esta época de globalización, estos grupos diferenciados buscan espacios de inclusión e integración en la sociedad, pero no a partir de la homogeneización, sino en el conservar su diferencia. La instauración de estos derechos no es fácil, ya que en un momento dado podría romper la unidad o comunidad política más amplia. Sin embargo, este esfuerzo puede solventarse a partir de la construcción de un concepto más amplio de ciudadanía, en el cual se incluyan mecanismos de participación y de construcción de nuevas relaciones entre la ciudadanía y el estado.

La recuperación de la ciudadanía en este sentido, nos lleva a entender el papel de la **sociedad civil** y los movimientos sociales para construir los espacios de lucha simbólica que ayuden a subsanar estas «diferencias» en el interior de la sociedad, y en su relación con el Estado.

Texto 4. La ciudadanía y su evolución

«A riesgo de parecer un sociólogo típico, comenzaré proponiendo una división de la ciudadanía en tres partes, pero el análisis no lo impone, en este caso, la lógica, sino la historia. Llamaré a cada una de estas tres partes o elementos, civil, política y social. El elemento civil se compone de los derechos necesarios para la libertad individual: libertad de la persona, de expresión, de pensamiento y religión, derecho a la propiedad y a establecer contratos válidos y derecho a la justicia. Este último es de índole distinta a los restantes, porque se trata del derecho a defender y hacer valer el conjunto de los derechos de una persona en igualdad con las demás, mediante los debidos procedimientos legales. Esto nos enseña que las instituciones directamente relacionadas con los derechos civiles son los tribunales de justicia. Por elemento político entiendo el derecho a participar en el ejercicio del poder político como miembro de un cuerpo investido de autoridad política, o como elector de sus miembros. Las instituciones correspondientes son el parlamento y las juntas del gobierno local. El elemento social abarca todo el espectro, desde el derecho hasta la seguridad y a un mínimo bienestar económico al de compartir plenamente la herencia social y vivir la vida de un ser civilizado conforme a los estándares predominantes en la sociedad. Las instituciones directamente relacionadas son, en este caso, el sistema educativo y los servicios sociales.»

Marshall, T. H. y Bottomore, T.: *Ciudadanía y clase social,* Alianza, Madrid, 1998, pp. 22-23.

1. El autor divide la ciudadanía en «tres partes». Cita el nombre que les atribuye.
2. ¿Qué derechos abarca la «ciudadanía civil»? Escríbelos en el cuaderno.
3. Existen diferencias entre los «elementos políticos y sociales de la ciudadanía». Haz un cuadro en el que se reflejen.

4. Estado democrático y ciudadanía global

Después de un recorrido histórico en el que se pusieron de manifiesto las distintas **reflexiones** de los pensadores en torno al concepto de **ciudadanía,** en este apartado queremos definir el **contexto democrático** en el que se desenvuelve una ciudadanía activa, crítica y global.

El **ciudadano,** como escribe **Adela Cortina,** es el ser humano autónomo, que hace la vida en común junto a sus iguales, que no es siervo ni súbdito y que es consciente de que construye su autonomía en **solidaridad** con los otros. Ciudadanía **supone libertad, igualdad, pertenencia, dignidad, respeto** y **diálogo.**

La **ciudadanía** hace referencia a la condición del individuo como miembro de una comunidad política a la que está jurídicamente vinculado por el mero hecho de la **pertenencia.** Este concepto refleja que la relación entre ciudadano y Estado también implica que el primero debe cumplir con una serie de deberes morales hacia la comunidad. Esas obligaciones se concretan, según sea la concepción conservadora, liberal o socialista, subrayando respectivamente la **defensa de la patria,** el **civismo individual** o la **solidaridad redistributiva.** A veces se identifica con nacionalidad, si bien, al menos en el ámbito de la Unión Europea, existe una potencial **extensión supranacional** que abarca los contenidos de la ciudadanía.

Hoy en día, el debate sobre la forma de organización política correcta parece resuelto a favor de la democracia. Sin embargo, se ha reabierto de nuevo otro viejo debate que gira alrededor de cuál debe ser el **contexto** de la política. ¿Ha de enmarcarse en el Estado o ha de incluir por igual a todos los individuos al margen de cuál sea su nacionalidad? En el siglo XXI la dimensión internacional de la política cada vez pesa más y la respuesta, por tanto, urge.

¿El Estado-nación tiene sentido todavía? ¿Este modelo sigue siendo una opción de futuro válida? No hay consenso a este respecto. Habermas defiende que lo ideal es abandonar una **visión internacional** para dar paso a una **visión cosmopolita.** Bajo esta nueva perspectiva, lo importante ya no son las naciones, sino los individuos, que no necesitan ser ciudadanos de ningún Estado para que sus derechos se reconozcan. La idea de ciudadanía global no es solo de Habermas, ya aparece en la filosofía helenística de los estoicos, o en la Ilustración, con Kant.

> La **ciudadanía global** es un estatus jurídico y político que otorgaría un mismo nivel de bienestar y de derechos a todos los ciudadanos del mundo, sin que existiese la discriminación según la nación de pertenencia que se da hoy día.

La idea de **ciudadanía global** nos acerca a una nueva situación donde la noción clásica de Estado, que contiene entre sus fronteras a millones de ciudadanos iguales entre sí y distintos de los de otras naciones, no se sostiene. Vivimos en la época de la globalización, que nos dibuja un mundo interconectado e interdependiente.

En este nuevo mundo, cualquier individuo puede saber cómo viven otras personas en distintos puntos del planeta y exigir, como consecuencia, que la **justicia y los derechos humanos** se extiendan más allá de cualquier frontera. Esta nueva idea de ciudadanía global nos lleva a considerar a la **humanidad** en primer lugar, y no a la nacionalidad de las personas. La ciudadanía se convierte, así, en un concepto que va más allá de las culturas.

El ciudadano globalizado se convierte en alguien con una **conciencia crítica y activa,** que entiende la importancia de eliminar la visión etnocéntrica para que el respeto por la diversidad y por un mundo más justo puedan alcanzarse.

La globalización pone en peligro la diversidad cultural al difundir una manera universal y única de entender la realidad. Se impone un solo modelo, que es el de las sociedades avanzadas tecnológica y económicamente. Esta situación da lugar a que poderosos **sistemas económicos internacionales** imperen en el mundo, de la mano de regímenes políticos que lo permiten. Gracias a la influencia de la **democracia mediática,** sus ciudadanos no se plantean la necesidad de cambiar la expansión del **consumo global** por la implantación universal de los **derechos humanos.**

La necesidad de revertir la situación, sin embargo, es real, puesto que los **problemas** de los países en vías de desarrollo también tienen **repercusión** en el **primero.** Tanto es así que, por ejemplo, los problemas medioambientales carecen de fronteras. La biosfera es un sistema único y la búsqueda de un **desarrollo sostenible** nos beneficiaría a todos, aunque la idea del consumo responsable o la distribución equitativa de la riqueza no tengan cabida en un mundo donde lo único que importa es generar capital. La falta de desarrollo, la discriminación, las guerras y tantos otros problemas también tienen consecuencias mundiales. Una de ellas es el flujo imparable de quienes intentan escapar y emigran a Estados democráticos donde el nivel de bienestar es superior.

Afortunadamente, estos problemas no son una preocupación exclusiva de Estados, instituciones oficiales y medios de comunicación. El **ciudadano global** también comparte información y recursos, además de coordinar **acciones** a escala mundial para poner fin a situaciones injustas o, al menos, para crear una **conciencia colectiva.**

Para **Michael Walzer,** la ciudadanía global debería inscribirse en una democracia global donde las distintas sociedades que pueblan el mundo tuviesen cabida. Todos los Estados deberían poder alcanzar un mismo nivel de bienestar y sus ciudadanos tendrían que estar por encima del capital, que es quien impera hoy en día. En otras palabras, debería garantizarse la **libertad y tolerancia** de todas las culturas.

Walzer propone crear una **federación de Estados** a escala mundial para alcanzar el modelo de democracia global. A su vez, los Estados se agruparían por regiones, como sucede en la Unión Europea. La **ONU** sería una organización interestatal más democrática que debería gozar de mayor capacidad para hacer valer sus decisiones. Por último, la sociedad civil debería ejercer en todo el mundo su capacidad crítica, ya que las instituciones políticas necesitan de una conciencia crítica en su práctica democrática.

Existió un debate histórico entre pensadores liberales y comunitaristas en la construcción de un nuevo modelo de ciudadanía. Estas diferencias aparecen reflejadas en la tabla siguiente.

Propuesta liberal (Rawls)	*Propuesta comunitaria (Walzer y Taylor)*
• Ciudadano: actor individual. • Ciudadanía pasiva. • La ciudadanía es la capacidad de cada persona de formar, revisar y perseguir racionalmente su definición del bien. • La igualdad ante la ley está determinada por un principio de justicia como imparcialidad. • Ciudadanía única y formal.	• Ciudadano: actor colectivo. • Ciudadanía activa. • Lo que nos convierte en ciudadanos es la consecución de la igualdad y la libertad dentro de la comunidad. • La definición de ciudadanía estaría entendida como una identidad que hay que construir a partir de un ejercicio efectivo de nuestros derechos. • Ciudadanía diferenciada y global.

Tabla 9.3. *Debate sobre un nuevo modelo de ciudadanía.*

4.1 La democracia y el Estado democrático

El **Estado** es una organización jurídica y política, formada por individuos que pertenecen a una nación, donde mediante impuestos y leyes se impone una jerarquía que legisla de forma estable el territorio nacional. En la actualidad, el **Estado democrático** de derecho se caracteriza por una influencia de los **medios de comunicación** tan fuerte que hace que el Estado democrático esté amenazado. A ello se suma una **sociedad** cada vez más **multicultural,** lo que permite plantear la idea de una democracia mundial sin barreras estatales formada por una ciudadanía cosmopolita que defiende los mismos derechos para todos los seres humanos.

Para llegar a esta situación, en la historia de la humanidad se han producido grandes cambios en la **percepción** y **aplicación** de la democracia, una de las formas de gobierno más extendidas en la actualidad. Sin embargo, al observar la evolución histórica de la democracia, puede verse claramente que para que una sociedad pueda gobernarse democráticamente, los ciudadanos deben implicarse en la toma de decisiones políticas. Es preciso formar a las personas en el **diálogo** y la **discusión moral** si se desea construir una verdadera **sociedad democrática.** De esta manera, todos los miembros del Estado podrían utilizar los argumentos y las razones que permiten justificar o no moralmente un acto.

Reflexionar sobre **democracia** en los tiempos actuales requiere tener presente las relaciones de la política con la ética. Además, es necesario analizar las circunstancias de la realidad sociocultural de nuestros pueblos, que condicionan o influyen en la moralidad de su vida política, como también sugerir posibles criterios u orientaciones para afianzarla y mejorarla. En esta línea, cada vez son más los Estados que se rigen por la democracia. Sin embargo, aunque este sistema sea el más aceptado, se debe seguir perfeccionando. La democracia es un régimen político en el que la soberanía reside en el pueblo y es ejercida por este de manera directa o indirecta.

La **democracia** es el mejor tipo de régimen político, aunque siempre es perfectible o puede mejorar. Un componente de la legitimidad democrática es el reconocimiento y respeto de los **derechos humanos.**

Como norma moral, se refieren a todo lo que tenga rostro humano; como norma jurídica, solo protege a las personas en la medida en que pertenecen a una comunidad jurídica y son ciudadanos de un Estado.

El pensador italiano **Norberto Bobbio (fig. 9.12)** define lo que denomina como **democracia mínima** como un conjunto de reglas que expresan quién está a cargo de tomar decisiones colectivas y bajo qué procedimientos. Si hay reglas capaces de responder a estas cuestiones, existe la democracia.

Los supuestos básicos de la democracia mínima son:

- La **participación política** del mayor número de personas interesadas en hacer actos de presencia en la vida política.
- La **regla de la mayoría,** que consiste en tomar como criterio central para las decisiones políticas la opinión de las mayorías.
- Los **derechos de comunicación** usuales, a través de los cuales se logra la selección entre diferentes elites y programas políticos.
- La **protección** permanente de la **esfera pública.**

Para Bobbio, la democracia es un gobierno opuesto a cualquier forma de gobierno autocrático, como pueden ser la monarquía, la dictadura, etc. Se caracteriza por la atribución de tomar las decisiones colectivas a un número muy elevado de personas dentro de una colectividad. Para lograrlo, este pensador acude a la formulación de la **regla de**

Norberto Bobbio (Turín, 1909-2004, fig. 9.12)

Fue un profesor y teórico del pensamiento político. Su actividad de militancia activa en la resistencia al fascismo de Mussolini le llevó a la cárcel, de la que salió en 1944 para retornar a Turín. Intelectual de prestigio, en 1945 se produjo el viaje a Inglaterra del que Bobbio dijo: «Me sirvió para conocer por primera vez la democracia». Profundizó en sus estudios sobre historia del pensamiento político. Algunas de sus obras son: *El futuro de la democracia* y *El problema de la guerra y las vías de la paz.*

la mayoría. Mediante la aplicación de esta regla se toman decisiones colectivas y, por tanto, obligatorias para todo el grupo.

Bobbio también es un firme defensor del **marco legal** que acompaña a un sistema democrático dado que este permite neutralizar los autoritarismos o cualquier forma que se presente como novedosa y que limite las libertades. La función principal de la **democracia mínima** es asegurar la libertad de los individuos frente a la prepotencia del Estado.

Otra teoría de igual importancia es la del italiano **Giovanni Sartori.** Para este autor, la «democracia» es en realidad una abreviación del término «liberal-democracia». En esta línea, distingue tres aspectos fundamentales:

- **Democracia como principio de legitimidad.** El poder deriva del pueblo *(demos)* y se basa en el consenso entre los ciudadanos.
- **Democracia como sistema político.** En Grecia, colectivos pequeños, titularidad y ejercicio del poder iban unidos. Posteriormente, con el crecimiento demográfico, nace la democracia representativa.
- **Democracia como ideal.** Es siempre un modelo a alcanzar. Representa, por tanto, un modelo que siempre se puede y se debe perfeccionar.

4.2 Los derechos humanos como fundamento de la democracia y referente de los valores ciudadanos

Los **derechos humanos** representan las libertades y derechos básicos de las personas que, de acuerdo con diversas filosofías o fundamentaciones, todo ser humano posee por el mero hecho de su condición humana para la garantía de una vida digna; independientemente de cuáles sean las leyes escritas vigentes y los factores particulares como su estatus, etnia o nacionalidad. Son también las condiciones que posibilitan una relación integrada entre la persona y la sociedad, que permite a los individuos ser personas, identificándose consigo mismo y con los otros.

Fig. 9.13. *La ciudadanía requiere el equilibrio entre los derechos y los deberes.*

Los horrores de las dos guerras mundiales mostraban la necesidad de regular de forma precisa el concepto de derechos humanos y, sobre todo, de establecer claramente cuáles eran.

Así en 1948, con la aprobación de la *Declaración Universal de los Derechos Humanos,* la humanidad se dotó a sí misma de un documento marco para la convivencia entre todas las personas, con el objetivo de que estos derechos llegaran a formar parte del derecho positivo de todas las naciones; es decir, de las distintas constituciones de los diversos Estados del mundo.

La citada Declaración recoge **los derechos de los ciudadanos.** Por ello los derechos humanos son no solo un referente ético, sino también un ideal de los derechos de todas las personas sin exclusión. Así, la Declaración parte de la igualdad y la no discriminación de los ciudadanos. Recoge también **la defensa de las libertades** como: derecho a la vida, rechazo de la esclavitud, de la tortura y los malos tratos, de los derechos a la libre circulación y a la emigración, a la libertad de pensamiento, conciencia y religión, a la libertad de opinión y de expresión y a la libertad de reunión y de asociación pacífica.

También de las **garantías jurídicas de estos derechos:** reconocimiento de las personas como sujetos de derecho, igualdad ante la ley, derecho a recurrir ante los tribunales, rechazo de las detenciones, encarcelamientos o destierros arbitrarios, del derecho a ser oído por un tribunal imparcial, a la presunción de inocencia, contra las injerencias del Estado en la vida privada, el derecho de asilo y el derecho a una nacionalidad.

La Declaración citada trata también los siguientes derechos:

- **Derechos políticos.** Son el derecho a participar en el gobierno, directamente o a través de representantes libremente escogidos y derecho a un orden internacional respetuoso con los derechos humanos.
- **Derechos socioculturales.** Se constituyen por el derecho al matrimonio, derecho a la educación y derecho a la cultura y al progreso científico.
- **Derechos socioeconómicos.** Están representados por el derecho a la propiedad, tanto individual como colectiva, derecho a la seguridad social y, en general, a una economía digna, derecho al trabajo y a una remuneración equitativa, derecho al tiempo libre, incluyendo vacaciones pagadas y derecho a un nivel de vida adecuado.

Además de los derechos mencionados, la Declaración establece también un apartado de **deberes y mandatos** en el que se contemplan obligaciones del individuo hacia la comunidad y la norma de que la Declaración nunca puede interpretarse en contra de los derechos que proclama.

La **ciudadanía** ha sido entendida desde los orígenes del Estado de derecho como la posesión y el ejercicio de derechos inalienables por parte de los individuos que integran la sociedad, así como la obligación de cumplir deberes y respetar los derechos de los demás. A estos derechos de autonomía individual frente al poder del Estado y de participación en las decisiones públicas, designados como derechos civiles y políticos, se agregan los denominados derechos económicos, sociales y culturales. Estos derechos de la segunda generación habilitan para participar en decisiones y proyectos que se asumen desde la vida política y el Estado.

La ciudadanía aparece como un ámbito de creación jurídica que iguala a las personas a pesar de sus diferencias: por un lado está el individuo hecho ciudadano por una disposición jurídica; por el otro, el ciudadano que lucha por hacer cumplir las aspiraciones contenidas en sus derechos. Así algunos autores definen a la ciudadanía como «el derecho a tener derechos».

Los derechos individuales, civiles y políticos, contenidos en los primeros veintiún artículos de la Declaración, así como los derechos sociales, reflejan una visión de **ciudadanía ligada a los valores de igualdad y libertad.** El principio de igualdad genera ciudadanos y el de libertad promueve el ejercicio de la ciudadanía. La ciudadanía incluye el pleno ejercicio de los derechos civiles y políticos y de los derechos económicos, sociales y culturales.

4.3 Nuevas clases de ciudadanía

En las sociedades actuales están emergiendo distintas **formas de ciudadanía.** El ejercicio ciudadano ya no se remite solo a disponer de derechos políticos, civiles y sociales, sino también a participar en condiciones de mayor igualdad en el intercambio comunicativo, en el consumo cultural, en el manejo de la información y en el acceso a los espacios públicos.

Si se realiza un repaso por los distintos autores que nos hablan de ciudadanía, encontraremos con que hacen referencia, entre otras, a las siguientes clases de ciudadanía:

@ ***En Internet***

Si quieres saber más de los **Derechos humanos** puedes ir a la siguiente dirección de Internet: **www.un.org/spanish/hr/**

@ ***En Internet***

Si quieres ampliar tu información sobre el **pensamiento crítico** puedes ir a la siguiente página de Internet, en la que de manera sencilla y adecuada te explican bien este concepto:

http://www.criticalthinking.org/resources/PDF/SP-ConceptsandTools.pdf

Fig. 9.14. *Sede de Las Naciones Unidas en Nueva York.* La interculturalidad es una actitud de diálogo y tolerancia crítica entre las diversas culturas.

- **Ciudadanía activa.** En este tipo de ciudadanía se acentúa el sentimiento de pertenencia a una comunidad y el ejercicio o práctica de la ciudadanía como dimensiones esenciales del ser ciudadano. Se da importancia al compromiso cívico y a la participación activa y creativa de los ciudadanos en la gestión de los asuntos comunes o públicos.

- **Ciudadanía ambiental.** Aquella que trabaja por la preservación y el cuidado del medio ambiente.

- **Ciudadanía cosmopolita.** Se refiere a una concepción de la ciudadanía que va más allá de los límites territoriales de los Estados. Engloba las personas de todas las culturas, al margen de su origen territorial.

- **Ciudadanía crítica.** Cuando se entiende la ciudadanía en el contexto de una sociedad en la que las personas asumen con todas las consecuencias una «cultura cívica», en la que se comprometen a construir una sociedad más justa, participando activamente en los proyectos de la comunidad, buscando alternativas deseables para un mundo mejor.

- **Ciudadanía diferenciada.** Recoge la idea de que en el marco de las sociedades actuales multiculturales, la ciudadanía debe tener en consideración la cultura, las identidades y los derechos de los distintos grupos que conforman nuestra sociedad. La diferenciación de grupos es un hecho en nuestras sociedades, pero eso no debe llevar a permitir grupos privilegiados que ejerzan su poder sobre otros oprimidos.

- **Ciudadanía económica.** En este modelo se defiende la idea de que la «empresa ciudadana» debe ser un espacio en el que se pueda hacer ciudadanía y formar en ciudadanía. En este contexto se debe promover, por lo menos, un clima laboral armónico y un cuidado esmerado del entorno.

- **Ciudadanía global.** Considera un significado del concepto ciudadanía en el marco de la educación global, acentuando los términos de diversidad, equidad, interconexión e independencia.

- **Ciudadanía intercultural.** Se trata de una ciudadanía amparada en el marco de cohesión entre las culturas y el respeto a los derechos de los distintos colectivos culturales.

Total 4.791.232		
Europa comunitaria 1.872.505 Alemania 109.438 Bulgaria 147.080 Francia 86.132 Italia 150.667 Polonia 86.314 Portugal 126.928 Reino Unido 222.039 Rumania 751.688 **Resto de Europa 135.128** Ucrania 72.837	**África 994.696** Argelia 52.845 Marruecos 767.784	**Iberoamérica** 1.458.442 Argentina 103.171 Bolivia 117.106 Brasil 56.153 Colombia 287.205 Cuba 51.692 Ecuador 440.304 Perú 144.620 República Dominicana 87.201
América del Norte 20.572	**Asia 299.743** China 151.547	**Oceanía** 1.903

Tabla 9.4. Países con mayor número de residentes en España a 31 de diciembre de 2009 (y número de residentes por continente). *Fuente*: Observatorio Permanente de la Inmigración. Secretaría de Estado de Inmigración y Emigración.

- **Ciudadanía local.** Recoge la idea de que, además de un reconocimiento jurídico de derechos individuales y homogéneos para todos los habitantes de un Estado, debe existir un reconocimiento a determinados grupos diferenciados para que dispongan de derechos como colectivo en un territorio concreto.
- **Ciudadanía multicultural.** Hace referencia a la identidad cívica, la idea de que la salud y la estabilidad de las democracias modernas no solo dependen de la justicia de sus instituciones básicas, sino también de las cualidades y aptitudes de sus ciudadanos respecto de los sentimientos, deseos y capacidades.
- **Ciudadanías múltiples.** Consisten en considerar a un ciudadano o ciudadana como sujeto de varias nacionalidades, muchas veces derivadas del hecho migratorio.
- **Ciudadanía paritaria.** Se recoge la idea de superación de los prejuicios de grupos, con especial referencia al de género.
- **Ciudadanía responsable.** Se refiere al compromiso y responsabilidad social que implica el ser ciudadano. Aquí se incluye la dimensión ciudadana de la identidad o conciencia cívica de pertenencia a una comunidad, que exige un conjunto de habilidades y actitudes para participar en ella e implicarse con el compromiso de mejorarla.

La **ONU** recoge en la **Conferencia Mundial de Derechos Humanos,** celebrada en 1993, el acuerdo de que la educación global, la formación y la información pública sobre derechos humanos eran fundamentales para promover y lograr unas relaciones estables y armoniosas entre las comunidades, así como para favorecer el entendimiento mutuo, la tolerancia y la paz.

La **UNESCO** indica que la **Educación para la ciudadanía** no debe ser solo teórica, sino que también debe ofrecer oportunidades a la juventud para desarrollar y poner en práctica el derecho a ejercitar los derechos humanos y la ciudadanía a través de la «vida escolar», como por ejemplo en todos los aspectos que tengan que ver con la escuela como un lugar de convivencia social en el que hay normas colectivas, conflictos interpersonales y momentos y oportunidades para la cooperación, así como a través de la creación de oportunidades para la realización de iniciativas espontáneas por parte del alumnado, al margen de las actividades de enseñanza en el aula propiamente dicha.

Texto 5. La gobernanza como recuperación de la política

«Y es que una autoridad centralizada no puede en principio motivar ningún comportamiento cuando se trata de iniciativa, innovación o compromiso de los ciudadanos y choca con la resistencia de sus destinatarios en una época de creciente deseo de autogobierno. En una sociedad del conocimiento disminuye la disposición a aceptar las decisiones adoptadas de manera jerárquica o poco transparente. Se demandan, por el contrario, nuevas formas de participación y comunicación.

Las leyes y los ordenamientos establecidos a partir de formas jerárquicas de decisión son solamente una de las formas posibles de regulación política. Otras estructuras en las que el Estado no adopta el monopolio de la regulación, sino que actúa como uno más entre otros actores o mediante procedimientos participativos o federales pueden producir mejores efectos políticos, tanto desde el punto de vista de la efectividad, como de la legitimación de las decisiones colectivas. Esto es válido tanto en el ámbito de las ciudades, como en el interior de los Estados, a nivel europeo o en el espacio global.»

INNENARITY, D.: *¿Qué es eso de la gobernanza?* Disponible en la web: **http://www.globernance.com/wp-content/uploads/2011/01/Gobernanza.pdf**

1. ¿Qué significado tiene para el autor «la autoridad centralizada» relacionada con los ciudadanos?
2. ¿Qué consideraciones tiene el autor acerca de «procedimientos participativos o federales»?
3. ¿Qué significado tiene para ti la «gobernanza»? Averigua su significado en Internet.

Para repasar

1. ¿Qué características tienen la ciudadanía de Grecia y la de Roma? Enuméralas.

2. En función de las características anteriores, ¿en qué se diferencian ambas ciudadanías?

3. Estas afirmaciones ¿con qué concepciones de la ciudadanía se corresponden? Razona la respuesta.

   a. Ciudadano súbdito.

   b. Ciudadano activo.

   c. Ciudadano de derechos.

   d. Ciudadano participativo.

4. Cita los aspectos que consideras más importantes en la teoría medieval de ciudadanía elaborada por Tomás de Aquino.

5. ¿En qué consiste la ciudadanía para los pensadores modernos? Selecciona su definición.

   a. La ciudadanía consiste en ser súbdito de un Estado.

   b. La ciudadanía consiste en ser feliz.

   c. La ciudadanía consiste en participar democráticamente.

6. ¿En qué se diferencian las teorías acerca de la ciudadanía de Hobbes y Rousseau?

7. ¿Con qué autor o autores se corresponden las siguientes proposiciones?

   a. La ciudadanía es ante todo representar y sentirse representado.

   b. La ciudadanía consiste en ser súbdito de un Estado soberano.

   c. La ciudadanía representa un conjunto de derechos y deberes.

   d. La ciudadanía cosmopolita.

8. Kant señala tres tipos de fundamentos ideales en la constitución que defiende. Descríbelas.

9. ¿Cuáles son las notas más características de la ciudadanía contemporánea? Pon un ejemplo de cada una de ellas.

10. El autor Thomas H. Marshall nos habla de ciudadanía mundial. ¿Qué significado tiene este concepto?

11. Rawls defiende la prioridad de la justicia sobre el bien, en su análisis de la ciudadanía. ¿Cómo entiende el autor estos dos conceptos?

12. Relaciona los siguientes nombres con sus representantes:

Estado cosmopolita	Walzer
Solidaridad orgánica	Habermas
Solidaridad mecánica	Durkheim
Justicia como bien	Marshall

13. Cita algunos derechos políticos, socioculturales y socioeconómicos.

14. Describe los supuestos básicos de una «democracia mínima», según Norberto Bobbio.

15. ¿Cómo entiende Giovanni Sartori «la democracia como principio de legitimidad»?

16. Enumera los tres tipos de ciudadanía que consideres más importantes. Razona tu respuesta.

17. Explica qué entendemos por ciudadanía local.

18. ¿Qué relación guardan los derechos humanos y la ciudadanía?

19. Haz una lista de los derechos humanos que consideres más relacionados con la ciudadanía.

   a. Compara tu lista con la de tus compañeros.

   b. Establece un debate con tus compañeros sobre los derechos relacionados con la convivencia que predominan más en tu centro de enseñanza y llega a un acuerdo con ellos.

Taller de filosofía

A debate

¿Es necesaria la educación cívica en la escuela?

1. Lee el siguiente texto relacionado con la necesidad de una educación ciudadana en el ámbito escolar.

   «La progresiva degradación de la conducta cívica ha engendrado preocupación en toda Europa. Al principio oímos quejas acerca de la crisis de lo que siempre se ha llamado buena educación. Más tarde, nos sorprendió la frecuencia con que se producían actos de vandalismo o incivismo público. Más preocupante aún ha sido el cariz que han ido tomando las cosas en las escuelas, donde se supone que la disciplina, el respeto a la autoridad del maestro y la buena conducta deben hallar morada natural. O, por extensión, en otros marcos semejantes, como hospitales o ambulatorios, donde es inconcebible que un paciente la emprenda a golpes con su médico. Es, pues, sensato que los gobiernos y parlamentos europeos hayan ya legislado o se apresten a hacerlo para reintroducir la buena conducta cívica. Como paso para que impere el civismo, el Gobierno español está trabajando en un proyecto de asignatura que llevaría el título de Educación para la Ciudadanía.»

   GINER, S.: «La escolarización del civismo», en *El Periódico*, 5.12.2006.

2. Para ti, ¿es útil y conveniente una educación cívica en tu instituto? Escribe los motivos sobre los que te apoyas para estar a favor o en contra.
3. En pequeños grupos, se elige un moderador y se pasa a la fase de debate: defiende tu opinión tomando como base los motivos que has anotado.
4. Cada moderador expone al resto de la clase el desarrollo del debate de su grupo. ¿La mayoría de la clase cree que es conveniente la materia de *Educación para la ciudadanía*? ¿Qué consecuencias positivas aportaría?

Para que veas

El jardinero fiel, Fernando Meirelles, 2005, 128 minutos.

Sinopsis

Basada en la novela de John Le Carré, *El jardinero fiel* es una mezcla de cine y reportaje de denuncia social, *thriller* político e historia de amor.

Actividades

1. Tras la visión de la película, elabora un listado con las características de los personajes.
2. ¿En qué situación se encuentran los sectores más pobres de Kenia?
3. ¿Cuál es el motivo final del asesinato de Tessa y de su amigo Arnold, primero, y de Justin, después?
4. ¿Qué es lo que Tessa ha descubierto que resulta tan grave? ¿En qué consiste, en concreto?
5. ¿Qué intereses están en juego para los Gobiernos de Gran Bretaña y Kenia que los hacen ser cómplices de la empresa farmacéutica que aparece en el filme?
6. ¿Qué opinas del comportamiento de Tessa? ¿Y el de Justin de querer dar continuidad a la denuncia de su esposa?

Para que leas

IMBERNÓN, F. (coord.): *Cinco ciudadanías para una nueva educación,* Graó, Barcelona, 2002.

En este libro se quiere aportar una mirada esperanzadora hacia el futuro, la educación no debe limitarse a preparar solo a personas cultas, sino que también debe, sobre todo, educar para la ciudadanía.

AYUSTE, A. (coord.): *Educación, ciudadanía y democracia*, Octaedro, Barcelona, 2006.

Este libro trata de reflexionar sobre la relación entre democracia, ciudadanía y educación, y de aportar algunos elementos para desarrollar una perspectiva actual de la educación democrática.

Pide a tus profesores que consigan estos libros para la biblioteca y después de una lectura atenta, trata de reflexionar sobre las siguientes cuestiones:

1. Primer libro: la educación se considera un servicio social básico. ¿Por qué crees que en la actualidad nuestros políticos tratan de disminuir los recursos para educación? ¿Crees que la educación es una inversión de futuro? ¿Por qué es importante una educación pública y de calidad y dentro de ello la educación para la ciudadanía?
2. Segundo libro: ¿La democracia se puede mejorar? ¿Es útil y conveniente una educación ciudadana como vía para mejorar la calidad de la democracia?

Taller de filosofía

Lo que se dice

Texto 1. Ciudadanía y participación crítica

«[...] Desde esta concepción se identifican tres dimensiones básicas de una participación socialmente activa:

- El ser parte: búsqueda referida a la identidad, a la pertenencia de los sujetos.
- El tener parte: referida a la conciencia de los propios deberes y derechos, de las pérdidas y ganancias que están en juego, de lo que se obtiene o no.
- El tomar parte: referida al logro de la realización de acciones concretas.

La participación se convierte así en una condición fundamental, en un componente básico de la acción que, basado en una concepción de igualdad equitativa, permite la transformación del ambiente y de las personas. Esta noción de participación crítica debe diferenciarse de la simple participación, la cual no trasciende la mera formalidad y no produce ningún cambio real, ni para el propio sujeto ni para su comunidad, sino que, por el contrario, puede incluso servir como mecanismo de legitimación del orden injusto socialmente impuesto.

Desde la visión actual, la institución educativa se presenta como un espacio atravesado por tensiones y conflictos que caracterizan a la sociedad y en la que sus diferentes actores se encuentran, por razones diferentes, inmersos en situaciones de alta vulnerabilidad. En esto han jugado un papel importante los procesos de empobrecimiento y fragmentación, el rol subsidiario del Estado en tanto garante de los derechos sociales y el deterioro de las condiciones de trabajo de los docentes, hechos que obligaron, en muchos casos, a que la escuela asumiera una función asistencialista. A partir de tales circunstancias, mientras se han incrementado los índices de fracaso escolar los vínculos entre las familias y las instituciones educativas configuran en conjunto la crónica de un desencuentro; las relaciones entre ambos colectivos se han complicado y, con frecuencia, encontramos situaciones de desconfianza y procesos de culpabilización/victimización que no hacen más que hablar de la distancia social que existe entre ambos grupos.»

ORAISÓN, M. y PÉREZ, A. M.: «Escuela y participación: el difícil camino de la construcción de ciudadanía», en *Revista Iberoamericana de Educación*, n.º 42, OEI, Madrid, 2006.

1. La siguiente afirmación del autor «esta noción de participación crítica debe diferenciarse de la simple participación», ¿qué significado tiene para ti?
2. Según el texto, ¿en qué consiste una participación activa? ¿Se corresponde con tu visión de la participación ciudadana?
3. Piensa en la sociedad que te rodea y elabora, en pequeños grupos, una lista de ventajas de la participación ciudadana en la actualidad. Ejemplo: mejorar la calidad de la democracia.
4. Debatid en grupo qué es la participación y después anota algunos ejemplos de participación, por ejemplo en tu centro de enseñanza.
5. ¿En qué sentido crees que se puede hablar de la participación ciudadana?

Texto 2. Identidad europea y ciudadanía múltiple

«Heater propone un modelo de construcción de identidad europea basado en la ciudadanía múltiple, sobre la base de reconocer que la persona puede tener múltiples identidades cívicas y sentirse sujeto de múltiples lealtades, sin que resulten incompatibles. El contexto o las circunstancias hacen que el sujeto se identifique con su localidad, su Estado o el mundo. Para que esta ciudadanía múltiple pueda desarrollarse, debe transformarse la experiencia que el ciudadano tiene del Estado, tanto en lo referente a la identidad, la lealtad y la aceptación de las obligaciones, como en lo que se refiere al marco institucional, que permite el ejercicio de los derechos y los deberes, la participación en los asuntos públicos y el hecho de contar con un estatuto conocido. Este enfoque plantea la necesidad de tener en cuenta el multiculturalismo nacional y étnico de Europa en el momento de definir la identidad europea.»

MARÍN GRACIA, M. A.: «La construcción de la identidad en la época de la mundialización y los nacionalismos», en BARTOLOMÉ PINA, M.: *Identidad y ciudadanía*, Narcea, Madrid, 2002.

1. Indica el significado de la identidad para la autora.
2. ¿Qué diferentes sentidos puede tener la «identidad»? Señálalo en el texto.
3. Después de leer el texto, establece la diferencia entre «identidad local» e «identidad europea».

La tarea

Construye tu propia definición de ciudadanía.

1. Explica el significado que tienen para ti las siguientes frases sobre la ciudadanía:
   - «Ser ciudadano consiste, para los pobres, en sostener y conservar a los ricos en su poderío y en su ociosidad.» **Anatole France**
   - «El ciudadano solamente debe obedecer a las leyes, y estas leyes no pueden tener otro objeto que la conservación, la seguridad, el bienestar, la unión y el reposo de la sociedad.» **Barón de Holbach**
   - «El buen ciudadano es aquel que no puede tolerar en su patria un poder que pretende hacerse superior a las leyes.» **Cicerón**
   - «La deseada igualdad no puede existir en la sociedad, como no existe en la Naturaleza.» **Marat**
   - «La aceptación de la opresión por parte del oprimido acaba por ser complicidad; la cobardía es un consentimiento; existe solidaridad y participación vergonzosa entre el gobierno que hace el mal y el pueblo que lo deja hacer.» **Víctor Hugo**
2. En las frases anteriores se tocan diferentes temas. En pequeños grupos, expresad vuestras opiniones.
   - ¿Crees que existe una disociación entre los intereses de los ciudadanos pobres y los ciudadanos ricos?
   - ¿Un ciudadano debe desobedecer a las leyes democráticamente aprobadas?
   - ¿Es mejor ciudadano el que ama su patria chica más que a la humanidad?
   - ¿Existe más igualdad en la naturaleza que en la sociedad?
   - ¿Somos incapaces para reaccionar contra la opresión de un gobierno determinado, es decir, ante los abusos de poder?
3. Ahora vas a elaborar tu propia definición de educación para la ciudadanía. Para ello, da los siguientes pasos:
   a) Piensa en las palabras clave de esta disciplina y anótalas en tu cuaderno.
   b) Escribe una primera definición donde aparezcan algunas de estas palabras clave. Puedes comenzar con: «La educación para la ciudadanía es...», «con una buena educación ciudadana se puede...», «un ciudadano...», etc.
   c) Vuelve a leer tu definición y retoca los elementos que no quedan claros.
4. Lee tu definición al resto de la clase y escucha la de tus compañeros.

Escuela de filósofos

El comentario de texto

El comentario de un texto consiste en la emisión de un juicio o consideración sobre el lugar que ocupan las ideas defendidas en el texto por el autor y en el conjunto del conocimiento, así como poner de manifiesto nuestro punto de vista al respecto.

Claves

- Leer el texto varias veces hasta estar seguro de haberlo comprendido.
- Anotar en el borrador todas las ideas que puedan surgir en las sucesivas lecturas del texto.
- Seleccionar y ordenar las ideas del borrador y elaborar un plan para la realización del comentario. Esta es la parte central del ejercicio: de qué vamos a hablar, qué posición defenderemos, qué criticaremos, en qué orden, qué extensión tendrá cada parte, etc.
- Una vez hecho esto, el desarrollo y la conclusión del comentario estarán claros. A partir de aquí estaremos en condiciones de preparar una buena introducción.

Propuestas

1. Extraer de Internet algún texto cuyos contenidos estén relacionados con esta Unidad.
2. Comentar el texto siguiendo las pautas expuestas anteriormente.

Investiga

Puedes investigar, por ejemplo, a través de la Red, en torno a las principales temáticas que abordamos en esta unidad. Proponemos, a modo de ejemplo, algunas de ellas.

Ciudadanía, convivencia, ética, educación cívica, filosofía práctica

Puedes ir a la biblioteca de tu Instituto y tratar de complementar las aportaciones de este libro de texto con algunos libros de filosofía. Por ejemplo, el libro de ANAUT, L.: *Valores escolares y educación para la ciudadanía*, Graó, Barcelona, 2002. Otra manera de conseguir más información es Internet. Existen páginas de educación cívica, como por ejemplo el interesante artículo de José Antonio Marina sobre este tema:
http://www.cesdonbosco.com/revista/

Ideas clave

- La idea de ciudadanía ya aparece desde los primeros tiempos, bajo el término griego **«polis»*** que recoge la dimensión de la ciudadanía ejercida como participación en la política y en el ejercicio del poder, el concepto latino ***«civitas»,*** entendido como lugar de civismo o de participación en los asuntos públicos y también el latino ***«urbs»***, como concentración física de personas y edificios.
- En los pensadores griegos destaca la idea de **ciudadanía participativa.** En Roma, destaca la idea de ciudadanía relacionada con los derechos.
- En la Edad Moderna los contractualistas fundamentan la idea del **ciudadano representativo** y **participativo,** y algún autor la de **ciudadano súbdito.**
- En la Edad Contemporánea existen diferentes teorías que justifican una **ciudadanía social, participativa, solidaria** y que tiene como referente la **justicia.** En época de globalización se propone una ciudadanía **cosmopolita.** Asistimos a las Declaraciones de los derechos humanos como un referente claro para la ciudadanía.
- En la actualidad existen **muchas clases de ciudadanía,** según se consideren los temas de identidad, inmigración, nacionalidad, globalización, igualdad en derechos y deberes de hombres y mujeres...
- La *Declaración de los Derechos Humanos* de 1948 supone la **universalización** de derechos que solo abarcaban a determinados colectivos, un referente para la **ética** y para la **educación para la ciudadanía.**
- La ciudadanía tiene sentido y se realiza en un estado democrático. Vivimos en tiempos de crisis y de globalización no bien entendida con consecuencias negativas para la ciudadanía. Es necesario recuperar los **valores democráticos: participación, trasparencia, justicia.**

Autoevaluación

1. Para los pensadores griegos la idea de ciudadanía va unida a:

a. La tolerancia.
b. La participación y la democracia.
c. La solidaridad.

2. En la época de Roma son importantes:

a. La opinión de los ciudadanos.
b. Las creencias.
c. Los derechos de las personas.

3. Para Hobbes, el ciudadano es:

a. Una persona súbdita.
b. Una persona libre.
c. Una persona responsable.

4. Para Marshall, la ciudadanía contemporánea es:

a. Ciudadanía política.
b. Ciudadanía social.
c. Ciudadanía civil.

5. En una sociedad global la ciudadanía debe ser:

a. Cosmopolita.
b. Local.
c. Insolidaria.

6. Una de las características importantes de la educación para la ciudadanía es:

a. Mantener el orden establecido.
b. Luchar por el patriotismo.
c. Promover la participación y el diálogo.

7. Completa las siguientes definiciones con las palabras del recuadro en tu cuaderno:

Participación - solidaridad - derechos - interculturalidad - justicia - diálogo - paz

a. Los pensadores griegos defienden la (.....................) mientras que los romanos defienden los (..................).
b. Rawls relaciona la ciudadanía con la (.....................).
c. La educación ciudadana promueve la (.....................) y la (.....................).
d. La ciudadanía en tiempos de globalización debe promover el (.....................) y la (.....................).

Solución: 1. b.; 2. c.; 3. a.; 4. b.; 5. a.; 6. c.; 7. a. participación - derechos, b. justicia, c. paz - solidaridad, d. diálogo - interculturalidad.

GLOSARIO

«En realidad, a lo largo de la evolución de nuestros antepasados y en todos los linajes de homínidos [...] hemos necesitado una información que nos proporcionara una imagen mejor del mundo que nos rodea. Hemos necesitado un mapa mejor del mundo y, en particular, un mapa de tal tamaño que pudiera contener unos cuantos kilómetros cuadrados, en lugar de unos pocos metros cuadrados. En esta necesidad se basa el agrandamiento del cerebro humano. Esto ocurrió cuando el cerebro tenía el tamaño del de un chimpancé, o quizá un poco más grande. En esa necesidad de conocer más y mejor el mundo, el papel de la evolución del lenguaje fue esencial. El lenguaje nos permite trazar una imagen del mundo más amplia, más precisa, más adecuada a nuestros intereses.»

PUNSET, E.: *El alma está en el cerebro,* Aguilar, Madrid, 2007.

Acrítico. Saber irracional, que no analiza, ni valora, ni sistematiza los contenidos que le afectan.

Actitud. En psicología y psicología social, manera de ser en una situación determinada. Es una reacción del organismo que depende de factores individuales y sociales.

ADN. Abreviatura del ácido desoxirribonucleico. Constituye el principal componente del material genético de la inmensa mayoría de los organismos. Es el componente químico primario de los cromosomas y el lugar donde los genes están codificados.

Altruismo. Práctica y hábito de procurar el bien ajeno a veces a costa del propio. Se considera como una virtud y un valor.

Amoral. Acto, actitud, estado o carácter que no es ni moral, ni inmoral, por estar fuera del grupo de normas de conducta del ser humano. Éticamente indiferente.

Análisis. Descomposición de algo en sus elementos para estudiarlos en forma individual.

Androcentrismo. Visión del mundo y de las relaciones sociales enfocada desde el punto de vista masculino.

Anomia. Situación de una sociedad en la cual no existen valores morales o normas jurídicas aceptadas por el conjunto de sus miembros. Por eso, carece de los mecanismos básicos para una correcta cohesión social.

Antropocentrismo. Doctrina, opuesta al teocentrismo, según la cual el ser humano es el centro, medida y punto de partida de comprensión de todas las cosas. Plenamente desarrollada a partir del Renacimiento, estaba ya apuntada por los sofistas en el siglo V a.C.

Antropología. Ciencia surgida en el siglo XIX que estudia las distintas culturas humanas y las analiza desde dentro de modo imparcial.

Antropología cultural. Rama de la antropología que estudia cómo se origina, se desarrolla y se manifiesta una cultura.

Aporofobia. Desprecio al pobre, es decir, a la persona que carece de recursos.

Argumento falaz. Argumentación falsa con apariencia verdadera.

***Arjé*.** Palabra griega que designa la causa, principio, origen y fundamento de todas las cosas.

Atomismo. Sistema filosófico que surgió en Grecia según el cual el universo está formado por combinaciones de pequeñas partículas indivisibles llamadas «átomos».

Autonomía. Determinación de la conducta moral sin tener en consideración criterios ajenos al propio.

Averroísmo. Hace referencia al pensamiento de **Averroes** y de su escuela.

Axioma. Expresión originaria que se admite sin derivarla de otras expresiones. Para los griegos un axioma era un enunciado evidente por sí mismo. Actualmente, es un enunciado originario siempre verdadero en virtud de su forma.

Bello. Todo aquello digno de mostrarse y de verse. Desde Platón, lo bello fue sinónimo de armonía, medida, limitación y proporción *(metron* y *symetron)*. Con Kant, lo bello es lo que place sin interés alguno y de lo que podemos emitir un juicio estético. Se distingue de lo agradable (que place solo a los sentidos) y de lo bueno como algo útil o como bueno en sí mismo (moral).

Buena voluntad. Concepto ético kantiano que expresa el fundamento de la moralidad. Se trata de una actitud y una determinación a obrar siempre por respeto al deber, sometiéndose a los dictados del imperativo categórico.

Capacidad. Aptitud que tiene la persona de actuar por sí misma tanto en las dimensiones teóricas como prácticas.

Causalidad. Principio que postula que todo efecto debe tener siempre una causa. Se emplea para buscar leyes definitivas.

Ciencias formales. Son aquellas cuyos contenidos no son hechos ni procesos de la realidad sino formas o esquemas mentales vacíos de contenido. Los números de las matemáticas y los esquemas de razonar de la lógica son ejemplos.

Ciudadanía. De manera clásica representa un estatus jurídico y político mediante el cual el ciudadano adquiere unos derechos como individuo (civiles, políticos, sociales) y unos deberes (impuestos, tolerancia, fidelidad...), respecto a una colectividad política. Derecho y deber de participación en la vida colectiva y democrática de un Estado.

Ciudadano activo. Es un ciudadano informado que conoce sus derechos y obligaciones y que puede expresar su opinión y participa activamente en la sociedad. Esta participación puede concretarse en la sociedad a nivel local, nacional, europeo y mundial.

Clonación. Deriva del término griego *klon* que significa «retoño». Es un proceso al final del cual se crea una copia genética idéntica a otro organismo original.

Comunidad. Es un tipo de asociación en el cual predomina la voluntad de sus miembros de establecer relaciones asentadas en la vinculación personal y en el compromiso con los demás integrantes del conjunto y en el que se involucra el individuo como persona. Este tipo de asociación se distingue de la sociedad en tanto que esta no exige el cumplimiento de esas obligaciones con el resto de sus miembros, estando supeditada a simples relaciones de convivencia y de mutuo interés.

Conciencia. En el ámbito del conocimiento, es la capacidad de darse cuenta de algo. En el ámbito de la ética, es la capacidad de darse cuenta del bien y del mal moral.

Conducta. De *conductus,* «conducir», «llevar». Modo de conducirse una persona en las relaciones con los demás, según una norma moral, social o cultural.

Conductismo. En psicología, corriente defensora de que toda conducta pública o privada se rige por las leyes del condicionamiento clásico (Pavlov) o del condicionamiento operante (Skinner). Según el conductismo toda conducta está ocasionada por estímulos que desencadenan respuestas. Toda conducta responde al esquema E-R.

Contrato social. Se denomina también «tratado de paz». Es un contrato donde todos los individuos de una comunidad renuncian a algunos de sus derechos naturales de manera no necesariamente explícita pero supuestamente irrevocable con el propósito de crear un estado (una sociedad civil organizada) que asegure que dicho pacto se cumpla. Su objetivo sería garantizar un mejor disfrute de los derechos naturales de las personas.

Creencia. Estado mental que consiste en dar por buena una proposición y actuar como si fuese verdadera, aunque no lo sea. Las creencias religiosas, basadas en la fe, no tienen base experimental, lo que las hace opuestas al conocimiento científico, que sí la tiene.

Cromañón. El hombre de Cromañón debe su sobrenombre al lugar en Francia donde apareció el primer fósil. Se utiliza como sinónimo de *Homo sapiens*. Es la línea evolutiva de la que provenimos todos los humanos. Tiene una antigüedad de 250 000 años y cuenta con la máxima capacidad craneal. Con él aparece la cultura simbólica y espiritual.

Deducción. Conexión y sucesión ordenada de ideas simples, cuya conclusión será tan evidente como las ideas simples, claras y distintas de las que se parte.

Demostración empírica. Consiste en deducir consecuencias particulares a partir de enunciados generales y comprobar si se ajustan a los hechos a través de la observación y/o experimentación.

Derecho. Conjunto de normas y reglas de conducta que una comunidad establece como obligatorias y que están respaldadas por mecanismos de coerción socialmente organizada. La expresión explícita y manifiesta del Derecho es la ley y la exigencia de su cumplimiento a través de las instituciones ejecutivas y judiciales del Estado.

Destino. Sucesión de acontecimientos que forman una cadena absolutamente inevitable, aunque casi nunca predecible, y sobre la cual los sujetos casi nunca pueden actuar.

Determinismo. Perspectiva según la cual todos los acontecimientos en el universo están regidos por leyes universales y necesarias. **Determinismo causalista.** Es el que defiende que todo suceso en el universo tiene una causa eficiente que lo produce. **Determinismo finalista.** Es el que sostiene que todo hecho tiene un sentido porque está orientado a un fin preestablecido, que sería su causa final.

Dignidad. Es el valor supremo, absoluto e inalienable atribuido a todos y a cada uno de los seres humanos por ser tales. Ese valor deriva de su especificidad respecto al resto de los seres naturales y de las cosas, en cuanto son seres racionales, dotados de libertad y de responsabilidad. Desde esa consideración, Kant considera que el ser humano es y debe ser siempre tomado «fin en sí mismo» y nunca como un «medio» o instrumento.

Epicureísmo. (Siglos IV-III a.C.) Escuela fundada por Epicuro de Samos. En su *Ética*, sostenía que «el placer es el principio y el fin de la vida feliz», mientras que lo «malo» es aquello que nos produce dolor.

Epistemología. Del griego *episteme*, que significa «conocimiento científico», y *logos*, «teoría». Parte de la filosofía que estudia el origen, la estructura, los métodos y la validez del conocimiento científico. El adjetivo **epistemológico** significa «relativo al conocimiento científico».

Equívoco. Un término equívoco es aquel que tiene distintas significaciones. Por este motivo, puede ser origen de confusión.

Especie. Cada uno de los grupos en que se dividen los géneros. Está formada por individuos que, además de los caracteres genéricos, tienen en común otros caracteres por los cuales se asemejan entre sí y se distinguen de las demás especies. Para los científicos fijistas, se trata del conjunto de individuos con características comunes, capaces de reproducirse entre sí y cuya descendencia perpetúa las características de un grupo creado al inicio de los tiempos.

Estatus. Proviene de la palabra latina *status* que significa situación, posición, estado. Se refiere al lugar que ocupan los ciudadanos en la sociedad. Los sociólogos estudian esta palabra en el contexto del análisis de la estructura social; así lo entienden como posición o lugar que ocupa una persona dentro de un grupo social.

Estoicismo. (Siglos IV-III a.C.) Escuela fundada por Zenón de Citio, aunque en época romana destaca Séneca. El ideal de los estoicos es «vivir de acuerdo con la Naturaleza». Para ello se deben dominar las pasiones.

Ethos. Palabra griega que originalmente significaba «morada». Después, se refirió al «carácter» o «modo de ser» que una persona o grupo va adquiriendo a lo largo de su vida. A partir de esta palabra se forma el concepto «ética».

Ética eudemonista. Clase particular de ética teleológica que considera que el fin de la vida humana es la **eudemonía,** o la unión entre felicidad y virtud.

Ética teleológica. Teoría ética que considera que existe un fin (en griego *telos*) y que la moralidad de las acciones se mide en relación con ese fin, o sea, según sus consecuencias me aproximen o me alejen del fin.

Etnocentrismo. Actitud ante la diferencia cultural que consiste en creer que la propia cultura es la única adecuada e incluso superior a cualquier otra.

Fenómeno. Todo aquello que se nos muestra de inmediato y captamos en primera instancia a través de los sentidos.

Fenomenología. Método filosófico que busca descubrir los rasgos esenciales de la experiencia del conocimiento y del objeto de conocimiento a partir del análisis intuitivo de los objetos tal como se le aparecen a la conciencia. Esta rama de la filosofía arranca de la distinción de Kant entre noúmeno («la cosa en sí») y fenómeno («la cosa conocida»). El significado actual (como ese particular procedimiento para alcanzar la verdad) aparece con Husserl y fue adoptado por la filosofía existencialista del siglo XX.

Filosofía existencialista. Sistema filosófico y cultural cuyo objetivo reside en el análisis y descripción del sentido y la contradicción de la vida humana, desde una perspectiva más allá de la perspectiva científica.

Filosofía materialista. Corriente que sostiene que la causa de todas las cosas de la naturaleza y del «alma» humana se explican a partir de la materia y los movimientos de esa materia en el espacio.

Género. Conjunto de especies que comparten ciertos caracteres.

Genética conductual. Rama actual de la psicología que intenta explicar nuestro comportamiento gracias al estudio de la dotación genética de cada individuo.

Genocidio. Exterminio o eliminación sistemática de un grupo social por motivo de etnia, raza, religión, nacionalidad o político.

Gnoseología. Del griego *gnosis*, que significa «conocimiento», y *logos*, «teoría». Parte de la filosofía que estudia el origen, la estructura, los métodos y la validez del conocimiento en general. El adjetivo **gnoseológico** significa «relativo al conocimiento en general».

Geocentrismo. Teoría, formulada por Aristóteles y completada por Ptolomeo, según la cual la Tierra es el centro del universo y alrededor de ella giran los otros planetas y el Sol.

Hábito. Modo especial de proceder adquirido por repetición de actos o tendencias instintivas.

Heliocentrismo. Teoría presentada por Copérnico en 1543 según la cual es el Sol el centro alrededor del que giran todos los planetas, incluida la Tierra. La comprobación experimental llegó con las aportaciones de Kepler y de Galileo.

Heteronomía. Conducta moral guiada por otros y no por uno mismo.

Hipótesis. Suposición o conjetura propuesta como posible solución de un problema.

Humanista. Aquel que estudia y cultiva las distintas ramas de las Letras. Pensador renacentista que defiende la dignidad de los seres humanos.

Icono. Signo que guarda cierta semejanza con aquello que designa.

Ideas innatas. Aquellas que posee la mente por sí misma. Se trata de ideas connaturales a la razón que brotan de manera natural y espontánea de nuestro pensamiento, como por ejemplo la idea de infinito.

Imaginación. Facultad de la mente que presenta las imágenes de las cosas reales o ideales.

Indeterminismo. Perspectiva según la cual nada existe necesariamente. **Indeterminismo físico.** Es el que defiende que los fenómenos del mundo no siguen leyes, son producto del azar. **Indeterminismo psíquico.** El que sostiene que la voluntad elige y decide sobre nuestras acciones.

Indicio. Acción o señal natural que da a conocer, con cierta probabilidad, la existencia de algo oculto.

Individuo. Procedente del latín *individuus*, «indivisible». Por tanto, el individuo es la última parte divisible de la sociedad, una entidad genérica y no diferenciada.

Inferencia. Proceso que consiste en derivar un resultado o conclusión a partir de enunciados dados previamente.

Inmanente. Aquello que se encuentra dentro de algo, aquello que va unido de un modo inseparable a la esencia de un ser.

Interculturalidad. Actitud de diálogo entre todas las culturas en el respeto de los Derechos Humanos. Se opone tanto al etnocentrismo como al relativismo cultural.

Intuición. Facultad de la mente mediante la cual se pueden captar ideas simples, evidentes por sí mismas, de forma directa e inmediata.

Input. (Del inglés) En informática, conjunto de datos que se introducen en un ordenador.

Irreductibilidad. Idea que da a entender que el ser humano está continuamente haciéndose. Por este motivo, el hombre nunca podrá ser conocido.

Lenguaje articulado. Conjunto finito de signos sin significado (letras, sílabas) que sirve para crear infinitas combinaciones de códigos (palabras, oraciones) con significado.

Ley. Hipótesis confirmada; enunciado general que da solución a un problema.

Ley natural. Es la que recoge las tendencias naturales del ser humano: conservar la existencia y la razón, propagar la existencia y crear hijos y ser social. Esta ley es evidente, inmutable y universal.

Ley positiva o **ley humana.** Representa el conjunto de leyes escritas promulgadas por el Estado.

Materialismo. Doctrina filosófica que considera la materia única realidad y niega la espiritualidad y la inmortalidad del alma. En el **materialismo dialéctico** la realidad como materia en movimiento. El **materialismo histórico** interpreta los cambios sociales y políticos a partir de los cambios que se dan en la base material de la sociedad, en los modos de producción.

Multiculturalismo. Fenómeno que surge entre distintas culturas que conviven en un mismo espacio geográfico. Se trata de una situación que existe en la realidad.

Nomos. Significa «ley de la ciudad». Fue un término utilizado por los sofistas para indicar la diferencia entre la ley universal, que rige las cosas de la naturaleza, de la ley convencional y arbitraria, que rige los asuntos humanos.

Ontología. Parte de la metafísica que trata del ser en general y de sus propiedades.

Paleontólogo. Persona que se dedica a la paleontología. **Paleontología.** Ciencia que estudia los restos fósiles de los seres orgánicos desaparecidos.

Pensamiento único. Doctrina que sostiene la primacía absoluta de la economía y de la ideología liberal sobre el resto de los dominios sociales.

Persona. Proviene del griego *prósôpon*, que significa «máscara». La persona es cada ser humano particular y concreto, frente al individuo, un concepto vacío y abstracto. Según la teología cristiana, naturaleza de Dios que se aplicará posteriormente al ser humano. Boecio (s. VI) la definirá como «sustancia individual de naturaleza racional».

Personalidad. Conjunto de cualidades que constituye a cada persona y la distingue de otra.

Persuadir. Convencer o demostrar algo a alguien con razones no suficientemente probadas para que cambie de opinión o de actitud. Mover con razones a que alguien crea o haga una cosa.

Physis. Significa «naturaleza». Procede del griego *phyo* («brotar», «crecer»). Se refiere a la fuente de la que emergen todos los seres. Se opone a partir del siglo V a.C. a *nomos.*

Polis. Término griego (πόλις) para denominar las ciudades-estado de la antigua Grecia, surgidas desde la Época Oscura hasta la dominación romana.

Politeia. Término griego que significa «forma de gobernar la ciudad». Es empleado, en general, por todos los pensadores griegos.

Postulado. Principio no demostrable pero supuesto necesariamente como condición de la moral misma. Son proposiciones que no pueden ser demostradas desde la razón teórica, pero que han de ser admitidas si se quiere entender el comportamiento moral. Kant sostiene que de los postulados no cabe conocimiento, pero sí un peculiar modo de asentimiento o creencia que denomina «fe racional».

Prejuicio. Juicio que se forma sin acudir a la experiencia directa o real.

Premisas. Expresiones que se dan como datos antes de iniciar un razonamiento deductivo. El **objeto material** de una ciencia es el tema o asunto del que trata. El **objeto formal** es el aspecto o punto de vista bajo el que se estudia el objeto material.

Principio de indeterminación de Heisenberg. Principio de la mecánica cuántica según el cual cuanta mayor certeza se busca en determinar la posición de una partícula, menos se conoce su cantidad de movimiento lineal.

Proposición simple o **atómica.** Aquella que solo tiene una variable.

Proposición compuesta o **molecular.** Aquella que consta de dos o más variables.

Psicología evolucionista. Rama de la psicología que pretende explicar el comportamiento humano y de los primates mediante mecanismos psicológicos que fueron modificándose durante la evolución.

Psyché. Término griego que significa el «soplo» o «hálito» que exhala el ser humano al morir. Después, ha pasado a significar la «vida», que también se escapa del cadáver, una especie de doble del difunto que va a parar al Hades.

Racismo. Rechazo hostil a grupos étnicos considerados inferiores. Puede conducir al etnocidio, es decir, a la supresión de dichas etnias.

Razón de Estado. Maquiavelo se refiere a las medidas racionales que un gobernante debe tomar con objeto de conservar la salud y la fuerza de un Estado. Actualmente, esta expresión se utiliza para justificar las medidas ilegítimas tomadas por un Gobierno con la finalidad de mantener el poder o mejorar su posición frente a sus opositores políticos.

Realidad empírica. Lo que pertenece al ámbito de la experiencia sensible, es decir, lo que se puede captar a través de los sentidos.

Relación de contingencia. Aquella en la que el vínculo de referencia de una cosa a otra, del predicado al sujeto en el juicio, no se sigue necesariamente de la esencia de los elementos relacionados.

Relativismo. Actitud filosófica que niega la existencia de conocimientos universales absolutamente verdaderos, porque siempre dependen del punto de vista de los sujetos cognoscentes.

Símbolo. Representación de la realidad que se percibe a través de los sentidos mediante una serie de rasgos que se asocian a dicha realidad por convención social. Una característica fundamental del símbolo es su alto contenido significativo; y, en ocasiones, emotivo.

Síntesis. Actividad mental que reúne los diferentes elementos de un conjunto.

Situación paradójica. Como se usa en este contexto, figura de pensamiento que consiste en emplear frases que generan perplejidad por introducir alguna contradicción.

Sociobiología. Rama de la biología evolutiva que estudia qué comportamientos de los animales sociales, como las abejas o los humanos, son resultado de la selección natural, que permitió que los heredásemos porque eran un modo de actuar ventajoso para todos.

Silogismo. Razonamiento deductivo que consiste en derivar una conclusión a partir de unas premisas previamente establecidas.

Silogismo categórico. Razonamiento deductivo formado por tres proposiciones enunciativas simples, la tercera de las cuales se denomina «conclusión» y se deriva de las otras dos, llamadas «premisas».

Sui iuris. En Derecho Romano el aforismo «*sui iuris*» hace referencia a «aquel que no se encuentra sometido a la patria potestad de otro». Es, pues, sinónimo de estado de libertad, de ciudadanía y de familia.

Sublime. Placer que resulta de la imitación o contemplación de una situación dolorosa.

Tecnocientífico. Conjunto de interrelaciones que se establecen entre el desarrollo científico y el tecnológico.